Diane Stein

Die Weisheit der Göttin umarmen

Diane Stein

Die Weisheit der Göttin umarmen

Das spirituelle Heilbuch für Frauen

Innere Transformation
durch die Kraft des Weiblichen
und feinstoffliche Energien

Aus dem Englischen
von Gisela Merz-Busch

Ansata-Verlag

Für Sue

Die Originalausgabe erschien unter dem Titel
«Psychic Healing with Spirit Guides and Angels» bei
The Crossing Press, Freedom, CA.

Erste Auflage 1997

Inhalt

Einführung 6

1 Meditation 27
2 Visualisation 48
3 Chakras und Aura 74
4 Energie 104
5 Geistführer 128
6 Heilende Hände 152
7 Lösen von Emotionen 186
8 Heilen mit Kristallen 210
9 Fernheilen 236
10 Karma 259
11 Seelenregeneration 280
12 Geist-Anhaftungen 303
13 Der Tod 329

Anmerkungen 354
Dank 360
Personen- und Sachregister 361

Einführung

Heilen mit Hilfe der Göttin

Wenn ich andere heile, basiert dies stets auf meiner eigenen Reise des Heilens. Was mir bei meinem eigenen Wachstum hilft, entwickle ich weiter zu Techniken, die ich in Heilsitzungen anwende und schließlich an andere Heiler weitergebe. Die Techniken, die sich als erfolgreich erwiesen haben, werden weiter ausgearbeitet, und indem ich sie in den unterschiedlichsten Situationen einsetze, entstehen daraus Instrumente des Heilens, deren Ergebnisse meist vorhersehbar sind. Methoden, die von anderen entwickelt wurden oder von denen ich gelesen habe, werden neu geformt, denn um möglichst gute Ergebnisse zu erzielen, passe ich sie nach Bedarf an, wobei ich andere Methoden oft entscheidend verändere. Ich kombiniere verschiedene Methoden und setze oft mehr als eine Technik gleichzeitig ein, manchmal mehrere Techniken in einer Heilsitzung. Ich arbeite sehr eklektisch.

Mein eigener Heilungsprozeß begann 1983 und dauert noch heute an. Ich begann ihn damit, mich in Candlemas der *Göttin* zu weihen und Wicca und die Spiritualität der *Göttin* als meinen Lebenspfad zu wählen. Ich öffnete mich erstmals der *Göttin* als einer Religion und einer Lebensweise anstelle des Intellektualismus der vorangegangenen fünf Jahre. Als ich schließlich die Verbindung herstellte zwischen Wicca, dem Heilen und psychischen Gaben, veränderte sich mein Leben auf eine Art und Weise, die ich mir nie hätte träumen lassen. Ich akzeptierte, daß das Wachstum meiner psychischen Kräfte zu dieser Entwicklung gehörte, und hieß sie als Teil meines Lebens willkommen. Ich suchte intensiv nach Informationen darüber, was sie bedeuteten und wie man sie nutzen konnte. Ich begann, mich mit Wicca zu beschäftigen. Zum ersten Mal begann ich zu meditieren, das Visualisieren und die Rituale zu erlernen, mit Kristallen zu arbeiten und die Volksheilmittel zu studieren, deren ich mir immer mehr bewußt wurde.

Im Juni 1983 wurde eine «Lebensbaum»-Meditation aus Starhawks Buch, *The Spiral Dance*, für mich zu einer ersten *Kundalini*-Erfahrung. Ich sah und fühlte mich als der lebende, wachsende Baum, und die Farben der Chakras durchströmten mich von den Wurzeln bis zu den Blättern. Am selben Tag erhielt ich von einer neuen Freundin zum ersten Mal Energie durch Handauflegen. Ich fühlte die Energie unter intensiver Hitzeentwicklung auf dieselbe Weise durch mich hindurchfließen wie die Farben. Diese Energie auf meiner Hand und meinem Arm heilte auf der Stelle einen schmerzhaften Haarriß in meinem Mittelhandknochen, und zwar vollständig. Und sobald ich das merkte, wußte ich, daß ich diese Art des Heilens unbedingt lernen wollte und daß das Heilen von nun an mein Leben bestimmen würde.

Dieser Tag bereitete mich für das vor, was ich später als «Eintreten» bezeichnete, obwohl ich damals dafür noch keinen Namen hatte. Einige Wochen später lag ich mitten in der Nacht im Bett, in einem Zustand zwischen Wachen und Schlafen, aber sehr aufmerksam, als ich lebhafte grüne und rote Meereswellen durch meinen Körper wogen sah und spürte. Sie waren wunderschön geformt wie die Meeresbrecher auf einem japanischen Gemälde und von ebenso intensiver Hitze wie die Energie, die meine Hand geheilt hatte. Ich erlebte sie in ihrer atemberaubenden Schönheit und hatte keine Angst. Dann fühlte und sah ich mich selbst über meinem Körper schweben, von ihm losgelöst, obwohl ich gleichzeitig in ihm war. Eine Aura leuchtenden weißen Nebels umschloß dieses schwebende Selbst, nahm es vollkommen mit sich, und ein anderes «Ich» kehrte zurück und ließ sich in meinem Körper auf dem Bett nieder. Da gab es ein Gespräch mit jemandem, den ich nicht sehen konnte, darüber, wie in meinen Körper einzudringen war, und es wurden mehrere Anpassungen vorgenommen, bevor es geschah. Seit dieser Zeit des Seelenaustauschs hatte ich das Gefühl, ich sei jemand anderer, und mein früheres Ich, obwohl es gegenwärtig war, schien sich in den Hintergrund zurückzuziehen, nicht mehr aktiv, sondern nur beobachtend. Alle meine Wahrnehmungen waren in höchst verwirrender Weise vollkommen anders.

Jeder Aspekt meines Lebens veränderte sich augenblicklich und oft in beängstigender Weise. Ich hatte die nächsten paar Wochen Probleme mit meinen Körperfunktionen. Anfangs hatte ich Schwierigkeiten, mich aufrechtzuhalten und zu gehen oder mich an den Ablauf vieler vormals automatischer Handlungen zu erinnern. Ich konnte mich nicht an den Weg zur Arbeit erinnern, den ich die letzten drei Jahre täglich gefahren war, oder wie der Schlüssel in das Zündschloß des Autos gehörte. Auch das Autofahren war an jenen ersten Tagen eine Zitterpartie. Nicht einfacher wurde das Ganze dadurch, daß ich nicht begriff, warum ich überhaupt so große Schwierigkeiten bei all dem hatte, und bei vielen Dingen fragte ich mich, warum ich sie überhaupt tat. Ich wurde von einem Tag auf den anderen konsequenter Vegetarier, aß Reis und frisches Gemüse und trank Kräutertees. Ausgerechnet ich, die ich immer mehr oder weniger von Fleisch und Kuchen gelebt hatte. Innerhalb von wenigen Tagen gab ich meinen äußerst stressigen, emotional zerstörerischen Bürojob auf, nachdem man mich dabei erwischt hatte, daß ich meditierte, und begann zwei Tage später mein erstes Buch zu schreiben: *The Kwan Yin Book of Changes*. Und innerhalb der nächsten paar Monate brach ich auch den noch weitaus zerstörerischen Kontakt zu meinen Eltern und meiner Familie ab.

In jenem August besuchte ich das Michigan Women's Music Festival zum ersten Mal, obwohl ich seit vielen Jahren bekennende Lesbierin war. Nachdem sich die Frauen, mit denen ich gereist war, am Tor von mir getrennt hatten, war ich ganz allein, so gut wie ohne warme Kleidung oder Campingausrüstung. Ich hatte niemals zuvor gecampt. Es war kalt, und es regnete, und es gab keine Räume, in die man sich zurückziehen konnte. Obwohl ich in dieser Situation unfähig war, meine Dyslexie und meine Platzangst in den Griff zu bekommen, war ich dennoch von dem Festival selbst so gefangen, daß ich schließlich im Gemeinschaftsschlafzelt des DART (Differently Abled Resource Team) landete. Dort erhielt ich von den Frauen eine gründliche Ausbildung in bewußter Wahrnehmung von Behinderungen und positivem Selbstbild und begann, mit meinen eigenen Fähigkeiten und Behinderungen vertraut zu werden.

Ich besuchte meine ersten Workshops zum Thema Frauenheilkunde – über Kräuter und Meditation, Göttinnen-Rituale und Heilung mit Kristallen. Ich entdeckte Frauen-Musik und Frauen-Kunsthandwerk, überhaupt Frauenkultur – und wußte, wohin ich gehörte. Es gab keinen Weg zurück. In nur wenigen Wochen war aus mir eine völlig andere Person geworden als die, die ich zu sein geglaubt hatte. Mein altes Ich und mein altes Leben waren unwiderruflich verschwunden, und das neue, mir völlig unbekannte Leben hatte gerade begonnen. Als ich von dem Festival zurückkehrte, fühlte ich mich in dem Apartment, in dem ich seit zwölf Jahren lebte, nicht mehr zu Hause, und meine Platzangst war verschwunden.

Im darauffolgenden Sommer, als ich mein Buch *Kwan Yin* beendet hatte und nach einem Herausgeber suchte, zog ich um. Ich nahm einen

Hilfsjob an, der sich jedoch als unerträglich ausbeuterisch entpuppte, und stand nun völlig mittellos da, meine Ersparnisse waren aufgebraucht. Ich war drei Monate lang so gut wie obdachlos und auf Sozialhilfe angewiesen. Die nächsten Jahre lebte ich in äußerster Armut und Einsamkeit. Ich wollte keine Büroarbeit mehr annehmen. Die dort inzwischen übliche Arbeit am Computer löste bei mir chronische Migräne und andere Anfälle aus, also jobte ich als Kellnerin, wobei ich aber nicht viel verdiente. Mehrere Jahre lebte ich von Lebensmittelgutscheinen, obwohl ich zeitweise zwei Jobs hatte und vierzehn Stunden am Tag schuftete. Mein Überlebenskampf entschärfte sich, als mir meine Bücher langsam Geld einbrachten, und ich unternahm die nächsten Schritte auf dem Weg zur Heilung und zum Heilen.

Zuerst mußte ich mit meinen körperlichen Grenzen zurechtkommen, mich selbst innerhalb dieser Grenzen verstehen und einschätzen und dann diese Grenzen überwinden und heilen. Ich litt aufgrund einer Rückgratverkrümmung unter chronischen Rücken- und Nackenschmerzen und war frustriert von meiner Lesestörung – neurologische Defizite, die sich als mangelnder Orientierungssinn manifestierten, verbunden mit schlechtem Raumgefühl, mangelhaftem Gleichgewichtssinn, Unbeholfenheit und der verwirrenden Wahrnehmung, daß die Dinge niemals zweimal hintereinander am selben Platz lagen. Ich lebte in einem Zustand chronischer Spannung, Hypernervosität, Ängstlichkeit und Furcht, niedrigem Selbstwertgefühl, einer dicht unter der Oberfläche schwelenden Wut und häufiger, kräftezehrender Panik. Ich war chronisch erschöpft, ohne daß es dafür einen Grund zu geben schien. Ich hatte verheerende Migräneanfälle, in deren Verlauf ich zu sterben glaubte und mich danach auch sehnte. Ich verlor meine Fähigkeit zu lesen, da die Muskeln, die meinen Blick fokussierten, ihren Dienst versagten, und mir begann bewußt zu werden, daß ich von beiden Elternteilen und meiner Schwester von der Kindheit bis in die Erwachsenenzeit hinein heftig geprügelt und seelisch mißhandelt worden war. Diese seelische Mißhandlung hatte sich in Verbindung mit sexueller Belästigung durch viele männliche Chefs im Berufsleben fortgesetzt.

Nachdem mir der Aufbau einer für mich wichtigen Beziehung jämmerlich mißlungen war, erkannte ich, daß ich eine Behandlung brauchte, die Schulmediziner mir nicht geben konnten. Ich mußte diesen Weg selbst finden. So begann ich mit Kräutern, Kristallen und Reiki zu arbeiten. Ich erhielt Massagen und optometrische Sehtherapie, die Leseschwäche, Gleichgewichtssinn und das Kurzzeitgedächtnis verbesserten. Eine Freundin erlernte gerade Neurolinguistisches Programmieren (NLP) und suchte jemanden, an dem sie üben konnte. Ich stellte mich zur Verfügung und bekam ein Jahr lang zweimal die Woche intensive NLP-Sitzungen, in denen alle verdrängten Erlebnisse meiner elenden Kindheit ans Tageslicht geholt wurden. Ich erforschte all mein Geschlagenwerden den ganzen Weg zurück bis zum Säugling und sogar bis in den Mutterleib. Danach unterzog ich mich einer zweijährigen nichttraditionellen Gestalttherapie bei einer Frau, die auch Geistheilerin war.

Ich zog von Pittsburgh nach Florida. Ich war nun wieder auf mich selbst gestellt und sehr einsam an diesem neuen Ort, und so arbeitete ich daran, meine Depression und meine Wut zu heilen. Ich erlangte den zweiten und dritten Grad in Reiki und lernte, mit Geistführern und Geistführungs-Teams von der Erde und anderen Planeten zu arbeiten. Nachdem ich ein paar Wochen lang Machaelle Small Wrights MAP (aus dem Buch: *MAP – The Co-Creative White Brotherhood Medical Assistance Program*) durchgeführt hatte, begann sich mein gekrümmter Rücken zu strecken. Über den Zeitraum von ein paar Monaten hinweg normalisierte er sich überraschend vollständig. Ich erlernte Tiefenmeditation, die mich weiterführte zur Chakra-Heilung, zur Arbeit mit dem inneren Kind, zur Vergangenheitsrückführung und der Lösung von der Vergangenheit, zum Kappen von Bindungen, zur Seelenrückführung, zur Karmaauflösung und der Kunst der nie endenden seelischen Heilung. So oft wie möglich erhielt ich Hilfe von Menschen, zu denen ich mich hingezogen fühlte, doch den größten Teil meines Fortschritts vollbrachte ich selbst. Jedes vergessene oder halbvergessene Ereignis von seelischem oder körperlichem Schmerz wurde mir wieder und wieder gegenwärtig, um betrachtet und dann losgelassen zu werden, und dieser Prozeß schien kein Ende zu nehmen. Dann ging es um meine früheren Leben. Ich lernte, Emotionen in ihrem ganzen Ausmaß zu fühlen und sie nicht mehr so lange zu leugnen, bis sie sich in einem Wutausbruch Luft machten.

Ich heilte die Verkrümmung meiner Wirbelsäule vollständig und linderte eine neuere Verletzung im Lendenbereich, ich heilte viele meiner neurologischen Probleme, die Funktionsprobleme meiner Nebennieren, meine Migräne, eine Gebärmutterentzündung und ausgedehnte Fibrome. Ich kombinierte die geistbezogenen Techniken mit Massage, Kräutern, Homöopathie, Kristallen und Edelsteinen, Blütenessenzen und Reiki. Auch meine jahrelange Armut war vorbei. Jetzt lebe ich ohne Schmerzen, ohne Furcht, Not oder Wut, und ich möchte genau dort sein, wo ich bin – ein völlig neues Gefühl.

Im Verlauf dieses Prozesses lernte ich, was half und was nicht, und begann die Dinge, die mir geholfen hatten, einzusetzen, um anderen zu helfen. Ich beteiligte mich zweieinhalb Jahre lang an einem Heilungsprojekt mit AIDS-Patienten, arbeitete ein Jahr mit einer Frau, die Brustkrebs hatte, machte viele Sitzungen mit von Inzest und multiplen Persönlichkeitsstörungen Betroffenen wie auch Heilungen von Frauen mit zahllosen anderen seelischen und körperlichen Beschwerden. Die in diesem Buch (und in meinen früheren Büchern) beschriebenen Techniken haben sich direkt aus diesen Lernprozessen entwickelt.

Der wichtigste rote Faden, der mich durch diesen Prozeß führte, war Reiki. Zwar setzen die Techniken in diesem Buch Reiki-Training nicht voraus, dennoch empfehle ich es allen Heilern. Mein 1995 veröffentlichtes Buch *Essential Reiki* hat viel dazu beigetragen, diese Heilmethode allen zugänglich zu machen, die sie gerne erlernen wollen. Wenn ich eine Geistheilerin ausbilde, schule ich sie zuerst in Reiki, da diese Methode einen sinnvollen Bezugsrahmen für alles Geistheilen und alle Methoden des Heilens durch Handauflegen darstellt. Auch öffnen die Feinstimmungen des Reiki die Empfängerin für ihre medialen Kräfte und bringen sie mit ihren Geistführern und Heilungsführern in Verbindung. Hat eine Heilerin dann den dritten Grad im Reiki erreicht und wendet sie das Heilen häufig auf sich oder andere an, so haben sich ihr die meisten Methoden in diesem Buch eröffnet. Auch ohne Reiki entfalten sich die medialen Fähigkeiten der Frauen, aber nicht so schnell, so natürlich und so leicht.

Nach dem Reiki-Training sind praktische Erfahrungen die beste Methode, um die Heilkräfte zu entwickeln. Dabei spielt es keine Rolle, wie viele Kenntnisse eine Frau sich aneignet, erst die Heilsitzungen machen die Heilerin aus. Nichts kann die Praxis ersetzen, und bei jedem Heilen lernen beide etwas: Patientin und Heilerin. Wenn ich eine Schülerin in Reiki unterrichte, ermuntere ich sie, andere zu heilen, und führe sie durch die Sitzungen, soweit sie es braucht, und helfe ihr dabei, das Wahrgenommene einzuordnen. Nach nur wenigen Heilsitzungen hat sie gelernt, Verbindung zu ihren Geistführern aufzunehmen, und weiß, wie sie Informationen über das Heilen auf nicht-physischer Ebene erhalten kann. Nachdem man viele Heilsitzungen durchgeführt hat, fällt es einem leicht, Zugang zu diesen Informationen zu bekommen und diese problemlos zu verstehen.

Wer Heilerin werden will, muß als wichtigste Befähigung lernen, wie man Verbindung zu den Geistführern aufnimmt und mit ihnen arbeitet. Reiki eröffnet diese Verbindung schnell und zuverlässig, obwohl es nicht der einzige Weg ist, sie zu entwickeln. Ich empfehle jeder ernsthaften Geistheilerin ganz dringend, sich in Reiki zu schulen und möglichst alle drei Grade zu erwerben.

Geistheilung hat nichts mit Medizin zu tun, noch wird sie in irgendeiner Weise von der Schulmedizin anerkannt, dennoch bietet sie grundlegende Antworten bei der Suche nach Wohlbefinden und der Heilung von Krankheiten sowohl körperlicher wie emotionaler/mentaler/spiritueller Art. Das moderne Medizinsystem konzentriert seine «Heilverfahren» allein auf den dichten physischen Körper, während Geistheilen auf den nicht-physischen Ebenen nach dem Ursprung der Krankheit sucht. Die Medizin heilt, indem sie Symptome unterdrückt, wogegen der Vorgang des Geistheilens die nicht-körperlichen Ursachen der Erkrankung anspricht und auflöst. Durch das Aufspüren der emotionalen, mentalen und spirituellen Quellen der Gesundheitsstörung und die daraus folgende Heilung der ganzen Person, wird die Krankheit schließlich aus dem physischen Körper herausgelöst. Die Symptome verschwinden, und die Erkrankung ist geheilt, aber auf mehr Ebenen als nur der des dichten, stofflichen Körpers.

Die Medizin hat bis vor kurzem die Existenz alles Nicht-Körperlichen geleugnet. Nun öffnet sie sich allmählich – aber sehr langsam – der Vorstellung, daß Geist und Körper miteinander in Verbindung stehen. Als die patriarchale Medizin den Hexen, Hebammen, Heilerinnen und Schamanen die Grundlagen ihrer vor Inquisition und Christentum liegenden weiblichen Vergangenheit stahl, wandte sie sich total und unwiderruflich vom Nicht-Körperlichen ab. Die Heilkunst der Frauen – in jeder Kultur die vorherrschende Medizin bis zur männlichen Usurpation – achtete immer die nicht-physischen Ebenen des Körpers. Die der weiblichen Psyche beraubte Medizin ist zu einem kalten und mechanischen Reparaturbetrieb für menschliche Einzelteile geworden. Die mechanische Antwort der modernen Medizin auf Schmerz und Krankheit besteht im Verordnen von Medikamenten mit gefährlichen, schädlichen Nebenwirkungen und zu vielen unnötigen Operationen und Organentfernungen.

Diese Art der Behandlung erzeugt mehr Schmerzen und schwächt noch mehr als die ursprüngliche Erkrankung, dabei werden die Patienten eher verkrüppelt als geheilt. Die technologischen Greuel und die die Seele vergewaltigenden Exzesse der Medizin hatten ein Wiedererwachen der älteren und sanfteren Methoden zur Folge, also weniger stark in den Organismus eingreifende und ganzheitlichere Wege des Heilens. Frauen sind die meistbetroffenen Opfer dieser medizinischen Exzesse, und sie sind es auch, die am häufigsten nach Alternativen suchen.

Immer mehr Frauen erwachen, und inzwischen hat sich eine Vielzahl von Methoden als sinnvoll erwiesen. Diese Behandlungsweisen umfassen die ganze Skala von streng physischen bis zu vollkommen geistigen Methoden. Pflanzliche Heilmittel (die sanftere Arzneimittel sind), Vitamine und Mineralstoffe, optimale Ernährung unter Berücksichtigung der Giftstoffe, Naturheilverfahren, Massage, Chiropraktik und viele andere natürliche Methoden wirken als medikamentenfreie Therapie vorwiegend auf den Körper. Viele ganzheitliche Methoden gehen über den physischen Körper hinaus oder über das, was wissenschaftlich beweiskräftig erklärt werden kann. Solche Brücken zwischen den dichten physischen und den nicht-physischen Ebenen schlagen Homöopathie, Akupunktur und Akupressur, die Blütenessenzen, Heilen mit Edelsteinen und Kristallen, Biofeedback und Hypnose. Man bezeichnet diese Behandlungsweisen auch oft als Heilen mit Energieschwingungen. Es handelt sich um Methoden, die den physischen Körper beeinflussen, indem sie auf Ebenen wirken, die jenseits des Körpers liegen; diese beinhalten Meditation und Visualisation, das Auflösen von Gefühlsspannungen, die Arbeit mit dem verborgenen Kind, Reiki und jede Form des Geistheilens.

Immer mehr Menschen lehnen heute technologisch hochgerüstete Medizin und ausschließlich auf den Körper fixierte «Heilverfahren» ab. Sie wehren sich gegen eine Hauruck-Medizin, die mit Skalpell und Strahlen arbeitet, und bevorzugen statt dessen ein Heilen, das tiefer wirkt als nur auf die Haut. Holistisches Heilen, das die Unverletzlichkeit des physischen Körpers achtet, ist der erste Schritt in eine neue Richtung. Der nächste Schritt besteht im Heilen mit Energieschwingungen, das über die physische Ebene hinaus in die mental-emotionalen Ebenen eingreift, um Gesundheitsstörungen zu beheben. Das schließt auch den neuen, quasi-medizinischen Bereich der Psychoneuroimmunologie (PNI) ein. Geistheilen geht noch weiter darüber hinaus und greift über den dichten physischen Körper bis in emotionale, mentale und spirituelle Ebenen ein, um die krankmachende Energieschablone vollständig zu verändern bis hin zu vollkommenem Wohlbefinden des ganzen Individuums. Dieses Wohlbefinden bedeutet körperliches Wohlfühlen und Freisein von Krankheit, aber es bedeutet auch emotionale Gesundheit, Seelenfrieden und spirituelle Freude. Diese Art des Wohlbefindens stellt eine Rückkehr zum Geistig-Weiblichen dar, einen Rückgriff auf die Vergangenheit, damit sich die Zukunft entfalten kann.

Geistheilen schließt keinesfalls körperliche oder energetische Therapien aus, vielmehr wirken alle drei zusammen. Geistheilen kann parallel zu einer schulmedizinischen Behandlung ebenso angewandt werden wie in Kombination mit Naturheilmitteln, Akupunktur, Körperarbeit, emotionaler Therapie, Blütenessenzen etc. Als Heilerin arbeite ich im allgemeinen eklektisch, das heißt ich kombiniere mir sinnvoll erscheinende Heilmittel wie Ernährung, Entgiftung, Homöopathie und Heilpflanzen mit nicht-physischen Methoden. Das Ziel ist, auf die schnellste und wirksamste Weise auf allen vier Ebenen – der körperlichen, der emotionalen, der mentalen und der spirituellen Ebene – Heilung zu erreichen. Die Ethik des Heilens verbietet es, jemandem zur Ablehnung schulmedizinischer Behandlung zu raten, und in den meisten westlichen Ländern ist dies auch gesetzlich verboten. Gelegentlich habe ich Frauen sogar gebeten, sich schulmedizinisch behandeln zu lassen, wenn ich das Gefühl hatte, daß eine solche Behandlung notwendig war. Ich habe auch mit Frauen gearbeitet, die die Schulmedizin völlig ablehnen. Geistheilen wirkt auch wunderbar in Verbindung mit ganzheitlicher Gesundheitsvorsorge, und ich persönlich finde ganzheitliche Ansätze zur Gesundheitsvorsorge in den meisten Fällen am hilfreichsten.

Wenn ich auch über verschiedene Ebenen des Menschen schreibe, soll das nicht heißen, daß der Mensch aus einzelnen Teilen besteht. Der physische Körper ist nicht isoliert gesund oder krank. Bei körperlichem Schmerz gibt es fast immer auch emotionalen, mentalen oder spirituellen Schmerz. Wo spirituelle (oder mentale oder emotionale) Störungen zu finden sind, trifft man selten auf einen gesunden physischen Körper – irgendwo wird sich die Erkrankung zeigen. Wir bestehen nicht aus einzelnen Teilen, sondern sind ganzheitliche Wesenheiten, und Wohlbefinden bedeutet Gesundheit auf allen Ebenen. Ganzheitliches, also holistisches Heilen, stammt von dem Wort «Ganzheit». Und Heilen ist mit dem Wort «heilig» verwandt. Die Menschen sind spirituelle Wesen. Leugnet man diese Spiritualität, leugnet man seine Individualität und seinen Platz im Universum (du bist Teil der *Göttin*), was unvermeidlich zu Krankheit führt. Ähnlich wird sich eine Frau, die sich spirituell wohlfühlt, auch hinsichtlich ihres Körpers, ihres Geistes und ihrer Emotionen wohlfühlen oder kann sehr schnell zu diesem Wohlbefinden gelangen.

Geistheilen bedeutet, anders als im System der modernen Medizin, sich selbst zu heilen, andere zu heilen und den Planeten zu heilen. Eine Heilerin übt ihre Heilwirkung nicht einfach *gegenüber* der Empfängerin aus, sondern heilt diese *mit ihr zusammen*. Alles Heilen ist ein dreiseitiges, aktives und kooperatives Zusammenwirken zwischen Heilerin, der Empfängerin des Heilens und der *Göttin* (oder wie auch immer du die eine göttliche Quelle der Energie oder Gottheit nennen willst). Keiner kann einen anderen Menschen wirklich heilen, sondern jeder kann sich nur selbst heilen, und die Aufgabe der Heilerin ist es, diesen Prozeß zu fördern und zu lenken. Ich möchte dazu ein einfaches Beispiel geben. Wenn ein Kind hinfällt und sich das Knie aufschlägt, kann die Mutter es zwar trösten und seine Schwester ein Pflaster daraufkleben, aber nur sein eigener Körper kann die Wunde schließen und heilen.

Wir alle heilen uns selbst, und die Aufgabe der Geistheilerin ist es, den besten Weg herauszufinden, um eine möglichst vollständige (auf allen Ebenen stattfindende) Heilung zu fördern. Die Heilerin könnte die Heilungsenergien des Kindes verstärken, um den Prozeß zu beschleunigen. Aber das Kind mit dem aufgeschlagenen Knie ist noch nicht geheilt, wenn sich zwar neue Haut gebildet hat, aber es immer noch unter der Angst leidet, wieder nach draußen zu gehen. Hier muß neben dem körperlichen Heilen emotionales Heilen stattfinden – sonst ist die Heilung nicht vollständig. Der eigene Körper des Kindes (mit Hilfe der *Göttin*) heilt die physische Krankheit, aber vielleicht braucht es noch Hilfe von außen, um die Wunde auch emotional zu heilen.

Meistens setzt an diesem Punkt das Heilen ein. Es hilft, die Furcht loszulassen, indem es die Quelle der Furcht in der Kindheit oder in einem früheren Leben auffindet und dem Kind Sicherheit verleiht. Die Heilerin erleichtert es dem Kind, seine Angst zu überwinden und zum normalen Leben zurückzukehren. Vielleicht liegt der Ursprung dieser Angst nicht in dem gerade geschehenen Sturz, sondern in einem Vorfall, der in der näheren oder ferneren Vergangenheit liegt oder sogar in einem früheren Leben. Der Heilung dienende Erkenntnisse werden der Heilerin und der Empfängerin von der *Göttin* gegeben, und alle, Heilerin, *Göttin* und Kind, sind dabei beteiligt. Dies ist ein vereinfachtes Beispiel des Heilungsprozesses, der viel kompliziertere Probleme und Krankheiten umfaßt.

Bei einem Großteil des Geistheilens sind Heilerin und Empfängerin dieselbe Person. Nur wenige Frauen, die Geistheilung brauchen und wollen, haben dazu über andere Zugang, obwohl sich in diesem Punkt Veränderungen vollziehen. Dieser Bereich ist noch zu neu, noch gibt es zu wenige, die praktizieren, und das meiste dieses Wirkens spielt sich im verborgenen ab. Auch die Heilerinnen selbst sind meistens voneinander isoliert. Sie haben diese Heilarbeit genauso nötig wie jeder andere. Im patriarchalen medizinischen System darf nur der Doktor «heilen» (und jeder andere kann wegen unbefugten Therapieversuchen im Gefängnis landen), beim nicht-physischen Heilen sind wir alle Heilerinnen. Frauen können dieselben Methoden für die Selbstheilung anwenden, die sie in der Arbeit mit anderen einsetzen.

Wahrscheinlich wird der größte Teil des Geistheilens als Selbstheilung durchgeführt, und obwohl es oft leichter und wirksamer für Heilerin wie Empfängerin ist, zusammenzuarbeiten, ist es ein alltäglicher Vorgang, allein zu heilen. Seine eigene Helferin zu sein, erfordert viel Erfahrung und Objektivität, aber manchmal genügten auch der aufrichtige Wunsch nach Veränderung und das Vertrauen in den Prozeß und die *Göttin*. Die Arbeit mit Geistführern kann diese Lücke füllen, aber sich alleine zu heilen ist oft ein langsamerer Prozeß. Deshalb empfehle ich, wenn irgend möglich, das Heilen zusammen mit Menschen, denen man vertraut, vorzunehmen und mit positiver Selbsthilfe zu verbinden. Wenn du keine Gelegenheit hast, mit einer anderen Heilerin Kontakt aufzunehmen, tue dein Möglichstes alleine, und du wirst eine Menge lernen. Die Methoden in diesem Buch wirken in beiden Fällen: bei der Selbstheilung und mit einer helfenden Heilerin.

Frauen können sich selbst und andere heilen, ebenso wie Kinder, Bäume und Pflanzen, Tiere und Männer, Regierungen und den Planeten. Niemand ist hier vom Ganzen getrennt, und niemand kann vollkommen gesund sein, bevor wir nicht eine gesunde Gesellschaft und eine gesunde Erde haben. Viele Heil- und Selbstheilungsweisen können auch für die Heilung der Erde eingesetzt werden. So kann mit dem Fernheilen die *Erde* und jeder Teil von *ihr* erfaßt werden. Jedes Heilen hat eine Auswirkung auf unseren Planeten, so wie jeder Mensch, jedes Tier oder jede Pflanze ein Teil der *Erde* sind. Gaia ist die *Göttin Erde*, und wir sind alle ein Teil *ihres* lebendigen *Seins*.

Jedes Heilen von sich selbst oder jemand anderem, von irgendeinem Haustier, einem Nutztier, einem Tier der Wildnis oder einem Rosenstrauch ist ein Heilen der *Erde*. Jedes handelnde Bekenntnis – Friedensmarsch; Protest gegen Rassismus, Sexismus, gegen die Diskriminierung von Homosexuellen oder gegen Armut; jede Wahlstimme für eine aufrichtig für das Leben kämpfende Regierung; der Brief an einen Kongreßabgeordneten oder das Aufdecken der Wahrheit und Information ist ein planetarisches Heilen. Jede Flasche, Dose und Zeitung, die recycelt wird, jeder Baum, der gepflanzt wird, jedes Heilen eines Lebewesens hilft jedem und der *Erde*. Jedes Bekenntnis gegen Gewalttätigkeit heilt jeden von uns ebenso wie jede Mahlzeit, die einem Hungernden angeboten wird.

Die *Erde* und alle Nationen und Völker befinden sich in einem umfassenden Prozeß des Heilens und Reinigens, der in der Metaphysik des New Age als Erdveränderungen bekannt ist, ein Konzept, das vor 1945 von Edgar Cayce zum ersten Mal einer breiten Öffentlichkeit nahegebracht worden war. Obwohl manche Menschen sich weigern, an dieses Konzept und seine Vorhersagen zu glauben, dokumentieren die täglichen Nachrichten die immer deutlicher werdenden Anzeichen. In meinem 1991 publizierten Buch *Dreaming the Past, Dreaming the Future* brachte ich eine Übersicht über die Theorie der Erdveränderungen und der damals aktuellen Vorhersagen. Die Ereignisse nahmen damals ihren Anfang und haben sich seither beträchtlich verstärkt. Sie werden die nächsten Jahre noch anhalten und die Chance zur Entwicklung eines positiven Wandels der Individuen und des Planeten bieten. Alles, was bisher im Leben und der Organisation von Nationen und Völkern nicht richtig funktioniert hat, wird aufgelöst werden, um Platz zu machen für das, was in seiner Wirkung effizient und menschlich ist. Das Ergebnis des Chaos ist das Gute schlechthin.

Barbara Marciniak schreibt in *Earth: Pleiadian Keys to the Living Library:*

> Die Erde macht stürmische Veränderungen durch ... Wir halten dies aufgrund der extremen Polarität auf unserem Planeten für unvermeidlich. Seid dessen gewiß, je mehr ihr die Erde verschmutzt und zerstört, um so mehr Energie wird auf die Veränderungen und Erschütterungen verwandt werden, um die Störungen in Ordnung zu bringen.
>
> Die gegenwärtige Epoche wird den Untergang der globalen Zivilisation mit sich bringen und das Wiedererwecken einer völlig neuen Form des Bewußtseins.[1]

Solche Voraussagen und Prophezeiungen nehmen weltweit zu. Seit ich *Dreaming the Past, Dreaming the Future* geschrieben habe, hat sich die Weltkarte verändert. Die Sowjetunion zerbrach in zahllose kleine Länder, der Fall der Berliner Mauer hatte die Vereinigung von West- und Ostdeutschland zur Folge, und die Europäische Union führte zum Wegfall der Grenzen auf einem ganzen Kontinent. Die Apartheid in Südafrika ist ebenso beseitigt worden wie der Faschismus auf Haiti, und sowohl im geteilten Irland wie auch zwischen Israel und den arabischen Staaten sind Friedensbemühungen im Gange. Auf negative Weise werden die Landkarten verändert durch die völkermordenden Kriege in

Bosnien, Ruanda und Burundi und den Hunger in Somalia und Äthiopien, denen Millionen Menschen zum Opfer fallen und die die Welt in Schrecken versetzen. AIDS überschwemmt den Globus und entvölkert mehrere afrikanische Länder.

Täglich wird auch das Antlitz der Erde verändert, oft in zerstörerischer Weise. Im Januar 1994 fielen dem Erdbeben von Northridge in Los Angeles sechzig Menschen zum Opfer, Tausende wurden obdachlos, und ein Sachschaden in Milliardenhöhe entstand. Genau ein Jahr später (am 17. Januar 1995) starben beim Erdbeben im japanischen Kobe 5100 Menschen, 300 000 verloren ihre Wohnung. Erdbeben in Südamerika, Indien, im Iran, in Mexiko, China, auf den Philippinen, in Japan, den Vereinigten Staaten und weiteren Orten hinterließen Tote und Verwüstungen, daneben halten Tausende kleinerer Beben und Nachbeben an. Die Ausmaße dieser Erdbeben werden zunehmend alarmierender. Ähnliche Verwüstungen haben Wirbelstürme über Florida, den Karolinen-Inseln, über Hawaii, Japan, den Philippinen und St. Croix angerichtet, darunter auch 1992 der Wirbelsturm Andrew. Heftige Stürme, Tornados und Klimastörungen sind seit 1993 weltweit zu beobachten, besonders hart getroffen wurden Europa, die Vereinigten Staaten und Afrika. Tornados in Florida, im Süden und Mittleren Westen Amerikas, der Rekordsturm im März 1993 an der amerikanischen Ostküste, Sturmregen mit Überflutungen und Erdrutschen in Kalifornien und in ganz Europa haben viele Menschen beeinträchtigt und vielen auch das Leben gekostet.

Die Flutkatastrophen entlang des Mississippi und in Georgia von 1993 und am Rhein und in Holland zum Jahreswechsel 1994/1995 haben viele Tausende gezwungen, ihre Häuser zu verlassen. An vielen Orten sind Flußverläufe und das Land auf Dauer verändert worden. In Kalifornien, Colorado und der Nordwestküste haben unkontrollierbare Waldbrände zahllose Hektar gesunder Bäume zerstört sowie viele Häuser in Laguna Beach und Malibu. Viele dieser Naturkatastrophen sind direkte Folgen fehlgeleiteter menschlicher Planungen – da wird beispielsweise in Flutausweichzonen und feuergefährdeten Gebieten gebaut, da werden Flußläufe verändert, wie es den Menschen gerade am nützlichsten erscheint. National wie international ist eine Häufung von extremen Hitze- und Kältewellen, von Wind, Regen (oder Dürre) und Schnee zu beobachten.

Trotz der gesellschaftlichen und natürlichen Erschütterungen ist auf der positiven Seite ein neues Erwachen von Spiritualität und menschlicher Freiheit zu erkennen. Als Gegenpol zu christlichem und islamischem Fundamentalismus gibt es auch *die Göttin* und die Spiritualität des New Age, wachsendes Interesse an östlichen Philosophien und Anti-Rassismus und Feminismus. Trotz sinnloser Gewalt, Drogenmißbrauch, Unterdrückung, Entwurzelung und dem Mißbrauch von Frauen, Kindern und Minderheiten gibt es auch ein wachsendes Verständnis für die Einheit allen Lebens und Ablehnung der Unterdrückung. Wann immer sich Flugzeugabstürze, Erdbeben, Überflutungen oder Feuerkatastrophen ereignen, denen viele zum Opfer fallen, lassen sich die Menschen mobilisieren, um den anderen zu helfen. Neben neuen schrecklichen Krankheiten wie AIDS und dem Hantaan-Virus und der Rückkehr alter Seuchen wie Tuberkulose und Cholera gibt es auch eine neue, wachsende Konzentration auf Heilen und Mitgefühl. Parallel zum Mangel an gesundheitlicher Fürsorge für zu viele Menschen gibt es auch eine neue und zunehmende Rückkehr zu gefahrloseren natürlichen Heilweisen.

Wenn Veränderung auch nicht immer angenehm ist, so folgt sie doch dem Elementargesetz von Energie und Leben. Je größer der Widerstand, der dem Wandel entgegengesetzt wird, desto heftiger wird sich die Veränderung manifestieren. In dem Maße, wie die alte Welt zusammenbricht, beginnt die neue zu einer positiven Lebensweise zurückzukehren. Barbara Marciniak beschreibt die Erdveränderungen als einen Initiationsvorgang, bei dem es darum geht, der Furcht gegenüberzutreten und sie zu überwinden:

> Wenn du dich in das, was du fürchtest, eingetaucht siehst, halte die Vorstellung von dir als einem ganzen und glücklichen Wesen fest und transformiere die Energie der Furcht, indem du etwas über dich selbst lernst ... Wenn dein Energiefeld die Furcht nicht mehr festhält, hat das, was du fürchtest, nicht länger die Macht, dich zu zerstören.[2]

Die Prüfungen und Herausforderungen führen zu größerer Stärke und Wachstum, ein Heilungsprozeß, durch den *Mutter Erde* ihre Bewohner führt. Die Heilung des Planeten/der *Göttin* spiegelt sich in der Heilung und Stärkung der Frauen wider. Jedes Lebewesen auf dem Planeten ist *die Erde.*

Die inneren Veränderungen der Frauen können so erschütternd sein wie Erdbeben, und manche, die zur Veränderung nicht fähig sind, werden sterben, aber für jene, die diesen Initiationsprozeß durchlaufen, kommt es zu positiven Ergebnissen. Der Gewinn an machtvoller Stärke und persönlichem Wachstum manifestiert sich als emotionales Öffnen, und die Wandlungen im spirituellen Leben zeigen sich in der äußeren Erscheinung der Frauen und in ihrem Bewußtsein. Die Frauen gewinnen an seelisch-geistiger Qualität, werden sich nicht nur des Lebenssinns bewußter, sondern auch der Einheit allen Lebens auf der *Erde*. Die starren patriarchalen Religionen werden langsam von den östlichen, indianischen und *Erde*-zentrierten Philosophien verdrängt, und in vielen Fällen kehrt die weibliche Gottheit zurück. Spiritualität wird allmählich für viele Frauen wichtiger als Religion und richtet sich mehr auf Geben, Öffnen und Liebe. Die einst universelle Vorstellung von Reinkarnation und Leben jenseits des Todes findet wieder Eingang in unser Bewußtsein.

Die Erdveränderungen beinhalten auch ein Gerichtetsein auf das Heilen von innen heraus, und es ist diese Form des Heilens, die zum Anlaß für dieses Buch wurde. Sowohl Männer als auch Frauen befinden sich in einem Prozeß des Lernens, sie begreifen, daß eine Heilung ihrer Körper voraussetzt, daß ihre Gefühle, ihr Geist und ihre Seelen von den Traumata und Mißhandlungen geheilt werden, die das Patriarchat und ihre eigene Vergangenheit verursacht haben. Die Traumata sowohl dieses Lebens wie auch früherer Leben zu heilen, ist der Weg, der Angst zu begegnen und sie zu überwinden, sich vorwärtszubewegen und über die bisherigen Grenzen hinauszuwachsen. Wenn man sich vergangene Schmerzen wieder vergegenwärtigt – durch Inzest, Mißhandlung, Zurückweisung und andere Verletzungen –, wird der Schmerz anerkannt, gefühlt, geheilt und aufgelöst. Vergangene Lebenstraumata werden im Prozeß des Heilens an die Oberfläche kommen und verarbeitet werden, damit sie nicht wieder zurückkehren.

Wenn man sich seiner persönlichen Geschichte und seinen persönlichen Gefühlen stellt, führt dies auch zu kollektivem Heilen und dem Heilen der *Göttin Erde*. Eine Frau, die inzestuös oder von Fremden mißbraucht wurde und den Schmerz in sich selbst heilt, wird dazu übergehen, den Schmerz in anderen zu heilen, ein Bewußtsein vom Schmerz des Planeten zu erwecken und auch diesen heilen wollen. Eine Frau, die das Gefühl für ihr *Göttin*-Selbst wiedererlangt, nachdem sie Rassismus, Homosexuellenfeindlichkeit, Frauenfeindlichkeit, sinnloser Gewalt oder religiöser Diskriminierung ausgesetzt war, wird helfen wollen, diese Bereiche des Unrechts in der Gesellschaft zu beseitigen. Jene, die Krieg erfahren haben, werden mithelfen, dem Planeten Frieden zu geben, jene, die arm oder heimatlos waren, lernen Wohlstand kennen und helfen anderen dabei, diesen auch zu erlangen, und so weiter. Mit der Auflösung der Angst kommen die Gesundheit, die Fülle, der Frieden und die Fähigkeit, nicht nur sich selbst und andere zu lieben, sondern auch den Planeten gesund zu lieben – hinein in ein neues Zeitalter. Wie sich die Auren der Individuen ändern können, so kann es auch bei der Aura der *Erde* geschehen.

Wenn diese Heilungen wahr werden, wird sich das Leben verändern. Viele Menschen wechseln ihre Berufe und ihre Karrieren, setzen ihre Sicherheit aufs Spiel für Lebensumstände, die ihren wahren Vorlieben und emotionalen Bedürfnissen eher angemessen sind. Manche Menschen wählen sich den Dienst am Nächsten als Aufgabe. Viele machen sich selbständig. Viele Frauen verlassen ihr langjähriges Heim oder den Ort, an dem sie von Geburt an leben, um in andere Teile des Landes zu ziehen oder sogar in andere Länder, und einige ziehen mehrfach um. Andere verlassen ihre langjährigen Partner, und manche, die zuvor allein gelebt haben, finden einen Partner. Einige entschließen sich dazu, zum erstenmal in einer Wohngemeinschaft zu leben. Diese Veränderungen können Angst machen und eine Zeitlang zu Chaos führen, aber dann führen sie zum Seelenfrieden und zur Ganzheit. Viele sind gestorben – an AIDS, Krebs, Flugzeugabstürzen, Autounfällen, Naturkatastrophen etc. –, und es werden noch mehr werden. Jene, die nicht in der Lage sind, sich zu verändern oder ihrer Angst zu begegnen, werden vielleicht sterben. Und jene, die sich verändern, machen vielleicht die Erfahrung einer nie zuvor gekannten Freude.

Was in den Menschen und in den Völkern am dringendsten geheilt werden muß, ist die Vorstellung der Getrenntheit. Getrenntheit und Einsamkeit sind nur falsche, oberflächliche Wahrnehmungen, die von patriarchalischer Eifersucht und Gier gefördert werden. An den Wurzeln und der Quelle des Lebens sind wir alle eins und alle ein Teil der *Göttin*, die die *Erde* ist, auf der wir leben. Dem Wesen nach sind wir uns alle ähnlich, und was eine von uns verletzt, verletzt uns alle. Der *Erde*, der *Göttin*, und *ihrem* Volk gemeinsam ist ein Karma der Unterdrückung und des Mißbrauchs, das durch das Gewahrwerden der Einheit allen Lebens geheilt werden kann. Wenn es eine Definition des Geistheilens gibt, dann als Prozeß der Rückkehr des Individuums zur Einheit mit anderen Wesen und der *Göttin*.

Das Erkennen und Anerkennen dieser Einheit führt zu dem Verstehen, daß das Chaos sinnvoll ist, und jeder von uns wird von der Angst geheilt, allein zu sein. Je mehr eine Frau lernt, sich selbst zu lieben, desto mehr lernt sie, alle anderen und die *Erde* zu lieben. In dem Maße, wie sie lernt, der *Erde/Göttin* zu vertrauen, lernt sie, anderen und sich selbst zu vertrauen, und sie wird feststellen, daß dieses Vertrauen geachtet und erwidert wird. Die Getrenntheit schmilzt durch Vertrauen und Liebe; keiner ist mehr vom Ganzen getrennt.

Wenn die Getrenntheit geheilt ist und die Menschen zur Selbstliebe fähig sind, sieht jeder einzelne den anderen als sich selbst. Mit diesem Bewußtseinsstand werden Unterdrückung, Gewalt und Mißbrauch unerträglich. Da niemand diese Dinge einem geliebten und angemessen geachteten Selbst antun würde, wird es unmöglich, sie anderen anzutun. Das Ende der Getrenntheit ist also auch das Ende von Armut und Rassismus, planetarischer Umweltverschmutzung, Grausamkeit gegenüber Kindern und Tieren, Inzest, Mißhandlung, Diskriminierung alter Menschen etc. Ein Individuum, das sich selbst voller Liebe erfährt und als Einheit mit allem Leben, ist ganz und vollständig, ihm mangelt es an nichts, und es ist fähig, Weisheit, Wohltaten und Mitgefühl zu geben und zu empfangen. Eine solche Einheit hat an der *Göttin* Anteil im umfassendsten Sinn.

Die Krankheit der Menschen spiegelt die Krankheit des Planeten wider, und diese zu überwinden, ist ein Prozeß bewußten Wachstums. Um Krankheit zu überwinden, muß sich die Heilung immer weiter fortsetzen, aber dies kann auch zu einem Annehmen dessen führen, was ist, und der Heilungsprozeß kann ebensogut mit dem Tod enden. Tod bedeutet nicht eine Niederlage oder den Triumph des Bösen oder der Krankheit. Der Tod ist nur ein Übergangsritus und ein Weg zu einer gesünderen Wiedergeburt. Jeder, der geboren wurde, stirbt am Ende. Eine Frau, die stirbt, nachdem sie sich den Traumata und dem Karma ihrer Vergangenheit gestellt und diese gelöst hat, stirbt friedvoll. Ihre Einsicht und ihr Verstehen bringen ihr eine neue Ganzheit, und ihre Aufgabe in dieser Inkarnation ist vollendet. Ihr nächstes Leben wird ihr Wachstum widerspiegeln und ihr neue Erkenntnisse bringen, die frei von den Begrenzungen der Gegenwart sind. In ähnlicher Weise hat jene Frau, die sich mit ihrer Erkrankung abfindet und lernt, nicht nur damit zu leben, sondern sich dabei auch zu lieben, einen Durchbruch zur Gesundheit errungen. Indem sie sich auf den nicht-physischen Ebenen heilt, erlangt sie Ganzheit und inneren Frieden, mit oder ohne ihre physische Krankheit.

Das Konzept der Eigenliebe ist vielleicht der zentrale Punkt und das Herzstück bei der Heilung von Frauen. Die patriarchale Gesellschaft wird getrieben von der Illusion der Getrenntheit und pflegt diese ebenso wie die Vorstellung, daß jeder, der nicht ein Weißer, ein Angelsachse, reich oder männlich ist, minderwertig sei. Dies ist genau die Bewußtseinslage, die der *Erde* jene Zerstörung bringt, die sie gegenwärtig erfährt, und es ist der Grund, warum die Erdveränderungen so notwendig sind. Tatsache ist, daß die Frauen das spirituelle Herz und die Rettung der Kultur unseres Planeten sind und die einzige Hoffnung, diese zu retten. Frauen erinnern sich an die *Göttin* und sind nach ihrem Ebenbild gemacht als lebende Beispiele der schöpferischen Lebenskraft. Ohne uns Frauen kann auf diesem Planeten keiner geboren werden, und nur durch die Rückkehr zu den auf die *Göttin* zurückgehenden Werten der Frauen kann die Menschheit überleben. Frauen konzentrieren sich auf Beziehungen, Mitgefühl, Schöpferkraft, Ethik und Zivilisation, und der Nicht-Materialismus ist die Wurzel des neuen Zeitalters New Age, das jetzt geboren wird. Die Gewalttätigkeit unserer gegenwärtigen Kultur wird selten von Frauen ausgeübt.

Frauen sind die *Göttin* und die *Erde*. Wir bringen die Kinder zur Welt und ziehen sie auf, schaffen das Heim und erzeugen zur Zusammenarbeit fähige Zivilisationen und Gemeinwesen. Während Männer Kriege führen, schließen Frauen Frieden; während Männer Chaos anrichten, sorgen die Frauen für Mitgefühl, Vernunft und Ordnung. Nur durch das Gewahrwerden der Frauen können sich die Menschen verändern. Das patriarchale System will verhindern, daß wir Frauen erfahren, wie einflußreich unsere Handlungen und unser Sein sind. Wenn wir unsere Einflußmöglichkeiten erkennen, lernen wir Frauen, wie wesentlich wir für das Überleben der *Erde* sind und daß unsere Selbstliebe nichts anderes ist als der Respekt, den wir dem Leben und der *Göttin* schulden. Alles Heilen für Frauen bedeutet deshalb, den Sinn der Frauen zu heilen für ihre Selbstachtung, ihr Selbstbild und ihre Selbstliebe.

Allabendlich das Wicca-Gebet «Gebet an sich selbst» zu sprechen, ist für jede Frau ein guter Anfang für Heilung von Krankheit. Stelle dich nackt bei Kerzenlicht vor einen Spiegel. Benetze deinen Zeigefinger mit einem Tropfen Ölessenz (Rosen- oder Jasminöl ist wundervoll), rotem Wein, Menstruationsblut, Salzwasser oder klarem Wasser. Berühre jedes Chakra nacheinander, während du folgendes laut sprichst:

Während du deine Krone berührst (deinen Scheitel), sprich:
«Segne mich, Mutter, denn ich bin dein Kind.»

Während du dein Drittes Auge (die Mitte zwischen den Augen) berührst, sprich:
«Segne meine Sicht, so daß ich klar sehen und dich in meinem Leben wahrnehmen kann.»

Während du deine Kehle berührst, sprich:
«Segne meine Rede, damit ich aufrichtig und von dir spreche.»

Während du dein Herz-Chakra (zwischen deinen Brüsten) berührst, sprich:
«Segne mein Herz, damit es offen ist und voller Liebe für alle.»

Während du deinen Solarplexus (die Mitte des Körpers zwischen den untersten Rippen) berührst, sprich:
«Segne meine Lebensenergie, die von dir kommt.»

Während du dein Nabel-Chakra (unterhalb des Nabels) berührst, sprich:
«Segne meine Eierstöcke und meine Gebärmutter für heiligen, liebevollen Geschlechtsverkehr.»

Während du dein Wurzel-Chakra (Vagina) berührst, sprich:
«Segne meine Vagina, das Tor zu Leben und Tod.»

Während du die Sohlen beider Füße berührst, sprich:
«Segne meine Füße, damit sie deinem Weg folgen und meinem eigenen Pfad des Lebens.»

Während du die Handflächen beider Hände berührst, sprich:
«Segne meine Hände, die deine Arbeit tun, die in dieser Welt meine Arbeit ist.»

Während du erneut deine Krone berührst, sprich:
«Segne mich, Mutter, denn ich bin dein Kind und ein Teil von dir.»

Dieses Heilen bewirkt Wunder und öffnet den Weg für alle Heilungen, die folgen. Die Methoden in diesem Buch beginnen mit dem Öffnen für die Einheit der Frauen mit der *Göttin* und allem Leben durch Meditation und fahren fort mit dem Öffnen für die Kommunikation mit dem *Göttin*-Selbst durch Visualisation. Daran schließen sich Kapitel an über die nicht-physische Anatomie der Chakras, die *Hara*-Linie, die Seelenkörper und Aura-Ebenen, und danach folgen grundlegende Techniken, die Energie zu reinigen, zu steigern und zu schützen. Dies sind die wichtigsten Werkzeuge des Geistheilens. Als weiteres wichtiges

Instrument für die nicht-physische Heilungsarbeit folgt die Arbeit mit Geistführern.

Wendet man diese Techniken an, führt dies zu Erkenntnissen über das Loslassen der Emotionen und das Heilen der Vergangenheit in diesem Leben, Handauflegen, Fernheilung, die Arbeit mit Edelsteinen und Kristallen beim Steinauflegen. Die letzten Kapitel enthalten fortgeschrittenere Methoden und Kenntnisse des Geistheilens – karmisches Heilen und Lösungsarbeit, Seelenregeneration (Rückgewinnung abgespaltener Seelenanteile) und Ablösen von Verhaftungen und Wesenheiten aus dem Aurakörper. Diese können aus dem gegenwärtigen oder aus früheren Leben stammen, von der *Erde* oder von anderen Planeten, und es kann sein, daß dabei außerirdische Verbündete als Helfer beteiligt sind. Das Schlußkapitel des Buches befaßt sich mit Heilen im Zusammenhang mit dem Prozeß des Sterbens und den Möglichkeiten, sich in zukünftige Leben hineinzuheilen.

Der Inhalt beginnt mit den grundlegenden Techniken und geht dann zu den fortgeschritteneren weiter, wobei der Schwerpunkt jenseits des Grundwissens liegt. Es gibt viele Bücher über die Anfänge der Fähigkeit zu heilen, aber zur Zeit gibt es wenig Gedrucktes, das fortgeschrittene Techniken lehrt. Frauen, die den zweiten und dritten Grad im Reiki vollendet haben oder jene ohne Reiki, die Geistheilen längere Zeit praktiziert haben, und darin erfahren sind, brauchen weiterreichende Führung. Bis heute haben die meisten von uns allein gearbeitet und versucht, den Sinn dessen herauszufinden, was wir sehen, und haben gelernt, diese Wahrnehmung mittels Herumprobieren zu verifizieren. Die in diesem Buch dargestellten Methoden zeigen auf, was ich gesehen und wie ich gelernt habe. Durch meine eigenen Versuche und durch meine Irrtümer konnte ich mein Verständnis vertiefen.

Keine zwei Heilerinnen arbeiten in genau der gleichen Weise, und jene, die etwas über meine Methoden lesen, beschließen vielleicht, diese auf andere Art anzuwenden. Dazu habt ihr meinen Segen, solange die Methoden zum Heilen eingesetzt werden und um Gutes zu bewirken und nicht dafür, andere zu manipulieren oder ihnen zu schaden. Jede Heilerin, die in einer Methode Erfahrungen gesammelt hat, wird diese weiterentwickeln und darüber hinausgehen, und auch dafür hat sie meinen Segen. Denn dies möchte ich auch. Das Wesentliche bei psychischen Kräften ist, sie zum Guten der Menschen, Tiere und des Planeten einzusetzen. Mit einem solchen Fokus wird das Heilen in hohem Maße von der *Göttin* und ihren Geistführern geleitet – zum Wohle allen Lebens.

Heilerinnen sind Priesterinnen und Hebammen, die der *Erde* und den Frauen helfen, in das New Age einzutreten und eine sanfte und positive neue Welt zu schaffen. Denke daran, was du aussendest, wird zu dir zurückgelangen, und das Heilen von anderen wird die Heilung und viele Segnungen deiner eigenen Person zur Folge haben. Der beste Rat, den ich jeder Heilerin geben kann, ist, das Ego loszulassen (das Getrenntheit bedeutet), Mitgefühl zu haben und zuzulassen, daß die *Göttin* durch deine Hand wirkt. Alles Heilen ist ein dreiseitiges Übereinkommen zwischen der Heilerin, der Empfängerin und der *Göttin Erde*, und aus einer solchen Partnerschaft kann nur Gutes und Liebe entstehen. Eine Haltung spiritueller Achtung beim Heilen kann Leben verändern und führt zur Ganzheit des Individuums, der *Göttin* und der Welt.

20. Januar 1995
Drittes Mondviertel unter der Jungfrau

1

Meditation

Gesundheit und Heilung beginnen mit dem richtigen Verhalten gegenüber dem eigenen Körper: schadstofffreie, vollwertige Nahrungsmittel essen, Vitamine nehmen, klares Wasser trinken und so wenig wie möglich Zucker, Fett, Alkohol oder Drogen (damit sind auch Medikamente gemeint) zu sich nehmen; Tabak, chemische Präparate, Pestizide und Zusatzstoffe meiden. Gesundheit und Heilung bedeuten Reinlichkeit und ausreichend Schlaf, Sonnenlicht und körperliche Bewegung, eine angenehme Umgebung und ein Leben in körperlicher Unversehrtheit. Von Schönheit umgeben zu sein, erhält Frauen gesund. Gesundheit setzt auch positive Lebensgewohnheiten im geistigen und emotionalen Bereich voraus: Zeit für sich selbst und Gemeinschaft mit Menschen, die einem nahestehen; harmonische Beziehungen mit vielen Umarmungen, in vernünftigem Maße befriedigende Arbeit und Hobbies, kreative Betätigungsfelder, die Gesellschaft von Kindern und Tieren; Interesse an seinen eigenen Aktivitäten, mit so wenig Sorge, Eile und Streß wie möglich.

Streß gilt als Auslöser von 85 Prozent der Krankheiten des Menschen, wobei diese Zahl noch eine eher untertriebene, medizinisch anerkannte Schätzung wiedergibt. Streß wird definiert als übermäßige Anspannung des Organismus. Ein gewisses Maß an Anspannung ist notwendig, um die Funktionen aufrechtzuerhalten, aber zuviel «Strom im Kreislauf» wirkt negativ und schädlich. Diese schädliche Hochspannung hat einen Zusammenbruch der normalen physischen und geistig-emotionalen Funktionen zur Folge und schließlich das Versagen von Organen und des gesamten Organismus. Wieviel Streß jemand aushalten kann und was er als Streß empfindet, variiert von Mensch zu Mensch. Die Überspannung kann ebensosehr von positiven Ereignissen herrühren wie von traumatischen.

Symptome für emotionalen Streß sind beispielsweise Übererregbarkeit und das Gefühl, gleich in Tränen auszubrechen; Ruhelosigkeit und unruhige Lebensgewohnheiten; die Unfähigkeit, sich zu konzentrieren oder Entscheidungen zu fällen; Mangel an Lebensfreude; Schlaflosigkeit; vor lauter Nervosität zu rauchen, Alkohol zu trinken oder zu essen (oder auch nicht essen zu können); chronische Müdigkeit; mangelndes Interesse am Geschlechtsleben; und die Unfähigkeit, mit den Anforderungen des Lebens fertigzuwerden.[1] Jedes Individuum hat eine Toleranzgrenze, bis zu der es belastende Gefühle und Situationen verkraftet. Wird diese Grenze aber überschritten, entwickeln sich Krankheitssymptome. Und wenn dieses Überschreiten der Grenzen zu einem Dauerzustand wird, zeigen sich Beschwerden, die zu ernsteren Erkrankungen führen können, zu Störungen des Immunsystems, zu chronischen Beschwerden und letztlich sogar zum Tod. Jeder Mensch hat sein bestimmtes Maß, bis zu dem er Streß ertragen kann.

Die Streßsymptome sind auch Symptome spirituellen Getrenntseins, jener Trennung des Körpers vom Geist, von den Gefühlen und der Seele, die in unserer modernen Gesellschaft wie eine Seuche verbreitet ist. Dies sind die Symptome und Folgen der mangelnden Erkenntnis, daß auch du *Göttin* bist. Streß ist nicht nur das Ergebnis einer Trennung von der *Göttin*, sondern kann auch ein Faktor für den Impuls zu einem Wandel sein. Wir leben in einer sich viel zu schnell verändernden Welt, und es gibt keine Anzeichen, daß sich dieser Prozeß verlangsamen wird. Das durch Streß ausgelöste Unbehagen kann den einzelnen dazu veranlassen, jene Dinge in seinem Leben zu verändern, die falsch laufen, und sein Leben in gesunde, wachstumsfördernde Bahnen zu lenken. Dies ist letztlich positiv – auch wenn man das vielleicht anfangs nicht sehen kann –, und es ist typisch für das, was mit den Frauen geschieht in dieser Zeit des Wandels auf der Erde. Streßanzeichen können einfach eine Warnung sein, das Tempo zu verlangsamen und wieder «den Duft der Rosen wahrzunehmen» (also sich wieder mit der *Göttin* zu verbinden) und zu einem einfacheren, stärker spirituell orientierten Leben zurückzukehren. Sich wieder dessen bewußt zu werden, daß man *Göttin* ist, verringert den Streß und erleichtert den schnellen Wandel.

Das menschliche Immunsystem wird vom Streß unmittelbar beeinflußt, da es die direkte Verbindung zwischen dem Körper und den nicht-physischen Ebenen darstellt. Negative Gefühle, die sich aus dem Streß ergeben, lösen die Bildung von chemischen Stoffen im Gehirn aus, die von dort aus den Körper überfluten und über den Vagusnerv die Thymusdrüse erreichen.[2] Diese chemischen Stoffe entstehen bei der Hormonproduktion eines unaufgelösten Flucht-oder-Kampf-Syndroms, das bei häufigem oder chronischem Streß bestehen bleibt und chronisch wird. Der Vagusnerv kontrolliert als Sitz des autonomen Nervensystems das Herz und das Atmungssystem und verknüpft im übertragenen Sinne die Gefühle mit dem höheren Selbst. Negative Gefühle werden meist als Ärger, Furcht, Bitterkeit, Ablehnung, Gier, Schuld, Scham, Haß, Eifersucht, Ängstlichkeit, Wut, Frustration, Depression etc. definiert.

Die Thymusdrüse ist das physische Zentrum des Immunsystems, und ähnlich ist das Thymus-Chakra auf der *Hara*-Linie (siehe auch Kapitel 3) die psychische Verbindung zwischen dem Körper und den Gefühlen, den dichten physischen und nicht-physischen, emotionalen Aura-Ebenen. Es verbindet das ätherische Doppel des Körpers (die Aura der physischen Ebene) mit dem emotionalen Körper und die Gefühle mit den physischen Funktionen. Der Vagusnerv bringt diese Verbindung noch einen Schritt weiter, vom emotionalen zum mentalen Körper. Auf diese Weise sind alle miteinander verbunden, der physische Körper, das ätherische Doppel, der emotionale und mentale Körper. Beschwerden im dichten, stofflichen Körper sind das Ergebnis einer Kette von Ereignissen: Streß → negative (schmerzliche) Emotionen → negative chemische Stoffe im Gehirn → Vagusnerv → eingeschränkte Funktion der Thymusdrüse → kraftloses Immunsystem → physische Beschwerden von Erkältungen bis hin zu Krebs.

Mit Streß in Zusammenhang stehende Beschwerden (also die meisten, wenn nicht alle Beschwerden) verweisen also auf die Notwendigkeit, zur inneren Einheit zurückzukehren, sich selbst wieder mit der *Göttin*-Quelle zu verbinden. Es ist ein warnender Hinweis, die Anspannungen des physischen Lebens zu transformieren, indem man zur Ruhe der spirituellen Ebenen zurückkehrt, wo wir *Göttin (Innere Göttin)* sind. Beschwerden sind auch ein Anzeichen für Widerstand gegenüber Veränderungen im eigenen Leben, in den Gefühlen oder im Denken. Wenn eine Lebensweise nicht positiv ist und das Individuum sich dagegen sperrt, diese zu ändern, wird der sich daraus entwickelnde Streß erst zu emotionalem Unbehagen führen, dann zu mentalem und spirituellem Unbehagen und schließlich zu körperlichen Schmerzen oder Beschwerden. Auch hier liegt die Antwort wieder in der Rückkehr zur *Göttin* und zu spirituellen Werten, um Vertrauen in die Veränderung zu haben, sie zulassen und loslassen zu können. Der bedeutendste Wandel besteht im Wandel von negativen Gedanken und Gefühlen in positive. Dieses spirituelle Ausblancieren verläuft durch alle Ebenen und kehrt den Krankheitsprozeß um.

Dieser Prozeß verläuft wie folgt: negative Lebensführung → Streß

→ Widerstand gegenüber Veränderungen → emotionales Unbehagen → mentales Unbehagen → spiritueller Schmerz → körperliche Beschwerden. Die Umkehrung des Prozesses zeigt sich folgendermaßen: körperliche Beschwerden → Wandel und Loslassen → emotionales Loslassen → mentales (oft karmisches) Loslassen → Wiederaufnahme der spirituellen Verbindung → Heilung des Körpers. So läuft der Prozeß des spirituellen Heilens ab, durch den die Heilerin die Empfängerin führt. Eine gute Heilerin sein und auch sich selbst heilen kann man nur, wenn man Zugang zu dem oben erwähnten Umkehrungsprozeß von Krankheit hat.

Das Geheimnis dieses Zugangs, der Weg, den Heilungsprozeß auszulösen, liegt in der Meditation. In jeder Kultur und Religion unseres Planeten beginnt die spirituelle Schulung und jede Technik des Geistheilens mit dieser Fertigkeit. Auch die Selbstheilung beginnt mit Meditation. Es ist der beste Weg, die physischen, emotionalen und mentalen Körperebenen zu durchdringen, um die spirituelle zu erreichen und die Verbindung zur *Göttin* aufzunehmen. Auf der spirituellen Ebene der *Göttin*-Quelle ist alles Negative (der Schmerz auf allen Ebenen), der Streß, der Widerstand und die Angst, losgelassen, und das Selbst von Ruhe, Sicherheit, Frieden, Liebe, Angenommensein, Einheit und Heilung erfüllt. Das Heilen ist eine Rückkehr zur Einheit – mit dem spirituellen Selbst, der *Erde* und allem, was lebt – und diese Einheit wird durch Meditation erreicht.

Deepak Chopra beschreibt die Suche des Physikers Albert Einstein in den zwanziger Jahren und auch die der alten hinduistischen Rishis nach einer verursachenden Quelle für die Verwandlung von Raum und Zeit, Masse und Energie. Es ist faszinierend, wie die moderne Physik gerade anfängt, die Grundlagen des Heilens zu verstehen (und dennoch immer noch nicht begreift), welche die Heilerinnen der alten Kulturen von jeher gekannt haben. Einstein wollte eine «einheitliche Feld-Theorie» finden, einen ursprünglichen Zustand, der den Wandel oder die Transformation der Materie erklärt. Wonach er suchte, nannte man in alter Zeit die Quelle der Schöpfung und des Heilens, die nur als die Transformation des Bewußtseins definiert werden konnte.

Die Rishis kannten drei Zustände der Wirklichkeit oder des Bewußtseins: Wachen, Schlafen und Träumen, zu vergleichen mit Einsteins Raum und Zeit, Masse und Energie.

Einsteins «einheitliches Feld» definierten sie als vierte Dimension, die sie *turiya* nannten (buddhistisch *samadhi*). Die Rishis erklärten *turiya* als einen weiteren Bewußtseinszustand, der jenseits der ersten drei lag, aber von diesen dreien verborgen wurde. Sie behaupteten, daß *turiya* oder *samadhi* erfahren werden konnten, wenn man die gewöhnliche Aktivität der Sinne transzendierte, indem man über die drei Zustände des Wachens, Schlafens und Träumens hinaus zur Quelle allen Bewußtseins, in die *Leere*, vorstieß. Diese Quelle *(Göttin)* oder dieser transzendente Zustand (spirituelle Ebene der *Inneren Göttin*) des Gewahrseins ist jener Ort jenseits Einsteins Definition von Raum und Zeit, Masse und Energie, an dem das Leben geschaffen wird und Materie transformiert werden kann.[3]

Der Begriff «einheitlich» in «einheitlicher Feldtheorie» steht natürlich für die Einheit, und jener Ort der Einheit als *Göttin* und *Innere Göttin* wird erreicht und Heilung vollbracht im *turiya (samadhi)* des meditativen Zustands. Jener Ort, zu dem man sich begibt, um die Verbindung zur *Göttin* oder der *Inneren Göttin* aufzunehmen, wird im Buddhismus die *Leere* genannt. Auf diese Ebene der *Leere* oder der *Göttin* gelangt man, wenn man sich von den Ablenkungen der Sinne löst und sich an den Ort oder die Quelle der Transformation, der Bewußtheit, der Schöpfung und des Lebens begibt. Es ist ein Platz der Stille, der Leerheit, des Nichts und der Vollendung, jenseits davon liegt die vollkommene Freude und Befreiung *(nirwana)*.[4] Um die *Leere* zu erlangen, muß man das Ego (die Getrenntheit) aufgeben und in die Einheit eintreten – *turiya, samadhi*, den transformativen meditativen Zustand, *Göttin/Innere Göttin* oder das einheitliche Feld.

Der Mahayana-Buddhismus beschreibt diesen Zustand der Seligkeit oder der Erfüllung als die *Leere*, als die innere Natur jedes Menschen und aller Lebewesen. Ich vergleiche den unten erwähnten buddhistischen Begriff der «Buddha-Natur» mit dem Wicca-Begriff *«Innere Göttin»*.

> Unsere ursprüngliche Buddha-Natur kann in ihrer letzten Wahrheit nicht begriffen werden. Sie ist leer, allgegenwärtig, ruhig, rein; sie ist strahlende und geheimnisvolle Friedseligkeit, mehr kann darüber nicht gesagt werden. Du selbst mußt dich ihr öffnen, ihre Tiefen ausloten. Vor dir liegt alles in seiner Vollständigkeit, ohne daß irgend etwas fehlt.[5]

Bei der Suche nach der *Göttin-Leere* findet man in sich selbst die Quelle aller Schöpfung, aller Liebe und allen Heilens.

Die Physik hat auch entdeckt, daß die feste Materie in keiner Weise wirklich fest ist. Selbst in den dichtesten Dingen gibt es mehr freien Raum als atomares Volumen. Das Verwandlungspotential verbirgt sich nicht in den Atomen und Molekülen, sondern in der Anordnung und Neuanordnung ihrer Zwischenräume. In ähnlicher Weise enthalten Körperzellen viel mehr dieser Zwischenräume als feste Materie. Sie sind von elektrischen Feldern umgeben, und auch der gesamte menschliche Körper ist von Schichten elektrischer Felder umschlossen (den Schichten der Aura ebenso wie jener Felder, die die einzelnen Zellen und Organe einfassen). Der Anteil der festen Materie ist nur gering, und der Raum ist unendlich – diese Zwischenräume zwischen den Atomen, diese physikalisch-elektrische Leerheit ist auch die *Leere*. Die elektrische Spannung in den nicht-materiellen Zwischenräumen ist die *Nicht-Leere*, jenes Potential, aus dem Transformation und Heilung sich entfalten.

Alles Heilen nimmt von diesem Ort der Leerheit seinen Ausgang, der durch Meditation erreicht wird. Auf dieser spirituellen Ebene des elektrischen Raums zwischen Atomen und Zellen läßt man Streß ebenso hinter sich wie seine negativen Auswirkungen. Die erdgebundenen, aber nicht die astralen Sinne, das Ego und der Körper werden zurückgelassen und damit auch die Krankheit. In der Vollkommenheit der *Leere* kann es nur Wohlbefinden geben, die vollkommene Schablone der Ganzheit und der uranfänglichen Schöpfung der *Göttin*. Wenn man in diesen Zustand eintritt, kehrt sich das Fortschreiten der Krankheit um, und durch die *Nicht-Leere* wird die Vollkommenheit zurückgebracht. Aus diesem Wandel entwickelt sich das physische Heilen. Durch das Einwirken des Geistes auf die *Leere* (durch Visualisation, wie sie im nächsten Kapitel beschrieben wird) im meditativen Zustand ereignen sich Transformation und Heilung. Die Veränderungen bewegen sich durch die Ebenen, vom spirituellen durch den mentalen und den emotionalen Körper bis zum dichten physischen Körper. Mit diesen physischen Veränderungen kommt es zur Streßauflösung, zum Gefühl der Ruhe und einem friedlichen, oft segensvollen Geistes- und Körperzustand.

Meditation ist eine Technik, die jeder lernen kann, Kinder noch leichter als Erwachsene. Sie führt zu einem Wachstumsprozeß, und der Prozeß selbst ist wichtiger als jedes Ziel oder Ergebnis. Damit sie so wirkungsvoll wie möglich ist, muß sie in den Alltag integriert werden, sie sollte jeden Tag zu einer bestimmten Zeit ausgeführt werden – wie das Zähneputzen. Wenn man beim Meditieren erst einmal Erfahrungen gesammelt hat und das Gefühl des meditativen Zustands der Konzentration und des Auf-einen-Punkt-Gerichtetseins kennt, dann fällt es einem leicht, jederzeit in diesen Zustand einzutreten. Dieses willentliche Wechseln zwischen dem Eintreten in einen leichten Meditationszustand und dem Verlassen dieses Zustands ist wesentlich für den Vorgang des Heilens, genaugenommen ist dies die Grundlage für alles Geistheilen.

Dieser Prozeß – diese Technik zu lernen, indem man einmal oder zweimal täglich halbstündliche Meditationszeiten einschaltet – führt bei der Übenden auch zu tiefgreifender Selbstheilung. Die Transformation der Sinne, des Ego und der körperlichen, erdgebundenen Ebene klärt und erhellt die Energie des nicht-physischen Körpers (des elektrischen Feldes zwischen den Atomen) und ist als solcher schon ein Heilungsprozeß. Streß und seine negativen Folgen werden weitgehend reduziert, und die Krankheit im physischen Körper wird vermindert oder verhindert. Die Frau erfährt wachsenden Frieden in ihrem Leben und eine ruhige Fähigkeit, mit allem fertigzuwerden. Ihr Geist ist klar, und ihr Vermögen, sich von den Einflüssen der anderen zu befreien und ihr eigenes Leben zu gestalten, wächst. Selbst die Abhängigkeit von Suchtmitteln kann geheilt werden.

Der Begriff Meditation wird oft mit «Trance» verbunden, ein Wort, das nicht selten mißverstanden wird. Trance suggeriert einen Mangel an Kontrolle oder Bewußtheit, was genau das Gegenteil der wahren Bedeutung darstellt. In Wahrheit bedeuten Meditation und Trance einen Zustand der ruhigen, bewußten Konzentration und Gerichtetheit auf einen Punkt – ein tiefes, unabgelenktes, vollkommen ruhiges Fokussieren des Geistes. Trance ist meiner Definition nach ein Prozeß, um nach innen zu gehen, sich auf das innere Selbst als Brennpunkt zu konzentrieren, indem man die Ablenkungen der äußeren, alltäglichen Welt reduziert. Es ist nicht der Versuch, den Geist vollkommen leer zu machen – dies ist wahrscheinlich schon im Osten gar nicht möglich und mit Sicherheit unmöglich in unserer westlichen Kultur. Meditation hypnotisiert nicht.

Der normale Mensch benützt höchstens fünf bis zehn Prozent seiner gesamten Gehirnkapazität, und Meditation ist ein systematisches mentales Training, das uns hilft, mehr von unserem Gehirnpotential zu nutzen. Meditation schult den Geist, seine Aufmerksamkeit auf einen Punkt zu konzentrieren und den Gebrauch des freien Willens zu stärken. Es ist ein Weg, Zugang zu den tieferen Ebenen der Bewußtheit und des Unterbewußten zu bekommen, ein Weg, die Energieschichten und -ebenen miteinander zu verbinden und zu reinigen. Meditation verlangsamt die Körperfunktionen und bringt den Geist zur Ruhe, so daß er sich auf einen Gedanken sammeln kann. Bei der Meditation versenkt sich die Frau in ihr Inneres, um dort die *Göttin* zu finden. Dieser Prozeß löst die Illusionen der Sinne und der physischen Welt auf, einschließlich der Illusion, wir seien unsere Körper. Wir sind nicht unsere Körper, ebensowenig wie wir unser Geist oder unsere Gefühle sind, sondern etwas viel Größeres, das all dies enthält. Meditation hilft uns, besser zu begreifen, wer wir als spirituelle Wesen wirklich sind.

Die Auswirkungen des meditativen Zustands sind medizinisch meßbar als «tiefe Entspannung, gekoppelt mit einem hochgradig wachen Geist».[6] Der Stoffwechsel verlangsamt sich ebenso wie der Herzschlag, und die Atmung (Vagusnerv) und der Sauerstoffverbrauch sinkt. Die Blutlaktat-Werte nehmen ab, eine physiologische Reaktion auf verringerte Angst und Spannung (Streß). Der Hautwiderstand steigt, wiederum ein Indikator für verringerten Streß. Die Gehirnstromwellen (EEG) verlangsamen sich von den schnelleren, alltäglichen Beta-Wellen zu den langsameren Alpha-Wellen (acht bis dreizehn Zyklen pro Sekunde). Bei sehr tiefer Versenkung eines erfahrenen Meditierenden oder Heilers können die Gehirnwellen sogar abfallen bis zu den oberen Grenzen der sehr langsamen Theta-Wellen.[7] Der meditative Zustand entspricht weder dem Wachen, dem Schlafen noch dem Träumen, vielmehr handelt es sich um einen – bei den Rishis und bei Einstein – schöpferischen vierten Zustand des einheitlichen Feldes oder der Transformation des Bewußtseins und der Materie. Er ermöglicht den Zugang zu den Zwischenräumen zwischen Atomen und Molekülen, zur *Leere.*

Jeder kann meditieren lernen, er muß nur üben. Das Ego und der bewußte Geist weigern sich jedoch loszulassen. Eine gute Meditation erfordert Zeit, Wiederholung und dauernde Übung. Trotz dieses Widerstands dauert es nicht lange, bis man die erfreuliche Veränderung vom äußeren zum inneren Fokus wahrnimmt, von der alltäglichen Aktivität zum ruhigen Heilen des leichten Trancezustands (frühes Alpha-Stadium). Um dies sofort zu erfahren, als Einführung in die Meditation, versuche einmal die folgende Übung:

Setz dich an einem ruhigen, bequemen Platz, an dem du ungestört bist, im Schneidersitz auf den Boden. Nimm nur dann den östlichen Halb-Lotossitz – die Beine überkreuzt und einen Fuß auf dem gegenüberliegenden Knie – ein, wenn es dir leichtfällt. Entspanne deinen Körper, halte dabei den Rücken gerade, die Hände liegen mit den Handflächen nach oben auf den Oberschenkeln, und mache ein paar langsame, tiefe Atemzüge. Beuge dich nach rechts und kehre dann zur Mitte zurück. Lehne dich vorwärts und komme dann wieder in die Mittelposition. Halte dich dann ganz still, entspannt und zentriert, und konzentriere dich auf deinen Atem.

Richte deine Aufmerksamkeit auf deine Gefühle. Dein Gewicht ist so ausbalanciert, daß du deinen Körper vielleicht nicht mehr fühlst, und dein Geist ist ruhig und unbewegt. Fahre fort, langsam und tief zu atmen, wobei du dich auf den Atem konzentrierst. Dieser Vorgang, den man als Sammeln und Zentrieren bezeichnet, ist der Anfang der Meditation und kann täglich zu Beginn durchgeführt werden, aber der Geist wird nicht lange so reglos bleiben, es sei denn, man gibt ihm mehr zu tun.

Meditation, die den Geist übt und den physischen Zustand transzendiert, muß täglich ein- bis zweimal für zwanzig bis dreißig Minuten durchgeführt werden. Weite diese Zeitspanne nicht aus, solange du nicht mehr Erfahrung dabei hast und mit der *Kundalini*-Energie, die dabei aufsteigen kann, umgehen kannst. Meditiere täglich zur selben Zeit. Die Zeit kurz nach dem Aufwachen oder vor dem Schlafengehen eignet sich besonders gut. Setze dich im Schneider- oder im Lotossitz auf den Boden oder auf einen Stuhl mit gerader Lehne und Armlehnen. Meditiere nicht im Liegen, du könntest dabei einschlafen, und man sollte auch nicht innerhalb von zwei Stunden nach einer Mahlzeit meditieren. Schließe beim Meditieren die Augen, bleibe aber wach und aufmerksam. Die Brille abzusetzen oder die Kontaktlinsen herauszunehmen, ergibt einen sanfteren Fokus.

Suche dir mit Bedacht Ort und Umfeld deiner Meditation aus. Du solltest jeden Tag dasselbe Zimmer dafür benützen, und im Zimmer dieselbe Stelle. Dieser Raum sollte so ruhig und so frei von Ablenkungen wie nur möglich sein. Schließe die Tür und stelle das Telefon ab. Manche Frauen lassen beim Meditieren im Hintergrund Musik spielen, aber ich möchte das lieber nicht. Falls man Musik einsetzt, sollte es nur instrumentale und wenig ablenkende klassische oder New-Age-Musik sein, die nur sehr leise eingestellt ist. Wenn du bemerkst, daß du dich auf die Musik konzentrierst und nicht auf das Meditieren, schalte sie bitte ab. Erlaube keinem, dich zu stören; diese halbe Stunde am Tag gehört allein dir. Es ist nichts dagegen einzuwenden, mit anderen Leuten gemeinsam zu meditieren. Kinder lernen das Meditieren besonders leicht, aber man sollte sie nur kürzere Zeit meditieren lassen. Auch Haustiere können dabei mitmachen; laß das ruhig zu, wenn sie sich still verhalten.

Ein Zimmer, das für die tägliche Meditation benützt wird, entwickelt seine eigene Aura der Spiritualität. Ich sitze beim Meditieren gerne auf dem Teppich vor dem *Göttin*-Altar, den ich auf meiner Schlafzimmerkommode aufgebaut habe. Ich meditiere vor dem Zubettgehen. Die

Energie kommt danach meinem Schlaf zugute, und der Raum gibt einem das Gefühl, in einem alten Tempel zu sein. Die brennenden Kerzen auf dem Altar waren ein wichtiger Brennpunkt meiner Aufmerksamkeit, als ich mit dem Meditieren begonnen habe. Heute zünde ich sie nicht immer an. Kerzen oder Räucherstäbchen können einen gefühlsmäßig einstimmen, und wenn sie regelmäßig eingesetzt werden, können sie zu Signalen für den Übergang zum meditativen Zustand werden.

Die Übung «Erden und Zentrieren» eignet sich gut als Anfang. Danach kann man unter einer Vielzahl verschiedener Meditationsmethoden wählen. Entscheide dich für diejenige, die dich am stärksten interessiert. Hast du dich aber für eine Technik entschieden, behalte sie mindestens einen Monat lang bei, bevor du etwas anderes versuchst. Wenn du mit dieser Methode fortfahren willst, ist das auch in Ordnung. Alle Methoden führen zum selben Ziel: zu einem ruhigen Geist, einem ausgeglichenen emotionalen Zustand und einem entspannten Körper. Dieses Ziel zu erreichen, ist viel wichtiger als die Art und Weise, wie man dorthin zu gelangen versucht.

Für einen Meditationsanfänger, der vielleicht noch nie das Gefühl eines völlig entspannten Körpers kennengelernt hat, sind Übungen zur Körperentspannung ein guter Ausgangspunkt. Wenn du dich in deinem Meditationsraum niedergelassen hast, beginne mit dem Erden. Dann, beginnend an den Zehen und langsam bis zum Kopf aufsteigend, spanne nach und nach jede Muskelgruppe und jeden Körperteil fest an und entspanne ihn wieder. Gehe dabei langsam und gründlich vor. Das Anspannen der Muskeln macht dir jeden Körperteil mit seinen Verspannungen bewußt, und der Kontrast intensiviert und steigert die Entspannungen. Richte besondere Aufmerksamkeit auf die Muskeln des Rückens, des Nackens, der Kiefer und des Gesichts, denn an diesen Stellen leiden die meisten Menschen unter starken Verspannungen. Jeder hat Muskelgruppen, die Streß widerspiegeln.

Wenn du die Übung beendet hast, achte auf dein Gefühl. Atme in jene Bereiche, die sich immer noch angespannt anfühlen. Wiederhole diesen Entspannungsprozeß noch einmal. Bleibe dann ruhig sitzen, atme langsam und achte auf die Gedanken, die dir durch den Kopf gehen. Versuche, deine Gedanken zu verlangsamen, und verfolge jeden, der auftaucht, bis er vorübergeht und wieder verschwindet. Laß nur jeweils einen Gedanken zu, aber schenke ihm deine volle Aufmerksamkeit, wenn er vorüberzieht. Dann laß ihn los; halte ihn nicht fest und füge ihm auch nichts hinzu.

Eine Variante dieser Methode besteht darin, sich die folgenden (oder ähnliche) Sätze einzuprägen. Wiederhole jeden Satz in deinem Meditationsraum mit geschlossenen Augen langsam zwölf- bis fünfzehnmal im Geist:

Meine Arme und Beine sind schwer und warm.
Mein Herz schlägt ruhig und regelmäßig.
Mein Atem ist frei und leicht.
Mein Unterleib ist warm.
Meine Stirn ist kühl.
Mein Geist ist ruhig und unbewegt.[8]

Die vollkommene körperliche Entspannung ist der erste Schritt auf dem Weg zur emotionalen und geistigen Entspannung und ein erster Schritt auf dem Weg zur Heilung. Dr. Norman Shealy und Carolyn Myss schreiben in *The Creation of Health*[9], daß mindestens achtzig Prozent aller Krankheiten auf tägliche Meditation positiv reagieren oder allein schon auf die volle körperliche Entspannung. Die oben beschriebene Methode wird zur Gewohnheit, und mit der Zeit ist bereits das Niederlassen zum Meditieren ein Wink für den Körper, sich zu entspannen. Jeder Schritt im Meditationsprozeß bringt einen weiter im Bewußtseinswandel und läßt einen näher an *turiya, samadhi* und die heilende *Göttin-Leere* herankommen. Als nächstes folgen einige der vielen Meditationsarten, zwischen denen man wählen kann.

Meine Anfangsübung nach dem Erden und den Entspannungstechniken war die Lebensbaum-Meditation des Wicca, die auch im tantrischen Buddhismus als Anfangsübung durchgeführt wird. In den Techniken des tantrischen Buddhismus liegen wahrscheinlich die Wurzeln der meisten modernen Wicca-Übungen, Wicca-Heiltechniken und Wicca-Rituale. Diese Art der Meditation kombiniert die Visualisation (siehe nächstes Kapitel) mit der aufsteigenden *Kundalini*-Energie. Der Baum des Lebens ist eine *Göttin*-Metapher für den *Kundalini*-Kanal selbst und für die nicht-physische Energie/elektrische Struktur des Körpers.

Beginne mit Erden und Zentrieren und der vollen körperlichen Entspannung. Dann stelle dir vor, du seist ein alter, sich ausbreitender Baum und fühlst Wurzeln aus deinen Fußsohlen schlagen und sich im Boden verankern. Die Wurzeln dringen immer tiefer in die *Erde* ein, bis sie das goldene Herz des Planeten erreichen. Nimm mit deinen Wurzeln diese Energie der goldenen *Erde* auf in deine Füße, in deine Beine und durch den Rückenmarkskanal weiter aufwärts. Stelle dir deine Wirbelsäule als Stamm dieses hohen und weisen Baumes vor, und laß die Energie durch jeden Teil deines Körpers fließen. Sauge diese Energie der goldenen *Erde* immer weiter aufwärts bis in deinen Nacken und deinen Kopf, über deinen Scheitel hinaus und jenseits deines physischen Körpers.

Fühle dann, wie sich Äste wie Arme von deinem Stamm aus strecken und recken, die sich in immer kleinere Zweige und Zweiglein verästeln. Aus den Zweiglein entrollen sich grüne Blätter und goldene Blüten mit weich geschwungenen Blütenblättern. Spüre, wie die Blumen erst Knospen sind, sich dann immer weiter öffnen, bis die Blütenblätter der voll aufgeblühten Blumen von den Zweigen zu Boden fallen. Folge dem Regen der goldenen Blütenblätter auf die *Erde* zurück, wo ihr Wesen durch die Oberfläche des Planeten in sein Innerstes sinkt. Sie werden erneut eins mit dem goldenen Zentrum und dann wieder durch deine Wurzeln nach oben gesogen. Beende die Meditation immer dann, wenn du im Zentrum der *Erde* zurück bist.[10] Kehre langsam in die Gegenwart zurück. Strecke und bewege dich etwas, und stehe erst auf, wenn du wieder voll in der Gegenwart bist.

Diese Meditation entstammt sowohl der buddhistischen wie auch der Wicca-Tradition. Allerdings gibt es viele Variationen. In Tibet meditiert man vielleicht nicht über einen Baum, sondern beispielsweise über ein Jak oder ein anderes natürliches Wesen des Lebensumfelds, bis man sich mit diesem Wesen eins werden fühlt. Vielleicht konzentriert sich der Schüler auch auf ein Objekt – eine Lehmscheibe, eine Schüssel mit Wasser, die glühende Spitze eines Räucherstäbchens oder einen Kamin, in dessen dunklen Ofenschirm ein rundes Loch geschnitten wurde, so daß ein glühender Lichtkreis zu sehen ist.[11] (Im hinteren Teil des Kapitels finden Sie noch weitere Informationen über diese Art der Meditation.) Ziel ist es, das Bild bei geschlossenen Augen im Geist genauso real erscheinen zu lassen, als wenn man es anschaut. Bei diesen einfachen Übungen werden diese Bilder immer komplexer, bis ausgeklügelte Mandalas bei der Meditation so real werden wie auf tatsächlichen Gemälden, und dann noch realer als diese. Die *Göttinnen* in den Mandalas werden lebendig und übernehmen für den Suchenden die Rolle des spirituellen Führers. Im tantrischen Buddhismus spricht man hier von *Yidam*-Meditation.

Diese Art von Arbeit, die erste Stufe in der buddhistischen Meditation, entwickelt die Fähigkeit zur Konzentration, Visualisation und der Fokussierung auf einen Punkt. Sich mit dem Baum oder dem Jak zu identifizieren, bis man selbst dazu wird, nennt man Bewußtseinsverschiebung oder -übertragung. Bist du gleichzeitig eine Frau und ein Baum oder ein Jak, dann bist du auch jedes andere Lebewesen. Diese Übung verdeutlicht die Einheit allen Lebens. Wenn du dich in der Lebensbaum-Meditation mit der *Erde* verbindest, wirst du von der *Erde* genährt, und gleichzeitig wirst du die *Erde* selbst. Dies ist der erste Schritt auf dem Weg zur Erleuchtung, in Reiki II als das *Cho-Ku-Rei*-Symbol dargestellt.

Über diese Form der Meditation schreibt Alexandra David-Neel:

> Menschen, die sich angewöhnt haben, planmäßig Kontemplation zu praktizieren, erfahren oft … das Gefühl, als wenn sie eine Last oder ein drückendes Kleidungsstück ablegen und einen stillen, erfreulich ruhigen Bereich betreten. Es ist dieser Eindruck von Befreiung und heiterer Gemütsruhe, den die tibetischen Mystiker *niampar jagpa* nennen, «gleichmachen», «einebnen» – womit sie ausdrücken wollen, daß alle Ursachen der Erregung, deren «Wogen» durch den Geist rollen, zur Ruhe gebracht werden.[12]

Bei einer anderen Form der Meditation lernt man eine inspiriert geschriebene Textstelle auswendig und sagt sie im Geiste langsam immer und immer wieder auf. Nimm dazu für einen gewissen Zeitraum täglich dieselbe Textstelle. Versuche, deren Bedeutung so gut wie möglich zu ergründen, ohne daß sie schal wird. Konzentriere dich auf ein bestimmtes Wort dieser Textstelle, dann auf das nächste und so fort und schließe dabei alle anderen Gedanken aus. Praktiziere dies ein- oder zweimal täglich eine halbe Stunde lang, wobei du in Meditationsstellung in einem ruhigen Zimmer sitzt, die Augen geschlossen und den Körper vollkommen entspannt. Wenn dein Geist von dieser Textstelle wegzuwandern beginnt und andere Gedanken sich vordrängen, beginne von neuem, egal, wie oft dies in einer Sitzung notwendig sein mag. Der Geist läßt sich nicht leicht disziplinieren, er wird dich wieder und wieder herausfordern. Wenn du wieder von vorn anfängst, wird ihn das wieder auf die Arbeit konzentrieren, und der Widerstand wird schließlich abebben.

Wähle nur solche Textstellen aus, die wirklich das widerspiegeln, was du aus deinem Leben machen willst. Solche Texte findet man in den mystischen Schriften jeder Religion, auch in der Wicca-Tradition. Vermeide Passagen, die deinen Überzeugungen nicht entsprechen, die harte Worte enthalten oder verurteilen, und solche, die irdisches Leben herabsetzen wie etwa Frauen, Minderheiten oder den menschlichen Körper. Dichtung allein reicht nicht, die Textstelle muß mehr beinhalten als nur Schönheit – sie muß eine Transzendenz hin zum höheren, idealen Selbst aufweisen. Es spricht nichts dagegen, den Sinn dieser Passage zu erforschen, aber tu dies außerhalb deiner Meditationssitzungen oder in Sitzungen, die du extra für diesen Zweck abhältst. In der Textmeditation wiederhole nur die Wörter und konzentriere dich auf sie, indem du andere Gedanken und Gefühle ausschließt.[13]

Diese Form der Meditation schult, indem sie den Geist anfüllt und nicht leert, und sie lehrt Konzentration und das Fokussieren auf einen Punkt. Die Textstelle prägt sich dem Bewußtsein des Meditierenden ein, und mit der fokussierten Aufmerksamkeit wird der Meditierende diese Grundsätze in sich aufnehmen. Meditierst du über die Einheit allen Lebens, öffne dich für sie. Meditierst du über Liebe und Vertrauen, Güte oder Heilen, öffne dich auch dafür. Die Textstelle ist eine weiterentwickelte Form der Affirmation, ein Satz, der als gegenwärtige Wahrheit verkündet, was man werden möchte. (Beispiele der Affirmation sind etwa: «Ich fühle mich von Tag zu Tag immer besser.» «Ich bin schön und werde geliebt.» «Ich bin voller Friede.») Benütze Bilder dessen, was du gerne werden möchtest, und vermeide alle, auf die dies nicht zutrifft.

Ich möchte dir ein paar mögliche Beispiele von typischen Textstellen nennen, die man dafür nehmen kann. Dabei habe ich «Euer» und «Er» durch *«Göttin»* und «Sie» ersetzt:

> Lehre mich zu fühlen, daß es Ihr Lächeln ist, das sich in der Morgendämmerung manifestiert, auf den Lippen der Rosen und den Gesichtern von ... Frauen.
>
> Mit der Vertiefung der inneren und äußeren Stille kommt der Friede der *Göttin* über mich. Immer will ich versuchen, das Echo Ihrer Schritte zu hören.
>
> Im Ton der Viola, der Flöte und der tiefen Orgel höre ich die Stimme der *Göttin.*[14]

Ebensogut eignen sich Zitate von Hildegard von Bingen, Mary Dale oder Theresa von Avila oder von jeder großen Heilerin oder Mystikerin. Meine Lieblingspassagen für die Meditation sind Texte aus dem traditionellen Wicca-Gebet «Charge of the Goddess». Die folgenden Zitate entstammen jener Version, die in *Casting the Circle: A Women's Book of Ritual* abgedruckt sind[15]:

Singe, labe dich, tanze, mache Musik und Liebe, und all dies in meiner Gegenwart, denn mein ist die Ekstase des Geistes und die Freude auf *Erden.* Mein einziges Gesetz heißt: Liebe sei allen auf *Erden.*
Mein ist das Geheimnis, das sich an der Tür der Geburt öffnet, und mein ist das Mysterium des Lebens, das der Kessel der Hekate ist, der Schoß der Unsterblichkeit. Ich gebe Euch Kenntnis von dem alles erschaffenden Geist, und über den Tod hinaus gebe ich Frieden und Vereinigung mit jenen, die schon zuvor gegangen sind.
Ich, die ich die Schönheit der grünen *Erde* bin und der weiße Mond zwischen den Sternen und die Geheimnisse der Wasser. Ich rufe Deine Seele, sich zu erheben und zu mir zu kommen. Denn ich bin die Seele der Natur, die dem Universum Leben gibt.
Ich war bei Euch von Anbeginn, und ich bin die Vollendung am Ende des Verlangens.

Jede Zeile oder längere Textstelle aus diesem Gebet kann als Meditationstext benützt werden. Man könnte mit der ersten Zeile beginnen, sie in der Meditation so lange einsetzen, bis man das Gefühl hat, damit fertig zu sein, und dann zur nächsten Zeile übergehen. (Der gesamte Text ist in *Casting the Circle* und einer ganzen Reihe anderer Wicca-Bücher zu finden.) Fahre so fort, bis du über dem gesamten Text des «Charge of the Goddess» über mehrere Monate gründlich meditiert hast, den Text immer und immer wieder in deinem Geist wiederholt und dich hineinversenkt hast. (Eine derartige Kontemplation ist eine andere Form der meditativen Übung.) Ich verspreche dir, der Streß wird von dir abfallen, die emotionalen und physischen Schmerzen verschwinden, und dein Leben wird sich grundsätzlich und zum Positiven verändern.

Eine andere Meditationstechnik konzentriert sich auf den Atem, dabei handelt es sich um eine Methode, die sowohl im Osten wie im Westen gebräuchlich ist. Nimm deine Meditationsstellung ein, beginne, dich zu erden und zu zentrieren, und entspanne deinen Körper. Danach beginne mit der Atemübung. Zuerst atme aus, dann verschließe dein rechtes Nasenloch mit dem rechten Daumen und inhaliere langsam durch das linke Nasenloch, wobei du bis vier zählst. Nun schließe das linke Nasenloch mit dem rechten Zeigefinger und halte den Atem an, während du bis sechzehn zählst. Nimm den Daumen von deinem rechten Nasenloch und atme langsam aus, während du bis acht zählst.

Wiederhole das Ganze, indem du deinen Zeigefinger auf dem linken Nasenloch läßt, durch die rechte Seite einatmest und dann wie zuvor weitermachst. Dies ist eine komplette Übung, die Reinigungsatem genannt wird. Wiederhole diese Übung höchstens viermal in einer Sitzung.[16]

Wenn für dich der Rhythmus des Einatmens und Luftanhaltens von vier-sechzehn-acht unangenehm oder zu anstrengend ist, versuche einen Rhythmus von zwei-acht-vier, um das Atemmuster so normal wie möglich zu halten. Versuche keinesfalls, besonders viel Luft einzuatmen oder den Atem ungewöhnlich lange anzuhalten. Das Atmen in der Übung sollte so angenehm wie möglich sein. Konzentriere dich auf das Zählen beim Atmen, und wenn dein Geist zu anderen Dingen abschweift, führe ihn zum Zählen zurück. Nachdem du diese Sequenz viermal durchlaufen hast, kehre zu normalen langsamen Atemzügen zurück. Sei inwendig so ruhig wie möglich, achte auf die Gedanken, die dir durch den Kopf gehen. Nimm sie wahr, und lasse sie wieder los.

Wenn du ein spezielles Problem hast, ist jetzt ein guter Zeitpunkt, dein Inneres dazu zu befragen. Werde dann ganz still und lausche auf eine Antwort. Auf diese Weise kannst du zu wichtigen inneren Einsichten gelangen. Inzwischen bist du mit deiner Meditationsarbeit so weit gekommen, daß du ruhig genug geworden bist, um diese Einsichten zu hören (oder auf andere Weise zu bemerken). Der oben genannte Prozeß – so wie andere Formen der Meditation – beruhigt, verringert Anspannung, fördert den Schlaf und hilft, die Hormone auszubalancieren – jene chemischen Stoffe, die im Gehirn entstehen und so weitreichenden Einfluß auf das Immunsystem und die Gesundheit haben.

Eine andere meditative Form ist der Einsatz eines Mantras – eines Spruches oder Wortes, mit dessen Hilfe die Verbindung zur *Göttin* aufgenommen und innerlich unablässig wiederholt wird. Es wird hierbei etwas anders benützt als in der üblichen Meditationsgestaltung. Das Mantra wird zwar während der Meditation ständig wiederholt, aber auch während des normalen Alltagslebens. Es kann jederzeit gesprochen werden, der Geist muß nichts anderes tun. Wenn du in einer Schlange vor der Kasse wartest, Geschirr abwäschst, eine Dusche nimmst, im Bett liegst und einschlafen möchtest oder spazierengehst, wiederhole das Mantra immer wieder, konzentriere dich auf die Wörter und den Klang. Benütze es aber nicht, wenn du autofährst, dich unterhältst, liest, also immer dann nicht, wenn auf der *Erde* deine volle Aufmerksamkeit erforderlich ist.

Wiederhole das Mantra bei jeder Gelegenheit, setze es ein, um jedes Stückchen ungenützter Zeit auszufüllen. Oder spreche es in Meditationssitzungen zehn bis fünfzehn Minuten lang, dann halte inne und achte auf die Gefühle und Gedanken, die in dir aufsteigen. Spreche die Worte langsam und konzentriert, führe deine Gedanken zum Mantra zurück, wenn sie abschweifen. Benütze es, wenn du Furcht, Ärger oder andere intensive Gefühle hast, um diese zu beruhigen, aufzulösen und in positiver Weise umzuwandeln. Das Sprechen des Mantras ist ein Mittel, Gefühle und Geist zu klären und damit eine Heilung des Körpers zu erreichen.

Das Mantra funktioniert nach dem dualistischen Prinzip der Macht der Worte und der Macht der Wiederholung. Worte haben Konsequenzen und beeinflussen das Leben eines Menschen, besonders jene, die dadurch verstärkt werden, daß man sie immer und immer wieder hört. Negative Gedanken und Worte ziehen negative Auswirkungen, auch auf die Gesundheit, nach sich; positive reinigen und heilen. Diese Form der Meditation beinhaltet alle heilenden Wirkungen der anderen Methoden, aber in konzentrierter Form. Trotz ihrer Einfachheit erfordern Sie ein erstaunliches Maß an Disziplin. Obwohl das Mantra nicht während der aktiven Arbeit des Geistheilens eingesetzt wird, wenn der Geist ruhig und aufmerksam sein muß, wirkt es doch außerordentlich hilfreich bei Selbstheilung und bei der Vorbereitung des Geistes für die Heilzustände. Ich setze es als Hilfsmittel für andere meditative Methoden ein, aber nicht als Ersatz für sie.

Ein Spruch, der als Mantra ausgewählt wird, muß besondere Eigenschaften haben. Er muß kurz sein und eine positive Aussage beinhalten, er muß die Benützerin mit ihrem Konzept von Göttlichkeit in Verbindung bringen und im allgemeinen einen heiligen oder geweihten Namen enthalten. Wenn du dich einmal für einen Spruch entschieden hast, solltest du diesen dein Leben lang beibehalten, also treffe die Auswahl mit Sorgfalt. Zwar raten manche Meditationsschulen ihren Schülern, ihr Mantra geheimzuhalten, doch dieser Spruch verliert nichts von seiner Kraft, wenn man ihn anderen mitteilt, denn die Macht liegt in der Wiederholung der Worte. Das «Ave Maria» ist ein christliches Mantra, das sich aus den indischen Mala-Mantras entwickelt hat. Das buddhistische «Om Mani Padme Hum» (der Edelstein im Lotos des Herzens) ist wahrscheinlich das bekannteste Beispiel eines Mantras. Die Schwingungen und der Klang des Om werden als der Klang betrachtet, der das Universum erschuf, der die Materie von der *Leere* in die Wirklichkeit brachte.

Auch Wicca-Mantras sind leicht zu finden. Jeder Name einer *Göttin*, der langsam rezitiert wird, ist ein Mantra: Isis (Is-is, Is-is, Is-is), Kuan Yin, Kali Ma. Sprechen Sie jede Silbe langsam und rhythmisch immer und immer wieder. Versuchen Sie auch längere Sätze oder *Göttinnen*-Gesänge; die meisten Mantras bestehen aus mehr als nur dem Namen. Versuchen Sie es mit «Segens-*Göttin*», «Du Gesegnete», «Mutter *Göttin*, Mutter *Göttin*» oder «Yemaya, meine Mutter, Yemaya». Eine gute Möglichkeit sind auch etwas längere Gesänge wie «Ich bin Maat, Maat ist ich, wir sind eins». Mein eigenes Mantra lautet «Brede ist hier», damit ist jene keltische *Göttin* der Inspiration, der Dichtung und der Heilkunst gemeint, die auch Brigit genannt wird. Ihr Mantra zu wiederholen, erfüllt mich mit Ruhe, selbst in den unruhigsten Zeiten.

Wenn Sie Ihr Mantra seit längerem benützen, wird es schließlich immer durch Ihren Geist singen, wenn Sie nicht auf andere Dinge konzentriert sind. Dies wird als Zeichen einer direkten Verbindung zur *Göttin* gesehen und ist in hohem Maße vorteilhaft. Bei den Buddhisten heißt es, wenn ein Mensch beim Sterben sein Mantra im Geist hat, geht seine Seele sofort zur *Göttin* (Buddha). Dann wird sie im Reinen Land wiedergeboren werden, einem Ort, wo alles Karma erlöst werden kann und wo in diesem Leben die Erleuchtung herkommt.

Versunkenheit ist eine andere Meditationsmethode, die im Westen wahrscheinlich am häufigsten genutzt wird und für Heilerinnen die ergiebigste Methode darstellt.

Beginne mit dem Erden und Zentrieren und der vollkommenen Körperentspannung. Dann konzentriere dich auf einen einfachen Gegenstand, den du zuvor ausgewählt hast. Diesen Gegenstand kannst du vor dich hinstellen oder in der Hand halten. Als ich diese Methode die ersten Male anwandte, nahm ich als Gegenstände eine rosa Nelke in einer Glasvase, eine Muschelschale, einen Kristall, einen Kiefernzapfen oder die Flamme der brennenden Kerze auf meinem Altar. Suche dir aber für jede Meditationssitzung nur ein Objekt.

Richte deine volle Aufmerksamkeit auf diesen Gegenstand und schließe alles andere aus deiner Aufmerksamkeit aus. Betrachte ihn eine Weile, schließe dann die Augen und bewahre das Bild in deinem Geist. Sei dir dieses Objektes gewahr auf jede mögliche Weise *außer* in Worten; untersuche seine Form, seine Farbe, seinen Geruch, die Oberflächenstruktur, die Größe und den Klang. Untersuche es mit allen deinen Sinnen. Wenn du eine Muschel in der Hand hältst, sei dir des Meeres und des Strandes bewußt, des Elementes Wasser, des Lebens, das einst von dieser Muschelschale umschlossen war. Falls du eine Kerze genommen hast, nimm Verbindung zum Element Feuer in seinen positiven wie seinen zerstörerischen Ausprägungen auf, vielleicht auch mit der Feuer-*Göttin* (Pele, Oya). Wenn du über eine Blume meditierst, richte deine Aufmerksamkeit auf ihr Wachstum vom Samen zur Pflanze, zur Blüte und wieder zum Samen. Meditiere über einen Kristall oder einen Edelstein, beobachte, wie er sich in der Erde formte.

Versuche, dich mit den *Göttinnen* jedes Lebewesens in Verbindung zu setzen oder mit den Devas der Natur. Wenn dein Geist an irgendeinem Punkt vom Objekt der Aufmerksamkeit wegwandert, bringe ihn zurück. Das wird viele Male notwendig sein. Beginne mit zehnminütigen Sitzungen, bei denen du dich nur auf das Objekt selbst, ohne seine Assoziationen, konzentrierst. Die Fähigkeit, sich zu konzentrieren und den Geist auf einen Brennpunkt gerichtet zu halten, ist für das Heilen von wesentlicher Bedeutung.

Sobald du ein gewisses Maß an Geistesschulung erreicht hast (Vollkommenheit gibt es nicht), versuche dich auf deinen eigenen Körper zu konzentrieren. Meditiere über dein Fortpflanzungssystem, deinen Menstruationszyklus, dein Herz, die Muskeln, die Knochen, die Atmung, den Kreislauf, das Verdauungs- und Ausscheidungssystem in der gleichen Weise, wie du es bei der Blume oder Muschel getan hast. Erforsche, wie dein Körper arbeitet und was er überhaupt ist. Mache dies, ohne Worte zu gebrauchen. Versuche in einer anderen Sitzung, dich nur auf ein bestimmtes Organ oder Körpersystem zu konzentrieren. Betrachte erst einmal das Organ oder System selbst, dann richte deine Aufmerksamkeit in sein Inneres. Wenn Gefühle aufsteigen, schenke ihnen Beachtung, lasse sie durch dich hindurchgehen. Du wirst überrascht sein, welchen Einstellungen zu deinem Körper du bei dir begegnen wirst. Wenn dich ein positives Gefühl durchläuft, begrüße es und lasse es vorübergehen. Entsteht ein negatives, frage nach dessen Herkunft und dann bitte um dessen Lösung. Fühle, wie es schnell durch dich hindurchläuft.

Wenn sich das Organ oder das System leer anfühlt, wenn das Gefühl es verlassen hat, fülle es mit Licht in einer Farbe, die dir angemessen erscheint, oder fülle es mit Lob. Schenke ihm eine positive neue Haltung. Bevor du die Sitzung beendest, bitte um eine Botschaft von diesem Organ oder System. Diese Botschaft kannst du in Worten hören, in Farben sehen, in Empfindungen fühlen oder als Duft riechen. Du wirst wissen, was sie bedeuten soll. Wenn in diesem Bereich Beschwerden bestehen, frage danach, welche Art Heilung notwendig ist, und folge diesen Anweisungen. Was du gerade vollbracht hast, war sowohl Visualisation wie auch Geistheilung. Beende die Sitzung, indem du dich selbst segnest.

Frauen, die sehr geist- und intellekt-orientiert sind und Worte brauchen, sollten die Meditation des Tausendblättrigen Lotos versuchen,[17] eine Kontemplationsform, die der oben beschriebenen sehr ähnlich ist, aber statt Vorstellungsbildern Worte benutzt. Du solltest dir aber darüber im klaren sein, daß die Fähigkeit, mit nichtverbalen Formen zu arbeiten, beim Heilen äußerst wichtig ist und auch geübt werden muß. Der Tausenblättrige Lotos ist im Buddhismus ein Symbol des Kronen-Chakras und der Einheit allen Lebens. Das Zentrum dieses meditativen Lotos ist ein Wort, das du auswählst, und die Verbindung dieses Wortes zu allem anderen sind die vielen Blütenblätter des Lotos. Versuche die folgende Übung das erste Mal zehn Minuten am Stück und steigere die Zeit allmählich auf eine halbe Stunde.

Beginne damit, ein Wort auszuwählen, das positiv ist und auch für dich eine positive Bedeutung hat. Worte, die negativ sind oder bei dir negative Gefühle auslösen, können dich nach Beendigung der Meditation – und möglicherweise noch tagelang – deprimiert und ängstlich zurücklassen. Für den Anfang eignen sich gut Naturbezeichnungen wie Muschel, Kristall, Kiefer, eine Farbe etc. Gewinne erst Erfahrung mit dem ganzen Prozeß, bevor du zu kosmischen Wörtern übergehst wie Galaxie, die *Erde*, die *Leere* oder *Göttin*.

Wähle also ein Wort aus und kontempliere darüber, während du es in deinem Geist festhältst. Dies ist das Herz des Lotos. Bald erscheint ein anderes Wort, eine Assoziation zu dem ersten Wort, ein Blütenblatt des Lotos. Versenke dich drei oder vier Sekunden lang in beide Worte, dann lasse die Assoziation los, auch wenn du die Verbindung nicht verstehen solltest. Wiederhole erneut das zentrale Wort und warte auf die nächste Assoziation/das nächste Blütenblatt. Untersuche sie, lasse auch diese wieder los und kehre zum Zentrum zurück. Fahre in dieser Weise während der ganzen Sitzung fort. Kehre immer wieder zum Anfangswort zurück, und wenn dein Geist abschweift, bringe ihn zurück und beginne von neuem.

Die Assoziationen können zu innerem Gewahrsein und zu Selbst-Gewahrsein führen. Wenn du einmal darin Übung erlangt hast, kannst du das zentrale Wort so auswählen, daß es dir beim Lösen von Problemen helfen kann. Wenn beispielsweise eine Frage zu einer Beziehung offen ist, setze den Namen der anderen Person ins Zentrum und warte ab, welche Assoziationen bei der Meditation aufsteigen. Willst du wissen, was du benötigst, um ein bestimmtes Gefühl oder bestimmte Beschwerden zu heilen, stelle die entsprechenden Worte, bei jedem Mal nur eines, in das Zentrum und öffne dich für die Assoziationen und Antworten.

Wenn du dann mit allen Arten der Meditation in diesem Kapitel Erfahrungen gesammelt hast, wird dir die zentrale Fähigkeit vertraut sein, die du für das Heilen und die Selbstheilung benötigst. Jener Wechsel vom Alltagsbewußtsein, das von einem Gedanken und Gegenstand zum nächsten springt, zum meditativen Alpha-Stadium, das reglos und auf einen Punkt gerichtet ist, macht den Wandel von Krankheit zur Heilung aus. Genau diese Fähigkeit, diesen Wechsel der Perspektive vorzunehmen, macht eine Heilerin aus, und diese Fähigkeit entfaltet sich automatisch, wenn man täglich meditiert.

Ein kontrollierter, ruhiger Geist entwickelt sich nicht von einer Minute zur anderen. Jede Fertigkeit kann nur mit der Zeit und durch viel Übung erlangt werden, aber bei der Meditation ist die Übung selbst das Ziel. Der Friede, der davon ausgeht, macht die tägliche Übung angenehm und lohnenswert. Meditation ist eine positive Angewohnheit, die man lebenslang beibehalten sollte. Auch wenn man sie nur durchführt, um Streß zu verringern, ist das schon ein Heilen, und wenn man damit viel Erfahrung gewonnen hat, kann man scheinbare Wunder bewirken. Wenn man im meditativen Zustand noch mit Visualisation arbeitet, hat dies grundlegende Veränderungen zur Folge, die auf jeder Ebene machtvoll und schnell stattfinden.

2

Visualisation

Die buddhistische Philosophie – der Buddhismus ist weit mehr Philosophie als Religion – verkündet, daß alle Realität eine Schöpfung des *Geistes* aus der *Leere* ist. Dementsprechend wird Materie manifestiert durch die *Nicht-Leere* der grenzenlosen Möglichkeit. Der Geist ist die letzte Realität. Erleuchtung (Befreiung, Freiheit von der Wiedergeburt) kommt aus dem eigenen Inneren durch den menschlichen *Geist*, der den *Universalen Geist* berührt. Dies ist der einzige Weg, zur Erleuchtung zu gelangen. Alle Dinge sind *Geist*, und der *Geist* ist erkennbar. Der *Universale Geist* vereinigt alle *Geist*-Individuen, und der Buddha-*Geist* oder die Buddha-Natur (die *Innere Göttin* in der Terminologie des Wicca) ist in allen Lebewesen gegenwärtig und nimmt an ihrer Wirklichkeit teil. Alle Lebewesen und alle Zustände des Seins werden aus ihr heraus geschaffen. *Geist* in seinem reinen Zustand ist die Vollkommenheit des Buddha (der *Göttin*), die aus der Leerheit der *Leere* entsteht. Es ist die Einheit allen Lebens und Seins, die uranfängliche *Quelle*.

Der einzelne Mensch ist von der Vollkommenheit des *Geistes* und der *Leere* getrennt durch das Ego, das die Illusion der Getrenntheit erschafft. Das Ego sieht eher ein getrenntes, vereinzeltes Selbst als eine universale Einheit, und das sich daraus entwickelnde falsche Verständnis von Wirklichkeit bringt all die Krankheit und das Leiden während seiner Lebensspanne und in der Welt hervor. Das Ego entwickelt bei seiner Suche nach einer Wirklichkeit, die es nicht verstehen kann, Wünsche, Begehrlichkeiten, Sehnsüchte, Verhaftungen und schmerzhafte Gefühle und hält an ihnen fest. Diese wiederum «verschleiern den Spiegel» und verhindern das vollständige Verstehen und die Rückkehr zur Einheit. Die Illusionen eines vom Ego verschleierten Geistes entwickeln sich während des ganzen Lebens, und jene, die zum Zeitpunkt des Todes noch ungelöst sind, werden zum Karma der Seele, welches bei weiteren Inkarnationen aufgelöst werden muß.

Obwohl der Spiegel «verschleiert» sein mag, bleibt der *Geist* jenseits des Spiegels rein. Wenn die Suchende zu verstehen beginnt, daß das Ego nur Schein ist, beginnt sie die Wirklichkeit zu verstehen sowie ihren eigenen Geist und die universale *Quelle.* In dem folgenden Zitat von John Blofeld habe ich das Pronomen «er» immer in «sie» geändert:

> Wenn sie tief in ihren Geist blickt, begreift die Adeptin, daß alle Erscheinungen nichts sind als ihre eigenen vorgefaßten Konzepte, und dieses Wissen läßt diese wie Wolken verschwinden … Sie wird sich bewußt, daß der Geist weder innerlich noch äußerlich leuchtet, sondern allgegenwärtig ist.
> Die Adeptin wird dann gelehrt zu sehen, daß ihr eigener Geist und der Geist aller fühlenden Wesen untrennbar eins sind.[1]

Was bedeutet diese Aussage im Hinblick auf die *Göttin* und das Heilen? Es soll heißen, daß der Geist die Triebkraft aller Schöpfer ist. Der Geist des Individuums bringt dessen Lebenszeit hervor, und der *Göttin-Geist* erschafft das Universum. Und dennoch ist der *Göttin-Geist* eine Kombination aller Geist-Individuen. Wirklichkeit wird im Geist als Einheit erschaffen. Wenn er sich in Körper manifestiert, verschleiern die Wünsche (die Furcht vor der Getrenntheit von der *Göttin*) des individuellen Geistes unser Verständnis der Einheit und den Prozeß der Schöpfung. Weil wir die Einheit allen Lebens vergessen und damit vergessen, daß wir die *Göttin* sind, zerstören wir die Vollkommenheit unseres Seins.

Diese Illusionen, hauptsächlich negative Gedanken und Emotionen, die «den Spiegel verschleiern» und unsere Wahrnehmung der Wirklichkeit verzerren, führen zu den Krankheiten der Individuen ebenso wie zur kollektiven Krankheit unseres Planeten. Indem wir verstehen, daß unser Geist die Wirklichkeiten erschafft, und indem wir uns für positive Schöpfungen aus dem Wissen um die Einheit und die *Innere Göttin* entscheiden, heilen wir uns selbst und die Erde. Und dabei werden Frauen nur von einem begrenzt: von ihrer Befähigung, dies zu tun. Und jede Befähigung kann gelernt und geübt werden.

Damit soll der Einfluß der Gesellschaft auf das Leben der Individuen nicht herabgesetzt werden. Frauen und eine Vielzahl anderer Gruppen auf der Erde – religiöse Minderheiten, Volksminderheiten, die Armen, die Homosexuellen und Lesben, die Kinder, die Alten, die Behinderten, die Tiere – werden eindeutig und unleugbar unterdrückt. Armut ist eine wesentliche Quelle von übermäßiger Anspannung und anderen Faktoren, die zu Krankheit führen. Dennoch hat die Befähigung des Geistes, seine eigenen Bedingungen und Wirklichkeiten zu erschaffen, große positive Wirkung trotz der Irrtümer der vorherrschenden Gesellschaft. Beispielsweise hat die Entwicklung einer lesbischen Kultur bei den betroffenen Frauen deren Wahrnehmung vermindert, sie befänden sich allein in einer feindseligen Welt. Die Lebensqualität der lesbischen Frauen stieg, und die Unterdrückung aller Frauen wurde geringer. Solche Bewußtseinsveränderungen beeinflussen und verändern letztlich auch das gesellschaftliche Bewußtsein. Die negativen Belastungen der Unterdrückung haben weniger schädigende Auswirkungen auf Frauen, wenn diese den Mut haben (und Unterstützung bekommen), diese zurückzuweisen und eine positive Wirklichkeit zu schaffen.

Dieses Konzept des Wirklichkeit schaffenden Bewußtseins bedeutet jedoch nicht, daß die Frauen ihre eigenen Krankheiten verursachen oder sich auswählen. Ich hoffe sehr, daß keine Heilerin, die ich ausgebildet habe, je den Standpunkt einnehmen wird, irgend jemandem für seine Krankheit oder seinen Schmerz selbst die Schuld zu geben. Wer das tut, hat es nicht von mir gelernt. Die Bedingungen eines individuellen Lebens oder die Entstehungsgeschichte eines Schmerzes (der schmerzhaften Gefühle) mögen die Quelle (oder eine Quelle) der Krankheit sein, aber keiner wählt freiwillig oder absichtlich Schmerz oder Krankheit. Wo jedoch der Geist dahingehend geübt werden kann, jene Bedingungen oder jenen Schmerz zu heilen, können viele Beschwerden gleichfalls geheilt werden.

Die Irrtümer (und Ängste) des eigenen Geistes aus früheren Leben können auch eine Quelle für Beschwerden in diesem Leben sein, ein sogenanntes negatives Karma. Aber auch hier ist es sinnlos, jemandem für Ereignisse in einem früheren Leben die Schuld zu geben, als er zwar dieselbe Seele war, aber ein buchstäblich anderer Mensch. Selbst wenn man im jetzigen Leben ein Bewußtsein dieses früheren Lebens hat, ist dieses wahrscheinlich nur sehr lückenhaft. Das Karma stellt einfach Lebenslektionen dar, Dinge, die man in der gegenwärtigen Lebensspanne erreichen und lernen muß, eine Gelegenheit, um zu wachsen und bestimmte Dinge zu heilen. Und dieses Lernen ist der Grund, warum wir für eine weitere Lebenszeit auf Erden sind. Die Fähigkeit des Geistes, eine neue Realität zu wählen und zu schaffen, heilt das Karma, erlaubt der Frau, die alten Ängste zu heilen, alte Muster zu verändern, ungelöste Konflikte und Beziehungen zu lösen und zu einem positiven Gleichgewicht zurückzukehren, das verhindert, daß sich mehr negatives Karma ansammelt. Jeder dabei erreichte Erfolg muß gewürdigt werden, aber es gibt dabei keine Schuldzuweisungen. Jede Seele hat ihren eigenen Lebensweg und ihren individuellen Lehrplan.

Wir sind die, die wir zu sein glauben, deshalb besteht der erste Schritt darin, unseren Geist zu benutzen, statt ihn uns benutzen zu lassen, darin, ihn davon abzuhalten, uns mit negativen Gedanken zu erfüllen. Wenn diese wiederholt werden, dann werden sie zu negativen Überzeugungen, dann negativen Gefühlen und führen schließlich zu Streß und Krankheit im Körper. In ähnlicher Weise werden aus negativen Gefühlen negative Gedanken und Überzeugungen. Frauen lehrt man üblicherweise zu glauben, daß sie «nicht gut genug» seien, wo wir doch in Wirklichkeit zu gut sind, eine allzu mächtige Bedrohung der patriarchalischen Herrschaft. Wenn irgendwelche Gedanken von einem negativen Ort aufsteigen, dann verändere die Überzeugung, indem du das Denkmuster sofort veränderst. Tu das so lange, bis der negative Gedanke aufhört. Ersetze ihn durch ein besseres Selbstbild. Das negative Selbstbild der Frauen ist die zentrale Herausforderung für unser Heilen, und dies ist ein Weg, es positiv zu wandeln.

Wenn eine Frau zum Beispiel etwas verschüttet und dann denkt: «Oh, jetzt ist mir das schon wieder passiert, immer verschütte ich irgend etwas. Ich bin einfach so dumm.» – Diesen Gedanken solltest du sofort abwehren, sage «nein» oder «abstellen» oder stelle dir vor, du malst ein großes rotes Kreuz darüber. Ersetze ihn durch etwas Aufmunterndes: «Ich verschütte in Zukunft nichts mehr. Ich werde immer geschickter.» Das gibt einer Frau ein gesünderes Vorstellungsbild, auf das sie ihre Selbstachtung aufbauen kann. Ein positives Selbstbild (angstfreies Ego) verbessert auf allen Ebenen die Gesundheit.

Sowohl die positiven wie die negativen Denkmuster werden in der Aura sichtbar für jene medial Begabten, die die Fähigkeit erworben haben, sie zu sehen. Vorherrschende Denkmuster und Denkgewohnheiten beeinflussen die Aura dauerhaft oder zumindest so lange, bis eine Frau den Versuch macht, sie zu verändern. Gedanken führen zu Gefühlen (und manchmal zum Gegenteil), und wiederholte Gedanken sammeln sich im Aussehen des Emotionalkörpers, der die emotionale und physische Gesundheit direkt beeinflußt: negative Gedanken → negative Emotionen → physische Beschwerden. Indem Frauen lernen, ungesunde (negative, schädliche, selbstverurteilende) Gedanken zu kontrollieren und zurückzuweisen, lernen sie, gute mentale, emotionale und physische Gesundheit zu erzeugen.

Visualisation ist ein Weg, den Geist auf positive Gedanken zu trainieren, indem man schädliche Wirklichkeitsbilder in positive und liebende verwandelt. Visualisation heilt die Illusionen (Angst und Schmerz) des erdgebundenen Egos und vereinigt dieses mit der spirituellen Einheit und läßt es daran teilhaben. Sie entschleiert den Spiegel. Der Geist erschafft die Realität des Menschen, und Visualisation ist das Werkzeug, mit dem ausgewählt wird, was geschaffen werden soll, wie auch die Fertigkeit, in positiver und wirkungsvoller Weise zu wählen. Sie ist eine Erweiterung der Meditation, denn gerade im meditativen Zustand können die Ängste und negativen Überzeugungen des Ego transzendiert und die *Innere Göttin* der *Leere* erreicht werden. Die Frau als *Göttin* erschafft sich selbst mit ihren Gedanken:

> ... Visualisation ist Yoga des Geistes. Sie bringt schnelle Ergebnisse bei der Benutzung der Kräfte hervor, die dem Menschen nur auf den tieferen Bewußtseinsebenen vertraut sind. Diese Kräfte sind es, mit denen der Geist das Universum erschafft.[2]

Gedanken sind Energie, eine Energie, die für jede Frau sichtbar werden kann, egal ob sie die Fähigkeit hat, Denkmuster zu sehen oder nicht. Zu Anfang läßt sich die psychische Entwicklung spielerisch fördern, indem man eine Kerze anzündet, sich so hinsetzt, daß man die Flamme in Augenhöhe vor sich hat, und sich dann in den meditativen Zustand versetzt. Konzentriere deinen Geist auf die Kerzenflamme, und wenn du dich darauf voll fokussiert und zentriert fühlst, konzentriere dich darauf, daß sich die Flamme nach links neigt. Stelle dir vor, wie sie sich in dieser Weise beugt. Wenn du es schaffst, dein Bewußtsein mit der Kerze zu verschmelzen, wie du es im letzten Kapitel mit dem Baum des Lebens getan hast, wird sich die Flamme problemlos und langsam zur Seite neigen.

Spiele mit der Flamme, bewege sie nach links und rechts, vorwärts und wieder in die Ausgangsposition. Halte damit inne, bevor du müde wirst – diese Übung ist erstaunlich ermüdend. Dieselbe Übung kannst du mit einer Perle durchführen, die du direkt vor dir herunterhängen läßt an einer Schnur oder einem Faden und dann im Geiste in Bewegung versetzt. Wähle den Befestigungspunkt so hoch, daß du sie direkt auf Augenhöhe vor dir hast. Versuche es einfach. Mach ein Spiel daraus; wenn man sich zu verbissen darum bemüht, ist es für das Gelingen eher hinderlich. Jeder, der mit dem Pendel arbeitet, kennt dieses Phänomen.

Wenn Gedanken eine andere Form von Energie sind, dann ist alles Leben geschaffen aus Energie. Energie ist das elektrische Erscheinungsbild der nicht-physischen Aura-Ebenen und das kosmische Bindemittel, das Atome zu Molekülen werden läßt und Moleküle zu Zellen. Die Zwischenräume in Atomen oder Molekülen, die universale *Leere* im Mikrokosmos, sind aus Leerheit zusammengesetzt, die von Energie zusammengehalten wird. Und dasselbe gilt für den Körper des Menschen auf allen seinen Ebenen. Das einheitliche Feld des Physikers und die *Leere* und *Nicht-Leere* des Buddhismus sind in gleicher Weise Energie. Die Physiker sagen, Energie sei ewig; sie könne weder geschaffen werden (sie wurde geschaffen) noch zerstört. Leben ist Energie als solche, und Gedanken sind Energie.

Wissenschaftlich ausgedrückt:

> Denken ist eine Form der Energie; es hat die Eigenschaften eines universalen «Feldes», das, wie die Schwerkraft, die magnetischen Felder und die L-Felder aller Lebewesen, der wissenschaftlichen Erforschung zugänglich sind.
> Gedankenfelder ... können miteinander Verbindung aufnehmen, durch den Raum reisen und Materie durchdringen, und zwar mehr oder weniger gleichzeitig, sofort und mit wenig oder keiner Abschwächung.
> Die Gedankenfelder einer Person können sich mit den Gedankenfeldern (oder Energiesystemen) anderer Menschen vermischen ... und dabei in den physischen Körpern physische Veränderungen hervorbringen.[3]

Mit Visualisation im meditativen Zustand kann man Veränderungen im Energiefeld der Körper hervorrufen. Solche Veränderungen können diese Energiefelder transformieren – und tun es auch –, und auf diesem Wege kann man die physische Gesundheit beeinflussen. Sie bewirken eine neue Version der Schöpfung aus der *Leere* und sind das Rohmaterial der physischen Materie der *Nicht-Leere.* Denkmuster, die sich auf das Gewahrsein der spirituellen *Göttin* gründen und auf die Einheit mit ihr, bewirken zuerst einen Wandel auf der mentalen und den höheren mentalen Ebenen. Dann dringen sie in den Emotionalkörper ein, heilen Gefühle und lösen Streß, und von da aus programmieren sie den physischen Körper neu.

Deepak Chopra beschreibt dies medizinisch: «Das, was man im wachen Zustand als Realität akzeptiert, kennt man nur von den Impulsen her, die im Gehirn aufblitzen.»[4] Ich ziehe es vor, diesen Sachverhalt mehr philosophisch zu beschreiben, aber Tatsache ist, daß jede Wahrnehmung des Geistes im Gehirn interpretiert wird. Die irdischen Sinne stellen für die Frauen die Verbindung her zwischen dem Geist und dem Universum (dem universalen *Geist*), und die Sinne werden vom Gehirn kontrolliert. Das Gehirn ist nicht der Geist, aber der Zugang des Geistes zum Physischen. Es ist die Reaktion des Gehirns auf Streß im Geist und in den Gefühlen, die negative chemische Stoffe erzeugt, die dann das Immunsystem beeinträchtigen und zu Krankheit führen. Auch das Gehirn wird von der Energie bestimmter Denkmuster beeinflußt, dem Transport- und Schöpfungsmedium des Geistes.

Die traditionelle Visualisationsarbeit sowohl im Buddhismus wie im Wicca beginnt bei den Sinnen (und dem Gehirn) und geht dann darüber hinaus. Ich habe in diesem Buch auf die Bedeutung der buddhistischen Philosophie hingewiesen, weil buchstäblich alle Praktiken der modernen Hexen in bezug auf Visualisation, Meditation, Symbolik und Ritual aus den Übungen des tantrischen Buddhismus abgeleitet und dann verwestlicht worden sind. Die tantrische Philosophie ist sehr hoch entwickelt; sie erklärt genau, was Frauen tun, oft vollständiger, als es Frauen bis heute zu analysieren begonnen haben. Das Training in diesen Fertigkeiten beginnt ganz einfach und wird dann zunehmend komplexer.

Der Suchenden, die Konzentration gelernt hat, wird ein Mandala gegeben, das im Zentrum seines ausgeklügelten Musters ein Bildnis einer *Göttin* (vielleicht Tara) hat. Sie meditiert über dieses Mandala, bis das Bild ihr innerlich so real erscheint, als wäre es eine physische Erscheinung. Die *Göttin* darin wird so real, daß sie lebendig wird. Sie spricht zu der Meditierenden und wird von diesem Zeitpunkt an ihre Lehrerin. Die Suchende weiß, daß sie ihre *Göttin*/ihre Lehrerin durch die Handlung ihres eigenen Geistes aus der *Leere* selbst geschaffen hat und daß die *Göttin* vollkommen real ist.

Diese Vorgehensweise ist eine gute Meditationsmöglichkeit für Frauen. Beim Heilen jedoch ist das Ziel der Visualisation etwas anderes. Durch Visualisation soll die Schülerin lernen, über ihre physischen Sinne hinauszugehen, um nicht-physische Informationen aus dem Energiefeld von jemandem zu bekommen, den sie heilen möchte (oder aus ihrem eigenen bei der Selbstheilung). Es öffnet auch die nicht-physische Anatomie ihrer Wahrnehmung und verbindet sie mit den Energiefeldern von Wesen, die nicht in physischen Körpern leben, wie etwa Geistführern. Diese Information zeigt oder erzählt der Heilerin, an welchen Stellen Geistenergie (kontrolliertes Denken) benötigt wird, um Krankheit in Gesundheit zu verwandeln, und wie man vorgehen soll. Die heilenden Veränderungen arbeiten sich durch die nicht-physischen

Aura-Ebenen bis zum physischen Körper vor. Jede nicht-physische Ebene kann auf diese Weise geheilt werden, auch das Karma kann geheilt und erlöst werden.

Beginne mit etwas Einfachem. Jede Visualiation beruht auf Vorstellungsarbeit, die im meditativen Zustand geleistet wird, deshalb versetze dich zuerst in Meditation, erde und zentriere dich und entspanne dich vollständig. Im Lauf der Zeit und mit zunehmender Erfahrung lernen die meisten Heiler, sich willentlich sofort in diesen Zustand zu versetzen, manchmal durch einen Wechsel des Bewußtseinszustands, manchmal mit Hilfe einiger tiefer Atemzüge. Eine leichte Trance ist ausreichend, um mit dem Heilen zu beginnen, sie wird sich dann automatisch vertiefen, wenn die Heilerin fokussiert bleibt. Diesem Ziel dienten die Konzentrations- und Fokussierungsübungen des vorigen Kapitels. Je erfahrener die Heilerin ist, desto tiefer werden die Trancezustände werden, in die sie gleitet, und um so tiefgreifender die Ergebnisse.

Denke im Meditationszustand an eine Rose oder irgendeine andere Blume. Wenn du möchtest, kannst du eine reale Blume vor dich hinstellen. Untersuche die Rose mit geschlossenen Augen im Geiste. Welche Farbe hat sie? Wie duftet sie? Ist sie aufgeblüht oder noch knospig? Hat sie Blätter? Dornen? Stelle dir vor, wie es sich anfühlen würde, wenn du ihre Blütenblätter berühren würdest; streichele sie im Geist. Wenn sie Töne von sich geben könnte, welcher Art würden diese Töne sein? Versenke dich ein paar Augenblicke lang in die Rose. Dann verändere das Vorstellungsbild. Wenn die Rose offen war, laß sie sich zu einer Knospe zusammenfalten; wenn es eine Knospe war, öffne sie. War die Rose rosa, lasse sie rot werden, dann weiß, dann gelb, dann wieder zurück zu rosa.

Kannst du dir eine blaue Rose vorstellen? Wenn sie Dornen hatte, entferne diese, und wenn keine Dornen da waren, füge welche hinzu. Lasse einen Wassertropfen auf die Rose fallen. Laß sie duften wie eine Gardenie und verändere ihren Klang. Nimm einen Schmetterling in dein Bild auf und laß ihn um die Rose flattern, sich auf sie setzen. Lausche dem Geräusch seines Flügelschlags. Gebe der Rose ihre ursprüngliche Gestalt wieder, laß sie sich auflösen und dann wieder in deiner Vorstellung auftauchen.

Erfahre jede Veränderung mit so vielen deiner Sinne wie möglich. Manche Frauen sind visuell orientiert, andere ziehen ihre psychischen Eindrücke vorwiegend aus Geräuschen oder aus Berührung. Einige

Heilerinnen (und zwar die erfahrensten) setzen die Sinne kombiniert ein, wobei ein Sinn dominiert. Ich selbst bin stark klang-orientiert – ich kann Information schneller hören als sehen. Dann kommt der Tastsinn, und die visuelle Vorstellung steht für mich erst an dritter Stelle. Manchmal erhalte ich die Informationen visuell, aber gewöhnlich werden mir die meisten Informationen von meinen Führern mitgeteilt. Jede Frau empfängt die Informationen auf ihre eigene Weise, und es gibt keinen falschen oder besseren Weg. Wichtig ist nur, daß du die Informationen bekommst, nicht wie du sie bekommst.

Wiederhole die obige Übung mit anderen Gegenständen. Nimm dazu andere Blumen; laß einen Ahornbaum zu einer Eiche werden und dann wieder zu einem Ahorn. Visualisiere, wie du Kleidung anlegst oder ausziehst, ein Stück oder eine Schicht nach der anderen. (Auf die sich daraus ergebenden weiteren Möglichkeiten möchte ich hier nicht eingehen, du wirst sie schon selbst herausfinden! Aber verliere dabei die ethischen Grundsätze nicht aus den Augen.) Mit diesen Übungen trainierst du nicht nur deine Fähigkeit zu visualisieren (dir etwas vorzustellen, etwas zu erschaffen), sondern auch die Fähigkeit deiner psychischen Sinne, und sie werden dir zeigen, welches deine vorherrschenden besonderen psychischen Fähigkeiten sind. Jene Sinne, zu denen du leichter Zugang zu finden scheinst, sind für den Augenblick die vorherrschenden, aber im weiteren Verlauf der Übungen können andere Sinne diese übertreffen. Mit der Zahl der Sinne, mit denen eine Heilerin arbeiten kann, wächst auch die Menge an Informationen, die ihr bei ihren Heilsitzungen zur Verfügung steht.

Gehe nun zu komplexeren Visualisationen über. Sitze in Meditationshaltung, die Augen geschlossen, und visualisiere dein Wohnzimmer so detailliert wie möglich. Das hört sich einfach an, ist es aber anfangs nicht. Westliche Menschen lernen selten, aufmerksam zu sein. Verändere noch nichts, sondern visualisiere nur das, was da ist. Denk daran, auch hier alle Sinne zu beteiligen. Gehe nach Beendigung der Meditation ins Wohnzimmer und schaue nach, wie nah deine Erinnerung an der physischen Wirklichkeit war. Wenn du in der Lage bist, das Zimmer detailgetreu zu visualisieren, beginne während der Meditation damit, einen Gegenstand nach dem anderen zu entfernen, bis der Raum leer ist. Dann stelle die Gegenstände wieder an ihren Platz. Versuche jetzt, die Möbel neu zu arrangieren, und stelle sie danach erneut an ihren alten Platz. Führe diese Übungen auch mit einem anderen Zimmer durch.

Betrachte in einer anderen Sitzung das Innere deines Körpers. Du sollst nicht darüber kontemplieren wie im letzten Kapitel, sondern es einfach anschauen und dabei so viele deiner psychischen Sinne beteiligen wie nur möglich. Beginne bei deinem Kopf und schau in sein Inneres. Kümmere dich jetzt nicht darum, ob dein Wissen über Anatomie vielleicht lückenhaft ist, richte deine Aufmerksamkeit nur darauf, was du wahrnimmst. Ich empfehle jeder Heilerin, sich ein Grundwissen über menschliche Anatomie anzueignen. Besorge dir ein Gesundheitsbuch und lerne wenigstens die Formen und die Anordnung der wichtigsten Organe. Dabei ist es nicht notwendig, sich die Namen der Knochen, Muskeln oder Nerven zu merken. Wandere durch deinen Körper vom Kopf bis zu den Füßen und sei einfach aufmerksam.

Sehen oder mit anderen Sinnen wahrnehmen wirst du wahrscheinlich jene Organe oder – noch wahrscheinlicher – die Energieformen, die im nächsten Kapitel erläutert werden. Manche Frauen nehmen Knochen und die Skelettstruktur wahr, vielleicht siehst du auch die Muskelfasern und Muskelstränge unter der Haut. Nimmst du Geräusche, Symbole, Sinneseindrücke, Gefühle, Gerüche wahr? Inwiefern unterscheidet sich das Bild deines Körpers von der Kontemplationsübung des letzten Kapitels? Laß Liebe als rosafarbenes Licht durch alle deine Organe ziehen, bevor du die Übung beendest.

Jede Anweisung in diesem Buch, etwa zu «sehen», schließt den Gebrauch aller anderen Sinne ein, zu denen man Zugang hat. In ähnlicher Weise ist Visualisation ein Wort, das auf Vision schließen läßt, aber es bedeutet viel mehr. Wenn du dir das vor Augen hältst, dann betrachte jetzt deinen Körper als Energiefeld. Du kannst vielleicht Chakras, Aura-Schichten, Energieströme oder nur einen schattenhaften Umriß sehen bzw. wahrnehmen. Was auch immer du wahrnimmst, ist in Ordnung. Vergiß nicht, die anderen Sinne zu beteiligen. Stelle dir einen silbernen Lichtball über deinem Kopf vor. Laß ihn in deinen Kopf wandern, dann in deinem Körper nach unten, durch den Nacken, die Brust, den Rumpf, den Unterleib, die Beine und zu den Füßen hinaus. Bringe ihn wieder zurück von den Füßen zum Kopf und wieder heraus, dann laß ihn sich entfernen oder auflösen. Stell dir den Ball als golden, kupferfarben, blau, grün und in jeder anderen Farbe vor oder in Regenbogenfarben. Visualisiere ihn als mehrere verschiedene Klänge, die sich durch deinen Körper hindurchbewegen – Violine, E-Gitarre, Flöte, Klavier. Vergegenwärtige ihn dir als ein Bouquet von Düften – Lilie, Rose, Jasmin, Gardenie –, die sich durch deinen Körper bewegen vom

Kopf bis zu den Füßen und wieder von den Füßen bis zum Kopf. Achte darauf, welche Gefühle jede Farbe, jeder Klang oder Geruch in dir wachruft, wenn du mit dem Ball spielst.

Diese Art der Meditation ist tiefer als jene aus dem ersten Kapitel. Wenn du sie beendest, vergewissere dich sorgfältig, daß du wieder vollkommen in die Gegenwart zurückgekehrt bist, bevor du aufstehst und zum erdgebundenen Leben zurückkehrst. Dehne und strecke deine Arme und Beine. Fühlst du dich immer noch schwindelig oder benommen, wasch dir das Gesicht oder trink ein Glas Wasser. Manche Frauen bekommen nach tiefer Konzentrations- oder Heilungsarbeit Hunger. Man hat zwar ein Bedürfnis nach Zucker, aber was der Körper dann wirklich braucht, sind Proteine; am besten hast du immer Hüttenkäse zur Hand. Du glaubst vielleicht, nur zehn Minuten lang meditiert zu haben, aber es war viel länger, es kann sogar sein, daß eine Stunde vergangen ist. Diese Art der Meditation sollte man besser vor dem Zubettgehen ausführen als zu Tagesbeginn, und vor dem Schlafen führt diese Meditationsarbeit zu lebhaften Träumen. Allerdings fühlen sich manche Frauen davon eher angeregt als entspannt.

Beginne damit, die Visualisation für das Heilen zu benutzen. Als du silbernes Licht (oder Töne oder Gerüche) in deinen Körper gezogen hast, schien in dir die Energie irgendwo anzuhalten, als sie hindurch wanderte? Ganz gleich, ob der Ort dieses Anhaltens in einem Organ, einem Chakra oder einer Energiebahn zu liegen scheint, er deutet auf eine Blockade in der freien Bewegung der Lebensenergie. Es kann mehrere solcher Stellen geben, an denen das Licht, der Geruch oder der Ton zum Stillstand kommen und dann erst weiterfließen. Erfülle diesen blockierten Ort mit einer Konzentration des silbernen Lichts, der Violinklänge oder dem Geruch der Lilie, bis diese sich weiterbewegen und diesen Bereich hinter sich lassen. Jetzt ist diese Blockade beseitigt. Wiederhole den Vorgang, wenn die Energie einem weiteren Hindernis begegnet.

Richte nach der Sitzung deine Aufmerksamkeit darauf, ob du Veränderungen in bezug auf deine Gefühle wahrnimmst. Blockaden bauen sich oft dort auf, wo physischer Schmerz ist, oder am Ort einer alten Verletzung. Obwohl sie medizinisch «geheilt» wurde, kann es sein, daß die nicht-physische Energie dieser Verletzung noch nicht geheilt wurde. Versuche diese Übung am nächsten Abend erneut und achte darauf, welche Energieungleichgewichte immer noch vorhanden sind. Befinden sie sich an denselben Stellen? Sind sie noch genauso groß? Dann versuche, andere Farben zu nehmen als am Abend zuvor und vergleiche die Wirkung; versuche mit anderen Tönen und Gerüchen zu visualisieren. Wenn du mit Licht und Farbe gearbeitet hast, dann versuche andere Sinnesbilder, um die heilende Energie zu bewegen. Wo sich vorher nur mit Licht angenehm arbeiten ließ, könnte jetzt die Arbeit mit anderen Sinnen leichter vor sich gehen.

Bei einer anderen Übung dieses Typs konzentrierst du dich erneut auf das Innere deines Körpers, während du mit geschlossenen Augen im meditativen Zustand sitzt. Visualisiere aber diesmal nicht den Ball aus Licht, Klängen oder Gerüchen. Statt dessen bitte darum, dir alle Energieeinschränkungen oder -blockaden zu zeigen oder sie dir auf andere Weise bewußt zu machen. Konzentriere dich auf die erste davon. Sage im Geist zu der blockierten Stelle: «Ich liebe dich», und schicke Liebe in diesen Bereich. Nimm die Liebe mit jedem oder allen Sinnen wahr – ist sie rosa oder blau, ist sie der Klang einer Violine oder Oboe, das Empfinden von Samt oder Katzenfell, der Duft von Rosen oder Maiglöckchen? Schicke deine Liebe aus, ohne zu bestimmen, was sie ist, und achte darauf, was ankommt. Achte darauf, was mit der Blockade geschieht, wenn die Liebesenergie sie erreicht. Fahre damit fort und laß die Liebesenergie vom Kopf bis zu den Füßen in jede blockierte Stelle fließen, die du finden kannst. Beende die Sitzung, indem du dich selbst segnest, und achte darauf, wie du dich danach fühlst.

Vor der nächsten Visualisationsmeditation erde und zentriere dich und entspanne dich vollständig. Fülle dich dann mit der Energie der *Erde* oder der *Göttin*, die du in deine Füße oder deine Krone ziehst. Diese Übung unterscheidet sich von der tibetischen Mandala-Meditation insoweit, als sich die Meditierende ihre eigene Vorstellung der *Göttin* erschafft, anstatt sich auf eine bildliche Darstellung zu fokussieren. Stelle dir vor, wie die *Göttin* aussieht, und erschaffe diese Vorstellung so, wie zuvor die Rose. Vielleicht befindet sich ja in deiner Vorstellung schon ein Bild oder eine *Göttin*, oder du kannst *Sie* spontan erschaffen. Ist *Sie* klein oder groß, breit und großbusig oder schmal mit kleinen Brüsten? Welche Farbe hat *Ihre* Haut? Ist sie Kuan Yin oder Kali, Brede, Oshun oder du selbst? Was hat *Sie* an, falls *Sie* überhaupt angezogen ist? Male dir *Ihre* Kleidung detailliert aus und vergiß die Schuhe nicht. Von welcher Farbe, welcher Länge ist *Ihr* Haar, und in welchem Stil trägt *Sie* es? Hält *Sie* etwas in *Ihren* Händen? Erscheint die *Mutter* allein oder zusammen mit anderen Menschen, Tieren oder Blumen? Erscheint *Sie* zusammen mit einem Duft oder mit Tönen?

Frage die *Göttin*, ob *Sie* eine Botschaft für dich hat, und lausche *Ihr*. Nimm ein Geschenk von *Ihr* an, dann gib *Ihr* eine Rose und umarme *Sie*. Stell dir vor, wie *Sie* immer kleiner wird, bis *Sie* auf deine Handfläche paßt. Setze *Sie* in dein Herz und beobachte, wie *Sie* sich in eine rosafarbene Rose verwandelt, die zu deinem Herzen wird. Schau, wie die Rose in dir verblaßt und ihr Licht und ihre Wärme jeden Teil deines Körpers, deines Bewußtseins, deiner Gefühle und deines Geistes erfüllt. Danke der *Göttin* und komme ins Jetzt zurück mit dem Wissen, daß *Sie* dort in dir ist. Du kannst *Sie* jederzeit erreichen, wenn du *Sie* um *Ihre* Gegenwart bittest, um *Ihr* Heilen oder *Ihren* Rat. Achte darauf, welche Gefühle du in deinem Herzen empfindest, sowohl in diesem Moment wie auch in den folgenden Tagen.

Bei einer weiteren Visualisation kehre zu der Übung mit dem silbernen Lichtball zurück. Diesmal gib jedoch dem silbernen Ball, dem Klang oder dem Duft den Namen einer wünschenswerten Eigenschaft, die du in dein Leben bringen möchtest. Das könnte vielleicht Liebe, Weisheit, Fülle, Freude, Geduld oder Heilung sein. Aber du kannst auch konkretere Dinge nehmen wie einen neuen Arbeitsplatz, eine neue Wohnung oder eine neue Geliebte (ohne einen bestimmten Namen oder ein bestimmtes Gesicht festzulegen). Wenn der Ball am Scheitelpunkt deines Kopfes in deinen Körper eindringt, bitte ihn, das wirksamste Vorstellungsbild jener Eigenschaft zu werden, die er trägt. Wenn sich nun die Energie durch dich hindurchbewegt, fühle, wie die Eigenschaft, die du gewählt hast (den Klang, die Farbe, den Duft etc.), dein Inneres erfüllt. Wenn der Energiefluß anhält oder sich verlangsamt, frage danach, welcher Gedanke oder welches Gefühl es sein könnten, die den Eintritt dieser Eigenschaft in dein Leben blockieren. Meditiere über diesen hinderlichen Gedanken oder das blockierende Gefühl. Als Methode hierfür eignet sich Kontemplation oder der Tausendblättrige Lotos.

Wenn du dich dazu entschließt, diese blockierende Energiegestalt loszulassen, so sprich es im Geiste aus. Lasse sie los, indem du sie ausatmest oder sie mit dem Farben-, Licht- oder anderen Vorstellungsbild füllst, um sie aufzulösen. Wiederhole dieses Vorgehen, wenn es noch andere Blockaden gibt. Wenn du sie nicht loslassen willst, meditiere über den Grund. Was gibt dir dieses Gefühl oder dieser Gedanke, daß du ihn/es unbedingt behalten möchtest? Wenn du dich dafür entscheidest, vorerst an dieser hinderlichen Energie festzuhalten, passiere die blockierte Stelle und gehe weiter. Wenn es für dich an der Zeit ist, das Hindernis loszulassen, wiederhole diese Übung und löse es. Manchmal lernen wir ebensoviel dadurch, daß wir unsere Blockaden und Hemmnisse verstehen, wie wenn wir sie heilen. Manchmal (oft) wird aus dem Verstehen das Heilen, oder zumindest führt das eine zum anderen.

LaUna Huffines geht in ihrem Buch *Bridge of Light* mit dieser Meditation noch weiter. Dazu mußt du den Lichtball mit seiner positiven (gewünschten) Eigenschaft (Freude beispielsweise) in dein Herz bringen, wo er sich ausdehnt und öffnet:

Als nächstes stell dir vor, daß du Lichtbündel aus deinem Herzen schleuderst...

Konzentriere dich vollkommen auf die Lichtbündel, während du eines nach dem anderen spinnst, bis sie eine Brücke bilden. Füge weitere Stränge hinzu, bis du das Gefühl hast, daß die Verbindung fest und stark wird. Nun öffne dich, um die Energie der Freude zu empfangen, wie sie über die Lichtbrücke zu dir hinüberfließt. Atme tief, um diese Energie in dein ganzes Wesen einzusaugen. Achte auf die Vorstellungen, die in dir entstehen, die Gedanken und Gefühle darüber, was Freude an ihrer ursprünglichen Quelle ist.

Nun verankere deine Brücke (in deinem Lichttempel/deinem Meditationsraum) und überquere die Brücke, um in das innerste Zentrum der Freude zu gelangen.[5]

Nimm die Energie der Freude an, wenn sie jeden Teil deines Wesens erfüllt. Wenn du ganz davon erfüllt bist und die Meditation beenden willst, kehre zurück von der Brücke und ziehe ihre Bündel von Licht (oder Farbe, Ton oder Duft) zurück in dein Herz. Wiederhole die Übung, wann immer du es möchtest und mit jeder positiven Eigenschaft, die du hervorrufen willst. Diese Eigenschaft kann auch die Fähigkeit zum Heilen sein. LaUna Huffines setzt die Lichtbrücke als Instrument ein, um in einer breiten Vielfalt von Situationen und Konflikten diese lösen zu helfen. Sie beginnt auf einfachem Niveau und führt einen zu fortgeschrittener Arbeit, und ich kann ihr Buch wärmstens empfehlen.

Visualisation eröffnet zahllose Möglichkeiten. Sie ist die Grundlage für das Geistheilen und für alle Techniken des Fernheilens (darüber mehr in späteren Kapiteln). Warum sollte man nicht Weltfrieden visualisieren, ein Ende von Vergewaltigung, Hunger, Armut und Gewalt, das Nachwachsen der Regenwälder? Meditationen dieser Art sind äußerst machtvoll. Sie heilen die *Göttin* und die *Erde*. Visualisiere immer in der Gegenwartsform, als wenn das Vorgestellte bereits Wirklichkeit wäre. Visualisiere nur das Positive, das du schaffen oder erbitten möchtest. Visualisation ist in erster Linie kontrollierte Imagination im meditativen Zustand. Gedanken sind Energie, und man kann sie vorsichtig dazu einsetzen, negative Energie in positive zu verwandeln, und dabei tiefgreifende Ergebnisse erzielen. Selbst die Schulmedizin beginnt dies allmählich zu entdecken.

Biofeedback war wahrscheinlich das erste Visualisationswerkzeug, das medizinisch anerkannt wurde, allerdings ist keine der folgenden Techniken und Methoden in der Medizin allgemein anerkannt. Biofeedback, das in den sechziger Jahren entwickelt wurde, gründet sich auf drei Vorstellungen:

1. Jede physiologische Funktion, die elektrisch überwacht und verstärkt und dann an die Person zurückgegeben werden kann durch irgendeinen ihrer Sinne, kann auch von dieser Person geregelt werden.
2. Jede physiologische Veränderung wird von einer Veränderung des mental-emotionalen Zustands begleitet.
3. Meditativer Zustand und Visualisation können eingesetzt werden, um den Patienten zu lehren, die physiologische Funktion willentlich zu kontrollieren.[6]

Beim Biofeedback ist der Empfänger an ein Aufzeichnungsgerät angeschlossen, das eine biologische Funktion mißt, beispielsweise den Herzschlag. Das Gerät zeigt vielleicht ein EKG-Muster an oder mittels Signaltönen den Rhythmus des Herzschlags. Dann wird der Frau gezeigt, wie sie ihren Herzschlag verlangsamen kann, und sie beobachtet das Aufzeichnungsgerät, um die Veränderung wahrzunehmen. Der Rhythmus ihres Herzschlags kann schon allein durch eine Veränderung des Atemmusters oder der Körperstellung verlangsamt werden. Angenehme, entspannende Vorstellungen oder ein Gefühl warmer Schwere im Bereich des Herzens willentlich hervorzurufen, verlangsamt den Rhythmus ebenfalls, während unangenehme Szenen oder Gefühle des Eingeengtseins oder des Unbehagens ihn wieder schneller werden lassen. Die Frau lernt, ihren Herzschlag mit Hilfe des Monitors zu verlangsamen, doch besteht die Gefahr, daß sie von diesem abhängig wird. Dann sollte sie Meditationsübungen machen – vielleicht in der Form der geleiteten Visualisation, die zu angenehmen und entspannenden Szenen führt –, um damit einen dauerhaften Wandel zu erreichen.

Diese Visualisationstechnik wird eingesetzt, um den Blutdruck zu senken, die Gehirnwellen zu verlangsamen, die Muskelspannung zu verringern und die Körpertemperatur zu senken. Sie wird auch angewandt, um alle Symptome von Streß zu reduzieren. Biofeedback kann bei Patienten mit Magengeschwüren zu einer geringeren Produktion von Magensäure führen, bei Epileptikern die Anzahl der Anfälle verringern, chronische Schmerzen lindern und bei AIDS- und Krebs-Patienten die Zahl der weißen Blutkörperchen erhöhen und das Immunsystem ankurbeln. Migränepatienten, meist Frauen, zeigt man, wie sie zu Beginn eines Migräneanfalls ihre Hände erhitzen können. Das stoppt die Ausdehnung der Blutgefäße im Kopf und gebietet so der Entwicklung der Beschwerden Einhalt. Biofeedback ist eine Visualisationstechnik, die wahrscheinlich noch effektiver eingesetzt werden könnte, wenn man Meditationsmethoden einbeziehen würde, vor denen die Medizin zurückscheut.

Eine andere Methode, die Visualisation besonders wirksam einzusetzen, ist die Hypnose. Dabei handelt es sich um eine Form der geleiteten Vorstellungsarbeit, die auf tiefer Entspannung basiert, während der die Empfängerin auf eine angenehme oder besondere Reise geführt wird, die alle ihre Sinne anspricht. Die Entspannung ist tiefer als bei den meisten Meditationen, und die Empfängerin folgt der vom Therapeuten vorgegebenen Entwicklungslinie der sinnlichen Eindrücke ohne spirituellen Gehalt. Mit dieser Methode werden meist Verhaltensänderungen beabsichtigt. Die Methoden und der Fokus unterscheiden sich sehr von Meditation, aber der tiefe Entspannungszustand ähnelt einer tiefen meditativen Trance (der Theta-Ebene).

Obwohl die Empfängerin die Visualisation nicht selbst erschafft, hat sie dennoch die Kontrolle über das Geschehen. Wenn eine Vorstellung für sie nicht annehmbar ist, kann sie sie problemlos zurückweisen und den Trancezustand jederzeit verlassen, indem sie sich einfach aufsetzt. (Hypnose wird im Gegensatz zu Meditation meist im Liegen durchgeführt.) Zu Hause kann sie den Vorgang üben, indem sie das Tonband des Therapeuten abspielt, statt ihre eigenen Vorstellungen und Reisen zu erschaffen. Die Vorstellungen sind positiv und spielen sich in der Gegenwartsform ab, und die Empfängerin nimmt an dem Geschehen teil; diesem Konzept folgen alle wirkungsvollen Visualisationsarten.

Hauptsächlich von Psychotherapeuten angewandt, wird Hypnose bei einer Reihe von Krankheiten als direkte Behandlung eingesetzt, im Gegensatz zur Meditation, die ein spirituelles Werkzeug und ein spiritueller Weg ist. Hypnose wird als wirkungsvoller angesehen als Biofeedback, da dabei keine Maschinen zum Einsatz kommen, die Visualisation selbst besser genutzt wird und der tiefe Entspannungszustand den Widerstand erfolgreicher überwinden kann, der von den Gefühlen und dem Bewußtsein aufgebaut wird. Hypnose läßt ein Gefühl des Wohlseins und der Erweiterung der Sinne entstehen, ein Gefühl erhöhter Energie, Streßminderung und verbesserter sexueller Reaktion. Sie kann nach einer Serie von Sitzungen dauerhafte positive Ergebnisse zeitigen, und sie kann zu denselben Zwecken eingesetzt werden wie Biofeedback, hat aber noch viel mehr Anwendungsmöglichkeiten.

Hypnose ist höchst wirkungsvoll bei vielen Krankheiten, die die Medizin nicht «heilen» kann, unter anderem bei Phobien und Lampenfieber, Anorexia und Fettsucht, Rauchen und anderen Abhängigkeiten wie von Alkohol und Drogen. Sie kann eingesetzt werden, um sportliche und kreative Fähigkeiten zu fördern, chronische Schmerzen zu heilen und Migräneanfälle, Schlaflosigkeit und Depressionen zu beseitigen. Des weiteren wird Hypnose angewandt, um das Immunsystem auszugleichen bei Arthritis, Lupus, Krebs und AIDS und die degenerativen Erscheinungen bei Krankheiten wie Multipler Sklerose zu verlangsamen. Man nimmt an, daß die tiefe Entspannung der Grund für diese Erfolge ist.

Einige der Techniken dieser Art der Visualisation werden im folgenden nach William Fezlers Buch *Imagery for Healing, Knowledge and Power* zusammengefaßt. Die erste dieser Techniken ist die *Entspannung*, jener Zustand, auf dem jede Hypnose beruht. Diese erreicht man durch die Körperübungen, wie ich sie im letzten Kapitel beschrieben habe, wobei man rückwärts zählt (Auslösung) und dann für die Betreffende ein absolut angenehmes Geschehen mit der Vorstellungskraft aller fünf Sinne erschafft, in das sich die Hypnotisierte dann hineinversetzen kann. Diese Szene kann erfunden oder real sein.

Die nächste Technik ist die Schmerzlinderung, die *Betäubung* oder Hitzeübertragung genannt wird. Bei der Betäubung führt man die Empfängerin auf einen Schauplatz mit Schnee (oder in eine andere Vorstellung von Kälte) und visualisiert, daß sie ihre Hand in den Schnee steckt, bis diese kalt und taub wird. Wenn ihr Körper diese Taubheit empfindet, sagt man ihr, sie solle ihre Hand auf das schmerzende Gebiet legen und dieses Gefühl auf diesen Bereich übertragen. Wärmeübertragung benützt statt der Kälte auf gleiche Weise Hitze. In einem Zustand tiefer Entspannung funktioniert diese Vorgehensweise, und mit Übung kann man ihn auf das alltägliche Leben übertragen. Die Methode kann äußerst wirkungsvoll sein.

Zeitverzerrung ist eine weitere Hypnosetechnik. Die Zeit zu beschleunigen, indem man einen Tag, einen Monat oder Jahre zu einer Fünf-Minuten-Visualisation komprimiert, oder sie in der Vorstellung zu verlangsamen, verzerrt die Zeitempfindung des Bewußtseins. Zeit ist nur ein erdgebundenes Konstrukt; sie existiert nicht wirklich im Universum. Streß rührt zum Teil daher, daß man zuviel in einem zu kurzen Zeitraum tun möchte, und die Verzerrung der Zeit entspannt und vermindert das Gefühl der Hast. Das führt zu Ergebnissen wie größerer Ruhe, niedrigerem Blutdruck und weniger Migräneanfällen, und paradoxerweise schafft man plötzlich mehr gute Arbeit in weniger Zeit.

Die Hypnosetechnik, bei der man *Dissoziation* auslöst, besteht im wesentlichen darin, daß man seinen Körper verläßt (astrale Projektion); mit psychischen Kräften Begabte und Meditierende machen dies häufig. Der Zustand der Hochstimmung, in dem man sich dann befindet, kann eingesetzt werden, um Phobien zu heilen: Sei einfach nicht dort, gehe woanders hin, während du der schwierigen Situation gegenüberstehst. Allerdings haben manche Frauen mehr Probleme damit, *in* ihrem Körper zu bleiben, als aus ihm herauszugehen, besonders Frauen, die sexuell mißbraucht wurden. Diese Methode kann auch eingesetzt werden, um Frauen zu helfen, sich in ihrem Körper wieder wohlzufühlen. Die Techniken, die mit *Geschlechtsenergie* arbeiten (jede Energie ist Geschlechtsenergie/*Kundalini*-Energie), werden ebenso eingesetzt, um die sexuelle Reaktionsfähigkeit zu steigern wie auch die allgemeinen Energieniveaus des Alltagslebens. Sie leiten Wärme in die Genitalien und setzen ein positives post-erotisches Vorstellungsbild ein, um einen erregenden «Film» sexuellen Erfolgs und Selbstvertrauens herzustellen. Diese Techniken sind für Männer wie für Frauen gleichermaßen wichtig und nützlich.

Auch *Rückführungen* in verschiedene Altersstufen oder vergangene Leben werden oft beim Geistheilen angewandt. Diese Visualisation versetzt die Frau zurück in eine Zeit, bevor sich ein bestimmter negativer Vorfall oder ein Trauma ereignet hat, programmiert das Geschehen neu und bringt die Veränderung in die Gegenwart mit. Diese Technik kann auf alles angewandt werden von der Entwöhnung eines abhängigen Rauchers bis zur Heilung von Inzest in der Vergangenheit. Im hinteren Teil des Buches werden Sie mehr über diese Technik finden. Ich habe sie auch in *Essential Reiki* beschrieben. Darüber hinaus benützte ich sie auch für die Heilung dieses Lebens, vergangener Leben und für karmisches Heilen, allerdings mit anderen Visualisationen als die, welche die meisten Hypnotiseure einsetzen würden.

Eine weitere Hypnosetechnik wird *negative Halluzination* genannt.

Das bedeutet nicht, daß man ein negatives oder ungesundes Bild erzeugt, sondern daß man etwas Unerwünschtes von der visualisierten Szene entfernt. Wenn dich der Verkehr auf der Straße die ganze Nacht vom Schlafen abhält, setze die negative Halluzination ein, um das Geräusch aus deinem Bewußtsein zu entfernen. Bald wirst du den Lärm nicht mehr bemerken. Einen der Sinne bewußt auszuschalten, erhöht die Wahrnehmungsfähigkeit der übrigen Sinne. Wenn du beispielsweise in der Vorstellung eine Orange ißt, und die Szene das Geräusch, die Oberflächenstruktur, die Feuchtigkeit, die Farbe und den Duft der Orange hervorruft, aber nicht den Geschmack, dann erweitern sich die anderen Sinne, und diese Erweiterung setzt sich im Alltagsleben fort. Eine Vielzahl von Szenen werden eingesetzt, in denen abwechselnd jeder Sinn einmal hinzugefügt oder entfernt wird. Beim Hervorrufen hypnotischer Vorstellungen werden immer alle fünf Sinne eingesetzt, und diese Szenen negativer Halluzinationen erscheinen immer sehr merkwürdig.[7]

Diese Methoden sind optimale erdgebundene Anwendungen für die Visualisation im meditativen Zustand. Sie unterscheiden sich von der Visualisation beim Geistheilen in mehreren Aspekten. Zum einen hat Heilen ein spirituelles Ziel, also Veränderungen auf allen nicht-physischen Ebenen hervorzurufen, um so die physische Ebene zu beeinflussen. Damit verändert sich vieles im Leben der Frauen, und diese Heilung geht damit weit über das Ziel hinaus, eine bestimmte Krankheit oder ein bestimmtes Symptom zu heilen. Biofeedback dagegen ist rein auf die physische Ebene bezogen, zielt auf eine spezielle willkürliche Körperfunktion ab, die durch ein Gerät überwacht werden kann. Der Einfluß der Hypnose ist vollkommen auf das Mentale ausgerichtet; sie konzentriert sich auf eine ganz bestimmte Verhaltensänderung, die durch mentales Neuprogrammieren erreicht wird. Hypnose erzeugt eine Szene (oft eine Phantasie) mit erdgebundenen oder physischen Elementen; Biofeedback erzeugt nur skizzenhafte angenehme Szenen. Beim Heilen kommen die geistigen Bilder eher aus dem Innern der Empfängerin als von außen, und das Geistheilen sucht nach der Quelle der Krankheit, die sie dann auf den emotionalen, mentalen und spirituellen Ebenen heilen will.

Beide, Biofeedback wie Hypnose, sind auf einen Therapeuten oder Techniker angewiesen, während beim Geistheilen Heilerin und Empfängerin zusammenarbeiten oder die Empfängerin ihre Bilder beim Selbstheilen alleine erschafft. Beim Geistheilen kommen die Informationen und Bilder eher von der Heilerin, von der Empfängerin, von spirituellen Übungstechniken oder von nicht-physischer Führung, sie entstehen nicht aufgrund von Technologie, Wissenschaft oder psychotherapeutischer Protokolle. Diese medizinischen Methoden können in solchem Maße kalt, mechanisch, manipulativ und starr sein, daß sie die Bedürfnisse der Empfängerin vollkommen verfehlen. Dennoch können diese Techniken von Zeit zu Zeit zur Heilung eingesetzt und wirkungsvoll benutzt werden.

Eine weitere Visualisationstechnik besteht im Einsatz von Vorstellungsbildern, um Tumore kleiner werden zu lassen und das Immunsystem anzuregen, besonders bei Krebspatienten. Diese Methoden stellen eine Synthese beziehungsweise eine Brücke dar zwischen der spirituellen Form der Meditation und Visualisation und den Visualisationstechniken der Schulmedizin. Sie wurden von Stephanie und Carl Simonton in den frühen siebziger Jahren entwickelt und von Dr. Bernie Siegel *(Love, Medicine and Miracles)* der Öffentlichkeit bekannt gemacht und werden heute in zunehmendem Maße eingesetzt. Die Schulmedizin hat dazu ein ebenso ambivalentes Verhältnis wie zu jeder Arbeit, die auf der Verbindung von Geist und Körper aufbaut.

Die Wissenschaft möchte herausfinden, was das Heilen mit dieser Methode so erfolgreich macht, aber sie weigert sich, die Begründung anzuerkennen, daß Geist, Emotionen und Körper eine Einheit darstellen. Medizin und Wissenschaft leugnen auch vollständig Existenz und Wirkungen des Spirituellen. Selbst die traditionelle Psychotherapie, die doch so intensiv mit Bewußtsein und Gefühlen arbeitet, weigert sich noch immer zu akezptieren – und betrachtet es in der Tat als pathologisch –, daß Spiritualität oder Religiosität beim Heilen real und nützlich sind. Da die Medizin nicht in der Lage ist zu erklären, wie Visualisation funktioniert, versucht sie deren Wirkung insgesamt zu leugnen.

Die vielleicht wichtigste Entdeckung von Stephanie und Carl Simonton war die Vorstellung, daß der Patient selbst an der Herstellung seiner Gesundheit beteiligt ist. Obwohl dies eine sehr alte Erkenntnis ist, scheint dieses Konzept der schulmedizinischen Praxis noch heute fremd zu sein, da diese von den Patienten erwartet, daß sie sich passiv verhalten und Anweisungen entgegennehmen, ohne Fragen zu stellen. Die Technik der Simontons bestand aus mehreren täglichen Entspannungs- und Meditationssitzungen von fünfzehn Minuten. Der Patient wurde gebeten, seine Krankheit zu visualisieren, zu betrachten, wie die eingesetzte medizinische Behandlung die Krankheit bekämpfte, ohne dem Patienten selbst zu schaden, und wahrzunehmen, wie seine eigene Regenerierung die Körperabwehrkräfte stimulierte.

Die Erfolge des ersten Simonton-Programms bei Krebspatienten im Endstadium waren dramatisch. Bei jenen, die schließlich doch starben, hatte sich die Lebenserwartung von 12 Monaten auf 20,3 Monate fast verdoppelt. Bei jenen, die die drei Jahre der ersten Studie überlebten (63 von 159) trat bei 22,2 Prozent (14) eine vollständige Heilung ihres «unheilbaren Krebses» ein, bei 19,1 Prozent (12) schrumpften die Tumore. 27,1 Prozent (17) waren medizinisch stabil, und bei 31,8 Prozent (20) bildeten sich neue Tumore. 75 Prozent der Menschen waren am Ende dieser Studie so aktiv wie vor der Diagnose der unheilbaren Krankheit mit einer Lebenserwartung von nur einem Jahr.[8] So gut waren bereits die Erfolge der ersten Studie, und die Erfolgsquoten sind noch gestiegen.

Die Simontons erkannten, daß Erfolg oder Mißerfolg dieser Methode von der Wahl der Vorstellungsbilder durch den einzelnen abhängt. Sie kreierten ein Vorstellungsbild, das heute noch schöpferischer und wirkungsvoller eingesetzt wird, denn der Patient modifiziert es selbst individuell. Das Programm brachte auch die medizinische Behandlung des Empfängers in die Vorstellung mit ein, meist Chemo- oder Strahlentherapie, obwohl das Programm auch wirkt, wenn keine medizinische Behandlung stattfindet oder die Methoden auf holistischer oder spiritueller Basis gründen. Die Simontons arbeiteten hauptsächlich mit Krebspatienten, aber die Erzeugung von Vorstellungsbildern ist bei jeder Krankheit wirkungsvoll und anwendbar, ob sie unheilbar ist oder nicht.

In der typischen Simonton-Visualisation für Krebs oder AIDS werden schwache oder entartete Krebszellen oder HIV-Viren als verfaulende Hamburger visualisiert, ein grauer Klecks oder ein anderes weiches verwesendes Material. Die Behandlung (holistisch, medizinisch oder spirituell) wird als etwas vorgestellt, das sich über die Krankheit ergießt, sie zermürben oder sie schrumpfen läßt, dabei aber keine gesunden Zellen angreift. Dann überwältigt eine Armee von weißen Blutkörperchen, die nicht nur viel zahlreicher und stärker als die Krebs- oder HIV-Zellen sind, sondern auch aggressiver, die geschwächte Krankheit. Die toten Krankheitszellen werden auf natürliche Weise aus dem Körper ausgeschieden. Der Patient sieht sich in seiner Visualisation dann selbst als vollkommen gesund und vital, frei von Krankheit und empfindet sein Leben und seine Ziele voller Freude.[9]

Diese Basis-Visualisation im meditativen Zustand wird nun auf individuelle Weise in einer Vielzahl variiert – Bilder, die den Benutzer ansprechen, sind viel wirkungsvoller. Eine Frau sieht vielleicht ihre

Krankheit als Fische oder andere Reptiliennahrung und ihre rettenden weißen Blutkörperchen als Alligatoren, Haie oder Raubfische. Möglicherweise sieht sie ihre Krankheit als Eiswürfel und ihre weißen Blutkörperchen als Heizlüfter, der sie schmelzen läßt, oder die Krankheit als Schmutz und ihre weißen Blutkörperchen als wirksamen Staubsauger. Ein Kind könnte sich vielleicht Raketen in einem Videospiel vorstellen, die auf einen Klumpen ausgelaugten Kaugummi abgeschossen werden. Frauen, die das Modell von Angriff und Verteidigung ablehnen, könnten sich die weißen Blutkörperchen vorstellen, wie sie die Krankheit sanft aus dem Körper tragen, sie vielleicht über den Urin ausscheiden, statt auf sie zu schießen und sie zu zerstören. Eine weitere Möglichkeit ist, den Krankheitszellen rosafarbenes Licht zu senden und zuzuschauen, wie sie die Liebe absorbieren und zu gesunden Zellen werden.

In einer Gesellschaft, die so von Gewalt heimgesucht wird wie die unsere, ist dieser friedlichere Standpunkt ausgesprochen positiv.

Eine Patientin verdeutlichte das: «Zu sehen, wie mein Immunsystem meine Tumoren immer kämpferischer attackierte, schien die Eingeschnürtheit in meinem Bauch nur zu verstärken, und mein Magenkrebs wurde immer schlimmer. Statt Aggression einzusetzen, um das Immunsystem anzufeuern, und weiße Alligatoren (Lymphozyten) zu visualisieren, die verfaulende Hamburger (Krebstumore) angriffen, begann ich mir statt dessen vorzustellen, daß ich Liebe aussandte. Welch eine Erleichterung, nicht mehr den Haß in meinem Bauch stimulieren zu müssen, mich dort nicht mehr fürchten zu müssen.»[10]

Manche Lehrer dieser Technik fordern ihre Schüler auf, nach dem Auswählen ihrer Vorstellungsbilder diese dann zu zeichnen. Je stärker die Vorstellung der weißen Blutkörperchen als Retter ist und je schwächer die Krankheitszellen, desto wirkungsvoller wird das Heilen sein. Jeanne Achterberg untersuchte, welche Art von Vorstellungen am wirkungsvollsten sind:

So konnte man bei Visualisation von archetypischen Gestalten, die für Gott und Vaterland kämpften, um ihr Volk zu schützen, mit guten klinischen Ergebnissen rechnen. Jene Patienten, deren Bekämpfer der Krankheit Tiere mit Killerinstinkt waren – Haifische, Bären, bösartige Hunde – hatten nicht ganz so gute Erfolge ... Schwache oder gestaltlose Symbole hatten nur wenig Wirkung, und jene mit den schlechtesten Prognosen konnten zwar ihren Krebs «sehen», aber es gelang ihnen nicht, ihr Immunsystem überhaupt zu visualisieren.[11]

Wirkungsvolle Visualisationen für die weißen Blutkörperchen als Retter könnten beispielsweise Johanna von Orleans sein, der Engel des

Heilens, die zerstörerischen *Göttinnen* Kali oder Oya oder die sanfte Kuan Yin. Eine positive Medizin, mit der man den Körper überfluten könnte, wäre goldenes Licht (oder eine Farbe deiner Wahl), Liebe, ein grünes Desinfektionsmittel oder liebliche Musik. Versuche, eine «Schar liebender Troubadoure auszusenden, um [die Krankheit] ‹weg zu streicheln, zu massieren und zu kitzeln›».[12] Die schwachen Krankheitszellen könnten aus dem Körper getrieben werden wie Schafe oder vollkommen verwandelt werden, so daß sie die Fronten wechseln und zu geheilten, gesunden Zellen und positiven Helfern werden. Ein Homosexueller mit AIDS visualisierte seine heilenden Vorstellungsbilder als rosafarbenes Liebeskonzentrat, das sein Körperinneres überzog und dabei jede Zelle und jedes Organ heilte und beruhigte. Dann sprach er mit dem Virus, sagte ihm: «Du bist in einem Körper, der dich liebt... Du kannst dich ausruhen... Du bist hier so sicher, daß du einschlafen kannst.» Seine AIDS-Symptome gingen zurück.[13]

Obwohl diese Art der Visualisation entwickelt wurde, um Krebs zu heilen, kann sie auch auf jede andere Krankheit angewandt und angepaßt werden. Diese Methode kann man nicht nur in ernsten Notlagen einsetzen; sie kann auch leichte Krankheiten heilen und damit verhindern, daß daraus ernsthafte Störungen werden. Diese Methode bildet den Kern des Geistheilens und der Selbstheilung. Das Vorstellungsbild als Schlachtfeld ist unnötig – Menschen, die ihre Krankheit (und damit auch sich selbst) lieben und annehmen, werden diese eher heilen als jene Menschen, die beim Kampf gegen die Krankheit ihre eigenen Körper bekämpfen. Stelle dir deine eigenen Vorstellungsbilder zusammen und setze sie im meditativen Zustand mehrmals täglich für fünfzehn Minuten ein. Nimm dazu nur positive Vorstellungen von dem, was du dir wünschst; lerne etwas über die Anatomie der Krankheit. Je lebhafter das Vorstellungsbild, desto größer der Erfolg. Du solltest aber bei einfachen Vorstellungen bleiben und deinen Spaß an ihnen haben.

Eine wichtige Einschränkung muß hier gemacht werden. Erlaubst du deinem Geist zwischen den Visualisationssitzungen, sich panisch die schlimmsten Möglichkeiten auszumalen, so machst du die Wohltaten der Heilung wieder zunichte, da du damit zu den negativen Denkmustern zurückkehrst. Du erschaffst das, was du denkst. Jedesmal, wenn Angst diese negativen Bilder hervorbringt, weise sie zurück und ersetze sie sofort durch die heilende Vorstellung. Stelle dir vor, du seist gesund. Das mag nicht leicht sein, aber versuche es trotzdem.

Aus unbekannten Gründen ist das menschliche Gehirn nicht in der Lage, zwischen dem, was wirklich geschieht, und einem geschaffenen

Bild zu unterscheiden. Das Gehirn wird handeln entsprechend dem, was es sieht, positiv oder negativ, und so zählt jedes einzelne Bild. Die Vorstellungsbilder, die von negativen (und positiven) Emotionen geschaffen werden, sind genauso mächtig wie jene des Geistes und erstrecken sich bis in die Quellen der Krankheit. Später werde ich darüber mehr sagen, aber das Heilen solcher Gefühle wie Groll, Haß, Ärger, Schuldbewußtsein, Vorwürfe und Selbstverachtung ist auch sehr wichtig, um gesund zu werden. Wiederhole wieder und wieder die Vorstellung von dir selbst in voller, vitaler Gesundheit und visualisiere dich als liebend und von Liebe erfüllt.

Versuche jetzt eine Heil-Visualisation in dieser Art. Setze dich in deinen Meditationsraum, erde und zentriere dich und entspanne dich vollständig. Laß den silbernen Lichtball wieder durch dich hindurchwandern, bitte ihn, sich in die Farbe zu verändern oder in das Bild, das du brauchst. Er wird in dem Bereich deines Körpers anhalten, wo du Schmerzen verspürst. Erfülle das Gebiet mit Liebe und frage es, was notwendig ist, um zu heilen. Gib diesem Bereich, um was er bittet, wenn es etwas Positives ist. Bitte um ein Vorstellungsbild von der Krankheit – sie ist schwach und verwirrt und möchte geheilt werden. Schaue sie als Tropfen schlammigen Wassers auf dem Boden. Stelle dir vor, daß die *Göttin* deiner Wahl hereintritt. Sie ist ganz in Rosa gekleidet und hat die Arme voll weißer Rosen (weiße Blutkörperchen). Sie verstreut die Rosen, sie saugen das schmutzige Wasser auf, und die *Göttin* trägt die Rosen und damit die Krankheit fort. Sie kehrt mit einer Gießkanne zurück, bewässert das Gebiet mit heilendem Licht und vollkommener Gesundheit. Die *Göttin* lächelt, und neue rosa Rosen wachsen in *Ihrem* Garten. Du bist der Garten. Sieh dich selbst als geheilt und aufblühend, eine große Leistung feiernd. Fülle dich erneut mit dem silbernen Licht und komme ins Jetzt zurück.

Setze statt meines Beispiels deine eigenen Vorstellungsbilder ein, um die Krankheit zu symbolisieren und zu heilen. Wenn dir aggressive Vorstellungen liegen, dann benütze sie, aber sanftere Bilder sind vielleicht gesünder. Schmelze einen Knoten in der Brust, der ein schmutziger Schneeball ist, indem du die warme Sonne (weiße Blutkörperchen) hereinbringst. Erfülle deinen Körper und die Krankheit mit Liebe und sage der Krankheit, daß sie gefahrlos weggehen und dich allein lassen kann. Arbeite daran, zu vergeben und schmerzvolle Emotionen loszulassen. Aber vor allem anderen, liebe dich selbst und liebe deine

Krankheit als ein Teil von dir. Sie ist da, um dich zu lehren, wie man sie heilt.

Affirmationen sind verbale Visualisationen. Es sind kurze Sätze, die man immer wieder und wieder sagt, Sätze, die dich daran erinnern sollen, positive Gedanken zu haben. Einfache Heil-Affirmationen könnten sein: «Es geht mir immer besser.» «Ich gesunde schnell.» Oder: «Ich bin von Liebe und Heilen erfüllt – alles ist in Ordnung.» Diese Sätze kann man sehr gut zusammen mit Visualisations-Bildern einsetzen, aber sie sind allein weniger effektiv als in Verbindung mit sinnesorientierten Techniken. Mantras sind vergleichsweise mächtiger als Affirmationen, da sie die Namen der *Göttin* anrufen und diese fortwährend wiederholt werden. (Mantras sind eine wunderbare Hilfe, wenn man die negativen Ängste und Sorgen des Geistes einfach nicht loswerden kann.) Affirmationen tragen mit Sicherheit dazu bei, die Visualisation zu verstärken.

Die grundlegenden Regeln bei der Zusammenstellung eines Vorstellungsbildes gelten auch für das Ausarbeiten einer wirkungsvollen Affirmation. Beide müssen vollkommen positiv sein. Überlege sorgfältig, worum du bittest; du könntest es erhalten. Vergiß nicht, was du aussendest, kommt zu dir zurück. Alle Vorstellungsbilder sind in der Gegenwartsform mit «jetzt» zu verwenden. Benütze «ich werde geheilt» statt «ich werde geheilt werden». «Werden» könnte irgendeine Zeit in der Zukunft sein und damit eine Zeit, die vielleicht nie kommt; du möchtest aber sofort geheilt werden.

Ebenso nimm aus denselben Gründen die Formulierung «ich bin» anstelle von «ich möchte» wie in «ich bin vollkommen gesund». Vermeide Sätze mit «nicht» und «kein», sage also «ich bin frei von Schmerzen, ich fühle mich gut» anstatt «ich habe keine Schmerzen». Das Unterbewußtsein übersieht manchmal negative Partikel völlig und nimmt statt «ich habe keine Schmerzen» «ich habe Schmerzen». Wenn dich die Visualisation oder Affirmation nicht anspricht, wenn du einfach nicht das Gefühl hast, daß sie für dich geeignet ist, arbeite weiter daran, um diejenige herauszufinden, die für dich richtig ist. Wenn das Vorstellungsbild aufgrund der Wiederholungen schal wird, wähle ein anderes. Sowohl bei der Visualisation als auch bei der Affirmation solltest du das Ziel als bereits erreicht beschreiben/sehen, dich selbst als gesund und glücklich, während du den Satz sprichst oder bevor du die Sitzung mit den Vorstellungsbildern beendest.

Die Technik der Visualisation im meditativen Zustand ist die Grundlage aller Methoden der Geistheilung. Wie ein Muskel wird diese Fertigkeit durch Übung immer stärker, und mit ihr nehmen die heilerischen und psychischen Fähigkeiten an Stärke zu. Diese Technik ist in Verbindung mit dem Loslassen von Gefühlen der Kern der Kunst des Geistheilens. Jedes Heilen ist eine Reise in die *Innere Göttin* der *Leere*, um den Spiegel zu entschleiern und den Geist zu verwandeln, so daß aus Krankheit Gesundheit entsteht. Durch Visualisation wird ein Zugang zum *Geist* ermöglicht, der alles Leben erschafft und bestimmt. Das nächste Kapitel erörtert die nicht-physische psychische Anatomie, die Landkarte zur heilenden *Leere*.

3

Chakras und Aura

So, wie der Körper aus Knochen, Muskeln, Organen, Zellen, Nerven und Blutgefäßen zusammengesetzt ist, so besteht er auch aus Schichten und Zentren von Energie, die von einem alles umschließenden Energiefeld zusammengehalten werden. Die Schulmedizin ignoriert diesen energetischen Teil der Lebewesen, obwohl er viel größer und wichtiger für das Leben und die physische Gesundheit ist als die Anatomie des physischen Körpers. Man schätzt, daß der Teil von uns, welcher sich im Körper befindet, vom Ganzen nicht mehr ausmacht als ein Fingernagel. Wie jeder anscheinend feste Gegenstand weniger aus Atomen und Molekülen als aus den Zwischenräumen zwischen ihnen besteht, so auch der menschliche oder tierische Körper. Lebewesen sind hauptsächlich zusammengesetzt aus Schichten von scheinbarem Nichts (die Leerheit der *Leere*), erfüllt und zusammengehalten von elektrischen Energiefeldern (die *Nicht-Leere*) und geschaffen und geführt vom Geist. Wir sind aus weitaus mehr Lichtem als aus Festem gemacht, viel mehr aus Gedanken und Elektrizität als aus Materie.

Dieses «Lichte», aus dem wir zusammengesetzt sind, muß hier genauer definiert werden. In letzter Zeit wurde dieser Begriff für fast alles und jedes Positive in der Metaphysik des New Age benutzt (Dunkelheit für das Negative), während manche Heilerinnen es als rassistischen Begriff vollkommen ablehnen. Beide haben unrecht. Wir bestehen alle aus Lichtem (Elektrizität, Energie, Information, Gedanken), egal welche Hautfarbe wir zufällig in dieser Inkarnation haben. Jeder kann schließlich in jeder Hautfarbe inkarniert werden, und alle sind positiv. Wir inkarnieren uns auch in andere Arten von Körpern als jene auf diesem Planeten. Ich ziehe es vor, den Ausdruck «negativ» als Gegensatz zu «licht» zu benutzen, da ich auch an viele positive Aspekte der Dunkelheit glaube. Keine Hautfarbe ist negativ.

Die empfindungsfähigen Wesen anderer Planeten haben vielleicht Körper, die sich von der menschlichen Gestalt deutlich unterscheiden, und die männlichen und weiblichen Körper auf der Erde entwickelten sich in zwei unterschiedlichen Formen, die von anderen Planeten zur Erde gebracht wurden. Die Menschen haben sich nicht auf der Erde entwickelt, wir wurden hier genetisch konstruiert und ausgesät. Barbara Marciniak stellt in ihrem Buch *Earth: Pleiadian Keys to the Living Library* fest, daß die DNA der Körper auf der Erde ein lebendiger Hort aller Lebensformen des Universums ist. Die Menschen kolonisierten die Erde von zwölf verschiedenen Ursprungsplaneten aus, von denen die meisten in der Plejadischen Föderation liegen und ein paar zum Sternensystem des Sirius und des Orion gehören.

Entsprechend dem Wissen, das Laurel Steinhice für mein 1991 erschienenes Buch *Dreaming the Past, Dreaming the Future* gechannelt hat, sollen unsere Körper auf Erden nach der Gestalt der Menschen von Lyra geformt worden sein. Diese war größer und dünner als die gegenwärtige menschliche Gestalt, hatte vielleicht noch hellere Haut und soll androgyn gewesen sein, also gleichzeitig männlich und weiblich. Als man entdeckte, daß dieser Körper ein zu enges Becken hatte, um das genetisch konstruierte, geplante Erdenkind zur Welt zu bringen, mußte etwas geändert werden. Eine Rasse schwarzhäutiger Menschen lebte bereits auf der Erde, die schon zuvor genetisch erzeugt und vor langer Zeit bereits auf die Erde gebracht worden war. Diese war in ihrer Gestalt der gegenwärtigen Form der Menschen auf der Erde ähnlicher und in der Lage, die Menschheit zur Welt zu bringen. Die Lyrer wurden zu den Männern, da sie keine Kinder zur Welt bringen konnten, und der andere Stamm wurde zu den Frauen.

Damals betrachtete man die Männer als spirituell höher stehend, doch die Frauen überholten sie darin bald. In dem Unterschied von XX- oder XY-Chromosomen, der bestimmt, ob ein Fötus männlich oder weiblich ist, werden die beiden Ursprungsrassen noch deutlich. Wir stammen alle von afrikanischen und schwarzen Urmüttern ab, und wir sind alle licht. Leider dauert die Rivalität zwischen den Völkern – den Männern und den Frauen, den Weißen und den Andersfarbigen, den plejadischen Lyrern und den afrikanischen Erdenmenschen – noch immer an und bedarf immer noch der Heilung.

Barbara Marciniak definiert «Licht» als «Information» (die auch Denken ist), und ich akzeptiere ihre Analyse.[1] Sie beschreibt, daß die Erde ursprünglich dazu ausersehen war, eine lebendige Bibliothek allen Lichts/aller Information und aller Arten im Universum zu sein. Diese Datenbank des lebendigen Lichts war in menschlicher, tierischer und pflanzlicher DNA gespeichert. Die menschliche DNA, die heute aus

Abb. 1: Seelenstruktur I

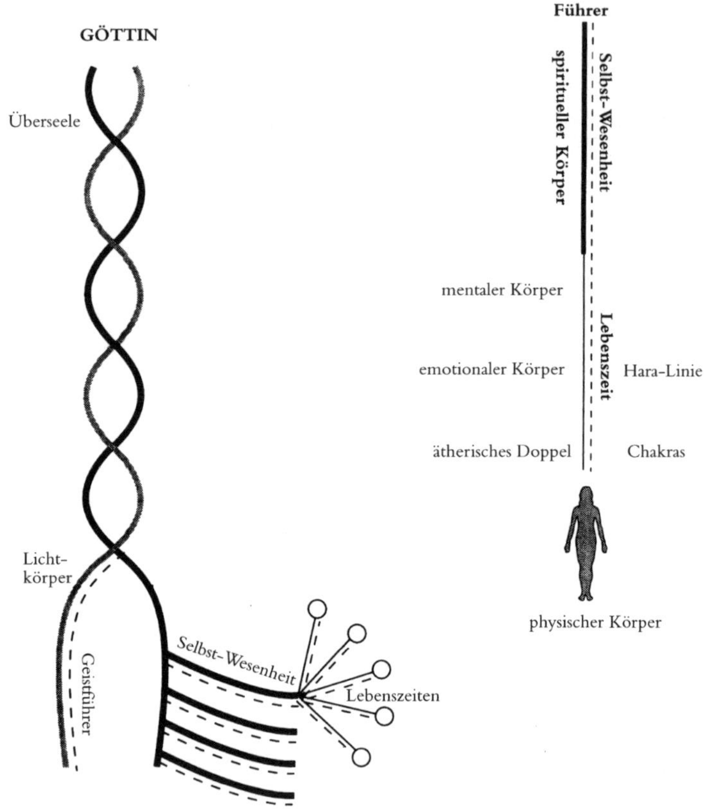

Selbst-Wesenheit – bis zu vier in einem Körper gleichzeitig

Geistführer – keiner kommt hier allein hin

Lebenszeiten der Selbst-Wesenheit – viele Reinkarnationen

einem doppelstrangigen Helix-Molekül besteht, war früher aus zwölf Strängen zusammengesetzt und enthielt einen unvorstellbar größeren Reichtum an Erfahrung und Information. Irgendwann während eines Krieges zwischen Schöpferplaneten wurde die menschliche DNA «entkettet», und ihre Information blieb zwar auf der Erde, aber nicht unversehrt, sondern zerstreut.

> Gewisse Arten nahmen die damals vorhandene Spezies, die in der Tat eine prächtige Spezies war, und manipulierten sie für ihre eigenen Zwecke, für ihre eigenen Bedürfnisse. Sie unterbrachen die Vielfältigkeit der Informationen im Innern des Menschenwesens, veränderten die DNA und gaben dem Menschen die doppelte Spirale, so daß er in Unwissenheit gehalten werden konnte. Seine Empfangsfrequenz wurde einfach abgeschaltet ...[2]

Heute, wo wir in das Zeitalter des New Age eintreten, entfaltet sich die menschliche DNA wieder, um sich schließlich erneut zu ihrem vollen zwölfstrangigen Potential zu entwickeln. Die Menschen verändern sich, ihr Bewußtsein wächst, psychische Gaben entwickeln sich, sie entdecken neue Fähigkeiten, die sie manchmal erschrecken lassen, die aber letztlich positiv sind. Unser «Licht» kehrt zurück, und wir brauchen alle «Information», die wir auf unserer Suche nach der Ganzheit bekommen können.

Dieses Licht ist nicht in unseren physischen Körpern gespeichert, und man findet im physischen Körper auch keinen Zugang zu ihm, sondern es entwickelt sich schnell auf unseren nicht-physischen Körperebenen. Frauen werden sich dieser Körperebenen immer bewußter, der Chakra- und *Kundalini*-Kanäle, und in letzter Zeit sogar eines neuen Chakra-Energie-Kanals und einer neuen Reihe von Chakras, der *Hara*-Linie. Unsere Lichtzusammensetzung dehnt sich aus, wächst, vertieft sich und wird heller.

Die meisten Heilerinnen sind sich der vier Energiekörper bewußt, die unseren physischen Ebenen am nächsten stehen. Diese sind (1) das physisch-ätherische Doppel, (2) das emotionale/astrale *Hara*, (3) das Mentale und (4) die spirituellen Körper, die den physischen umgeben wie die sich überlappenden Schichten einer Zwiebel.

Jenseits dieser Körper und neben ihnen gibt es einen Lichtkörper mit einer weiteren Reihe von Schichten, und noch weiter darüber hinaus gibt es die Überseele. All diese Schichten entstehen bei der Inkarnation und werden zum Zeitpunkt der Geburt gebildet.

Die Struktur der Seele ähnelt der geflochtenen DNA-Spirale, ist aber vielfältiger. Bis zu vier Strähnen einer Flechte können sich gleichzeitig inkarnieren, obwohl sich die vier daraus entstehenden Menschen kaum jemals treffen werden. Ich nenne sie hier Selbst-Wesenheiten (simultane Leben) und jedes dieser Selbst-Wesenheiten hat in seinem Teil der DNA der Überseele viele Inkarnationen gespeichert. Zu jedem Strang einer inkarnierten Selbst-Wesenheit gehört ein nicht-inkarnierter Ratgeber, der Lebensführer. Die meisten Menschen haben noch viel mehr Führer. Die Überseele hat ihr eigenes Bewußtsein. Manche Menschen, die sich ihrer Überseele bewußt werden, nennen sie Engel, obwohl nicht jeder Engel eine Überseele ist. Die *Göttin* ist die Schöpferin und die Lebenskraft jenseits der Überseele und animiert alles andere.

Die Energieschicht, die dem physischen Körper am nächsten ist, wird das ätherische Doppel genannt. Es ist das energetische Ebenbild des dichten stofflichen Körpers und transformiert die Energie, die von der *Göttin* Stufe um Stufe bis auf die physischen Körperebenen hinunter weitergegeben wird. Bei jedem Schritt muß die Energie soweit vermindert werden, daß unser Licht oder unsere zweisträngige DNA sie aufnehmen und verarbeiten kann. Auf der Ebene des ätherischen Doppels liegt die erste Schicht der Chakras, die Energie und Licht aus den nicht-physischen Körpern in den stofflichen Körper bringen. Das ist im Reiki die Ebene des *Cho-Ku-Rei*, und dies sind auch die sieben Hauptchakras, die die meisten Heilerinnen kennen. Ich möchte sie kurz beschreiben. Nach Barbara Marciniak entfalten sich diese sieben Chakras augenblicklich zu zwölf Zentren.[3]

Die Aura des ätherischen Doppels ist eine direkte Kopie des physischen Körpers und spiegelt dessen Gesundheit wider. Im Verlauf einer Krankheit erreichen die Beschwerden diesen Körper zuletzt, kurz vor der physischen Manifestation. Hellseherisch Begabte sehen oft Krankheit oder bevorstehende Beschwerden, die den physischen Körper noch nicht erreicht haben, und können diese oft heilen, bevor sie sich manifestieren. In ähnlicher Weise wird eine Heilung über die anderen Ebenen, besonders über die emotionale und die mentale, auch das ätherische Doppel heilen, bevor der physische Körper erreicht und geheilt wird. Die Chakras verbinden das ätherische Doppel mit dem physischen Körper und übertragen die nicht-physische Energie (Licht) der Gesundheit oder der Krankheit auf den Körper. Die Chakras liegen auf einem Energiekanal, der *Kundalini* oder *Kundalini*-Linie genannt wird.

Die nächste Schicht des Aurakörpers ist der Emotionalkörper, der auch als Astralkörper bekannt ist. Es ist jener Teil, der zwischen Körpererfahrung und Astralprojektion hin und her wechseln kann, also das Unterbewußte, das durch geistiges Wachstum und Gewahrsein bewußt gemacht werden kann. Auf dieser Energieebene gibt es eine weitere Energielinie ähnlich der *Kundalini*-Linie, die *Hara*-Linie genannt wird, und eine weitere Serie von dreizehn Chakra-Zentren. Diese Chakra-Zentren sind seit langem im Osten bekannt, wo die Kunst des Qi Gong daran arbeitet, diese zu entfalten. Allerdings beginnen sie gerade erst, sich auf universale Weise zu öffnen, so daß jene, die mit Energie arbeiten, sie geistig zu sehen beginnen. Ihr Öffnen ist eines der bedeutendsten Anzeichen für die Evolution der DNA.

Wir beginnen gerade erst zu lernen, was die Aufgaben dieser neuen Chakras sind, und je mehr sie sich entwickeln, um so mehr werden wir darüber erfahren. Reiki-Feinstimmungen öffnen und weiten diese Chakras und die Energiekanäle der *Hara*-Linie. Dies ist einer der Gründe, warum ich Reiki für so unverzichtbar halte für alle Geistheilerinnen. Das Symbol des Reiki für den Emotionalkörper ist das *Sei-He-Ki*.

Der Emotionalkörper ist beim Heilen von allumfassender Bedeutung, und das Loslassen von Emotionen ist für das Heilen von wesentlicher Bedeutung. All die Schäden, die dadurch entstehen, daß man in einem Körper lebt – was automatisch bedeutet, daß die Möglichkeiten dieses Körpers gehemmt wurden –, werden in den Emotionen gespeichert. Jeder Schmerz eines Menschen ist in seinen Gefühlen gespeichert, und bis dieser Schmerz geklärt wird, beeinflußt er die physische Gesundheit negativ. Alle Energie, die den Körper erreicht, durchläuft zuvor den Emotionalkörper, bevor sie das ätherische Doppel erreicht und dann den physischen Körper. Es ist der Schmerz jener Ebene, der den Spiegel des reinen Geistes verschleiert. Jedes aufbewahrte schmerzliche Gefühl wirkt sich verheerend auf das Wohlbefinden aus, und jeder hat sein Quantum emotionalen Schmerzes erhalten.

Die *Hara*-Linie enthält den Lebenszweck unserer Inkarnation, der zunichte gemacht wird, wenn man an Gefühlen wie Angst, Ärger, Wut, Schuldgefühlen, Depression, geringem Selbstwertgefühl und der Unfähigkeit zu handeln festhält. Das Klären und Loslassen dieser negativen Gefühle und ihre Transformation in positive Gefühle ist der bedeutendste Faktor bei der Heilung und bei der Erfüllung der Lebensziele. Das Thymus-Chakra auf der *Hara*-Linie verbindet diese mit dem *Kundalini*-Kanal und ist der Ort, an dem die universale Einheit angenommen wird. Negative Gefühle führen zur Getrenntheit, die sowohl die Spiritualität wie auch die Gesundheit schädigt, während positive Gefühle die

Frauen mit der *Göttin* und der *Inneren Göttin* vereinen. Das *Hara*-Chakra auf der *Hara*-Linie enthält unseren Willen, zu leben und den Zweck unseres Lebens zu erfüllen, der vor unserer Inkarnation festgelegt wurde.

Die nächste Schicht ist der Mentalkörper mit einer weiteren Reihe von Chakras, die bisher noch nicht benannt und nicht ergründet sind. Sie haben sich bei den Menschen noch nicht entwickelt. Der Mentalkörper ist der schöpferische Geist, der Schöpfer des individuellen Lebens aus der *Leere* durch die Elektrizität/das Licht der *Nicht-Leere*. Es gibt zwei Arten des Geistes: den individuellen Geist, der von der Illusion des Ego verschleiert ist, und der unverschleierte und reine *Universale Geist*/die *Göttin* und die *Innere Göttin*. Der *Universale Geist* und der individuelle Geist sind miteinander verbunden.

Der mentale Körper auf dieser Ebene wird zum Lichtkörper, verbunden mit dem universalen mentalen Energienetz, dem kollektiven Bewußtsein, dem *Geist*.

Das vorhergehende Kapitel über Visualisation beschreibt, wie wichtig das Heilen von der mentalen Ebene aus ist. Mit Hilfe des Geistes erschaffen wir unser eigenes Leben und unsere Wirklichkeiten und damit auch unsere Körper und unsere physische Gesundheit. Das Reiki-Symbol für diese Ebene ist das *Hon-Sha-Ze-Sho-Nen*, das Zugang zum Karma und der Akasha-Chronik hat. Diese Ebene des Heilens kann eingesetzt werden, um den Geist neu zu programmieren, um Schmerzen der Vergangenheit aus diesem und den früheren Leben zu heilen, sie in der Gegenwart loszulassen und für die Zukunft zu vermeiden. Das ist die Ebene, auf der die negativen Muster des Lebens festgehalten sind, die verwandelt werden können in positives Wachstum. Dieses Heilen verändert das Leben weit umfangreicher als nur auf der physischen Ebene. Ein Heilen des Mentalkörpers muß zuerst die Gefühle transformieren, bevor es den stofflichen Körper erreichen kann. Energie/Licht steigt in klarer Rangfolge herab (oder herauf) durch die Schichten. Auch zu den Geistführern nimmt man über den Mentalkörper Kontakt auf.

Der *spirituelle Körper* hat möglicherweise auch bisher unentdeckte Chakras. Er reicht bis in die Überseele, Seele, *Innere Göttin* und *Göttin*. Dies ist die buddhistische *Leere*, der Ort, an dem sich das Ego auflöst und aus der Getrenntheit Einheit wird. Auf dieser Ebene gibt es keine individuelle Persönlichkeit, nur die Teilhabe am All. Die Überseele ist die schöpferische Kraft des Individuellen, einer Reihe von individuellen Selbst-Wesenheiten. Diese Selbst-Wesenheiten sind der Weg der *Göttin*, all ihr *Sein* zu erfahren. Die Überseele ist wie die Mutter einer Familie, aber alle Familienmitglieder sind sie selbst.

Frauen, die Kontakt zu ihrer Überseele aufzunehmen beginnen, erfahren ein überwältigendes Gefühl der Freude und des Friedens. Eine Frau nennt die ihrige Regenbogendame, während eine andere ihre Überseele Isis nennt. Dabei handelt es sich nicht um Geistführer. Vielleicht ist jede Überseele eine der Tausenden von Namen der *Göttin.* Meine eigene Überseele, der ich vor kurzem begegnet bin und die mich beim Schreiben dieses Buches leitet, hat mir ihren Namen gesagt, Ariel. Sie ist von Licht umgeben, das horizontal ausströmt von ihrer Rückseite wie Flügel. Ist das, was wir Engel nennen, in Wirklichkeit unsere Überseele, oder sind unsere Überseelen *Göttinnen* – oder *die Göttin* oder die *Innere Göttin* oder alle drei oder keine von ihnen? Ehrlich gesagt, ich weiß es nicht. Auf jeden Fall hat meine Begegnung mit Ariel mein Leben verändert, mich froh werden lassen und zu diesem Buch geführt.

Die Symbole für den spirituellen Körper sind beim Reiki das *Dai-Ko-Myo* und *Raku,* das heißt – Erleuchtung und *Göttin-Selbst.* Das *Dai-Ko-Myo* wird beschrieben als Bodhisattva, «ein Tempel des großen strahlenden Lichts», die Frau, die befreit ist von der Notwendigkeit der Inkarnation, aber sich dennoch inkarniert, um der Menschheit zu helfen. Im buddhistischen Denken ist sie der Mensch, der frei ist vom Ego; sie beendet die Getrenntheit bei sich selbst, um die Einheit zu umarmen und zu heilen. Ihre Aufgabe auf Erden ist es, andere vom Schmerz und der Getrenntheit zu heilen und sie die Einheit allen Lebens zu lehren. Sie begreift die Freude jenseits der Leerheit der *Leere* und zeigt sie anderen. Kuan Yin und Tara sind Bodhisattvas, wie wahrscheinlich auch Maria und Christus. Augenblicklich sind viele Bodhisattvas auf der Erde inkarniert. Vielleicht wissen sie ja, wer sie sind, oder auch nicht.

Spirituelles Heilen bedeutet, den festgelegten Lebensplan einer Frau zu verändern. Ein solches Heilen ist gewöhnlich das Ergebnis von Gnade, die ich definiere als Kombination und Höhepunkt von harter Arbeit mit Fürsprache von der Überseele und der *Göttin.* Hier gehen tiefgreifende Veränderungen vor sich, wirkliche Wunder. Eine Frau mit Krebs steht von ihrem Sterbelager wieder auf und beginnt ein neues Leben, ist geheilt; eine Frau, die AIDS hat, ist plötzlich wieder HIV-negativ. Wunder geschehen jeden Tag, und Heilerinnen beobachten häufig Wunder. Ich hatte eine zehnprozentige Rückgratverkrümmung seit meiner Jugend, die sich plötzlich rückbildete, als ich 44 Jahre alt war. Ich hatte nicht einmal darum gebeten, daß ich davon geheilt würde,

Abb. 2: Seelenstruktur II

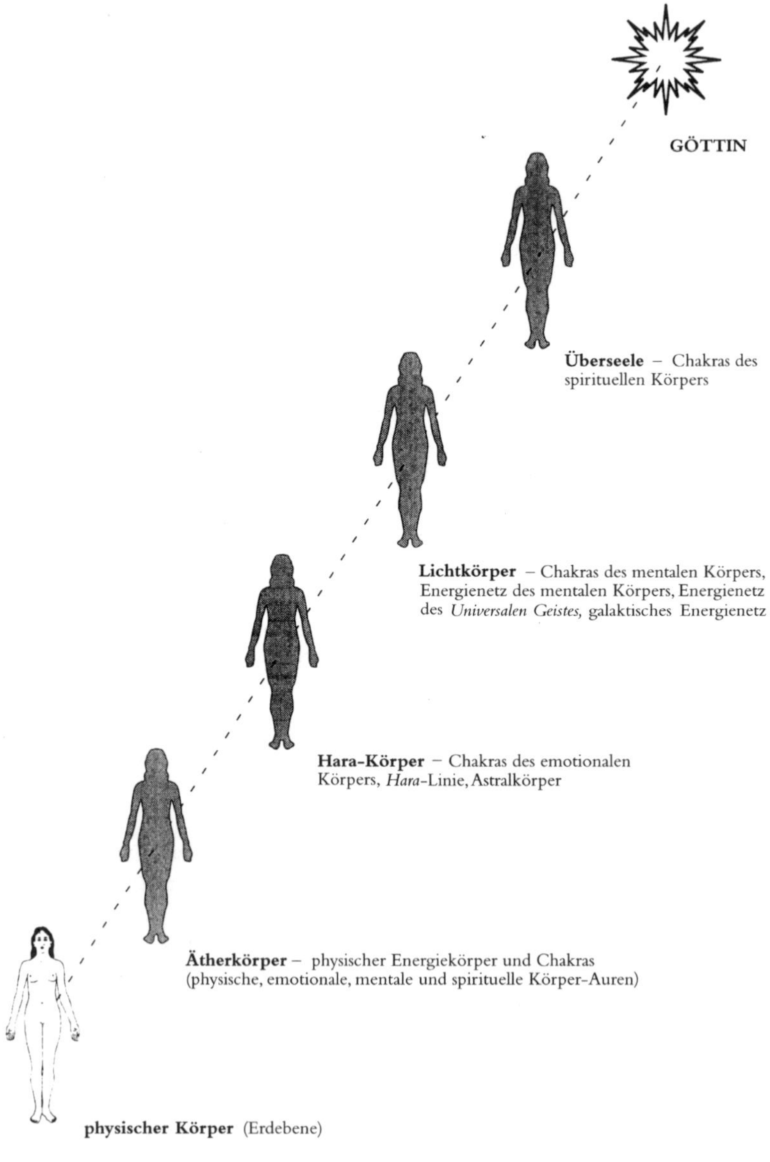

Abb. 3: Seelenstruktur III

Nur ein geringer Teil des Selbst befindet sich im Körper

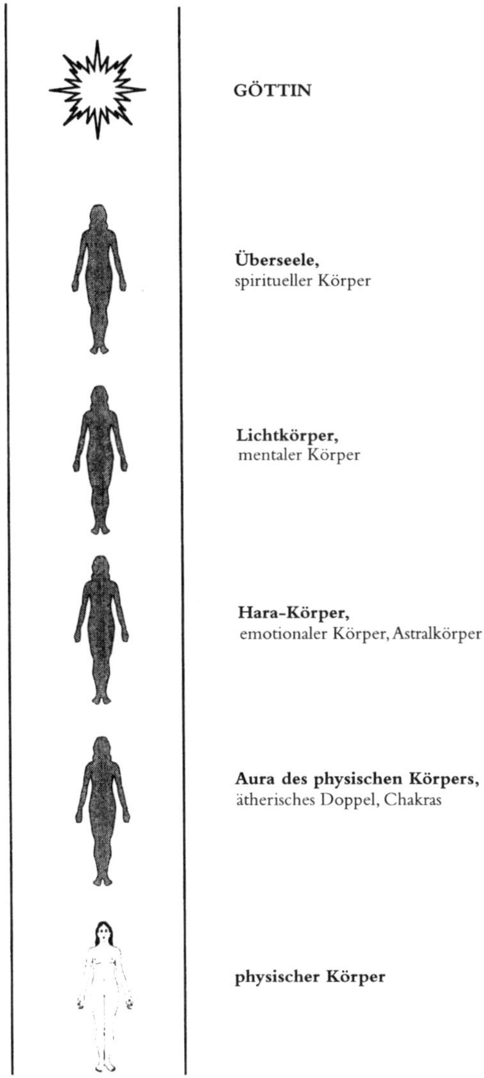

denn ich wußte gar nicht, daß eine solche Heilung überhaupt möglich war.

Eine ähnliche Erfahrung hatte ich auch schon im Alter von 35 Jahren gemacht und war dadurch zu einem vollkommen neuen Menschen geworden. Dies sind die Mysterien des Heilens auf der spirituellen Ebene. Diese Heilungen kommen aus der *Leere* und jenseits von ihr, aus der *Quelle.* Meist geschehen sie völlig unerwartet.

Ich möchte kurz die Chakras des ätherischen Doppels aufzählen und die *Kundalini*-Linie erörtern, bevor ich zu der weniger bekannten *Hara*-Ebene übergehe. Fortgeschrittenere Erörterungen der äußeren Körper und der Existenzebenen folgen in späteren Kapiteln. Alle nicht-physischen Körperebenen zusammen ergeben die Aura, und jede Schicht ist mit sehr verminderter Energie in einem (oder mehr als einem) Chakra verankert, das auf dem zentralen *Kundalini*-Kanal liegt. Die Chakras der *Hara*-Linie sind in den Energieebenen Astral-/Emotionalkörper verankert.

Der zentrale *Kundalini*-Kanal, genannt *Sushumna,* verläuft vertikal auf und ab in der Mitte des menschlichen Körpers auf der Ebene des ätherischen Doppels. Bei Tieren sind die Chakras in einem Dreieck angeordnet; mehr darüber kannst du in meinen Büchern *Natural Healing for Dogs and Cats* und *Natural Remedies for Dogs and Cats* erfahren. Neben dem zentralen Kanal und ihn mehrfach überschneidend gibt es zwei kleinere Kanäle, *Ida* und *Pingala.* Diese beginnen im Wurzel-Chakra (am Steißbein) und enden am rechten und linken Nasenloch. Die sieben Chakras, die mit dem Körper korrespondieren, sind auf der *Sushumna* in jenen Schlaufen angeordnet, wo *Ida* und *Pingala* sie kreuzen. Die Energiebewegung der beiden sich windenden Kanäle erinnert sehr an die Form des zweisträngigen DNA-Moleküls.

Die Kanäle sind die Bahn, auf der Shakti von der Wurzel aufsteigt, um Shiva an der Krone zu treffen. Shakti ist die *Große Mutter* des Universums, aus der alle Gestalt geboren wurde. Ihr Abbild ist eine Schlange, die am Ende der Wirbelsäule zusammengerollt ist, oder der Blitzableiter *Raku.* Sie ist die *Leere,* die *Göttin,* aus der der *Geist* Leben und Materie zieht. Shiva – obwohl als männliches Prinzip betrachtet, wurde er ursprünglich als weiblich angesehen – wurde von Shakti geschaffen und ist das *unmanifestierte* Bewußtsein, die *Nicht-Leere.* Das Ergebnis ihrer Vereinigung ist die Erschaffung der Welt und die Erlangung der Erleuchtung des einzelnen. Erleuchtung wird definiert als Verständnis aller Dinge (der Einheit), das den Suchenden aus dem Rad der Inkarnation befreit und damit von der Notwendigkeit, erneut in einem Körper

Abb. 4[4]: Die Kundalini-Linie
Zentraler Kanal und Hilfskanäle
Hauptenergieströme

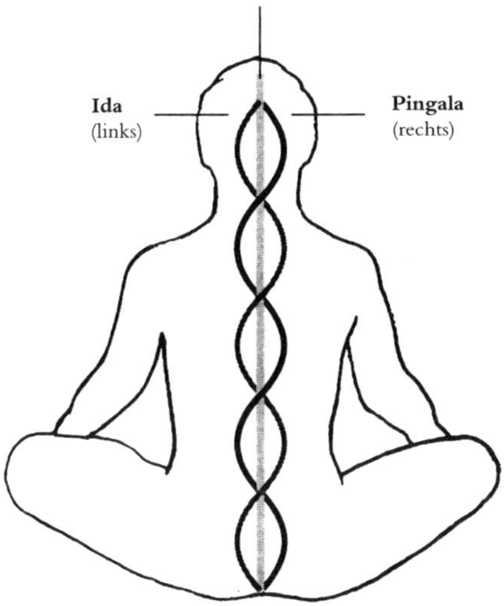

wiedergeboren zu werden. Beachte die Ähnlichkeiten zwischen dem Rad des Lebens im Wicca und dem buddhistischen Rad der Inkarnation.

Der spiralförmige Aufstieg der Shakti öffnet und reinigt jedes Chakra, das die *Göttin* passiert. Yoga und die meisten östlichen Meditationstechniken sind darauf ausgerichtet, diesen Aufstieg anzuregen, müssen aber sehr sorgfältig durchgeführt werden, damit jedes Chakra langsam gereinigt und ein zu schnelles Hochschießen der aufsteigenden Energie vermieden wird. Obwohl die aufsteigende *Kundalini* die Lebenskraft der *Göttin* ist, kann zu frühe und zu schnelle Bewegung unangenehme Erfahrungen und Symptome bewirken mit beunruhigenden Empfindungen wie: Hitze, elektrische Ströme, Kribbeln, Empfindungen in der Wirbelsäule, Benommenheit, Schwindel, emotionales oder physisches Loslassen, innere Geräusche, Visionen und Halluzinationen, Erfahrungen des Aus-dem-Körper-Tretens und sogar Bewußtlosigkeit.[5] Ist viel-

Abb. 5: Die Kundalini-Kanäle und die Chakras[4]

«*Ida* und *Pingala*, wie sie vom Gebiet des Steißbeins aufsteigen, sich um die *Sushumna* winden und sie immer wieder kreuzen an den Knoten zwischen den Chakras ... Dasselbe Spiralmuster ist in der doppelspiraligen Anordnung des DNA-Moleküls zu sehen ...»

Die doppelspiralige Anordnung des DNA-Moleküls, das den genetischen Code des Lebens enthält.

leicht die aufsteigende Hitze des Klimakteriums nichts anderes als die heißen Blitze aufsteigender *Kundalini*-Energie?

Diese Empfindungen können Ängste hervorrufen, und gelegentlich hat ein Übermaß solcher Empfindungen sogar zu einem mentalen Zusammenbruch geführt. Die Psychiatrie weigert sich, dieses Phänomen zu begreifen, und unterdrückt es mit Drogen. Ein Yoga-Lehrer kann da sinnvollere Hilfe bieten. Doch für die meisten Frauen ist das Öffnen der *Kundalini* eine gefahrlose und angenehme Erfahrung, vorausgesetzt die Bewegung wird mit Achtsamkeit und Vernunft durchgeführt. Es wird zu einem wichtigen Teil der Spiritualität, der psychischen Entwicklung und des Heilens. Wenn die Gefühle zu intensiv werden, höre einfach für ein paar Wochen mit dem Meditieren auf. Aus diesem Grund rät man auch Meditationsanfängern, ihre Meditationszeiten unbedingt auf eine halbe Stunde pro Sitzung zu begrenzen. Eine wichtige Maßnahme, ein Überhitzen durch *Kundalini*-Energie zu vermeiden, besteht darin, jede Meditation zu beenden, indem man sich erdet und dabei zu den Wurzeln des Baumes im Zentrum der *Erde* zurückkehrt.

Der sichere Weg für den Aufstieg der *Kundalini* liegt darin, jedes Chakra zu reinigen, statt sich auf das Erwachen der Shakti zu konzentrieren. Wenn die einzelnen Chakras von zerstörerischer Energie gereinigt und geheilt sind, ist jedes Zentrum in der Lage, die aufsteigende Energie problemlos zu halten. Dieser Weg, die *Kundalini* aufsteigen zu lassen, ist eine Erfahrung voller Freude. Wenn sich die Chakras öffnen, gewinnt die Frau bessere Gesundheit, emotionales Gleichgewicht und Vitalität, und je weiter die Energie natürlich durch diesen reinigenden Prozeß aufsteigt, öffnen und entfalten sich übersinnliche Fähigkeiten. Diese Energie steht mit Sexualität, Kreativität und der Manifestation des kosmischen Bewußtseins in Zusammenhang. Der sexuelle Aspekt der *Kundalini* hat teil an der göttlichen Vereinigung, die die Einheit allen Lebens ist.

Die *Kundalini* bewegt sich durch die Chakras aufwärts, durch jene sieben Zentren, die das Fortschreiten der Entwicklung des menschlichen Lebens vom erdgebundenen zum spirituellen Dasein dokumentieren. Jedes Chakra zeigt einen Schritt im menschlichen Wachstum an wie auch einen Teil der physischen Anatomie und Gesundheit und eine Ebene der vier Körper und der Aura. Die ersten drei Chakras, das Wurzel-Chakra, das Sakral-Chakra und das Nabel-Chakra (Solarplexus-Chakra) sind im wesentlichen mit den grundlegenden Bedürfnissen verbunden, also mit Überleben, Fortpflanzung und Willen. Die nächsten drei, das Herz-, das Kehl- und das Stirn-Chakra sind schon fort-

Abb. 6: Die Chakras des ätherischen Doppels[6]
Die Kundalini-Linie

Dies sind die sieben Haupt-Chakras. Das ätherische Doppel ist die Energieebene, die dem physischen Körper am nächsten ist, sie wird physische Körper-Aura genannt.

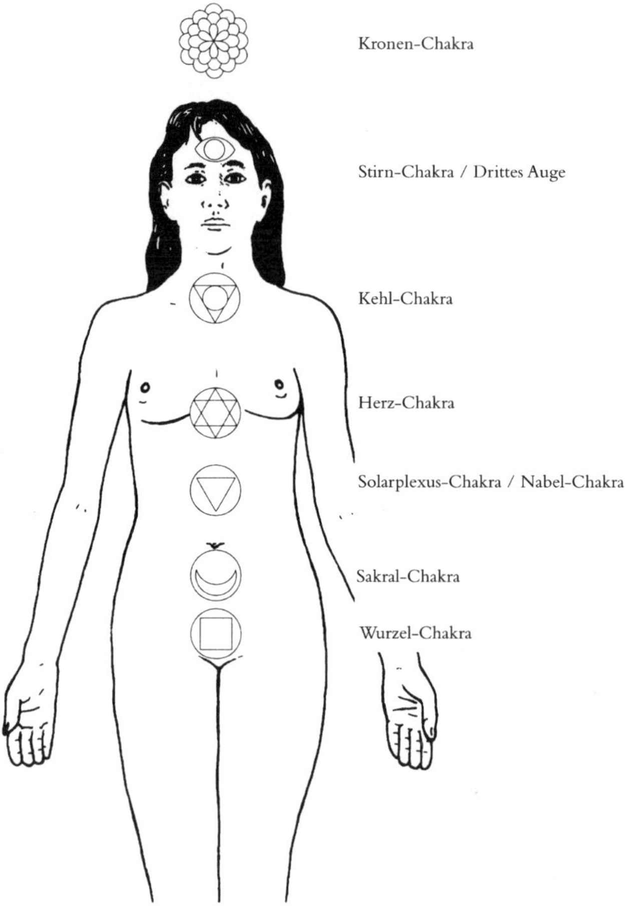

geschrittener und reifer, sie betreffen Liebe, Kommunikation und Wissen. Das siebte Zentrum, die Krone, ist rein spirituell und verbindet die Frauen mit den jenseitigen Geheimnissen. Das achte Chakra, der Transpersonale Punkt oberhalb der Krone, wird zwar manchmal in das *Kundalini*-System eingeschlossen, aber ich glaube inzwischen, daß es ein Zentrum der *Hara*-Linie ist.

Die Chakras beginnen am unteren Ende der Wirbelsäule und enden an der Spitze des Kopfes. Zwischen dem Steißbein und dem Schambein liegt das erste Zentrum, das *Wurzel-Chakra*, das durch die Farbe Rot repräsentiert wird. Dieses Zentrum beinhaltet die grundlegenden Bedürfnisse des Überlebens wie Sicherheit und Geborgenheit und die Fähigkeit, mit einem Körper in der erdgebundenen Existenz gegründet zu sein.[7] Energieblockaden auf dieser Ebene umfassen Gefühle des Nicht-Dazugehörens und Nicht-zu-Hause-Seins (keine Wurzeln), nicht in der Lage sein, sich selbst zu erhalten, und nicht in der Lage zu sein, Ziele zu erreichen. Auch Unfälle, Obdachlosigkeit und Selbstmordneigungen sind Probleme des Wurzel-Chakras. Identitätsfindung wird hier entwickelt: Panik ist ein Gefühl des Wurzel-Chakras.

Im Körper manifestieren sich Blockaden des Wurzel-Chakras an den Hüften, den Beinen, dem unteren Rücken, dem Rektum und dem Uterus, und zwar in Form von Krankheiten wie Verstopfung, Durchfall, Dickdarmentzündung, Knieschmerzen, Ischias und Vaginalprobleme. Die meisten Gebärmutterkrankheiten werden dem Sakral-Chakra zugeschrieben, aber ich betrachte das Gebären als eine Sache des Wurzel-Chakras. Frauen, die konfus und nicht geerdet sind, und jene mit Funktionsproblemen der Nebennieren oder chronischer Erschöpfung finden auf dieser Ebene Heilung. Übersinnliche Fähigkeiten in bezug auf dieses Zentrum schließen Nahtod-Erfahrungen und Regression in frühere Leben ein – Geburt, Tod und Wiedergeburt, das Innere und Äußere des Schoßes. Der mit dem Wurzel-Chakra korrespondierende Aura-Körper ist das ätherische Doppel, der energetische Zwilling des physischen Körpers.

Als nächstes kommt das *Sakral-Chakra*, das zwischen dem Schambein und dem Nabel liegt. Alle Chakras außer Stirn-Chakra und Kronen-Chakra sind auch in der Wirbelsäule verwurzelt und erstrecken sich von der Vorderseite des Körpers bis zum Rücken. Die Farbe dieses Zentrums ist Orange, und seine Grundbedürfnisse sind Sexualität, Selbstachtung als persönliche Macht und Macht in der Welt. Wenn das Freisetzen von Emotionen vergangene Traumen öffnet, werden die Bilder, die in diesem Zentrum gespeichert sind, daraus entlassen. Das Bedürfnis zu kontrollieren und festzuhalten und die heilende Fähigkeit, diese Emotionen loszulassen, sind hier angesiedelt. Der Heilung bedürftige Situationen dieses Zentrums schließen Angst und Schwierigkeiten rund um Menstruation und Menopause ein, das Bedürfnis, andere zu bemuttern oder bemuttert zu werden, Beziehungsprobleme und Unmut darüber, manipuliert zu werden oder andere Menschen zu manipulieren.

Zu den Organen des Sakral-Chakras gehören die Eierstöcke, die Gebärmutter, die Eileiter, das Becken, Lendenwirbelsäule, die Nieren, die Blase und der Dickdarm. Die Krankheiten umfassen jene der weiblichen Geschlechtsorgane: Fibrome, Gebärmutterentzündung, Geschlechtskrankheiten, sexuelle Funktionsstörungen, Unfruchtbarkeit, Bandscheibenerkrankungen, Arthritis, Harnwegsentzündungen und Nierenkrankheiten. Gerade Frauen, die sexuell mißbraucht wurden, leiden häufig unter diesen Krankheiten, und die Beschwerden hören auf, wenn die Bilder der Traumata gereinigt werden. Die psychischen Fähigkeiten dieses Zentrums sind Hellfühligkeit (die Gefühle anderer erfühlen zu können) und Astralreisen außerhalb des Körpers. Das Sakral-Chakra steht mit der Energie des emotionalen/astralen Körpers in Verbindung. Das ungeheilte Innere Kind wohnt hier.

Das dritte Chakra ist das Solarplexus-Chakra beziehungsweise *Nabel-Chakra,* das sich in Höhe der unteren Rippen befindet. Seine Farbe ist Gelb, und dieses Zentrum ist der Empfänger des Körpers, Verteiler und Verarbeiter von Energie und der Gefühlswahrnehmung. Die erdgebundene Lebensenergie (Licht) tritt hier in den Körper ein, um auf jeder Ebene durch den ganzen Organismus geschickt zu werden. Selbstvertrauen und Überlebensinstinkt, Geschäftssinn und Lernfähigkeit auf materieller Ebene sind hier konzentriert.

Dies ist der Ort der Machtausstattung und Willenskraft der Frauen und ihrer Fähigkeit, im Materiellen erfolgreich zu sein. Die gelbe Färbung des Zentrums weist auch auf den rationalen Geist hin – mathematisches Denken, Lernfähigkeit und Umgang mit konkreten Fakten. Ängstlichkeit und Furcht werden in diesem Chakra festgehalten und von ihm losgelassen. Blockaden auf dieser Ebene schließen die Furcht ein, der eigene freie Wille könnte verletzt werden, die Unfähigkeit, sich selbst aus Zwangslagen zu befreien, das Unvermögen, Verantwortung zu übernehmen, die Angst vor Kritik oder davor, mißachtet zu werden, die Furcht vor psychischen Angriffen und die Angst, zu versagen. Dies ist gerade für uns Frauen ein sehr wichtiges Zentrum, da es von ihm abhängig ist, ob wir positive Kontrolle über unser Leben ausüben.

Die Verdauung und Aufnahme der Nahrung, die Ideen, die Intuition und die Energie sind im Solarplexus angesiedelt. Die betroffenen Organe sind der Magen, die Leber, die Gallenblase, die Bauchspeicheldrüse und der Dünndarm. Krankheiten sind beispielsweise Eßstörungen, Fettsucht, Süchte, Magengeschwüre, Diabetes, Gallensteine, Verdauungsstörungen, Reisekrankheit, Übelkeit und Grippe. Psychische Fähigkeiten für den Solarplexus sind Traumarbeit und bewußte Manifestation. Das Nabel-Chakra ist die erste von zwei Ebenen der mentalen Körper-Aura.

Das zweite Chakra des Mentalkörpers, das Zentrum des kreativen Geistes, sitzt im *Herzen*. Es ist auch das Zentrum, das Körper und Geist durch die Seele miteinander verbindet oder den Überlebensdrang mit reifen Bedürfnissen verknüpft. Dieses vierte Chakra, das vorne hinter dem Brustbein zwischen den Brüsten liegt und an der Wirbelsäule zwischen den Schulterblättern, leitet die eigene Fähigkeit, sich selbst und andere zu lieben, zu geben und zu empfangen. Das geheilte Innere Kind lebt im Herzen. Zwei Farben repräsentieren dieses Zentrum. Traditionell wird es grün dargestellt, aber viele Frauen nehmen dieses Chakra in seiner Astralfarbe Pink oder Rosa wahr. Fast jeder in unserer modernen Gesellschaft scheint ein hartes, verletztes oder gebrochenes Herz zu haben, und es ist kein Zufall, daß in den Vereinigten Staaten die meisten Menschen an Herzkrankheiten sterben. Das Herz ist das Zentrum des Mitgefühls für sich selbst und für andere.

Schmerzen im Herzen entstehen, wenn man selbst mißhandelt wurde oder andere Menschen oder Tiere mißhandelt hat, wenn man sich ungeliebt fühlt oder nicht fähig ist zu lieben, aus Zurückweisung, Eifersucht, Kummer, Einsamkeit und Problemen in Beziehungen aller Art. Sie können auch durch das Beobachten all dieser Probleme in der Welt entstehen. Tiefgehende Herzverletzungen können zu Aura-Zerstörungen führen, die Herznarben genannt werden. Werden diese gelöst, steigen Unmengen alter Schmerzen auf, diese befreien das Herz, damit es weicher werden und heilen kann und zu neuem Wachstum fähig ist. Krankheiten dieses Zentrums schließen alle Beschwerden des Herzens, der Lungen, des Kreislaufs, der Schultern und des oberen Rückens ein. Die psychischen Fähigkeiten des Herz-Chakras sind das Heilen und die Fähigkeit, Emotionen, Mitgefühl, allumfassende Liebe und Selbstliebe spüren zu können.

Die letzten drei Chakras beinhalten die Aura des spirituellen Körpers, also das Kehl-Zentrum, das Stirn-Zentrum und das Kronen-Zentrum. Das *Kehl-Chakra*, das in dem Dreieck zwischen den Schlüsselbeinen am unteren Halsrand liegt, wird von der Farbe Blau repräsentiert. Es ist das Zentrum der Frau für Kommunikation, Ausdruck, das Zuhören und das Annehmen in bezug auf andere, und hier manifestiert sich Kreativität. Es enthält den Bauplan von Körper, Geist und Gefühlen und repräsentiert die Manifestation des *Nicht-Leeren* im Individuum. Barbara Ann Brennan nennt in ihrem Buch *Licht-Arbeit* die Kehle den Tempel des Ätherischen.[8] Dabei handelt es sich wahrscheinlich um das vielschichtigste Chakra, da hier jede Möglichkeit zum Wandel, zur Transformation und zum Heilen angesiedelt ist, inbegriffen die karmische Erlösung. Die meisten Frauen haben Probleme, mit dieser Ebene schöpferisch umzugehen; eine frauenfeindliche Gesellschaft hat unser Wachstumspotential erstickt. In der Kehle ist der Ärger der Frauen gespeichert, und dort wird er schließlich losgelassen.

Probleme des Kehl-Chakras schließen auch die Unfähigkeit ein, für sich selbst zu sprechen; ein Mangel an Verantwortlichkeit und mangelndes Bewußtsein von Ursache und Wirkung; Unfähigkeit, Gefühle auszudrücken, manchmal sogar die Unfähigkeit, Gefühle überhaupt wahrzunehmen; die Unfähigkeit, anderen zuzuhören; Wutausbrüche, Ärger, Weinen, Beschimpfungen; Übertreibungen und Lügen; und die Unfähigkeit, mit dem eigenen Leben fertigzuwerden oder es in die eigenen Hände zu nehmen. All dies manifestiert sich im Körper als Kopfschmerzen, Migräne, Halsschmerzen, Kehlkopfentzündung, Schilddrüsenprobleme, Ohrenschmerzen und Taubheit, schlechte Zähne oder entzündetes Zahnfleisch, Kieferprobleme (Zähneknirschen), steifer Nacken oder Krankheiten der Halswirbel.

Die mediale Fähigkeit dieses Zentrums ist die Telepathie, zusammen mit der Fähigkeit, den Bauplan zu verändern und neu zu schreiben durch das Heilen, harte Arbeit und karmische Gnade. Dies ist der Ort der Hellhörigkeit, um die Verbindung mit den Geistführern aufzunehmen. Eine Menge ungenutzte Information, Schöpfung und Schöpfungskraft und mediale Fähigkeit ist im Kehl-Chakra gespeichert, die sich jetzt in den Frauen entwickelt und sich schnell öffnet.

Das indigoblaue Chakra, das in der Mitte der Stirn über den physischen Augen liegt, wird *Stirn-Chakra* oder Drittes Auge genannt. Die Ebene dieses Zentrums ist sehr anspruchsvoll, es umfaßt das Denken und die Urteilskraft, intellektuelle Konzepte, ethische Werte, Urteilsfähigkeit im täglichen Leben, die Erschaffung der eigenen Realität und das Verstehen der Bedeutung der Lebensprozesse und -ereignisse. Das

Machtzentrum der Frauen ist das Stirn-Chakra mit seiner Fähigkeit, die Wirklichkeit wahrzunehmen und Illusionen zu demaskieren. Das Machtzentrum der Männer ist das Nabel-Chakra mit seiner eher materiellen als konzeptionellen Sichtweise der Wirklichkeit.

Das Dritte Auge ist der Ort, von dem aus man über die physischen Wirklichkeiten hinaus in jene Wirklichkeiten sehen kann, die als übersinnlich betrachtet werden. Das Verstehen der nicht-physischen Wahrheit führt zu spirituellem und ethischem Gewahrsein, und das Dritte Auge, das Stirn-Chakra, ist der *Geist* des Individuums (im Gegensatz zum Geist in den mentalen Körperzentren von Solarplexus und Herz). Die intellektuelle Weltsicht des Chakras hilft dabei, Nichtverhaftung zu lernen und die Getrenntheit des Ich zu transzendieren. Auf dieser Ebene gibt es keine Gefühle, sondern nur Analyse und Denken.

Energieblockaden in diesem Zentrum umfassen die Leugnung der Wahrheit oder der Realität, Verfolgungswahn und andere geistige Störungen, die Weigerung oder die Furcht davor, sich selbst zu ergründen, Schuldzuweisungen an andere, negatives Denken und die Weigerung, aus den Lebenserfahrungen und vergangenen Fehlern zu lernen. Die Augen, das Gesicht, das Gehirn und Teile des Immun- und Hormonsystems sind Organe des Stirn-Chakras. Physische Krankheiten sind beispielsweise Grauer Star, Sehstörungen, Hormonstörungen, geistige Zurückgebliebenheit, wiederkehrende Infekte und degenerative Gehirnkrankheiten wie Alzheimersche Krankheit und Parkinson.

Barbara Ann Brennan nennt in *Licht-Arbeit* die Aura-Schicht des spirituellen Körpers dieses Zentrums den Himmlischen Körper. Sie beschreibt sie als den Ort der Meditation, der Transzendenz, der Ekstase und Transformation, als den Ort, an dem man die Einheit mit der *Göttin* und allem Lebenden wahrnimmt.[9] Ich definiere sie als Zentrum der *Inneren Göttin* und die Krone als *Göttin*. Es ist diese Kombination des Fühlens und der bedingungslosen Liebe des Herz-Zentrums, mit der Fähigkeit des Stirn-Chakras zu denken, zu analysieren und das Potential der *Nicht-Leere* wahrzunehmen, welches eine Heilerin ausmacht. Heilen ist eine Kombination der Informationen dieser Chakras. Hellsichtigkeit, die Schöpfung der eigenen Realität, Visualisation und übersinnliches Sehen und Wissen sind die psychischen Fähigkeiten des Dritten Auges.

Das *Kronen-Chakra* ist das siebte *Kundalini*-Chakra, das direkt hinter der Spitze des Schädels liegt. Seine Farbe wird als Violett beschrieben oder als durchsichtig mit einem goldenen Kern. Das Zentrum ist die Verbindung der Frau zur *Göttin* und zur *Leere*, der Ort, wo das Leben den physischen Körper beseelt. Die Silberschnur, die die Aura-Körper verbindet, entspringt aus der Krone, und die Verlängerung der Krone führt außerhalb vom spirituellen Körper zum *Licht-Körper* und der Überseele. Die Seele kommt bei der Geburt durch die Krone in den Körper und verläßt ihn beim Tod wieder durch die Krone. Dieses spirituelle Körper-Zentrum spiegelt das Wurzel-Chakra als die beiden Seiten der spirituellen und physischen Lebenskraft. Geburt beginnt, und der Tod endet an der Wurzel und an der Krone, und das Rad des Lebens dreht sich.

Die Eigenschaften, die dem Kronen-Chakra zugeschrieben werden, gelten oft ebenso für das Stirn-Chakra. Wenn die Frau diese Entwicklungsebene erreicht hat, ist sie ein vollkommen spirituelles Wesen, und die Chakras und die Aura-Ebenen überlappen sich. In manchen Kulturen sind die beiden Chakras in einem einzigen kombiniert. Barbara Ann Brennan definiert das Kronen-Chakra als die mentale (wie schöpferische) Ebene des spirituellen Bewußtseins. In der buddhistischen Terminologie ist dies die *Leere*, und im Wicca die *Göttin*. Einige amerikanische Eingeborenenstämme würden es als das Große Geheimnis bezeichnen.

Dies ist der Ort des Bewußtseins der Frauen darüber, daß sie eine Identität jenseits der physischen haben und Teil des universalen Plans sind. Einstellungen und ethische Grundsätze, Charakter, Dienst am Nächsten, Mut, Weisheit und spirituelle Herausforderungen sind die reife Ebene des Kronen-Zentrums. Blockaden und Ängste auf dieser Ebene führen zu spirituellen Krisen, karmischen Verhaftungen, zur Unfähigkeit, das Leben als ganzheitlichen Prozeß zu verstehen und ihm zu vertrauen, zur Ablehnung von Wandel und Transformation, zur Furcht vor dem Altern und dem Tod und zur Furcht vor den eigenen medialen Fähigkeiten.

Dies kann sich körperlich manifestieren in Krankheiten des zentralen Nervensystems wie Multiple Sklerose, Lähmungen, Muskeldystrophie, Autismus, degenerative Krankheiten von Wirbelsäule und Knochen, Osteoporose oder karmisch ererbten Krankheiten. Dieses Chakra ist die letzte Schicht des spirituellen Körpers, die noch im Physischen wurzelt und mit ihm korrespondiert. Seine psychischen Fähigkeiten umfassen mediale Veranlagung, Transzendenz und Einheit mit der *Göttin* und dem Universum. Das Aurafeld der Krone enthält das Leben und die Lebenskraft der gesamten Inkarnationen des Individuums.

Das *Kundalini*-System endet noch nicht mit diesen sieben Chakras: Sie umfassen auch den Stamm des Lebensbaums. Dieser Stamm hat viele Zweige, und es gibt viele kleinere Chakra-Zentren im ganzen Körper.

Abb. 7: Zwölfsträngige DNA – die Zwölf Chakras von Barbara Marciniak[10]

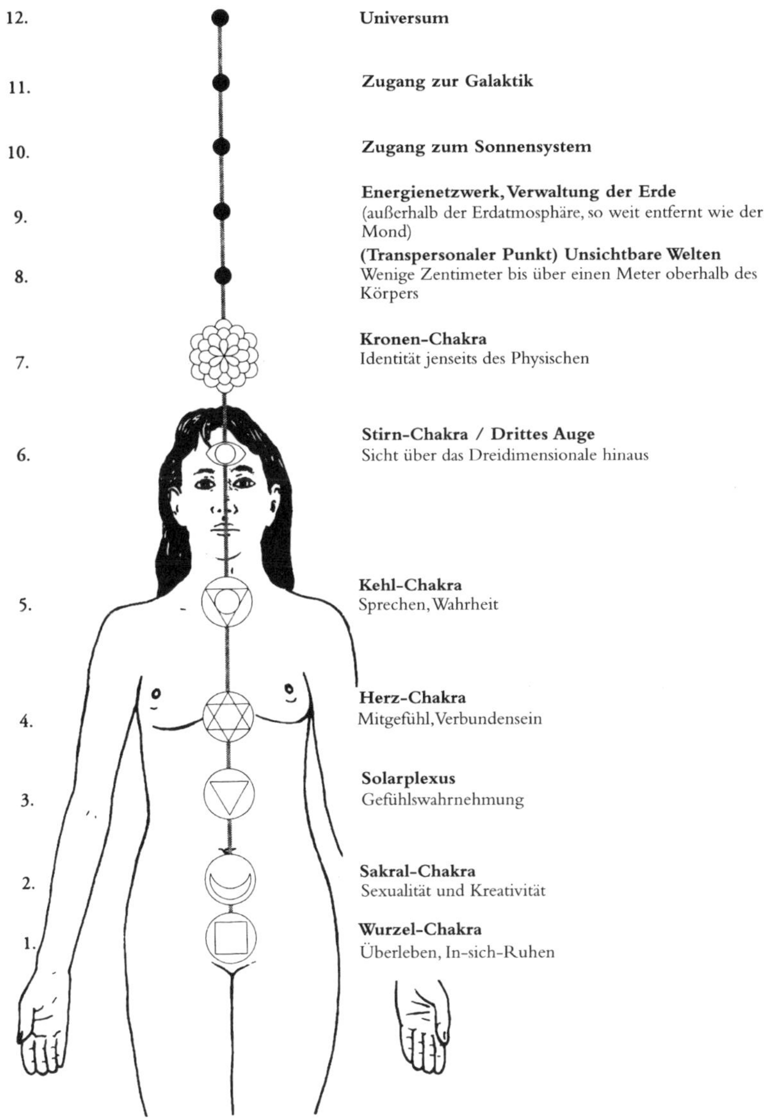

Hinter jedem Gelenk liegen Chakren, in den Handflächen, den Fußsohlen und natürlich in den Händen. Die Hand-Chakras sind bei Heilerinnen besonders hoch entwickelt als Gefühlsantennen und Übertragungsinstrumente von Energie. Einige der kleineren Chakras existieren auch auf anderen Ebenen der Körper-Aura. Jedes der Hunderte von winzigen Energiewirbel der Akupunkturpunkte kann als Chakra angesehen werden.

In einem weiteren Kommentar zur *Kundalini*-Linie beschreibt Barbara Marciniak die Entwicklung von fünf neuen Zentren jenseits der Krone. Damit sind es letztendlich zwölf Chakras, die der endgültigen Wiederverbindung der zwölf DNA-Stränge entsprechen.

Die Zentren setzen sich entlang der geraden Mittellinie der *Sushumna* fort und reichen vom Individuum bis ins Universum. Sie befinden sich jenseits des Körpers und haben keine physischen Bezugspunkte. Ihr achtes Chakra, in etwa mit dem Transpersönalen Punkt zu vergleichen, hat Zugang zu unsichtbaren psychischen Realitäten jenseits des Körpers; das Zentrum liegt direkt über der Krone, etwa ein paar Zentimeter bis über einen Meter oberhalb des physischen Kopfes.

Das neunte Chakra, so weit außerhalb der Erd-Atmosphäre positioniert wie der Mond, verbindet das Individuum mit dem Energienetz der *Erde*, macht diesen Menschen zu einem Hüter und Verwalter des Planeten. Das zehnte Zentrum gewährt Zugang zu allen Informationen des Sonnensystems der *Erde*; das elfte zur Galaxie der *Erde*; und das zwölfte Chakra eröffnet den Zugang zu den restlichen Planeten und zu Informationen über den Weltraum und das Universum. Im Laufe einer zukünftigen Entwicklung dieser Zentren werden wir zu wahren interplanetarischen Wesen werden.[11]

Energiekanäle und Chakra-Systeme ähnlich der *Kundalini*-Linie des ätherischen Doppels gibt es auch auf den anderen Ebenen des Aura-Körpers. Bis vor kurzem hatten die meisten Frauen keinen Zugang oder nicht einmal das Bewußtsein dieser anderen Systeme, aber wie zuvor schon erwähnt, erwachen diese nun in diesen Zeiten beschleunigter Veränderungen auf der Erde. Einige Frauen haben bereits begonnen, das Öffnen neuer Chakras zu bemerken, und offensichtlich handelt es sich dabei um eine Serie auf einer völlig neuen, von der *Kundalini* verschiedenen Ebene. Der Transpersonale Punkt über dem Kronen-Chakra war das erste neue Zentrum, dessen die Frauen gewahr wurden. Danach folgte die Wahrnehmung des Thymus-Chakras und eine Neueinschätzung des *Hara*-Bereichs.

Ich konnte bei mir selbst beobachten, wie diese Zentren sich entwickelt haben, wobei ich anfangs nicht begriff, um was es ging. Als sich mein Kausalkörper zum ersten Mal öffnete, versuchte ich ihn zu entfernen – ich dachte, es sei etwas Fremdes, was nicht hierhin gehörte. Ein lachender Geistführer teilte mir schließlich mit, daß dies ein Teil von mir sei, und wies mich an, ihn in Ruhe zu lassen. Obwohl mein Verständnis dieser Ebene immer noch sehr unvollständig ist, gebe ich anderen alles Wissen weiter, das ich habe. Und diese Informationen werden die Aufmerksamkeit der Frauen auf diese Zentren lenken, und als Folge davon werden sie mehr Informationen erhalten.

Ich habe das Energie-System dieses astralen/emotionalen Körpers die *Hara*-Linie genannt, nach Barbara Brennans Beschreibung der «*Hara*-Linie der drei Chakras» in ihrem Buch *Licht-Heilung*. Die von ihr genannte Linie mit den drei Zentren entspricht meiner Sichtweise, aber ich sehe ein deutlich weiter entwickeltes System, als sie es beschreibt. Sie definiert die Energie-Kanäle als «die Ebene deines übergeordneten Inkarnationszweckes und deiner Aufgabe in jedem einzelnen Augenblick».[12]

Die *Hara*-Linie zeigt uns auf, warum wir für das jetzige Leben inkarniert wurden. Das klare Verständnis dieser Aufgabe führt zu Produktivität, Erfüllung und Seelenfrieden in diesem Leben. Energieblockaden auf dieser Ebene zerstören die Absichten und die Ausführung und das Gewahrwerden dieser Aufgabe.

Brennan beschreibt drei Chakras – drei Hauptpunkte auf der *Hara*-Linie –, wo ich jetzt insgesamt dreizehn wahrnehme. Der erste dieser drei Hauptpunkte ist ein irisierendes Zentrum (das alle und keine Farben hat) oberhalb des Kopfes, das ich als *Transpersonalen Punkt* bezeichnet habe. Es ist ein Chakra, das vielen Frauen vertraut ist, die es auf dem *Kundalini*-Kanal angesiedelt haben. Es ist die erste Manifestation der Seele als Materie, das erste Öffnen der Energie der *Göttin-Leere*. Es enthält den Grund des Individuums für dessen Inkarnation. Es individualisiert die sich inkarnierende Seele aus der Quelle der *Göttin* und verleiht der Frau eine individuelle Realität auf der *Erde*.[13] In *Crystalline Transmission* nennt Katrina Raphaell diesen Punkt den Seelenstern und schreibt ihm ähnliche Eigenschaften zu. Dieses Zentrum, das im altasiatischen Yoga Qi Gong genannt wurde, ist die Quelle des Chi (Ki; Qi) des Himmels oder der universalen Lebenskraft.

Die Energie-Linie, die am Transpersonalen Punkt beginnt, bewegt sich vertikal durch den Körper und dringt tief in die *Erde* ein. Barbara Brennan beschreibt diesen Endpunkt in der *Erde* nicht als Chakra, aber ich bin überzeugt, daß er ein Chakra ist, und habe es Erd-Chakra genannt. Katrina Raphaell nennt es den Erd-Stern und siedelt es etwa fünfzehn Zentimeter unterhalb der Füße an.[14] Ich fühle, daß es tiefer reicht, so tief, wie sich die Betreffende im Planeten verankern und den Sinn ihres Hierseins verwurzeln kann. Ich sehe seine Farbe als glänzendes Schwarz. Dies ist auch ein Zentrum, das im Qi Gong als Chi der Erde bekannt ist oder als Lebenskraft, die man aus dem Mittelpunkt der *Erde* zieht. Beide, sowohl der Transpersonale Punkt wie das Erd-Chakra, liegen jenseits des Physischen, sowohl oberhalb wie unterhalb von ihm als Ankerpunkt der *Hara*-Linie. Die restlichen Zentren haben physische Koordinaten auf dem astralen/emotionalen Körper.

Barbara Brennan beschreibt noch zwei weitere Hauptzentren: eines, das ich *Thymus-Chakra* genannt habe, und das andere ist das *Hara* selbst, das im Osten seit alter Zeit bekannt ist. Das erstere ist zwischen dem Herzen und der Kehle situiert, und das zweite unterhalb des Nabels. Brennan definiert das Thymus-Zentrum (das sie den Sitz der Seele nennt) als einen Ort, an dem die «heilige Sehnsucht... die für unsere Lebensaufgabe von großer Bedeutung ist» wohnt.[15] Es enthält unseren Antrieb und unsere Leidenschaft, die Aufgabe zu erfüllen, die der Sinn unserer Inkarnation ist. Ich erlebe dieses Zentrum in der Farbe Aquamarin und sehe, wie es die *Hara*-Linie und den emotionalen Körper mit der *Kundalini*-Linie und dem ätherischen Doppel verbindet. Genauer gesagt, verbindet es die Gefühle der Frau mit ihrem physischen Körper.

Auf der physischen Ebene schützt dieses Zentrum das Immunsystem, das eindeutig von den Gefühlen beeinflußt wird. (Siehe die Erörterung von Streß im ersten Kapitel.) Das griechische Wort «thymos» bedeutet Persönlichkeit oder Seele und stellt das Immunsystem in Verbindung mit Identität und Lebenszweck. Das Thymus-Chakra ist unsere Gefühlsanlage und unser Wunsch zu leben und die Inkarnation aufrechtzuerhalten.

Qi Gong setzt dieses Chakra mit dem Akupunktur-Meridian Shuan-Chung gleich, den Stephen Levine in *Healing Into Life and Death* den «Kummer-Punkt» nennt. Suche diesen Punkt auf dem Brustbein in der Mitte zwischen den Brustwarzen ungefähr acht Zentimeter oberhalb der Brustwarzen. Wenn du ihn gefunden hast, wirst du das sofort merken; er ist gegenüber Druck sehr empfindlich und schmerzt. *Sanfter* Druck auf diesen Punkt «läßt uns rückhaltlos für diesen Kummer wach werden, den wir so lange in uns getragen haben, und für die Weite, die auf ein gnädiges Gewahrsein wartet».[16] Das Meditieren über die Empfindungen, die aufsteigen, wenn man diesen Punkt berührt, öffnet das

Abb. 8: Die Hara-Linie

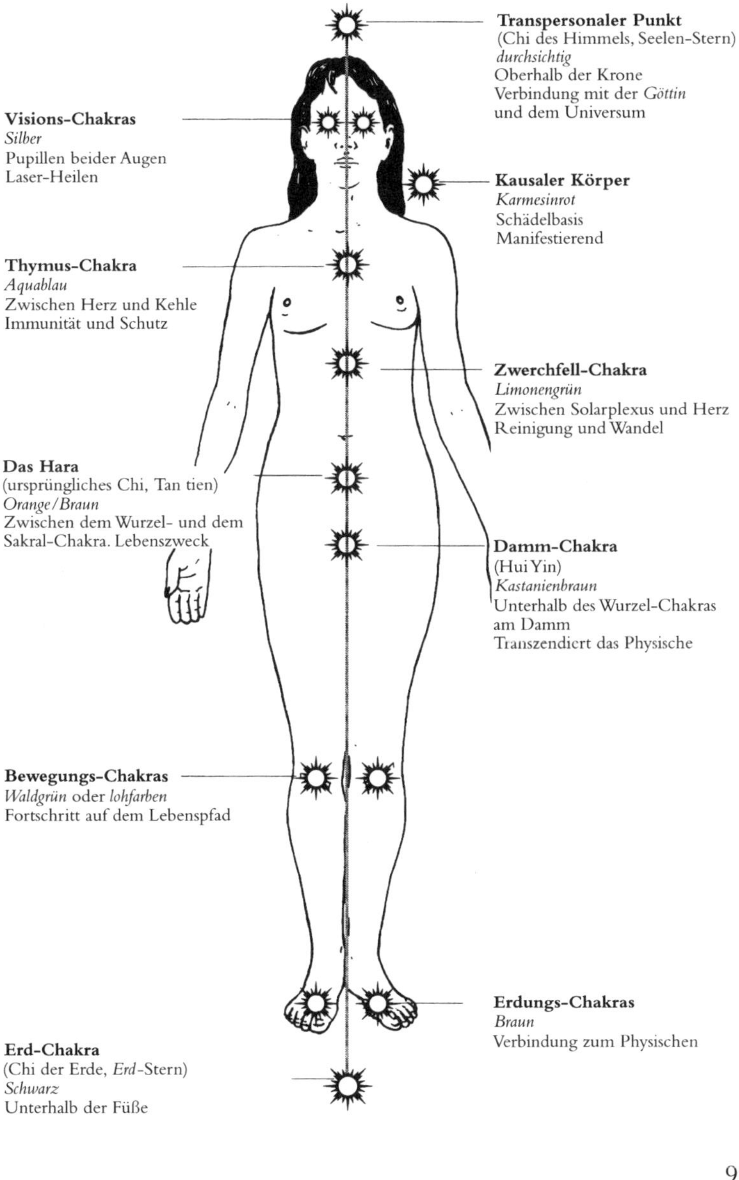

Gefühl des Kummers (das auch Ärger, Ablehnung, Furcht oder andere Gefühle einschließen kann) und läßt es los. Dabei lernt man, Mitgefühl mit sich selbst zu haben, aus dem Mitgefühl gegenüber anderen erwächst. Wie Levine in diesem wunderbaren Buch häufig wiederholt: «nicht *mein* Schmerz, sondern *der* Schmerz» (der Welt).

Das nächste Haupt-Chakra auf der *Hara*-Linie, das letzte von Barbara Brennan erwähnte, ist das *Hara-Chakra*, das *Hara* selbst. Dieses Zentrum ist seit alter Zeit im Qi Gong als das *Tan tien* oder *Meer des Chi* bekannt und liegt ungefähr sechs Zentimeter unterhalb des Nabels, über dem Sakral-Chakra der *Kundalini*-Linie. Es ist von goldenem Orangebraun, das sich während des Heilens vertieft, sogar heiß und rot wird. Das Gleichgewichtszentrum der Frauen liegt an dieser Körperstelle. Im Qi Gong beginnt und endet jede Energiearbeit an diesem Zentrum, der Quelle der Inkarnation und dem Ort, von dem die Lebensenergie auf den übrigen Körper ausstrahlt. Das *Hara*-Chakra verbindet den Lebenswillen mit der lebenserhaltenden Energie der *Erde* am *Erd*-Chakra. So schreibt Barbara Brennan:

> Mit deinem Willen und diesem einen Akt hast du einen physischen Körper aus dem Körper deiner Mutter, der Erde, gezogen. Von diesem Zentrum aus können Heiler auch Kontakt mit großer Macht aufnehmen, um den Körper zu regenerieren, vorausgesetzt, der Heiler verankert die *Hara*-Linie tief im geschmolzenen Kern der Erde.[17]

Die nächsten drei *Hara*-Zentren sind zwischen den darüber liegenden Haupt-Chakras angeordnet. Der Kausalkörper liegt zwischen dem Transpersonalen Punkt und dem Thymus-Chakra, das Zwerchfell-Chakra zwischen dem Thymus-Chakra und dem *Hara*-Chakra, und das Damm-Chakra zwischen dem *Hara* und den Zentren in den Knien. Dies sind alles Positionen des Qi Gong. (Bei Barbara Brennan werden diese nicht erwähnt, und bei Katrina Raphaell wird nur der Kausalkörper beschrieben.) Das erste Zentrum ist der Kausalkörper, der an der Schädelbasis ansetzt, wo der Nacken an den Kopf grenzt. Dies ist das Chakra, das ich entfernen wollte – es sieht aus wie karmesinrotes Garn, das um einen goldenen Kern gewickelt ist.

Katrina Raphaell sieht dieses Zentrum blau und beschreibt es als stillen Frieden, die Winter-Erde, die ein Saatkorn umgibt, bevor es im Frühling zu keimen beginnt. Sie beschreibt es als allmächtig und als Empfänger von Eindrücken vom Transpersonalen Punkt/dem Seelen-

Stern. Von diesem Ort aus bewegt sich die spirituelle Energie durch die anderen Zentren, «verbindet das Unpersönliche mit dem menschlichen Denken und stimmt sie aufeinander ab».[18] Das Zentrum muß aktiviert und ins Gleichgewicht gebracht werden, damit es seine Aufgabe erfüllen kann, dem Betroffenen mentale Hingabe an den Lebenszweck zu vermitteln. Ist es diese Aktivierung zur Lebenskraft, die die Farbe verändert?

Zum größten Teil stimme ich mit Katrina Raphaells Definition dieses Chakras überein. Auch ich betrachte den Kausalkörper als den Ort, an dem sich der spirituelle Lebenszweck, wie er in der gesamten *Hara*-Linie verkörpert ist, zu erdgebundener physischer Realität manifestiert. Das «menschliche Denken», das allmächtig ist, ist natürlich der *Geist*, der das Leben und die Realität aus der *Leere* erschafft durch die *Nicht-Leere*. Dieses Zentrum ist auch ein bedeutender Umgestalter der nicht-physischen Information in Bewußtsein wie beim Channelling, dem automatischen Schreiben und bei der Arbeit mit den Geistführern beim Geistheilen. Aus diesem Grunde ist es für Heilerinnen sehr wichtig, dieses Zentrum zu aktivieren, aber dies muß gemeinsam mit allen anderen *Hara*-Zentren geschehen. Übungen dazu findest du im nächsten Kapitel, und dies ist auch der Sinn der Chi-Übungen, die im Reiki-II-Training eingesetzt werden.

Das *Zwerchfell-Chakra* ist zwischen dem Thymus- und dem *Hara*-Chakra gelegen, auf der Höhe des physischen Zwerchfell-Muskels, etwa direkt über dem Solarplexus. Seine Farbe ist Limonengrün. Dort befindet sich gleichzeitig der Akupunkturpunkt «Dreifacher Erwärmer II (T–11)», das Zentrum der Nebennieren. Ich nehme die Aktivierung dieses Zentrums als Auslöser für eine Reinigung und Entgiftung wahr, die alle Hemmnisse beseitigt, die der Erfüllung des eigenen Lebenszieles im Wege stehen. Dies ist eine Reinigung der gesamten *Hara*-Linie.

Diese Entgiftung war für mich sehr intensiv, traumatisch und oft angstauslösend, eine tiefgreifende Säuberung von einer Menge astralem/emotionalem Müll. Es gab mir das Gefühl, als würden viele Aspekte meines Ich weggerissen, wobei das Grundgefühl dabei Angst war. Wochenlang wurde ich Morgen für Morgen von überwältigenden Empfindungen von Angst und Panik geweckt, manchmal mit erläuternden «Bildern», meist aber nicht. Da das vorherrschende Gefühl meiner ersten Lebensjahre Angst gewesen war, löste dieser Prozeß einen tiefgreifenden Vorgang in mir aus. Als er beendet war, hatte sich ein großer Teil meiner täglichen Anspannung und Ängstlichkeit dauerhaft gemildert.

Ich habe mit anderen gesprochen, die auch diese Aktivierung durchgemacht haben; sie nannten das Zentrum abwechselnd das «Müll-Chakra» oder «Brech-Chakra». Es hat sich herausgestellt, daß es am besten ist, diesen Prozeß – der letztlich sehr positiv ist, aber zunächst nicht so erscheinen mag –, einfach zuzulassen. Beobachte die Empfindungen und laß sie gehen, du solltest sie nicht bekämpfen, ihnen nicht zu widerstehen versuchen und auch nicht versuchen, sie zu verändern. Heiße das Reinigen willkommen und sende Liebe aus.

Das letzte der bedeutenden Chakras der *Hara*-Linie ist das tief rubinrote oder kastanienbraune *Damm-Chakra*. Den Schülern von Reiki II ist es bekannt als die *Hui-Yin*-Position; im Qi Gong heißt es «Tor von Leben und Tod». Dieser Energiepunkt liegt (obwohl auf dem emotionalen Körper) zwischen den Öffnungen der Vagina und dem Anus, wo bei Geburten oft der Dammschnitt gemacht wird. Dies ist das Energietor, durch das von der Erde Chi in den Körper fließt, die Beine hinauf in die Vagina und dann vom *Hara*-Zentrum aufgenommen wird, um sie von dort aus weiter zu verteilen. Es ist die Stelle, an der der Lebenszweck und der Sinn aktiviert und in der Realität der physischen Ebene verankert werden. Nimmt man die *Hui-Yin*-Position ein, wobei man die Vagina und den Anus zusammenzieht, um das Damm-Chakra zu verschließen, führt das zu einem Zirkulieren der Energie der *Hara*-Linie durch das gesamte *Hara*-System und zu dessen Reinigung. Mehr darüber in Kapitel 4.

Drei kleinere Chakra-Paare vervollständigen die Zentren der *Hara*-Linie, wie ich sie heute wahrnehme. Dabei handelt es sich um ein Paar silberner Zentren hinter den Augen, genannt die *Vision-Chakras*; dann ein Paar waldgrüner Zentren hinter den Knien, die ich *Bewegungs-Chakras* nenne; und ein Paar braune Zentren in den Fußsohlen, die *Erdungs-Chakras*. Das Paar hinter den Augen ebnet den Weg, um die Augen beim Heilen als Laserstrahlen einzusetzen. Jene an den Knien leiten die Vorwärtsbewegung auf dem Lebenspfad. Die Erdungs-Chakras an den Füßen verankern die *Hara*-Linie im *Erd-Chi* und lassen den Lebenszweck in Richtung auf das Physische einwurzeln und manifestieren. Der Akupunkturpunkt der Fuß-Chakras ist «Niere-1, Yung-Chuan». Alle Zentren der *Hara*-Linie haben Entsprechungen im Qi Gong und in der Akupunktur.

Neben den Chakras setzt sich die *Hara*-Linie selbst aus einem doppelten Energiefluß zusammen. Ein Kanal führt vom Damm-Chakra den Rücken hoch, über den Scheitelpunkt des Kopfes und das Gesicht herunter bis zur Oberlippe. Bei der Akupunktur und im Qi Gong wird dieser Kanal das «Lenker-Gefäß» (LG) genannt. Der zweite Energiestrom beginnt an der Unterlippe, fließt die Vorderseite des Körpers hinab und endet beim Damm-Chakra. Dieses wird in der Akupunktur und beim Qi Gong als «Diener-Gefäß» (DG) bezeichnet. Nebenkanäle transportieren die Energie durch die Arme und Beine in diese Kanäle. Man kann die Kanäle miteinander verbinden, wenn man die Zunge auf den Gaumen legt und den Damm (Vaginalmuskulatur) zusammenzieht. Der Fluß der Energie durch diesen Kreislauf bedeutet, daß Ki (die Lebenskraft) durch die verbundenen Kanäle und die Chakras der *Hara*-Linie zirkuliert. Dies wird die Mikrokosmische Umlaufbahn genannt oder der Große oder Kleine Himmlische Kreis und ist die Grundlage der Qi-Gong-Schulung.

Das nächste Kapitel erkundet diesen Energiefluß ebenso wie den Fluß der Energie durch die *Kundalini*-Linie und die Chakras. Darüber hinaus werden andere Aspekte der Energie erörtert, über die Heilerinnen etwas wissen und mit denen sie arbeiten müssen.

4

Energie

Heilen bedeutet, wirkungsvoll mit Energie zu arbeiten, dem Quellstrom allen Lebens. Energie kann weder geschaffen noch zerstört werden; sie wird benützt und dann der Erde und dem Universum zurückgegeben. Sie kann gut genutzt oder verschwendet, optimal eingesetzt oder wirkungslos und weise angewandt oder mißbraucht werden. So wie Elektrizität kann sie sowohl für gute Zwecke eingesetzt werden als auch dazu, jemandem zu schaden. Dieses Kapitel soll Kenntnisse vermitteln über die Energieströme, ihren Schutz, ihre Farbe und die ethischen Grundsätze der Heilerinnen bezüglich mancher Möglichkeiten, die Heilenergie gut zu nutzen. Energie ist der kosmische Klebstoff für alle Materie und für den Körper, ebenso für die Moleküle, die nichtphysischen Körper und den Planeten. Jede Kultur hat einen Namen dafür. In Indien lautet der Begriff *Prana*, in Japan und China ist es *Ki* oder *Chi* (auch *Qi*). Barbara Marciniak sagt statt «Energie» «Licht». Ich spreche meist von «Energie», der Lebenskraft der *Göttin*. Diese absichtlich zu mißbrauchen heißt, die *Göttin* zu verletzen, und sie wirkungslos einzusetzen heißt, ihre Möglichkeiten und Gaben zu verschwenden.

Eine der wichtigsten Regeln des Wicca ist, keinem Schaden zuzufügen. Der zweite der wenigen und sehr einfachen ethischen Grundsätze lautet: «Was du aussendest, kommt viele Male zu dir zurück.» Diese zwei scheinbar so einfachen Gedanken bilden die Grundlage für beides, sowohl für das universale Gesetz der *Göttin* als auch für die ethischen Grundsätze des Heilens. Die Regeln sind einfach: Keinem darf geschadet werden (das heißt, sich selbst nicht, nicht anderen, Tieren und dem Planeten) durch irgend etwas, was du tust, und die Energie kehrt in der Form, in der sie ausgesandt wurde, zum Sender zurück. Sende Energie (Licht, Lebenskraft) weise aus; gebe das, was du selbst gerne erhalten möchtest.

Daß Heilerinnen keinem schaden sollen, scheint einfach genug, dennoch ist es nicht immer einfach. Was schadet, und was wirkt positiv? Wer soll definieren, was gut und was schädlich ist? Manche Situationen sind recht einfach und offensichtlich – Heilerinnen haben gute Absichten. Andere Situationen sind jedoch nicht so einfach. Jede Beeinflussung der Energie oder des Willens einer anderen Person, ohne die ausdrückliche Zustimmung derjenigen, mag gut scheinen – mit der Begründung, daß es ihr helfen wird, gesund zu werden –, doch dem ist nicht so. Aus ethischen Gründen ist es keiner Heilerin erlaubt, eine andere Person ohne ihre Erlaubnis zu heilen. Diese Erlaubnis kann ganz leicht erlangt werden, indem man sie fragt. Kannst du sie auf der physischen, erdgebundenen Ebene nicht fragen, so frage in Meditation ihren Astralkörper. Dazu meditiere über die Betreffende und visualisiere sie, dann frage sie im Geiste. Du wirst eine Antwort erhalten, und wenn die Antwort «nein» lautet, mußt du das respektieren. Diese Methode kann auch auf Tiere, Babys und Kinder angewandt werden und bei Erwachsenen, die bewußtlos sind.

Wenn sich in einer Heil-Situation deine Vorstellung von dem, was eine Frau braucht, von dem unterscheidet, was sie von dir getan haben möchte, ist der freie Wille der Empfängerin ausschlaggebend. Ihren freien Willen zu mißachten, verletzt das mannigfaltige Gesetz mit sofortigen oder späteren Folgen, dies gilt auch für das Karma der späteren Leben. Wenn die Empfängerin etwas möchte, von dem die Heilerin fühlt, daß es für sie beide falsch ist oder in irgendeiner Weise unmoralisch, hat die Heilerin das Recht, dies zu verweigern. Regel eins beim Heilen lautet, den freien Willen zu achten und niemandem zu schaden.

Das heißt auch, daß jeder, der an einer Heil-Situation beteiligt ist, davon profitieren muß oder davon nicht verletzt werden darf. Wenn es einen Konflikt zwischen zwei Menschen gibt und einer von ihnen kommt zu dir, um dich um Heilung zu bitten, so darf das Heilen den freien Willen keiner der beiden beeinflussen oder verletzen. Selbst in dem Fall, daß jemand sich von der anderen Person verletzt fühlt, muß die Lösung beiden Positives bringen. Wenn beispielsweise eine Frau Schutz braucht vor jemandem, der sie physisch oder psychisch bedroht, selbst dann ist ein Verletzen des Gegners dieser Frau immer noch eine Verletzung. Es ist in Ordnung, wenn man abschirmende und schützende Techniken anwendet, um die andere Partei auszuschließen, aber man darf ihr nicht schaden (siehe unten).

Ich hoffe, daß keine Wicca-Frau oder keine mit psychischen Kräften arbeitende Heilerin, die ich ausbilde, ihre Fähigkeiten mißbraucht oder manipuliert, irgend jemanden «verhext» oder ihm schadet. Das mannigfaltige Gesetz garantiert jenem kosmische Vergeltung, der Unrecht tut, und das Gesetz ist ganz klar formuliert. Überlasse diese Vergeltung dem Universum/der *Göttin* – Menschen sollten sich da nicht einmischen. Es in unsere eigenen Hände zu nehmen, würde bedeuten, uns an diese andere Person zu binden, ihr Karma zu teilen oder manchmal sogar zu übernehmen. Es ist nicht die Aufgabe einer Heilerin, diese oder irgendeine andere Art der Strafe zu beeinflussen oder in irgendeiner Weise zu urteilen, sondern zu heilen und, wenn notwendig, zu schützen. Alles andere ist ein Mißbrauch der Energie der Lebenskraft, die uns anvertraut wurde.

Auch sich selbst zu schaden, verletzt das Gesetz der *Göttin*, das auch das Gesetz der Energie ist. Jede Handlung, die irgendeinem schadet, auch einem selbst, ist eine Verletzung dieses Gesetzes. Die Heilerin muß sich selbst davor schützen, beim Heilen von der Krankheit oder dem Schmerz einer Empfängerin negativ beeinflußt zu werden. Die Empfängerin richtet keinen Schaden damit an, wenn sie ihre negative Energie losläßt – denn aus diesem Grund kam sie ja überhaupt zur Heilerin. Es ist jedoch die Sache der Heilerin, zu wissen, wie man mit dem Loslassen von Energie umgeht, diese reinigt, ohne daß man sich davon beeinträchtigen läßt. Einige Heilerinnen nehmen die Symptome der anderen an, ob freiwillig oder nicht. Reiki I ist der wirksamste Weg, den ich kenne, um auf Dauer zu verhindern, daß dies geschieht.

Andere Techniken beispielsweise sind, sich mit Licht zu umgeben vor Beginn einer Sitzung, hinterher die Energie fließen zu lassen (siehe unten) und/oder eine bewußte Entscheidung zu treffen, die man als Affirmation ausdrückt, bevor man anfängt, indem man im stillen oder laut verkündet: «Nur das, was mein ist, bleibt bei mir.» Wenn du in der Sitzung negative Energie abziehst, Verhaftungen, Weltraumschrott etc., so lege all dies in ein visualisiertes Feuer oder in eine kosmische Mülltonne, damit es transformiert werden kann. Auf diese Weise kann es keinem mehr schaden. Gewöhnlich sende ich auch keine Schmerz-Energie in die *Erde*, bevor sie nicht gereinigt wurde. Die *Erde* weiter zu verschmutzen, verletzt das Gesetz, keinem zu schaden. Wenn Schmerz-Energie zu unserem Planeten geschickt wird, visualisiere einfach, daß diese transformiert wird zu etwas, das die Erde positiv benutzen kann, etwa wie Kompost. Bevor du mit dem Heilen beginnst, umgebe dich, die Empfängerin und alle Tiere oder Pflanzen, die im Raum sind, mit einer Hülle schützenden Lichts (Energie).

Sich zu intensiv mit dem Schmerz einer anderen Person zu identifizieren, bedeutet, diesen zu sich einzuladen. Doch Heilerinnen ziehen unvermeidlich Menschen an, die Krankheiten und Problemsituationen haben, die ihren eigenen ähneln. Ein solches Heilen kann einer Heilerin Hinweise geben, wie sie sich selbst helfen kann, aber eine übermäßige Identifikation mit der Empfängerin behindert die Arbeit für beide. Beginne jede Sitzung damit, dich mit Licht zu schützen, und versenke dich während der Sitzung in den meditativen Zustand und trete aus deinem Ego heraus. Lege deine eigenen Probleme beiseite, laß sie jetzt außerhalb des Heilens. Wiederhole die Affirmation am Ende der Sitzung: «Nur was mein ist, bleibt bei mir.» Stelle bei jedem Heilen die Empfängerin an die erste Stelle.

Oft fragen mich Frauen: «Wenn ich jemanden heile und ihn von seiner Krankheit befreie, verletze ich dann sein Karma?» Meiner Meinung nach nicht, und zwar aus mehreren Gründen. Erstens heilt eine Heilerin niemand anderen als sich selbst. Was in einer Heilsitzung vor sich geht, ist ein dreiseitiges Übereinkommen zwischen Heilerin, Empfängerin und der *Göttin* (oder ihren helfenden Geistführern). Heilerinnen vollbringen nicht die Heilung, sie sind nur die Kanäle, die Hände, die den Willen und die Energie der *Göttin* übermitteln. Was die *Göttin* durch die Hände der Heilerin bewirken will, ist *Ihre* Wohltat und *Ihr* Wille. Es ist *Ihr* Wille, das Karma eines Menschen zu verändern und zu heilen. Viele empfangen zur Zeit diese Erlösung. Wenn jemand diese Gnade erlangt, dann deshalb, weil es sein Karma war, daß eben dies geschieht. Sonst wäre diese Veränderung nicht eingetreten.

Die Teilnahme der Heilerin bei dieser Wohltat beeinflußt auch deren Gesundheit und Karma. Wie im Fall der negativen Energie kehrt auch die positive Energie zurück; wie im Fall der negativen karmischen Bindung, kann Gutes zu tun das Karma positiv beeinflussen:

> Wir können anderen nicht wirklich helfen, wenn wir nicht in gewisser Weise mit ihnen eins werden ... Das wahre Heilen von Krankheiten und anderen Problemen klärt die Kanäle, die die Persönlichkeit mit dem inneren spirituellen Selbst verbinden. Die Folge davon ist ein Kraftstrom, der zu größerer Stärke und größerem Wohlbefinden führt.[1]

Jedesmal, wenn wir gemäß den ethischen Grundsätzen für jemand anderen (Tiere und die *Erde* eingeschlossen) eine Heilung durchführen, heilen wir auch uns selbst und unsere karmischen Belastungen.

Alles Heilen ist gleichzeitig Selbstheilung. Niemand kann einen anderen Körper als seinen eigenen heilen. Die Weisheit liegt im Körper, und Heilerinnen kanalisieren nur nicht-physische Energie. Eine Heilerin bewirkt mit diesem Kanalisieren und dieser Übertragung von Energie nichts anderes, als dem Körper zu ermöglichen, sich selbst wiederherzustellen, oder, genauer gesagt, der *Göttin* und der Empfängerin dabei zu helfen, ihn wiederherzustellen. Der Körper, die Emotionen, der Geist und die Seele der Empfängerin bestimmen, wie die gesendete Energie genutzt wird. Bei einer Selbstheilung sind die Heilerin und die Empfängerin dieselbe Person. Die Frau bittet darum, die Energie, die sie benötigt, aus der *Göttin-Quelle* zu empfangen. Geistführer handeln als Vermittler zwischen der Heilerin oder Selbstheilerin und der *Göttin.* Mittels der Energieübermittlung lenken sie den größten Teil dessen, was bei einer Heilung geschieht. Der Wunsch der Frau zu heilen, ist für einen Erfolg unabdingbar.

Heilen ist eine kooperative Handlung, nicht die Handlung einer Heilerin, die etwas *an* einer anderen Frau tut, sondern etwas *zusammen mit* ihr vollbringt. Abgesehen von der Erlaubnis, das Heilen durchzuführen, muß die Empfängerin mit der Heilerin zusammenarbeiten (oder zumindest nicht die Energie blockieren), wenn wirklich etwas erreicht werden soll. Ich mußte das auf schmerzliche Weise erfahren. Ein Jahr lang nahm ich zusammen mit einer anderen Heilerin an wöchentlichen Sitzungen mit einer Frau teil, die Brustkrebs hatte. Als ich sie das erste Mal sah, hatte ich das Gefühl, sie bräuchte medizinische Behandlung. Ihre drei Knoten waren sehr groß und von außen sichtbar, einer fast so groß wie eine Zitrone. Sie weigerte sich, zum Arzt zu gehen, und bat um Heilung, sagte, sie wüßte, daß sie innerhalb eines Jahres sterben würde, wenn sie sich schulmedizinischer Behandlung unterzöge. Also machten wir uns ans Werk.

Während der Sitzungen schlug ich ihr oft vor, was sie tun sollte: Auf was sie sich beim Meditieren konzentrieren sollte, wie sie sich entspannen und mit vergangenen Traumata und Gefühlen zurechtkommen könne, auf welchen Wegen sie Energie durch ihren Körper fließen lassen sollte. Manchmal schlug ich ihr vor, ein bestimmtes Vitamin oder Kraut zu nehmen, Rizinusölpackungen oder Kompressen aufzulegen und gab ihr diese Dinge oft mit. Ich bat sie jede Woche, mich nach ein paar Tagen anzurufen und mich wissen zu lassen, was sich getan habe. Sie tat so gut wie nie das, worum ich sie bat, und versäumte sogar einige unserer Sitzungen, ohne vorher abzusagen.

Wenn wir sie fragten, ob sie denn wirklich gesund werden wolle, sagte sie immer «ja». Aber zumindest einmal in jeder Sitzung machte sie jedoch Bemerkungen wie: sie sei «es leid, hier zu sein» oder «bereit zu gehen» oder ihr sei es «eigentlich egal, was geschieht». Wenn wir sie damit konfrontierten, brachte das nichts. Ich stellte meine Beteiligung an diesem Prozeß oft in Frage, aber die Knoten in ihrer Brust wurden deutlich kleiner. Nach ungefähr neun Monaten dieser Arbeit waren sie verschwunden, und wir hielten ein abschließendes Heil-Ritual ab und beendeten die Sitzungen. Ich hörte eine Weile nichts von ihr und nahm an, es ginge ihr gut.

Ungefähr einen Monat später, hörte ich, daß diese Frau im Krankenhaus sei. Die Knoten waren zurückgekommen, dazu gab es weitere Komplikationen, und sie hatte sich schließlich dazu entschlossen, sich schulmedizinisch behandeln zu lassen. Sie bekam Chemotherapie, auf die sie sofort reagierte, mehrfach sogar mit lebensbedrohlichen Krisen. Nach jeder Notbehandlung machte sie mit der Chemotherapie weiter. In weniger als einem Jahr starb sie. Auch wenn es das Recht jedes Menschen ist, zu entscheiden, ob er leben oder sterben möchte, denke ich, daß eine Heilerin auch das Recht hat, darüber zu entscheiden, wie sie ihre Energie verwendet. Eine Menge Zeit und Energie auf jemanden zu verwenden, der nicht zur Kooperation bereit ist, hilft weder der Heilerin noch der Empfängerin.

Frauen fragen mich oft, wie es moralisch zu bewerten sei, für das Heilen Geld zu nehmen. Ich selbst fordere keine Bezahlung, aber das muß jeder für sich selbst entscheiden. Viele Frauen leben davon, die eine oder andere Art der Heilung auszuüben, beispielsweise die mit Massagen arbeitenden Therapeuten oder einige Geistheilerinnen. Beachte dabei sorgfältig die rechtlichen Vorschriften, die in jedem Land variieren. Um nicht mit dem Gesetz in Konflikt zu geraten, brauchst du vielleicht eine Lizenz für die Massagetherapie. Stelle niemals Diagnosen, schreibe niemals Rezepte aus, verspreche niemals «Behandlungen» – das medizinische System nennt das «unbefugte Ausübung der Medizin», und dafür droht Gefängnis. Ich habe nichts dagegen, wenn Frauen für das Heilen Bezahlung fordern. Sie verwenden Zeit und Energie, und Geld ist auch eine Form des Energieaustauschs. Ein gewisser Austausch ist vielleicht auch notwendig, damit die Empfängerin das, was sie empfängt, auch schätzt.

Allerdings finde ich Honorare für das Heilen oder für das Lehren problematisch, die so hoch sind, daß sich die meisten Frauen diese nicht leisten können. Wir leben in einer Welt des Schmerzes, in der jeder bedürftig ist. Das Heilen jenen vorzuenthalten, die dessen bedürfen, nur weil sie sich nicht diese hohen Honorare leisten können, empfinde ich als Verletzung der ethischen Grundsätze und damit als Verletzung der

Energie des Heilens. Frauen waren viel zu lange sowohl arm wie auch von den Wohltaten der Gesellschaft ausgeschlossen, und diesen Ausschluß jetzt mit der Energie der *Göttin* weiter zu praktizieren, ist unentschuldbar. Das vergiß bitte nicht, wenn du darüber nachdenkst, ob du Bezahlung forderst, und dann das Honorar festlegst. Oft ist es eine Möglichkeit, ein Tauschgeschäft zu akzeptieren und Stipendien anzubieten.

Ein anderer moralischer Grundsatz von Heilerinnen ist, anderen niemals die Schuld für ihre Schmerzen zuzuweisen. Im New Age ist es Mode geworden, das zu tun, aber ich empfinde es als eine wirkliche Mißachtung der ethischen Grundsätze und einen Mißbrauch von Energie. Die Grundlage für diese Einstellung ist eine zu große Vereinfachung der komplexen Gesetze des Karma. Wir wählen uns unsere Krankheiten nicht bewußt oder direkt, noch liegt die Entscheidung immer in unserer Hand, ob die Krankheit geheilt werden kann oder nicht. Im Fall der Frau mit dem Brustkrebs traf sie Entscheidungen bezüglich ihrer Krankheit und ihrer Heilung, Entscheidungen, die das gute Recht jedes Menschen sind. Doch keiner «sucht sich aus», Brustkrebs zu bekommen; sicherlich nicht jede siebte Frau, die heutzutage an dieser Krebsart erkrankt.

Die Gesetze des Karma führen zu einer Reihe von Lektionen während einer Lebensspanne, denen eine Seele vor der Inkarnation zustimmt, was sie dann aber bei der Geburt wieder vergißt. Es gibt dabei keine bewußte Beteiligung des Inkarnierten, es ist wie bei der Programmierung eines Computers, bevor die Datei ausgedruckt wird. Das Lernen muß sich auf irgendeine Weise manifestieren, aber nicht notwendigerweise als Krankheit. Krankheit kann durch viele Dinge vermieden oder geheilt werden: Veränderungen in den emotionalen und in den Denkmustern können diese Lektionen bewältigen, ohne daß es zu Krankheit kommen muß. Wenn sich Krankheit und Schmerz manifestieren, dann deshalb, weil das vorgegebene Programm abläuft und bisher nichts daran geändert wurde. Zu diesem Zeitpunkt gibt es diesbezüglich kaum eine wirklich kontrollierbare Wahl, aber es gibt vielleicht ein Spektrum innerer Wahlmöglichkeiten, um zu verhindern, daß die Krankheit aktiviert wird, oder sie zu heilen, wenn sie entstanden ist, indem man auf eine andere Weise lernt.

Eine Heilerin, die jemandem mitteilt, «du hast diese Krankheit, weil du sie dir ausgesucht hast», hat nicht nur unrecht, sondern verspielt damit auch jede Chance, bei der Heilung der Krankheit zu helfen. Die Empfängerin einer solchen Beurteilung verschließt sich automatisch und verschließt sich damit gegen jedes Gute, das die Heilerin vielleicht hätte vollbringen können. Frage statt dessen lieber die Empfängerin nach einem möglichen Grund für ihre Krankheit, den sie annehmen oder zurückweisen kann. Diese Begründungen treffen ebenso oft zu, wie sie falsch liegen. Setze sie zur Förderung von Einsicht und zur Information ein, nicht für Schuldzuweisungen und Urteile.

In seinem Buch *Healing Into Life and Death* fordert Stephen Levine ein Umdenken in bezug auf die Vorstellung, man sei selbst verantwortlich *für* seine Krankheit, vielmehr sei man verantwortlich *gegenüber* der Krankheit. Niemand ist ein Versager, weil er krank wird oder sich von diesen Beschwerden nicht selbst heilen kann. Keinem zu schaden, auch ein Konzept des Buddhismus, ist ein Versprechen, nicht sinnlosen Schmerz zuzufügen. Es bedeutet Mitgefühl angesichts des Leidens, und von wem sollte man mehr Mitgefühl erwarten als von einer Heilerin? Wie Levine es ausdrückt: «Urteilen erzeugt eine Enge, die das Heilen belastet. Gnade und Gewahrsein erzeugen eine Weisheit, die in der Lage ist, ihren eigenen Weg zu finden.»[2]

Urteilen ist ein Mißbrauch der Heilenergien und meiner Meinung nach der größte ethische Mißbrauch, den heutzutage Heilerinnen begehen. Das Urteilen entstammt dem Ego, während Mitgefühl ein Ausdruck der Einheit und *Göttin* ist. Nur Mitgefühl heilt. Eine Heilerin, die des Mitgefühls nicht fähig ist, kann keine Heilerin sein, weil sie noch viel zuviel zu lernen hat. Heilen, das sich auf Schuldzuweisungen, Ego oder Urteilen gründet, kann sowohl der Heilerin wie der Empfängerin großen Schaden zufügen.

Des weiteren bitte ich Heilerinnen dringend, jederzeit bereit zu sein, bei Bedarf einander zu helfen. Alle Frauen sind in der patriarchalischen Kultur isoliert, weil man uns auf diese Weise machtlos und unter männlicher Kontrolle halten will. Wir Heilerinnen geben unsere Energie dafür, anderen zu helfen, manchmal vielen anderen, aber wenn es um unsere Belange geht, scheinen wir noch stärker isoliert zu sein als andere Frauen. Wir sind eben nicht viele, und unser Netzwerk ist über weite Gebiete verstreut. In jeder Stadt leben nur wenige Heilerinnen, und in ländlichen Gebieten sind es sogar noch weniger. Ich nehme jede Bitte einer Heilerin (und die Bitte jeder Frau) um Hilfe sehr ernst und weise sie so gut wie nie zurück.

Heilerinnen benötigen ebensoviel Hilfe wie jede andere Frau. Nur weil wir andere heilen, heißt das nicht, daß wir auf irgendeine Art von eigenen Krankheiten, Schmerz, Mißbrauch in der Vergangenheit oder karmischen Lektionen ausgenommen sind. Die meisten Heilerinnen, die sich um Hilfe bemühen, suchen nach Heilerinnen auf ihrer oder einer höheren Entwicklungsstufe, und meist ist es sehr unwahrscheinlich, daß wir eine geeignete Person in unserer Nähe finden. Viele Male brauchte ich Hilfe und ein Heilen jenseits dessen, das ich allein durchführen konnte. Manchmal bekam ich sie, aber häufiger konnte ich niemand Geeigneten finden. Geistführer vollbringen wahre Wunder, aber manchmal müssen sie durch die Hände eines Menschen wirken. Ich möchte die Frauen dringend bitten, in ihrem Umfeld ein stärkendes Netzwerk mit anderen Heilerinnen aufzubauen und erbetene Hilfe zu gewähren. Wenn deine Schwester Hilfe braucht, sei nicht zu beschäftigt, um ihr zu helfen, oder denke dir, sie müßte das alleine schaffen. Das soll keinesfalls Frauen dazu einladen, die Fürsorge anderer auf unangemessene Weise auszunutzen; Heilerinnen müssen sich intensiv darum bemühen, möglichst alles selbst zu vollbringen.

Nun zum Konzept der Energie als Schutz. Wir bestehen aus Energie, so wie alles andere auf der *Erde* und im Universum. Gedanken sind Energie, die Energie der Schöpfung, und das Denken kann eingesetzt werden, um das persönliche Energiefeld zu schützen. Ein paar kurze Beispiele habe ich bereits zuvor erwähnt: Man sollte sich von dem Beginn einer Heilung mit Licht umgeben, die Symptome der anderen zurückweisen. Hierzu werde ich im folgenden einige Meditationsübungen beschreiben. Wenn eine Frau damit beginnt, ihre psychische Energie zu erweitern, werden sich Situationen entwickeln, die verstanden werden müssen und mit denen man auf wirksame und ethische Weise umgehen muß. «Motten fliegen zum Licht.» Im Verlauf des Wachstums deiner Fähigkeiten wird unerwünschte Energie gelegentlich dein Licht und deine Fähigkeit, es zu schützen, auf die Probe stellen.

Versetze dich in den meditativen Zustand, erde und zentriere dich und entspanne dich vollständig. Stell dir vor, wie du erst von Energie/Licht umgeben bist, das dich dann ganz erfüllt. Das Licht kann durchsichtig sein, golden oder eine Farbe deiner Wahl haben; bitte es, die für dich optimale Farbe anzunehmen, um dich zu schützen. Du kannst das Licht auch in anderen Sinneswahrnehmungen wie Musik oder Duft visualisieren. Spiele im Geiste mit dem Energieball oder der Energiehülle, in der du dich jetzt befindest. Ist sie an manchen Stellen weiter als an anderen? An manchen Stellen heller oder dichter? Ist die Farbe insgesamt intensiv und leuchtend oder schwach und glanzlos? Gibt es Brüche in dieser Hülle oder Lücken, dünne Stellen oder dunkle Flecken?

Nun visualisiere noch mehr Licht, das die Hülle überall erfüllt und stärkt, dann halte wieder nach Schwachstellen Ausschau. Nimm dir eine nach der anderen vor und ziehe mehr Energie durch dein Kronen-Chakra in deinen Körper und projiziere sie nach außen, um diese geschädigten Gebiete zu heilen. Sende die Energie von deinen Augen aus, deinen Händen, Fingern oder vom Chakra des Dritten Auges. Wenn dein ganzer Licht-Schild leuchtet, ohne Risse oder matte Stellen, bleibe in dieser Hülle sitzen und achte darauf, was du jetzt fühlst. Dies ist dein Schutzschild, der jederzeit aktiviert werden kann, wenn du dich negativer oder bedrohender Energie ausgesetzt fühlst. Negative Energie kann ein psychischer Angriff sein, den man wahrnimmt, ein ungutes Gefühl, das in einem aufsteigt, während man auf der Straße geht, oder ein Ansturm von Zigarettenrauch oder Gefühlen anderer Menschen in einem Restaurant oder einer Menschenmenge. Aktiviere diese Hülle jedesmal, wenn du deine Wohnung verläßt, um zur Arbeit zu gehen oder andere Dinge zu erledigen. Bediene dich dieser Hülle vor einer Heilsitzung, um dich davor zu schützen, den Schmerz der anderen zu übernehmen. (Das soll nicht heißen, daß die Frau, die das Heilen empfängt, negativ ist.) Um diesen Schild außerhalb der Meditation aufzubauen, denke einfach daran oder bitte um seine Anwesenheit.

Du kannst diesen Schild auch auf ständigen Schutz programmieren, und dies muß sorgfältig überlegt sein. Ein Schild sollte keine Mauer oder Barriere sein. Eine Mauer blockt alle eindringende Energie ab, auch jene, die du brauchst und auf die du wartest. Hinter einer Mauer zu leben, wird sehr schnell ungemütlich werden. Bei einem Schild kann die Energie eindringen und ausgesandt werden. Ich möchte, daß mein Schild alle schädliche oder negative Energie abblockt, aber die positive und helfende Energie durchläßt. Ebenso bitte ich darum, daß mein Schild so viel negative Energie bei mir löst und entfernt, wie nur möglich. Auf diese Weise wird alles, was in mir schädlich oder negativ ist, gelöst und gereinigt. Jeder Mensch hat seine eigene negative Energie, wir alle leiden unter Schmerz.

Denke darüber nach, was der Schild für dich tun soll, dann sage das in deinem Geist, solange du noch im meditativen Zustand bist. Etwa: «Nur das Positive soll hereinkommen, und alles Negative muß gehen.» «Nur was zu mir gehört, kann mich beeinflussen. Löse alles, was schaden könnte.» Visualisiere den Schild, der dich umgibt, und komme ins Jetzt zurück. Diese Programmierung muß von Zeit zu Zeit wieder verstärkt werden; der geeignete Zeitpunkt für die Wiederholung ist bei Neumond. Man kann die Programmierung auch verändern, wenn sich die Bedürfnisse nach Schutz und Heilung anders entwickeln.

Eine Abwandlung dieses Schutzschildes sind Chakra-Schilde. Manchmal hängen sich bedürftige Leute an die Energie von anderen an, und da Heilerinnen mächtig sind und oft solchen Leuten helfen, werden sie häufig zur Zielscheibe. Das heißt nicht, daß diejenige, die Energie abzieht, sich dessen bewußt ist, aber viele Menschen, deren Gefühle nicht ausbalanciert sind, sind «mediale Vampire».

Um dich vor einem Energieabzug zu schützen, versenke dich zuerst in den meditativen Zustand und suche nach Leitungen, die in die Chakras führen (mehr dazu in Kapitel 6). Entferne alle negativen Leitungen, bevor du einen Schild aufbaust.

Dann visualisiere einen Schild, meist goldener Energie, der sich über einem oder mehreren Chakras bildet. Das Sakral-Chakra, das Solarplexus- und das Kehl-Chakra brauchen den Schutz am häufigsten. Programmiere diesen Schild wie zuvor, erlaube, daß die negative Energie, die bereits hineingelangt ist, entfernt wird, und verhindere, daß mehr davon eintritt. Lasse positive Energie und die eigene Energie ungehindert hindurchgehen. Wähle die Formulierung sorgfältig, achte genau darauf, worum du bittest. Benütze die oben erwähnten Affirmationen oder ähnliches. Beachte, wie sich der Schild anfühlt und wie sich deine Energie verändert, wenn der Schild aufgebaut ist. Diejenige, die dir Energie entzieht, wird dabei nie erwähnt, aber es kann sein, daß sie hinterher sehr wütend auf dich ist, weil du sie nicht länger von deiner Energie zehren läßt.

Damit du sicher sein kannst, daß deine Schilde stark sind, erneuere sie von Zeit zu Zeit. Du kannst auch um deine Wohnung, dein Auto und deine Haustiere herum Schilde aufbauen. Aber mache auch hier ganz deutlich, daß nur negative Einflüsse abgeschirmt werden sollen und daß deine eigene Energie hindurchgelangen soll. Ich glaube, daß sorgfältiger Schutz für jede Heilerin notwendig ist und viele Störungen, das Entziehen von Energie und sogar Krankheit, dadurch verhindert werden können.

Versuche einige Übungen, um die Chakras zu klären und zu heilen, Energie fließen zu lassen und die *Hara*-Linie zu aktivieren. Setze dich in Meditationshaltung nieder, erde und zentriere dich und entspanne dich vollständig. Inzwischen bist du vielleicht in der Lage, in das Alpha-Stadium nur durch einen Bewußtseinswechsel zu gelangen und brauchst vielleicht die vorbereitenden Techniken nicht mehr. Beginne mit der

Übung des Lebensbaums, verankere deine Wurzeln in der *Erde*, aber wenn du dieses Mal die Energie durch den Baumstamm aufsteigen läßt, halte sie an jedem Chakra an, beginnend mit dem Wurzel-Chakra.

Sieh, wie das Wurzel-Chakra mit goldener Erdenergie gefüllt wird und sich mit zunehmendem Eindringen von Energie rot färbt. Die Farbe ist wundervoll, leuchtend und klar, und das Chakra bleibt «erleuchtet», auch wenn deine Aufmerksamkeit es verläßt. Wenn das Zentrum matt erscheint, fülle es weiter mit *Chi* der Erde, bis die Farbe klar wird. Ziehe nun die goldene Erdenergie eine Stufe höher in dein Sakral-Chakra und beobachte, wie die Farbe in diesem Zentrum sich in pulsierendes Orange verwandelt. Bewege dich auf diese Weise nach und nach durch alle sieben Zentren, aktiviere ihre Farben und halte beim Meditieren bei jedem für ein paar Minuten an. Das Wurzel-Chakra ist rot, das Sakral-Chakra orange, das Solarplexus-Chakra gelb, das Herz-Chakra grün oder rosafarben, das Kehl-Chakra hellblau, das Chakra des Dritten Augens (Stirn-Chakra) indigoblau und das Kronen-Chakra violett (oder weiß und gold).

Wenn du über das Kronen-Chakra hinausgelangst, kannst du sehen, wie der Baum sich verästelt und zu blühen beginnt. Ziehe die herabfallenden Blütenblätter zurück zur *Erde*: Sie bilden eine schützende Lichthülle um dich, wenn sie fallen. Die Farben der Chakras verblassen zu Gold, eines nach dem anderen von der Krone bis hinunter zum Wurzel-Zentrum. Verankere die Energie vollständig in deinen Erdwurzeln und dem Kern des Planeten, bevor du die Meditation beendest.

Bei jeder Methode, die *Kundalini*-Energie aufsteigen zu lassen, ist eines ungeheuer wichtig: Führe den Fluß der Energie immer wieder zurück in den Planeten. Die heilende Energie, die in den Körper- und Aura-Ebenen benötigt wird, wird dort verbleiben, nur der Überschuß wird abgeführt. Dieses Verankern verhindert negative Symptome wie Benommenheit oder das Gefühl, vom Geschehenen ganz gefangen zu sein.[3]

Bei einer weiteren Meditation wähle dir ein Chakra aus, über das du die gesamte Sitzung meditierst. Beginne mit dem Wurzel-Chakra und bewege dich von da an jeden Tag zum nächsthöheren Zentrum des Körpers. Verankere die Energie immer in der *Erde*, bevor du die Meditation beendest. Achte in der Sitzung auf die Farbe des Zentrums, und wenn diese nicht leuchtend und klar ist, erfülle das Gebiet mit Licht und

Farbe, um es zu heilen. Wenn das Chakra aus der Mitte gerutscht zu sein scheint, bewege es wieder an seinen Platz zurück; wenn du Risse oder Brüche wahrnimmst, repariere diese mit einer Visualisation, die dir geeignet erscheint. Frage, ob an diesem Zentrum ein Gefühl ist, das geheilt werden muß, oder irgendwelche vergangenen Erlebnisse, die losgelassen werden müssen. Betrachte die Situationen und Gefühle, und laß sie dann gehen. Sende der Situation Liebe.

Frage, ob es einen (oder mehrere) Menschen gibt, die an diesem Zentrum steckengeblieben sind; lasse einen nach dem anderen los und laß sie gehen. Wenn Vergebung notwendig ist und du zur Vergebung bereit bist, dann tue es. Wenn nicht, dann kannst du die Liebe der universalen *Göttin* schicken, die alle Dinge heilt. Sende dir selbst Vergebung und heilende Liebe. Setze die von dir gewählte Visualisation für diese Vorstellungsbilder der Vergebung, der Liebe und des Heilens ein mittels jedes beliebigen Sinnes oder allen zusammen. Probiere die Methode der verbalen Assoziation, wie sie im ersten Kapitel beschrieben ist. Betrachte die Ideen, die aufsteigen, und lasse sie los. Erfülle dich nach und nach über alle Chakren mit Licht, und dann komme ins Jetzt zurück. In der nächsten Meditationssitzung mache das gleiche für das nächste Chakra, bis du alle sieben erforscht hast.

Dabei wirst du eine Menge über dich lernen und viel klären und loslassen. Achte nach jeder Sitzung darauf, wie du dich fühlst, und welche Gefühle mit dem Fortschreiten in dieser Folge von Sitzungen in dir entstehen.

Wenn man Licht durch die Chakras und die Energiekanäle der *Kundalini* zieht, wird dies als «die Energie fließen lassen» bezeichnet. Es wird aus demselben Grund durchgeführt, aus dem man auf der physischen Ebene täglich duscht, aber es wirkt auf die nicht-physische Anatomie des ätherischen Doppels. Im Alltagsleben ereignen sich unzählige Begegnungen mit Energien, auch mit negativen Energien. Das sind beispielsweise Sorgen, Ängste, Frustrationen, Streß und das Übergreifen von Emotionen der Menschen um dich herum. Energie wird von Energie angezogen, und ein Teil deiner negativen Energie oder der negativen Energie anderer Menschen bleibt vielleicht hängen, etwa wie sich Staub auf einen Tisch legt. Energie wird auch verbraucht, wenn sie eingesetzt wird, und muß ersetzt werden: Der menschliche Baum des Lebens muß genährt und gewässert werden. Diese Aufladung von Energie geschieht auch im Schlaf. Das Fließenlassen der Energie reinigt die Aura von dieser Ansammlung von Gefühlen, die durch sie hindurchgehen und an ihr vorbeifließen. Es erfrischt und füllt das ätherische Doppel und die Chakras wieder auf.

Wende diese Technik an, wenn du müde bist, erhöhe damit vor einer Heilung deine Energieladung und fülle sie nach dem Heilen damit wieder auf, benütze sie, um dich selbst von problematischen Gefühlen zu reinigen oder von den Symptomen anderer, die du übernommen hast. Die tägliche Anwendung dieser Technik hilft, das ätherische Doppel von den Auswirkungen von Streß und negativen Gefühlen frei zu halten und Krankheit zu vermeiden. Sie hilft, die Chakras auf jeder Ebene von Blockaden zu befreien und damit die physische Gesundheit zu fördern. Die Energie fließen zu lassen ist die optimale Methode, um Streß zu vermindern, und da gereinigte Chakras sich ungehindert ausdehnen und entwickeln können, ist es auch eine gute Technik, um das spirituelle Wachstum und die Steigerung des psychischen Gewahrseins zu befördern. Führt man die Übung vor dem Schlafengehen aus, verhilft sie zu erholsamem Schlaf und positiven Träumen, macht man sie am frühen Morgen, trägt sie dazu bei, die Gefühle für den ganzen Tag auszubalancieren.

Die Meditation mit dem silbernen Lichtball ist wie der Lebensbaum eine Basismeditation zum Fließenlassen der Energie. Wiederhole die Übung mit dem Silberball und visualisiere diesmal die Chakras. Verändere die Farbe des Balls, und das Licht, das in den *Kundalini*-Kanal eintritt, der zu allen Chakras führt, verfärbt sich ebenso. Laß jede Farbe eine Zeitlang durch alle Zentren fließen, durch die *Kundalini*-Linie und die Aura-Hülle. Beachte die Eigenschaften jeder Chakra-Farbe, die hindurchfließt; jede Farbe hat ihre Anwendung beim Heilen. Füge die Farben Silber, Gold, Schwarz und klares/weißes Licht nach und nach hinzu und achte darauf, wie sie sich anfühlen. Schwarz wird für das Verankern und den Schutz benützt, und jede der anderen Farben hat ihre eigenen Eigenschaften. Jede Farbe scheint sich in ihrem eigenen spezifischen Chakra niederzulassen und trägt dennoch ihre besonderen Qualitäten ebenso durch den ganzen Körper. Hast du die Übung beendet, so verändere die durchfließende Farbe wieder zu Silber und laß das Licht und die Bewegung langsam ausklingen.

Innenarchitekten sind sich der Wirkung der Farbenergie auf die menschlichen Gefühle und das menschliche Wohlbefinden bewußt. Oft setzen sie die Farben so ein, wie sie beim Heilen eingesetzt werden. Dies kann man beispielsweise tun, indem man die Energie einer bestimmten

Farbe fließen läßt, die Farbe aussendet, um die Aura einer anderen Person oder die eigene zu erfüllen, indem man Kleidung dieser Farbe trägt, Edelsteine der gewählten Farbe einsetzt oder sogar farbige Glühbirnen für ein Zimmer benützt. Diese haben oft reinigende und entgiftende Wirkung; mache die Farbmeditation täglich zwanzig Minuten, nicht länger. Farbe ist eine andere Form von Energie und heilendem Licht.

Dann gibt es die Farben der Chakras. Rot ist heiß, aufregend und energiespendend. Nimm es, um dich aufzuwärmen, den Kreislauf und die Produktion der roten Blutkörperchen anzuregen, die Menstruation einsetzen zu lassen und die Vitalität und den Lebenswillen zu steigern. Orange wirkt aufhellend und stimmungssteigernd – auch eine aktive heiße Farbe. Sie heilt die Geschlechtsorgane, erhöht den Geschlechtstrieb und stimuliert den Orgasmus. Sie beendet das Zaudern und regt zum Handeln an. Gelb fördert die Entschlossenheit, Selbstvertrauen und Mut und regt die Verdauung, Ausscheidung und Entgiftungsprozesse an. Es ist kühler als Rot oder Orange, aber immer noch warm und aktiv. Das Grün des Herz-Chakras ist in bezug auf Temperatur und Aktivität neutral und wird eingesetzt, um zu normalisieren und zu besänftigen. Es beruhigt, heilt Infektionen und wirkt ausgleichend auf Kreislauf, Atmung und Gefühle. Grün ist eine gute Farbe für Wachstum und allgemeines Heilen.

Die andere Farbe des Herz-Chakras ist Pink oder Rosa. Diese Farbe fühlt sich etwas wärmer an als das Grün und ist emotional weniger neutral. Es unterstützt das emotionale Herz und die Bewältigung von Emotionen, regt das Vertrauen an und das Gefühl, sich geliebt und umsorgt zu fühlen. Hellblau ist, wie Grün, eine allesheilende Farbe. Es ist kühl, ruhig, friedlich und kreativ, heilt die Kehle, lindert Lampenfieber und ermutigt, sich auszudrücken und zu öffnen. Blau hilft, wenn Gefühle freigesetzt werden müssen, um die Luft zu klären und die Heilung in Gang zu setzen. Das dunkle Blau (Indigoblau) des Dritten Auges ist kalt, analytisch und streng. Es wird eingesetzt, um Infektionen zu heilen, das lymphatische System zu reinigen und die Prozesse des Nervensystems auszugleichen. Dies ist die ursprüngliche Energie des «klaren Lichts der Vernunft».

Violett oder Purpur wirkt beruhigend und streßmindernd. Es fördert Schlaf und Ruhe und wird oft eingesetzt bei Schlaflosigkeit, Ruhelosigkeit und Nervosität. Durch diese Farbe wird die Frau mit einem Gefühl des spirituellen Wohlbefindens verbunden, mit dem Gefühl, ein Teil eines größeren Planes und Zweckes zu sein – auch in dieser Weise ist es allheilend. Klares Licht enthält alle natürlichen Farben und ist ein guter Energiereiniger, aber Heilen mit Farbe ist zielgenauer. Weder Leuchtstofflampen noch Glühlampen geben wirklich reines Licht, sondern nur die neuen Lampen, die ein natürliches Lichtspektrum aussenden. Gold ist eine ähnlich intensive entgiftende Energie wie Silber mit dem Unterschied, daß Gold heiß und Silber kalt ist.

Farben bedeuten für Frauen Gefühle, wenn also Blau für dich Frieden bedeutet, dann setze diese Farbe ein, um dir innerlich Frieden zu geben, wenn du die Energie fließen läßt. Typische Farbbedeutungen sind etwa Grün für Überfluß und Wachstum, Orange für Aktion, Pink für universale Liebe und Rot für die Geschlechtsliebe. Heilung kann für den einen Menschen Grün bedeuten, für einen anderen aber Blau oder Gold. Experimentiere bei der Meditation mit Farben und Emotionen, auch mit den Farben der *Hara*-Linie. Jeder Krankheitszustand oder jede schmerzliche Emotion können einer anderen Farbenergie bedürfen, und deshalb lasse ich beim Heilen das Licht sich immer frei entfalten. Am besten für die Aura der Empfängerin ist jene Farbe, die die Energie von selbst annimmt.

Die Astralfarben des Emotionalkörpers beinhalten auch die Farben der Chakras der *Hara*-Linie. Diese sind nahezu unbeschreibbar in irdischen Begriffen; dabei handelt es sich nicht um Farben, wie wir sie kennen und benannt haben. Soweit ich weiß, haben diese Farben keine Namen, und wenn man versucht, ihnen Namen zu geben oder sie zu beschreiben, kann das nur eine Annäherung an das sein, was sie sind. Diese Farbenergien sind überirdisch und wunderschön. Wenn beim Heilen Licht ohne spezifische Farbgebung ausgesandt wird, nimmt die Energie eine dieser Astralfarben an. Schon um diese Astralfarben einzuladen, bestimme ich beim Heilen die Farbe nicht, sondern lasse die Energie jene Farbe einnehmen, die gerade notwendig ist. Die Farben der *Hara*-Linie sind Klar (Transpersonaler Punkt), Silber (Vision-Chakras), Rotgold oder Silberblau (Kausalkörper), Aquamarin (Thymus), Limonengrün (Zwerchfell), Orangebraun *(Hara)*, Tiefrot oder Kastanienbraun (Damm-Chakra), Waldgrün (Bewegung), Braun (Erdung) und Schwarz *(Erde)*.

Diese Farben können visualisiert werden, wenn man beim Meditieren darum bittet, die *Hara*-Linie sehen zu können, und sie können bei Heilungen geschickt werden (oder werden erscheinen). Andere astrale Farben, die ich kenne, sind eine Farbe wie Roséwein, die ich Rotviolett nenne, ein tiefes Purpur und ein Blau, das ich nicht definieren kann. Es mag noch mehr geben. Jede der erdgebundenen Chakra-Farben hat ein

Gegenstück bei den Astralfarben. Diese Farben erscheinen auch in den Chakras von Hunden, Katzen und Pferden (siehe meine Bücher *Natural Healing for Dogs and Cats* und *Natural Remedies for Dogs and Cats).*

Die Arbeit mit der *Hara*-Linie öffnet diese Farben für das Heilen. Die Energie-Arbeit mit der *Hara*-Linie entspricht der asiatischen, meist taoistischen Schule des Qi Gong. Der grundlegende Energiekreislauf der *Hara*-Linie wird mikrokosmischer Umlauf oder Kleiner und Großer Himmlischer Zyklus oder Energiekreislauf genannt und ähnelt dem Aufsteigenlassen der *Kundalini* durch die Chakras. Während die Energie in der *Kundalini*-Linie sich aufwärts bewegt, um durch das Kronen-Chakra auszutreten (und unbedingt ganz bewußt wieder verankert werden muß), bewegt sich die Energie der *Hara*-Linie kreisförmig und ist von sich aus geerdet. Der geschlossene Kreislauf verhindert Probleme und Symptome als Folge einer elektrischen Überladung und ist gefahrloser und einfacher durchzuführen. Eine Menge Energie kann schnell und ohne Risiko oder unangenehme Begleiterscheinungen erzeugt werden. Es ist eine andere Methode, um die Energie fließen zu lassen.

Ziel des Qi Gong mit der Kreislaufbewegung von Energie ist es, die Lebenskraft wirksam für Gesundheit und ein langes Leben einzusetzen. Das spirituelle Erwachen kommt später. Die tägliche Anregung dieses Energiekreislaufs soll gegen fast jede Krankheit helfen, denn sie heilt Energieblockaden und Schwächen im ganzen Körper und bringt Chi (Energie, Licht) zu allen Organen. Qi Gong arbeitet mit dem «Diener-Gefäß» und dem «Lenker-Gefäß» (vergleichbar mit *Ida* und *Pingala* der *Kundalini*-Linie), statt mit der zentralen *Kundalini-Sushumna,* auf die man sich in Indien konzentriert. Jede Sitzung wird mit einer abschließenden Erdung beendet, nicht mit einem starken Aufwärtsschub von Chi in die oberen Chakras. Wenn man Energie im Kreis bewegt, kann jeder Überschuß an Energie sicher geerdet und freigesetzt werden.[4]

Bei der *Hara*-Linie verläuft die Bewegung durch zwei Kanäle. Das Lenker-Gefäß beginnt am Damm-Chakra und steigt die Wirbelsäule und den Rücken hinauf. Es bewegt sich in gerader Linie über den Kopf und dann das Gesicht hinunter, um in der mittleren Vertiefung der Oberlippe zu enden. Das Diener-Gefäß beginnt in der Mitte der Unterlippe und steigt die Vorderseite des Körpers hinab, durch das *Hara*-Chakra, um wieder beim Damm-Chakra zu enden. Dies sind zwei geradlinige Energien, die nicht miteinander verbunden sind und auch keinen Kreis oder Kreislauf bilden. Sie müssen erst miteinander in Verbindung gebracht und vereinigt werden, um den Energiekreislauf zum Fließen zu bringen, der die Grundlage für das Heilen mit der *Hara*-Linie und für Qi Gong ist.

Diese Verbindung wird hergestellt durch das, was im Reiki die *Hui-Yin*-Position genannt wird und im *Kundalini*-Yoga das Wurzel-Schloß oder *Mulabandha*. Wenn man im Sitzen die Beckenbodenmuskulatur kontraktiert, schließt dies indirekt das Damm-Chakra und ergibt eine Stellung, die im Yoga *Siddhasana* genannt wird, die Stellung der Vollendung. Sie wird als optimale Meditationshaltung für spirituelles Wachstum angesehen und als Weg, die Energie der sexuellen Lebenskraft zu spiritualisieren. Den Druck übt man aus, indem man die Ferse des Fußes (oder ein Kissen, einen Kristall, einen Tennisball oder einen anderen Gegenstand) gegen die Vagina oder den Anus oder den dazwischenliegenden Damm preßt.[7]

Dieses Verschließen kann auch durch kräftiges Anspannen der Muskeln von Vagina und Anus erfolgen, dabei bedarf es einiger Übung, diese Spannung für mehr als nur ein paar Minuten zu halten. Dieses Zusammenziehen des *Hui Yin* (Damm-Chakra) bringt das Chi der Erde aufwärts zum *Hara*-Chakra, während gleichzeitig das Chi des Himmels zum *Hara*-Chakra heruntergezogen wird. Wo sich die beiden Energien treffen, entwickelt sich Hitze, die zuerst zum unteren Ende der Wirbelsäule zieht (Steißbein, Wurzel-Chakra) und Energie der *Hara*-Linie durch den Körper fließen läßt.

Der zweite Teil dieser Position besteht darin, die Zunge an den Gaumen zu drücken, direkt hinter die Zähne. Dies verbindet Diener-Gefäß und Lenker-Gefäß an der Spitze des Körpers miteinander, so wie das Anspannen des Damms sie unten verbindet. Es gibt drei mögliche Stellen am Gaumen, die man berühren kann, aber die einfachste ist die am weitesten vorn liegende, direkt hinter den Zähnen, die Wind-Stellung genannt wird. Ein leichter Druck ist ausreichend; berühre nur den Gaumen mit der Zungenspitze und laß sie dort verweilen.

Versuche diese Übung in Meditationshaltung, übe Druck auf die Vagina aus (Männer können nur den Anus zusammenziehen) und drücke die Zunge an den Gaumen. Es ist vielleicht einfacher, wenn man zuerst die Muskeln des Anus anspannt: Die Vaginalmuskeln werden dann automatisch folgen. Ziehe den Anus so zusammen, als wolltest du dein Rektum in den Körper hochziehen. Kontrahiere die Vaginalmuskeln, als ob du den Urin anhalten möchtest. Wenn du jemals Kegel-Übungen durchgeführt hast nach der Geburt eines Kindes, bei unwillkürlichem Harndrang oder um den Orgasmus zu stimulieren, ist dir diese Übung

Abb. 9: Der kleine Energiekreislauf
Kleiner Himmlischer Zyklus[5]

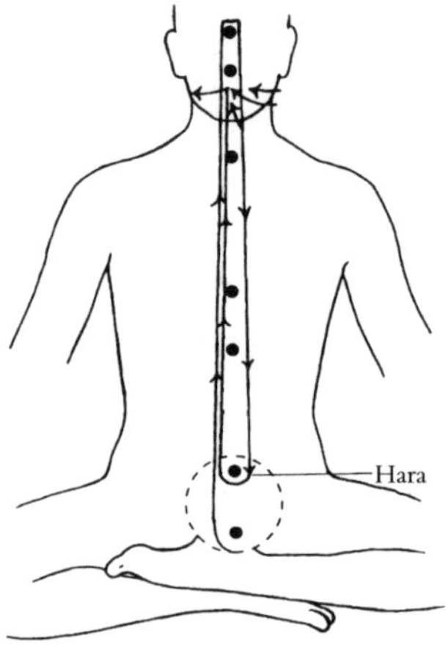

Vorderansicht des Kleinen Himmlischen Zyklus

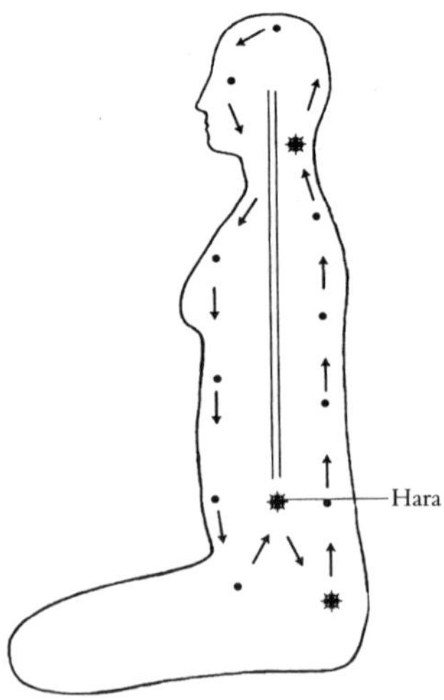

Seitenansicht des Kleinen Himmlischen Zyklus

Abb. 10: Kreislauf des Chi im Körper[6]

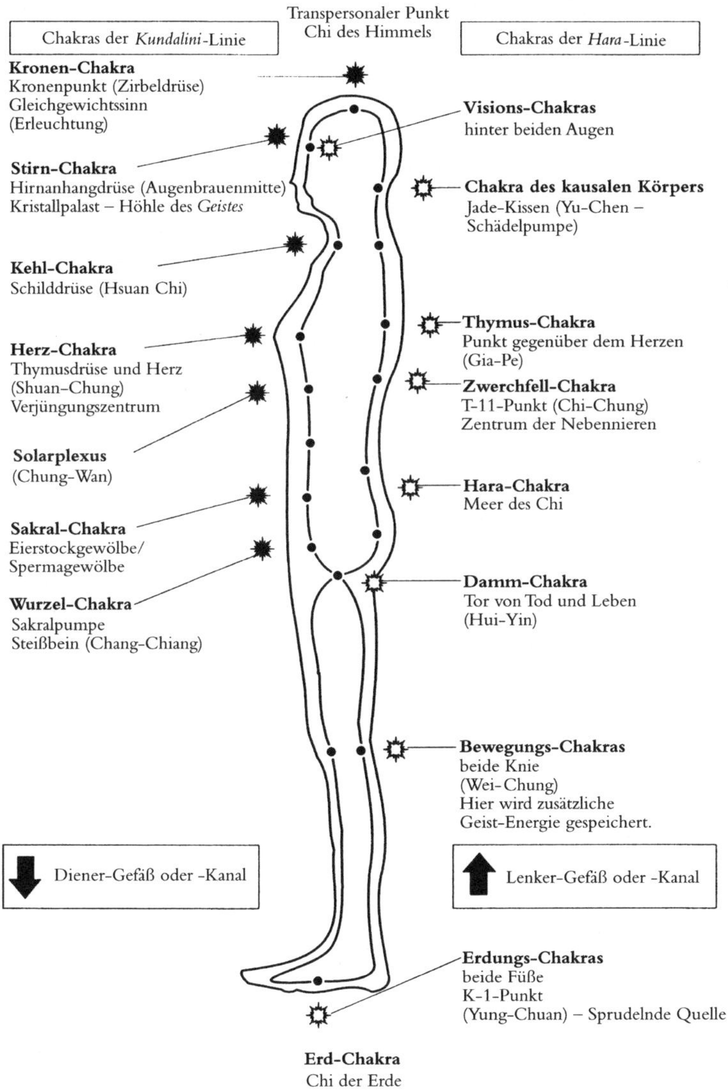

vertraut. Anatomisch erfolgt diese Kontraktion in der Beckenbodenmuskulatur. Wenn beide Öffnungen richtig kontrahiert sind, hat man das Gefühl, als würde Luft durch das Rektum in den Körper eintreten. Halte diese Position so lange, wie es dir möglich und noch angenehm ist, dann löse die Spannung. Wiederhole dies mehrere Male.[8] Danach halte sie verschlossen oder übe Druck auf die Vagina aus, um die Spannung zu halten.

Chi beginnt sofort entlang der *Hara*-Linie im Körper aufzusteigen, und Energie kann sich jetzt nicht mehr abwärts bewegen, um den Körper durch die Füße und die inneren Organe zu verlassen. Es wird eine Verbindung zur Erdenergie aufgenommen, die aufwärts gezogen wird durch die Beine in das *Hara*-Zentrum. Wenn auch die Zunge an ihrem Platz ist, ist der Licht-Kreislauf geschlossen und Diener-Gefäß und Lenker-Gefäß sind an beiden Enden miteinander verbunden. Du wirst fühlen, wie sich der kleine Energiekreislauf fast augenblicklich durch die *Hara*-Linie zu bewegen beginnt. Nun fließt Chi vom Transpersonalen Punkt Chi des Himmels nach unten, so wie vom Erd-Chakra aufwärts. Die *Hara*-Linie wird aktiviert, und die Energie pulsiert durch den Körper in fließenden Kreisen.

Übe den kleinen Energiekreislauf, der weiter unten genauer beschrieben wird, während du die beiden Enden von Diener-Gefäß und Lenker-Gefäß zu diesem Energiekreislauf verbindest. Die *Hui-Yin*-Stellung macht den kleinen Energiekreislauf möglich. Dieser Kreislauf ist im Qi Gong die Grundlage für alle Energiearbeit mit der *Hara*-Linie und dem *Hara*-Chakra. Für eine ernsthafte Arbeit mit dem kleinen Energiekreislauf empfehle ich zwei Bücher von Mantak Chia: *Tao Yoga, Praktisches Lehrbuch zur Erweckung der heilenden Urkraft Chi* und Mantak und Maneewan Chias *Awaken Healing Light of the Tao.* Mein Wissen über Qi Gong stammt größtenteils aus diesen beiden Quellen. Der Pfad der Energiebewegung im kleinen Energiekreislauf ist auch der Anfang und die Basis der Chi-Übungen im Reiki.

Der Energiekreislauf wird im meditativen Zustand durchgeführt, wobei die Energie und die Aufmerksamkeit nach innen gerichtet sind. Richte dein Gewahrsein zu Anfang auf das *Hara*-Chakra. Wenn sich am *Hara* Wärme (Energie, Chi) bildet, bewege sie mit deinem Willen zum Damm-Chakra hinunter, dann die Wirbelsäule hinauf. Halte einen Moment hinter dem *Hara* an (am Nieren-Punkt, der *Ming-Men* genannt wird), dann lasse die Energie langsam weiter das Rückgrat aufsteigen, am Kausalkörper vorbei bis zum Scheitelpunkt des Kopfes oder zum Transpersonalen Punkt. Folge dem Energie-/Lichtfluß, aber erzwinge nichts. Halte die Energie am Scheitelpunkt des Kopfes oder am Transpersonalen Punkt oberhalb des Kopfes bis zu zehn Minuten lang. Dann lenke sie hinunter durch die Stirn (Augen-/Vision-Chakras). Laß die Energie die Vorderseite des Körpers hinunterfließen, durch die Thymus- und Zwerchfell-Zentren wieder zum *Hara*-Chakra. Halte sie im *Hara*-Chakra, bis sich dort Wärme ansammelt, dann beginne den Kreislauf von neuem und lenke ihn als nächstes zum Damm. Wiederhole diesen Kreislauf mehrere Male. Steigere die Übung allmählich bis auf sechsunddreißig Umläufe pro Sitzung.[9]

Wenn du die vorige Übung beherrschst, schließe die Beine und die Erdverbindung in den Großen Energiekreislauf ein. Lenke den Energiefluß vom *Hara*-Chakra ins Zentrum des Damms *(Hui Yin)*, dann teile ihn in zwei Ströme auf und schicke die Energie die Rückseite der Oberschenkel entlang zu den Bewegungs-Chakras in den Kniekehlen. Von hier fließt sie die Unterschenkel hinunter zu den Erdungs-Zentren an den Fußsohlen. Der Akupunkturpunkt «Niere-1» (N–1) an beiden Fußsohlen ist der Sitz der Fuß-Chakras. Dieser Punkt wird *Yung-Chuan* genannt, Sprudelnde Quelle, und ist die elektrische Verbindung des Körpers mit der Erdenergie.

Sobald sich in den Fußsohlen Wärme entwickelt, bewege den Energiefluß zu den großen Zehen, dann auf der Vorderseite über beide Füße zu den Knien hinauf, ziehe die Energie aus dem Erd-Chakra durch die Erdungs-Zentren. Setze den Fluß die Innenseite der Oberschenkel entlang fort und zurück zum Damm. Lasse den Fluß die Wirbelsäule hinauf wieder zurückkehren und teile ihn erneut für die Arme an dem Punkt zwischen den Schulterblättern. Schicke Chi/Energie die Innenseiten beider Arme hinunter bis zur Mitte der Handflächen, wo die Energie austritt, wenn man Heilen durch Handauflegen durchführt. Konzentriere dich auf die Empfindung, dann folge dem Fluß entlang dem Mittelfinger und die Außenseite der Arme hinauf. Wenn er die Schultern erreicht hat, kehrt er zum Hauptstrom zurück und fließt die Wirbelsäule und den Nacken hinauf, am Kausalkörper vorbei wieder zurück zum Scheitelpunkt des Kopfes beziehungsweise zum Transpersonalen Punkt. Setze den Energiekreislauf fort entlang des zentralen Kanals und kehre damit erneut zum *Hara* zurück.[10]

Vielleicht fühlst du den Fluß der Energie/Chi der *Hara*-Linie, siehst ihn oder fühlst seine Gegenwart nur durch kribbelnde Empfindungen. Anfangs bist du dir vielleicht nicht einmal bewußt, daß es überhaupt einen fließenden Strom gibt. Vielleicht kannst du die Punkte und Farben des *Hara*-Chakras sehen, vielleicht auch nicht. Im Laufe der Zeit, wenn der Kreislauf des Lichts die *Hara*-Linie aktiviert, klärt und entfaltet, wirst du all dessen immer mehr gewahr werden. Die Chakras öffnen sich bei den meisten Frauen nicht alle auf einmal. Die Arme und Beine beim Großen Energiekreislauf einzubeziehen, wirkt wunderbar beim Heilen von Ischiasbeschwerden, Problemen der Lendenwirbelsäule und arthritischen Knien und hilft überhaupt beim allgemeinen Erden.

Wenn du das Fließenlassen der Energie beendet hast, vollende die Meditation des kleinen Energiekreislaufs, indem du dich erdest. Das ist äußerst wichtig und muß am Ende jeder Sitzung durchgeführt werden, egal ob du einen Energiekreislauf durchgeführt hast oder mehrere.

Befindet sich die Energie am Anfangs- und Endpunkt des *Hara*-Zentrums, so lege deine Faust leicht auf deinen Nabelbereich. Reibe diesen in einer kreisenden Bewegung mit nicht mehr als fünfzehn Zentimeter Durchmesser. Frauen vollführen diese Spiralbewegung gegen den Uhrzeigersinn sechsunddreißigmal, dann ändern sie die Richtung und reiben im Uhrzeigersinn vierundzwanzigmal. Männer führen die Spirale in entgegengesetzter Richtung aus – im Uhrzeigersinn sechsunddreißigmal, dann gegen den Uhrzeigersinn vierundzwanzigmal.

Dies hilft beim Erden und Sammeln der Energie, verhindert eine elektrische Überladung und unangenehme Empfindungen.[11]

Falls sich im alltäglichen Leben durch dieses Öffnen der Energie Unbehagen einstellt, vermindere die Anzahl der Umläufe oder unterbreche diese Übungen völlig für ein paar Wochen, bis dein Körper sich an die Energie angepaßt hat.

Praktiziere den kleinen Energiekreislauf in Meditation täglich oder sogar zweimal pro Tag, als erstes am Morgen und als letztes am Abend. Beginne dabei anfangs mit Zeiträumen von wenigen Minuten und steigere dies bis auf eine halbe Stunde (sechsunddreißig Umläufe) pro Sitzung. Das *Hui-Yin-*/Damm-Chakra muß dabei während der gesamten Übung kontrahiert sein und die Zunge auf dem Gaumen liegen. In dem Maße, wie sich deine Übungszeiten verlängern, wird ein Gefühl vollkommenen Wohlbefindens Teil deines täglichen Lebens werden, und viele physischen und emotionalen Probleme werden sich klären. Die

Durchführung dieser Übung führt zur Endorphinausschüttung im Gehirn und hat ein natürliches Hochgefühl zur Folge. Es entfernt Energieblockaden, vermindert Streß, steigert die spirituelle Bewußtheit und entwickelt die Verbindung von Körper, Geist und Seele.

Asiatische Qi-Gong-Praktizierende sehen in diesem Energiekreislauf die Quelle allen Heilens und sprechen ihm die Fähigkeit zu, auf jede beliebige Krankheit anwendbar zu sein. Diese Technik wurde von einem Mann entwickelt, der unheilbar an Tuberkulose erkrankt war und diese Technik anwandte, um sich völlig zu heilen. Sie heilt viel mehr als nur den physischen Körper. Frauen, die die *Hara*-Linie und die *Hara*-Chakras erforschen möchten, sollten mit dieser Methode beginnen.

Alles Heilen ist in der einen oder anderen Form Energie-Arbeit. Dieses Kapitel gibt nur einen kurzen Einblick in die Kunst, Energie für das Heilen und das Leben einzusetzen. Ethische Grundsätze, Schutz, *Kundalini*-Arbeit, das Fließenlassen von Energie, Farbe und die *Hara*-Linie mit ihrem Energiekreislauf und den Chakras sind alles heilende Anwendungen der Energie. Ich habe versucht, die besten Wege aufzuzeigen, diese Lebenskraft der *Göttin* gut zu nutzen. Das nächste Kapitel zeigt Frauen den Zugang zu nicht-physischen Wesen, den Geistführern, die ihnen helfen können, andere nicht-physische Ressourcen beim Heilen einzusetzen.

5

Geistführer

Das vielleicht großartigste Erlebnis bei meiner Heilarbeit war für mich meine Öffnung für die Geistführer und die Arbeit mit ihnen. Das erste Mal entdeckte ich sie, als ich gerade Leah Maggie Garfields Buch *Geisthelfer* las, aber intensiv mit ihnen zu arbeiten begann ich erst, nachdem ich den zweiten Grad im Reiki erhalten hatte. Ihr Humor, ihre Liebe und ihr ehrfurchtgebietendes Können machen jede Heilsitzung zu einem Lernprozeß und einem neuen Wunder. Sie sind für mich unvergleichliche Freunde und Lehrer und ein wahrer Trost bei Einsamkeit. Sie sind eine breite Straße des Lernens für den Schüler, dem es noch nicht gelungen ist, einen irdischen Lehrer für das Heilen zu finden. Wenn die Geistführer mitarbeiten und man die Gelegenheit hat, sie in vielen Heilsitzungen einzusetzen, ist eigentlich kein anderer Lehrer mehr notwendig.

Meine erste Wahrnehmung meiner eigenen Führer fand mit Helen statt, die in meiner ersten Geistführer-Meditation 1985 oder 1986 erschien. Sie hatte flammend rote Haare und geschminkte Lippen und war schwarz gekleidet im ausgeflippten Stil der zwanziger Jahre mit Fransen, Bergkristallen und ähnlichem. Sie hatte eine dreißig Zentimeter lange Zigarettenspitze in der Hand – ohne Zigarette –, mit der sie beim Reden schwungvoll gestikulierte. Sie sagte, sie sei eine glückliche Prostituierte gewesen und ihre Aufgabe in meinem Leben sei, mir alles über Liebe und Sex beizubringen. Hinter ihr stand, bisher stumm, eine Nonne, von der ich dann erfuhr, daß sie Theresa hieß (und die mir sehr viel später mitteilte, sie sei Theresa von Avila), und eine blaue Lichtgestalt, die ich später als Großvater kennenlernte. Diese beiden anderen traten aber erst dann in meinem Leben in den Vordergrund, als Helen gegangen war. Als sie mich verließ, um sich wieder zu reinkarnieren, vermißte ich sie schmerzlich und fühlte mich etwa ein Jahr lang sehr allein. Sie tat ihr Bestes, um für mich eine Geliebte zu finden, hatte aber nur zeitweise Erfolg, und meine Geliebte während dieser kurzen Zeit konnte sie auch sehen. Helen fragte sie sehr gründlich und unverschämt über ihr Liebesspiel aus. Später berichteten wir beide gegenseitig übereinander, und diese Berichte waren sehr ausgelassen.

1988 begann Theresa, mich im Heilen und Selbstheilen zu unterrichten. Man sagte mir, daß sie auch eine meiner vergangenen Leben war, aber damals nicht wußte, wer sie war. Sie besaß großes Wissen über Kräuter und über Energiearbeit, oft erschien sie mit einem großen Korb frischgepflückter Pflanzen, Wurzeln und Rinde. Wenn ich sie um ihren Rat bat, sprach aus ihr die Stimme des gesunden Menschenverstandes – ich höre meine Führer viel öfter als ich sie sehe. Sie hatte ein weises, verrunzeltes Gesicht, war immer ordentlich angezogen und nahm eine ganz sachliche Haltung ein. Sie hat ihre Arbeit gemacht – nicht mehr und nicht weniger. Als meine Heilfähigkeiten fortgeschrittener wurden, erschien sie bei den Sitzungen, und man fühlte ganz deutlich dieses zusätzliche Paar Hände und ihre Gegenwart. Frauen, die ich heilte, sprachen mit ihr in den Sitzungen ebenso oft wie ich. Wenn negative Energien freigelassen werden mußten, eine Wesenheit furchterregend wurde oder ich einfach nicht wußte, was ich als nächstes tun sollte, erschien sie und übernahm die Führung, und jedesmal lernte ich wieder etwas. Sie überwachte meinen Körper, wenn ich schrieb, und führte Heilungen bei mir durch, die ich sonst nirgends bekommen konnte. Sie hatte immer Antworten, selbst wenn die Fragen unlösbar schienen, obwohl ich damals nicht alle Antworten verstehen konnte.

Als eine meiner Schülerinnen 1992 für das College eine Semesterarbeit über Theresa von Avila schrieb, wollte sie die Heilige selbst um Hilfe bitten, und ich stimmte zu, das zu versuchen. Als Theresa mein Pendel in Schwingungen versetzte, um Ja-und-Nein-Antworten zu bekommen, begann sie, mir vollständigere Informationen in Sätzen zu geben und sprach schließlich durch mich bei meinem ersten Channelling. Wir erfuhren Dinge über ihr Leben, nach denen zu fragen mir nie eingefallen wäre, die sich aber später bei den Recherchen meiner Schülerin als zutreffend erwiesen. Damals hatte ich noch keines der Bücher von Theresa von Avila gelesen.

Die Energie im Zimmer war so stark, daß die Luft von schimmerndem Nebel erfüllt zu sein schien. Meine beiden Hunde verließen mit gesträubtem Nackenhaar eilig das Zimmer, mit der Zeit mochten sie aber ihre Gegenwart. Am Ende dieser einstündigen Sitzung war ich für den Rest des Abends zu benommen, um gehen zu können. Von nun an sprach Theresa von Zeit zu Zeit bei einer Heilung durch mich, wenn sie ungeduldig wurde, weil ich ihre Worte nicht schnell genug hörte und dann wiederholte. Ich war am Ende der Sitzung immer ziemlich benommen. Während mancher Workshops, besonders wenn es um Naturheilmittel ging, channelte sie durch mich. Man sagte mir, sie sei eine Gruppenführerin, die darauf ausgerichtet sei, den Heilerinnen Wissen und Unterweisungen zu geben.

Je mehr mein Vermögen, mit Geistführern zu arbeiten, wuchs, um so sichtbarer und aktiver wurde Großvater für mich. Er kanalisierte meine Bücher, obwohl ich mir seiner nicht immer bewußt war, und zeigte sich schließlich als indianischer Schamane vom Stamm der Ojibwa. Eine Zeitlang war es schwierig für mich, mit einem männlichen Führer zu arbeiten, und seine Energie ist sehr maskulin und sehr intensiv. Er spricht nicht so viel wie Theresa, aber Theresa zog sich immer mehr in den Hintergrund zurück, je besser mein Kontakt zu Großvater wurde, sie erscheint mir heute nur noch selten. Großvater hat mir entscheidend geholfen bei meiner Heilung und beim Schreiben, aber er heilt keine anderen Menschen. Statt dessen hilft er, andere Führer einzubeziehen, wenn sie bei der Heilung gebraucht werden, und er hat mir ermöglicht, zu Heilungsteams von Geistführern Zugang zu finden.

Eines dieser Teams war Bharamus, eine Gruppe von mindestens sechs männlichen und weiblichen Wesenheiten. Eine männliche Stimme dominierte, aber ich bekam von ihm niemals ein visuelles Bild. Dann gehörten zu der Gruppe noch eine Frau mittleren Alters, eine ältere Frau, ein Mann mit irischem Akzent, der sagte, er sei Rechtsanwalt, und mindestens einer, der Arzt war. Als ich sie einmal fragte, wo sie sich aufhalten, wenn sie von mir weggehen, antworteten sie, sie lebten auf einem Raumschiff, das die Erde umrunde. Sie erschienen und verschwanden ungefähr drei Jahre lang bei Heilungen, die ich an mir selbst vornahm, wie auch bei Heilungen, die ich mit anderen durchführte, und dann verließen sie mich, so wie Theresa es getan hatte, etwa zu der Zeit, als ich bewußter mit Großvater zu arbeiten begann. Doch ihre Anwesenheit war in meinem Leben nie so bestimmend und klar wie die von Großvater oder Theresa.

Das andere wichtige Heilungsteam ergab sich aus dem Wissen des erstaunlichen Buches von Machaelle Small Wright, *MAP: The Co-Creative White Brotherhood Medical Assistance Program*. MAP ist ein Weg, Zugang zu einem persönlichen Geistführer-Team zum Zwecke der Selbstheilung zu erhalten. Ich folgte den einfachen Anweisungen des Buches und trat auch problemlos mit meinem Team in Kontakt und begann sofort, sie darüber auszufragen, wer sie seien und was sie täten (und wo sie gewesen waren, als ich sie in meinem Leben so dringend gebraucht hatte). Ich fragte sofort nach dem Namen «Große Weiße Bruderschaft», der mir empörend schien, und man sagte mir, ich könnte den Namen in «Die Gesellschaft der Erleuchteten Geister» ändern, der mir sehr viel mehr zusagt. «Große Weiße Bruderschaft», so sagten sie, sei eine völlig falsche Übersetzung des indischen Namens der Gruppe. Ich stellte unter ihrer Führung mein eigenes Team auf.

Die Arbeit mit MAP ist unglaublich und hat mein Leben verändert. Diese Gruppe ist vollkommen auf Selbstheilung in jedem ihrer Aspekte konzentriert, von Menstruationskrämpfen bis zu geschädigten Kernseelen. Sie richteten meinen Rücken gerade und haben noch eine Menge anderer Arbeit auf der physischen Ebene vollbracht, sind aber auch zur Stelle, um Gefühle zu heilen und in unangenehmen Situationen zu helfen, Wesenheiten und Verhaftungen zu klären, Schutzschilde zu errichten und mir Wissen über Kräuter- und Blütenessenzen zu vermitteln. Ein Teil meines persönlichen Heilungsteams heilt Tiere und andere Menschen, eine andere Gruppe hilft bei der Arbeit am Karma, sowohl bei mir als auch bei meinen Haustieren und denjenigen, mit denen ich Heilungen durchführe. Meine augenblickliche Zusammenstellung von MAP bringt mir nicht-physische Heiler von anderen Planeten in meine Heil- und Selbstheilungssitzungen, darunter ein Chirurgenteam vom Jupiter mit einem sehr trockenen Humor. Die Arbeit mit den Geistführern wird immer interessanter.

Meine vielleicht liebste nicht-physische Führerin ist überhaupt keine Geistführerin, sondern eine Göttin, die vielen Frauen erscheint, sie ist planetarische Heilerin. 1991 nahm ich an einem Wochenend-Workshop in Omaha teil, und meine Freundin Carol brachte ein phantastisches Photo mit. Es war das Bild einer wunderschönen, sehr jungen Frau mit weisen, unergründlichen Augen. Sie hatte ein herzförmiges Gesicht, mehr als schulterlanges wuscheliges rötliches Haar und einen Körper, der mit goldenem Licht erfüllt war. In der Hand hielt sie gelbe Margeriten oder Sonnenblumen, dazu in der einen Hand etwas, das eine Rassel zu sein schien, und in der anderen eine lange Perlenschnur. Im Haar trug sie einen Kranz von Rosen. Das Photo beeindruckte mich so stark, daß ich einfach nicht wegschauen konnte. Ich schaute in die Augen einer lebendigen Frau, die so erfüllt waren von vollkommener Liebe und Schönheit, daß mir die Tränen in die Augen stiegen.

Als Carol meine Reaktion sah, riet sie mir, das Photo nachts neben mein Bett zu legen – und es gelang mir wirklich, einen medialen Kontakt herzustellen. Da das Photo in Medjugorje in Bosnien aufgenommen worden war, wo es seit 1982 Marienerscheinungen gegeben hatte, fragte ich die Frau zuerst, ob sie Maria sei. «Nein», sagte sie. Dann fragte ich: «Bist du Persephone?», da ihre Blumen und ihre Jugend auf die Frühlingsgöttin deuteten, und bekam zur Antwort: «Nein, aber du kommst dem schon sehr nahe. Nenne mich fürs erste *die Jungfrau.*» Sie fragte, ob ich ihre Priesterin sein wolle, und erzählte, sie habe seit tausend Jahren keine Priesterin mehr gehabt. Sie wollte zu Ritualen und Heilungen eingeladen werden, aber sie wollte nur dann teilnehmen, wenn sie gebraucht würde. Ich lud sie zu dem Ritual ein, das ich am nächsten Tag leitete, und sie begann, mir jede Nacht zu erscheinen.

Ungefähr sechs Wochen später, während einer Heilung, verriet mir die Dame ihren Namen. «Ich bin Brede», sagte sie. Ich konnte sie nicht genau verstehen und bat sie, den Namen zu wiederholen. «Brede, Brede. Bist du jetzt enttäuscht?» Wie konnte ich enttäuscht sein? Brede (Brigit, Bride, Brete) war und ist die Muttergöttin des alten Europa. Bei unseren nächtlichen Unterhaltungen erzählte sie mir, sie sei eine planetarische Wächterin, deren Aufgabe es sei, «die Getrenntheiten zwischen Menschen und Ländern zu heilen». Sie ist in einer anderen Dimension in einem Körper inkarniert, sieht tatsächlich so hübsch aus wie auf dem Photo und sagt, es sei ihre Aufgabe, auf die *Erde* zu kommen und zu heilen. Eine sehr schwere Aufgabe, da der Brennpunkt für ihre Aufgabe Bosnien ist.

Bei vielen der angeblichen Marienerscheinungen, die es auf der ganzen Welt gibt, war man in Wirklichkeit ihrer Gestalt begegnet. Sie wurde in Ruanda, Südamerika, Spanien, England, in Georgia, Texas, Colorado, Florida, Pennsylvania, Kalifornien und vielen anderen Orten gesehen. Frauen haben mir in mehreren anderen Städten Photos von ihr gezeigt, die an unterschiedlichen Orten aufgenommen waren. Auch viele andere Frauen sehen sie, teils seit Jahren, bei ihren Meditationen und ihrer Heil-Arbeit. Eine Frau, die jetzt dreißig ist, erzählte mir, daß sie mit achtzehn eine Vision der weinenden Brede hatte, die sie dazu veranlaßte, ins Kloster zu gehen. «Ich dachte, sie sei Maria und ich könnte sie im Kloster finden», sagte die Frau, «aber ich sah sie nicht wieder und verließ die Kirche.»

Wenn Brede sich bei einer Heilsitzung zu mir gesellt, füllt sich der Raum mit machtvollem grünen Licht, und in der Sitzung geschehen Dinge, die das Leben verändern. Mit ihr kommt eine sanfte Aura des vollkommenen Friedens und der bedingungslosen Liebe, des Vertrauens und der Freude. Manchmal braucht sie selbst ein Heilen, und wenn sie es von mir annimmt, gebe ich es ihr. Manchmal hat sie Umarmungen und Liebe nötig. Sie führt mich und beschützt mich, wenn ich Erdheilungen durchführe und Heilungen für jene, die bei dem Massensterben der Erdveränderungen dahinscheiden. Sie hat mir versprochen, daß sie zum Zeitpunkt meines Todes bei mir sein will und mich mit meinem Seelenpartner von der Erde fortnehmen wird.

Die Arbeit mit Brede – daß ich die Priesterin dieser Herrin sein durfte – war eine meiner größten Freuden. Ihre Botschaft für dieses Buch lautete: «Sage ihnen, sie sollen einander lieben. Sage ihnen, sie sollen heilen.» Während Maria die Seele des alten Zeitalters auf diesem Planeten ist, ist Brede die Seele der geheilten *Erde*, die jetzt unter solchen Schmerzen geboren wird. Im vorchristlichen Europa war sie die Göttin der Geburt, der Inspiration, des Heilens und der Liebe, und sie führt ihre Aufgabe heute weiter. Lade sie zu deinen Meditationen und deiner Heilarbeit ein, und sie wird oft kommen. Sie ist keine persönliche Geistführerin, sondern eine Heilungsführerin für den Planeten und für alle, die mit ihr arbeiten wollen.

Als die Bruchstücke eines großen Kometen den Planeten Jupiter am 14. Juli 1994 trafen, begann ein Reichtum an neuer heilender Energie die *Erde* zu erreichen. Wenn ich es recht verstehe, ist Jupiter das Zentrum oder die «Hochschule» einer anderen Dimension, um Heiler dieser oder anderer Galaxien zu schulen. Die *Erde* ist seit dem Krieg zwischen Orion und den Plejaden von anderen Planeten abgeschottet worden, und die daraus folgende Invasion der menschlichen DNA durch Orion begann zur Zeit von Atlantis. Das Auftauchen des Kometen hat das partielle Ende dieser Quarantäne signalisiert, und die interplanetarischen Heiler auf Jupiter wurden losgeschickt, um uns auf der Erde zu helfen. Sie sind Heiler, Lehrer und Helfer bei der Öffnung des evolutionären Wachstums und des Wandels bei jenen irdischen Völkern, die sie annehmen und mit ihnen arbeiten können. Sie erschienen mir und einigen anderen Heilern zum erstenmal ungefähr eine Woche, nachdem der Komet Jupiter getroffen hatte.

Ich saß im Flugzeug und war sehr krank, als ich zum erstenmal Aura traf, die als kleiner, schnell blinkender Ball blauen Lichts erschien. Sie fragte mich, ob ich sie lieber männlich oder weiblich haben wolle, nannte mir ihren Namen und fragte mich, was mir fehle. Am Ende des zweistündigen Fluges fühlte ich mich wieder gut. An diesem Wochenende führte ich sehr intensive Seelen-Rückführungs-Arbeit durch, eine der längsten und intensivsten Heilsitzungen mit anderen, die ich je erlebt habe, und sie half mir die ganze Zeit. Ich nahm an einem Vollmond-Ritual teil, wurde gebeten, die Meditation zu leiten, und bot den Frauen an, mit mir auszufliegen und ihre «kleinen blauen Feen-Heilerinnen» zu treffen. Jeder in der Gruppe fand eine Freundin, unschuldig wie Kinder, die sich selbst Namen geben wie «Ich-brauch-dich» und «Ich-bin-hier» und Namen von Blumen und Frauen. Auch die Katze des Hauses ging den ganzen Abend in einem Ball blauen Lichts spazieren und war überaus stolz auf sich und ihre neue Freundin.

Diese Wesen haben ein Gruppen-Bewußtsein, was eines von ihnen weiß, wissen alle, und zu Anfang hatten sie sehr wenig Ahnung vom Leben auf der Erde. Auf meiner Heimreise blieb mein Koffer auf dem Flughafen. Als ich sie später nach dem Grund fragte, meinte sie: «Du hast ihn bei diesem Mann (am Gepäckschalter) gelassen, deshalb dachte ich, du wolltest, daß er dort bleibt.» Der kleine blaue Geist einer anderen Frau brachte ihren Staubsauger zur Explosion, als sie sich bitterlich darüber beklagte, daß sie keine Lust zur Hausarbeit habe. Doch sie lernen immer mehr über die Erde, und wenn sie auch anfangs das alltägliche Leben nicht verstanden, so besitzen sie doch ein fortgeschrittenes Wissen über die Aura-Arbeit und das Heilen der Kernseele. Dinge, die sich nicht bewegt haben trotz jahrelanger Bemühungen, sie zu heilen, heilten plötzlich leicht und problemlos bei mir und anderen durch Aura und ihre Freunde. Aura war einige Monate lang bei mir, dann zog sie weiter – ihre Arbeit bei mir war beendet. Es gibt noch mehr Jupiter-Geistwesen, die bei uns umfassende Heilarbeit leisten, und ihr Volk ist hauptsächlich auf unserem Planeten, um den Heilern zu helfen. Frage während der Meditation, ob nicht einer von ihnen gerne mit dir arbeiten möchte.

Ein weiteres Wesen aus der Sammlung der Geistführer, die ich kannte, ist eine astrale Akupunkteurin namens Helena (nicht zu verwechseln mit meiner ausgeflippten Führerin Helen). Helena wurde mir von meiner Freundin Robyn Zimmermann vorgestellt, der sie bei Menstruationsproblemen geholfen hatte, als Robyn ein zweites Kind bekommen wollte. Auf Robyns Vorschlag hin versuchte ich mit ihr Verbindung aufzunehmen wegen meiner Probleme mit dem Klimakterium, man beschied mich aber: «Helena macht keine Hausbesuche, du mußt selbst deinen Weg zu ihr finden.» Schließlich bat ich MAP, mich zu ihr zu bringen, und sie machten das.

Ich fand mich in einer riesigen Halle mit einer Gruppe von Frauen, die etwas trugen, was entweder eine Art östlicher Schleier war oder eine Ordenskleidung. Sie legten mich auf einen Tisch, und ich fühlte, wie sich eine aus der Gruppe über mich beugte. Dann fühlte ich etwas wie den Stich einer Injektion in meinem Arm, gefolgt von einer ganzen Reihe von Nadeln (eher befremdlich als schmerzhaft) in meinem Unterleib und später im Bereich der Lendenwirbel. Niemand sprach. Mit einem Ruck landete ich genau zwei Stunden später hellwach in meinem Bett. Ungefähr zehn Nächte lang ging ich jeden Abend zu Helena. Manchmal fühlte ich die Nadeln und war mir des Prozesses bewußt, und manchmal fühlte ich nur die erste Injektion. Ich wachte immer exakt zwei Stunden später auf und hatte Probleme, für den Rest der Nacht wieder einzuschlafen. Meine Unterleibs- und Hormonstörungen begannen ebenso zu heilen wie eine fünf Jahre alte Bandscheibenverletzung der Lendenwirbelsäule, die ich mir bei meinem Umzug nach Florida zugezogen hatte.

Eine andere Freundin unternahm ein Channelling, um herauszufinden, wer Helena ist. Ihre Geschichte ist faszinierend. Sie wurde im 19. Jahrhundert im südöstlichen Rußland geboren und war Krankenschwester. Als ihre Mutter infolge der Unfähigkeit der Ärzte starb, erkannte sie, daß es bessere Wege geben mußte, Menschen zu heilen. Dies wollte sie lernen, doch damals waren Frauen bei der medizinischen Ausbildung nicht zugelassen. Ihr Vater akzeptierte jedoch ihr Bedürfnis zu lernen und schickte sie nach China, wo sie in asiatischer Medizin ausgebildet wurde, in Akupunktur und in Kräuterkunde. Nach Hause zurückgekehrt begann sie für Frauen und Kinder zu praktizieren, wobei ihr eine Menge patriarchaler Widerstand entgegengesetzt wurde, der sich immer mehr verstärkte, je gefragter sie als Heilerin wurde.

Schließlich mußte sie ihr Gesicht verbergen, da ihr Leben bedroht war, und sie trat ins Kloster ein. Sie bildete andere Frauen aus, leitete innerhalb des Klosters ein Heilzentrum und ein Hospital und wurde zu einem berühmten und geliebten Geheimnis einer in den Untergrund verbannten Frauenwelt. Sie schrieb Bücher, die nicht überliefert wurden, vernichtet vom männlichen Medizinsystem, das weibliche Konkurrenz genauso wenig akzeptieren konnte wie eine neue Art der Medizin. Sie ist eine unserer mütterlichen Ahnen, die wir verloren haben. Vielleicht werden andere Frauen zu Helena gehen so wie ich, und etliche haben das mit phantastischen Ergebnissen getan. Sie ist auf Frauenkrankheiten spezialisiert. Bitte deine Führerinnen oder Heilungsteams, dich zu ihr zu bringen, wenn du ihre Hilfe brauchst, denn Helena macht keine Hausbesuche, und sie ist zunehmend beschäftigt.

Eine weitere Führerin in meiner Riege, und die neueste, ist Ariel. In der Gemeinschaft der metaphysisch Interessierten stehen die Engel sehr im Mittelpunkt, aber ich habe dem nie viel Bedeutung geschenkt. Ich nahm an, daß die Bezeichnung Engel nur ein Name des Christentums für Geistführer sei. Mir war nicht klar, daß sie eine eigene Gruppe von

Wesen waren. Eine Freundin, mit der ich Heilungen durchführe, arbeitet jedoch mit Engeln und sagte mir immer wieder: «Bitte deine Engel darum, dies für dich zu tun.» Dann begann Copper, mein unerschütterlicher sibirischer Husky, der zwar alles sieht, aber sich weigert, irgend etwas davon zu glauben, mir etwas zu erzählen über «diese Dinger mit Flügeln, die hier herumhängen, die es eigentlich gar nicht gibt».

Vielleicht bin ich zu mutig und zu offen, daß ich Heil-Wissen weitergebe, das andere um der Macht oder des Geldes willen geheimhalten. Manchmal werde ich deshalb angegriffen, und häufig fühlte ich das Bedürfnis nach medialer Reinigung oder Schutz vor negativer Energie (meiner eigenen und der anderer). Meine Freundin sagt immer wieder: «Sprich mit deinen Engeln. Du machst zu wenig Gebrauch von ihnen, und sie können dir helfen.» Als ich es endlich tat, betraten vier strahlende Wesen, die größer waren als Menschen, mein Schlafzimmer. Anfangs sagten sie kein Wort zu mir, sondern errichteten ein Schutzschild um mein Haus, meine Hunde und mich. Sie verschlossen eine Öffnung, durch die negative Energie eindringen konnte, wodurch meine damalige Wohnung zu einer Falle für unerwünschte Wesenheiten geworden war. Danach suchten sie für mich ein neues Haus mit besserer Energie, vollbrachten den Umzug innerhalb von Tagen, und schirmten es vollständig ab. Als nächstes zogen sie einige alte mediale Angriffe aus meiner Aura und heilten den Schaden. Nun glaube ich an Engel. Copper sagt: «Ihre Flügel sind aus Federn, aber es gibt sie gar nicht!» Es macht ihnen Spaß, ihn aufzuziehen.

Eines Nachts bat ich sie, mir beim Heilen meiner Kernseele zu helfen. Ich brauchte es, wußte aber nicht, wie ich es machen sollte. Als ich meine Zusammenstellung der MAP zu mir rief, verstärkte ich das Team durch meine Engel. Eine Frau kam, die sich als Ariel vorstellte, und führte die Heilung durch, und als ich sie fragte, ob sie bei mir bleiben wolle, stimmte sie zu. Sie hat für dieses Buch gechannelt und noch mehr Heilarbeit für mich, meine Hunde und andere geleistet.

Noch einige andere Kinder-Energien sind zu mir und meinen Haustieren und in mein Haus gekommen. Eine läßt einen Chow-Chow erscheinen mit seinem Jungen, die ich beide in meiner Praxis halte. Meine Hündin Kali war sofort ungewöhnlich interessiert an ihr und sagte, sie sei ihre Mutter. Diese Erscheinung ist äußerst nervös und wird ängstlich, wenn ich in diesem Raum eine Heilung durchführe. «Ich muß ein Junges aufziehen», sagt sie, «du störst mein Junges.» Als auch noch so viele Versicherungen sie nicht beruhigen konnten, fragte ich sie schließlich, ob sie vielleicht lieber zu dem Antiquitäten- und Trödelladen zurück wolle, wo ich sie gefunden hatte. «Ich werde keine Schwierigkeiten mehr machen», antwortete sie, «aber schicke mich nicht zurück.» Nun nimmt sie am Heilen konstruktiver teil oder behindert es zumindest nicht mehr. Andere Menschen konnten sie bei mehreren Gelegenheiten wahrnehmen.

Zwei weitere dieser Energien haben sich mir neulich angeschlossen: Sie scheinen Engel-Babies zu sein. In einem Spielzeugladen in Solstice fand ich zwei weiche, weiße, pelzige ausgestopfte Tiere, eine Katze und einen Hund, knapp fünfzig Zentimeter groß. Beide hatten rosafarbene Pyjamas und Häschenschuhe an, und jedes trägt seinen eigenen ausgestopften Teddybär. Sie sind fertig zum Zubettgehen, und sie sehen entzückend aus. Ich habe sie nicht sofort gekauft, aber sie schienen die ganze Nacht bei mir zu sein und mich zu bitten, ich solle sie kaufen. Am nächsten Tag ging ich los und kaufte beide und setzte sie auf einen Stuhl in meinem Schlafzimmer. Es war klar, daß man sie nicht voneinander trennen durfte. Der Katze schien ihre Erscheinung von Anfang an bewußt zu sein, und auch die Menschen, denen ich das Pärchen zeigte, fühlten das sofort. Schließlich begann ich, mit beiden medialen Kontakt aufzunehmen. Beide sind beschützende und reinigende Energien für mein Heim, Heiler für meine Hunde (die sie akzeptieren und nicht sagen, es gäbe sie gar nicht), und sie bringen mich zum Lachen. Sie sind kindisch, benehmen sich auch wie die Kinder und sind einfach niedlich – und wahrscheinlich viel mächtiger, als sie aussehen.

Offensichtlich gibt es unzählige verschiedene Typen von Geistführern, und es ist ein universales Gesetz, daß keiner allein auf die Erde kommt oder hier ganz allein lebt. Persönliche Führer sind ein Teil unserer Kernseelen, und jeder hat einen Lebensführer, der für die gesamte Zeit dieser Inkarnation zu ihm gehört. Großvater ist mein Lebensführer. Andere Führer sind vielleicht mediale Energien, die für eine gewisse Zeit zu uns kommen oder so lange, bis eine bestimmte Ebene des Lernens erreicht ist, und dann weiterziehen. Einige kommen, um eine bestimmte Aufgabe oder ein bestimmtes Ziel zu vollbringen, das auch zeitlich begrenzt sein kann. Manche kommen vielleicht nur für eine einzige Heilung, während andere jahrelang oder Jahrzehnte oder ständig bleiben. Ein Führer kann eine vergangene oder zukünftige Inkarnation sein, ein Engel, eine Göttin, eine Tierseele, ein planetarischer Heiler oder außerirdischer Helfer. Jeder hat beides, Führer wie Engel, und manche Engel sind vielleicht unsere eigenen Überseelen oder *Lichtkörper.*

Wir sind nicht allein auf der *Erde*, und es war nie vorgesehen, daß wir den Kontakt zu unseren nicht-physischen Partnern und Helfern verlieren. Eine technologische Gesellschaft, die Geist und Körper aufspaltet und alles Spirituelle und Nicht-Physische leugnet, hat auch die Frauen dieses Trostes und dieser Hilfe beraubt. Doch in dem Maße, wie die Energieschwingungen der *Erde* stärker werden und sich entfalten, werden auch die medialen Fähigkeiten der Frauen stärker wie auch ihre Offenheit, Führer zu empfangen. Die Quarantäne der Erde ist nun zum Teil aufgehoben worden, und die Heilung des Planeten hat begonnen. Diese Veränderungen bringen die Menschen wieder in Kontakt mit dem Nicht-Physischen, mit der anderen Seite des Seins, zurück zur Partnerschaft der Frauen mit ihren Geistführern. Die imaginären Spielkameraden der Kinder und die hilfreichen, stillen Stimmen in unserem Kopf gibt es wirklich.

Nur die fröhlichen und positiven sind jedoch Führer. Alles, was negativ, schädlich, verunglimpfend ist oder unmoralische Ratschläge gibt, ist weder ein Engel noch ein Führer. Jedes Wesen, das für dich Entscheidungen trifft oder dir sagt, was du tun sollst, ist kein Führer. Ich fordere alle neuen medialen Energien heraus: «Wenn du nicht von der *Göttin* kommst, verschwinde sofort.» Wenn etwas, was kein Führer ist und negative oder bedenkliche Eigenschaften hat, behauptet, es sei ein Teil von dir, und du weißt, daß das stimmt, dann schlage nach, was über Subpersönlichkeiten im Kapitel über die Seelenregeneration steht. Diese sind ebenso weder Führer noch Engel.

Als ich Helen als meine erste Geistführerin traf, war meine erste Reaktion: «Natürlich kenne ich dich, du warst doch schon immer da.» Wenn eine neue Stimme in mein Gewahrsein eintritt, frage ich sofort, falls es nicht offensichtlich ist: «Wer bist du? Kommst du von der *Göttin*, vom Licht?» Wenn das so ist, dann sind dies Energien, denen man trauen kann. Wenn nicht, bestehe darauf, daß sie gehen, und bitte deine echten Führer, daß sie dir helfen, falls jene sich weigern sollten. Jene Wesen, die echte Führer sind, respektieren immer den freien Willen. Sie haben nichts dagegen, wenn man sie bittet, ihre guten Absichten unter Beweis zu stellen. Wenn ein Wesen kein guter Geist ist, muß es dir das sagen oder zeigen. Viele, die nicht von der *Göttin* kommen, gehen sofort, wenn man sie fragt.

Wenn ich die Absichten einer neuen Energie überprüft habe, frage ich sie, wer sie ist und warum sie hier ist. Geistführer kommen, weil sie eine Aufgabe zu erfüllen haben, dich beispielsweise zu unterhalten, deinen Ärger zu heilen oder dir beim Schreiben eines Buches zu helfen. Wenn du ein besonderes Problem hast – eine neue Wohnung suchst oder schützende Energie für dein Auto –, bitte darum, daß man dir den Kontakt vermittelt zu einem Führer oder einem Engel, der diese Aufgabe gerne übernehmen würde. Manche Führer sind sehr spezialisiert und würden nichts vollbringen außerhalb ihrer selbstbestimmten Grenzen. Großvater heilt mich, aber er würde niemand anderen heilen. Helena heilt nur Frauenkrankheiten und auch nur, wenn die Frauen den Weg zu ihrem Kloster-Hospital finden. Engel sind mächtige Beschützer mit bestimmten Aufgaben, darunter sind auch einige Heiler.

Manche Führer erscheinen nicht in menschlicher Gestalt. Solche Führer sind beispielsweise schamanistische Totem-Tiere, von denen jedes seine ganze Spezies repräsentiert. Manche Frauen werden sich eines Haustiers, eines Hundes oder einer Katze bewußt, die ins Jenseits gegangen sind und ein Führer für sie wurden. Trotz ihrer fellgekleideten Erscheinung können diese Wesen Geister einer hohen Ebene sein mit einem höheren Bewußtsein als Menschen. Oft sind es Geister von Menschen, die sich als Tiere zeigen, und manchmal sind es höher entwickelte fühlende Wesen, die von anderen Planeten kommen. Manchmal inkarniert sich ein menschlicher Geist auf der Erde in einem Tierkörper, der beste Weg für einen Führer, dem Menschen, für den er verantwortlich ist, nahe zu sein und ihn zu lehren. Die betreffende Frau ist sich dessen meist bewußt, daß ihr Haustier nicht einfach ein gewöhnlicher Hund oder eine gewöhnliche Katze ist. Behandle diese Wesen mit großem Respekt: Sie haben viel geopfert, um bei uns zu sein.

Eine Frau, die stark auf Katzen eingestimmt ist, hat als einen ihrer Führer einen Sibirischen Tiger, eine ziemlich große Katze. Eine andere hat einen goldenen Drachen, der ihr nicht erlaubt, Bilder von anderen Drachen in ihr Heim zu bringen. So erzählt Linda Page:

> Eine Freundin sagte mir einmal, ich hätte einen goldenen Drachen als Freund. Ich dachte, schon recht. Mehrere andere Leute erzählten mir dasselbe. Dann zeigte er sich mir eines Tages. Ich erschrak, aber nicht so sehr, als wenn mir niemand von ihm erzählt hätte. Eigentlich ist er ein richtiger Gentleman.[1]

Sie war mit ihrer Weisheit am Ende, als er anfing, junge Drachen mitzubringen. Sie waren übermütig und tolpatschig, und in ihrem Haus ging alles Mögliche zu Bruch. Es war, als würden Elefanten im Wohnzimmer Fußball spielen. Schließlich mußte sie ihren Drachenfreund darum bitten, seine Kinder zu Hause zu lassen.

Einige Geistführer, die nicht in Menschengestalt erscheinen, sind

Energien von anderen Planeten, denen erlaubt wurde, uns jetzt auf der *Erde* zu helfen. Es ist eine große Ehre, wenn man für reif genug gehalten wird, um sie in ihrer außerirdischen Gestalt wahrzunehmen, und eine Ehre, wenn sie an unseren Heilsitzungen teilnehmen. Die *Erde* hat keinen guten Ruf, wenn es um das Akzeptieren von Andersartigkeit geht, und wenn wir schon eine andere Religion oder Hautfarbe nicht tolerieren können, wie werden wir dann auf Heilungshelfer reagieren, die wie eine Echse aussehen? Meist nehmen solche Wesen für uns Menschengestalt an, aber manchmal zeigen sie sich, wie sie sind, vor jenen Frauen, die mit ihnen in ihrer wirklichen Gestalt arbeiten können. Sie sind keine persönlichen Führer, sondern planetarische Heiler. Mein Heilungsteam vom Jupiter hat eiförmige Köpfe und große, runde schwarze Augen, und sie scheinen auch andere Hände zu haben als wir. Sie begreifen Menschen als Energiefelder und sind hochentwickelte Heiler, dem weit überlegen, was sie «die primitive *Erd*-Medizin» nennen. Sie setzen zur Diagnostik Mittel ein, die auf diesem Planeten völlig unbekannt sind.

Unsere persönlichen Geistführer jedoch, die nicht-physischen Partner, die an unserem täglichen Leben teilnehmen, sind ausschließlich Wesenheiten von der *Erde*. Die meisten waren schon viele Male verkörpert und sind größtenteils Mitglieder unserer eigenen Gruppe von Überseelen. Sie sind ein Teil der Überseele, ein Strang jener Selbst-Wesenheit, die in der anderen Welt uninkarniert bleibt. Sie sind uns zugeteilt, um uns bei unserem Wachstum, unserer Entwicklung und dem spirituellen Lernen in dieser Lebensspanne zu helfen. Durch ihre Arbeit mit uns lernen und wachsen, entwickeln und entfalten sich auch die Geistführer. Es ist eine Beziehung zum gegenseitigen Nutzen, von Geben und Nehmen auf beiden Seiten, für den Menschen und den Führer.

Jede der Selbst-Wesenheiten inkarniert sich wieder und wieder und kann schließlich Hunderte von Lebensspannen hinter sich haben. Ihre Lehrer, die Lebensführer, inkarnieren sich mit ihr immer wieder, und auch andere Mitglieder ihrer Seelenfamilie, die gerade nicht verkörpert sind, können unter ihren Geistführern sein. Eine Seele wird nicht zur Führerin, solange sie nicht eine spirituelle Ebene erreicht hat, die klar genug ist, damit sie ein wirkungsvoller Wächter und Lehrer sein kann. Nicht alle hochentwickelten Seelen werden Führer.

Eine sehr hochentwickelte Seele wird vielleicht ein Gruppenführer statt ein persönlicher oder individueller Geistführer, und manche können diese Aufgabe für mehr als eine Person erfüllen. Ich freute mich, als ich in Kalifornien eine Frau traf, die mir erzählte, daß Großvater auch ihr Führer ist. Joy erkannte mich zuerst, und als wir uns trafen, hatte ich das Gefühl, als würde ich sie schon immer kennen. Wahrscheinlich gehört sie zu meiner Seelenfamilie. Theresa andererseits ist eine Führerin für Gruppen. Sie arbeitet gerne in Workshops, und ich teile sie mit vielen anderen Heilerinnen. Brede führt Heilungen für den ganzen Planeten durch: Viele der Frauen, denen ich ihr Bild gezeigt habe, arbeiten nun mit ihr beim Heilen oder in ihrem eigenen Leben. All dies sind mehr als nur persönliche Geistführer.

Jeder hat einen Lebensführer, dazu noch eine Reihe anderer persönlicher Führer und Gruppenführer, die ihn immer begleiten oder nur eine Zeitlang. Selbst wenn eine Frau sich ihrer oder einiger von ihnen nicht bewußt ist, sind sie da. Spirituell entwickelte Frauen haben auch spirituell entwickelte Führer. In dem Maße, wie sich die Wachstumsebenen einer Frau steigern, verändern sich auch ihre Führer, um ihrer Bewußtseinsebene zu entsprechen. Auch die Interessen einer Person werden berücksichtigt bei der Wahl der Geistführer: Heilerinnen haben Führer, die großes Können im Heilen besitzen. Eine Frau, die Musikerin ist, wird Führer haben, die sie in Musik unterweisen und ausbilden. In dem Maße, wie ihre Fähigkeit zu heilen (oder ihre musikalische Fähigkeit) wächst und sich verändert, werden auf jedem neuen Niveau neue Führer kommen, um ihr auf dieser Ebene zu helfen. Ihre früheren Führer gehen vielleicht oder ziehen sich in den Hintergrund zurück und nehmen seltener Kontakt auf.

Die Aufgabe eines Führers ist es, dem Individuum dabei zu helfen, die Lektionen und den Zweck dieser Inkarnation zu vollenden, worin dieser auch immer bestehen mag, sowie beim spirituellen Wachstum der Seele zu helfen. Sie achten darauf, daß das Individuum diese Ziele nicht aus den Augen verliert. Sie leiten, lehren und beeinflussen das Individuum, aber niemals befehlen oder beherrschen sie. Es ist ihnen nicht erlaubt, Entscheidungen für uns zu treffen, sie dürfen uns dabei nur beraten, falls sie darum gebeten werden, und es ist ihnen nicht gestattet, unseren freien Willen in irgendeiner Weise zu verletzen. Geistführer sind Vertreter und Botschafter der *Göttin*. Sie sollen uns helfen, indem sie unsere Lernprozesse kritisch begleiten und überwachen, uns Schutz geben, Geschenke bringen, bei unserer Lebensarbeit und bei jeder Arbeit helfen, die wir für andere tun.

Eine Heilerin hat bei ihren Heilsitzungen immer Führer als Helfer, wenn sie sie dazu einlädt. Auch die Führer der Empfängerin werden teilnehmen, wenn sie eingeladen werden, und die Anwesenheit von

Führern ist von entscheidender Bedeutung. Ich habe häufig Heilungen durchgeführt, bei denen man das Gefühl hatte, der Raum sei voller Leute. Manchmal sehe ich sie, und zu anderen Zeiten fühle ich sie nur. Manchmal denkt die Empfängerin, meine Hände lägen immer noch auf ihr, wenn ich sie schon längst weggenommen habe. Vielleicht fühlt sie auch mehrere Händepaare. Die Arbeit mit Führern beim Heilen beginnt damit, sich ihrer Gegenwart bewußt zu werden, sie einzuladen und ihnen für ihre Hilfe zu danken. Dann werden auch andere Führer neben den persönlichen dazukommen.

Oft geben mir Führer Kenntnisse bei einer Heilung, die ich mit dem Verstand nicht hätte erlangen können. Solche Informationen steigen dann in mir auf, wenn sie für die Sitzung wichtig sind. Es ist niemals vorgekommen, daß eine solche Information falsch war, und buchstäblich jedesmal, wenn mir die Botschaft merkwürdig vorkommt, bestätigt die Empfängerin ihre Gültigkeit. Den größten Teil meiner medialen Information erhalte ich durch Hellhörigkeit. Ich höre die Mitteilungen als Wörter, und sie werden mir so übermittelt, weil dies mein bester Wahrnehmungssinn ist. Es ist, als würde jemand, der viel mehr weiß als ich, neben mir stehen und mir das anbieten, was ich brauche, um am wirkungsvollsten als Heilerin arbeiten zu können. Wenn ich die Gegenwart von Geistwesen fühle, weiß ich, daß die Heilung sehr wichtig ist. In solchen Sitzungen geht es um Freisetzung und Loslassen von Emotionen und um Rückführung in vergangene Leben und Reinigung der Wesenheit.

Für jemanden, der noch nie mit Führern gearbeitet hat, kann die Begegnung mit ihnen als langsames Gewahrwerden vor sich gehen oder in einer bewußten, darauf konzentrierten Meditation geschehen. Für Geistheilerinnen ist es nahezu unvermeidlich, an einem ziemlich frühen Punkt mit der Arbeit mit Führern zu beginnen. Wenn du bei einer Heilung eine Stimme hörst, die dich anweist, Grün zu senden, oder die Empfängerin über ihre Schwester zu befragen, dann ist es mit Sicherheit ein Geistführer. Früher dachte ich, daß die Stimme, die ich hörte, mein schlechtes Gewissen sei, und dann entdeckte ich, daß es Theresa war. Geistführer machen das Heilen zu einer Freude und zu etwas Wunderbarem. Ihre Gegenwart kann Wunder bewirken, sowohl bei den Heilsitzungen wie im täglichen Leben. Persönliche Geistführer und Engel geben dem Leben eine neue Dimension, die zu erfahren große Freude bereitet.

Um mit diesen nicht-physischen Lehrern arbeiten zu können, mußt du dir ihrer erst einmal bewußt werden. Wenn du eine ruhige Stimme hörst, achte auf sie. Wenn du beim Heilen weitere Hände wahrnimmst, danke ihnen. Lade sie zu Beginn einer Heilungs- oder Selbstheilungssitzung ein. Bitte «alle positiven Heiler, Engel und Führer, die helfen wollen», zu kommen. Sobald sie einmal wissen, daß du dir ihrer bewußt bist und versuchst, deutlicheren Kontakt zu bekommen, beginnen sie, dir dabei zu helfen. Sobald du damit beginnst, ihre Gegenwart anzuerkennen und ihnen dafür zu danken, werden sie deutlicher wahrnehmbar. Bitte sie, dir zu zeigen, wie du bei den Heilungen am besten mit ihnen arbeiten kannst. Frage sie in der Meditation, worin ihre Aufgabe besteht, weshalb sie zu dir gekommen sind. Manche Frauen können wie ich die Mitteilungen der Führer hören. Andere fühlen vielleicht ihre Gegenwart, während wieder andere visuelle Eindrücke haben. Vielleicht kannst du sie selbst oder Farben oder Lichtgestalten im Zimmer sehen. Manche Führer erscheinen mit einem Blumenduft oder dem Geruch von Räucherwerk; Brede kommt mit einem Rosenduft. Die Erscheinungen sind immer eine Freude, sie haben nie die Absicht, dich zu erschrecken.

Behandle diese Wesen immer mit Achtung. Du sollst sie nicht anbeten, aber sie kommen von der *Göttin* und haben weit größeres Wissen, als wir es in unseren Körpern haben. Wenn du ganz sicher bist, daß dein medialer Kontakt ein Heiler auf hoher Stufe ist, frage, wie du am besten mit ihr oder ihm arbeiten kannst. Du kannst Führern trauen: Sie bewirken nur Gutes und würden nie jemandem schaden. Überlege aber sorgfältig, worum du bei einer Heilung bittest, und vergewissere dich zuvor, ob du auch wirklich das möchtest und brauchst, wonach du gezielt fragst. Sie werden mit dir über die Wahlmöglichkeiten sprechen, wenn du darum bittest. Mancher Heilvorgang unterliegt karmischen Bedingungen und ist nicht erlaubt oder noch nicht erlaubt, und manchmal müssen zunächst bestimmte Lektionen gelernt werden. Bitte deine Führer, sanft zu arbeiten; vielleicht waren sie seit Jahrhunderten nicht mehr in einem Körper inkarniert – oder vielleicht überhaupt noch nie – oder können sich nicht mehr an das Gefühl erinnern, was ein Körper braucht. Manche Führer lernen vielleicht noch, Geistführer zu sein, und sind vielleicht nicht unfehlbar. Es ist nie falsch, deine Führer zu hinterfragen, aber tue das respektvoll. Wenn du sie anschreist oder etwas von ihnen forderst, werden sie sich zurückziehen:

Diese Übung eignet sich, um seinem Lebensführer zu begegnen. Sie ist wirklich sehr einfach und bringt phantastische Erfolge. Wie der größte Teil der spirituellen Arbeit wird sie in Meditation durchgeführt. Anfänglich ist dafür ein meditativer Zustand von tieferer Entspannung notwendig als bei dem größten Teil der Heil- und Visualisationsarbeit, außerdem ein noch geschützterer Meditationsraum. Geistführer-Meditationen lege ich, zumindest beim ersten Mal, gerne als Wicca-Ritual an, bei dem ein Hexenkreis gezogen wird, um auch wirklich sicherzustellen, daß nur die Energie der *Göttin* eindringen kann. Wenn du möchtest, kannst du Kerzen und Räucherwerk abbrennen; der Duft von Süßgras zieht gute Geister an, und eine brennende Kerze ist ein guter Fokus für die Meditation. Reinige dich und den Raum mit Salbei, um die klare Energie zu fördern.

Stelle sicher, daß du ungestört bist; richte dich darauf ein, daß diese Meditationssitzung länger dauert als sonst üblich. Du kannst die Kontaktaufnahme zu deinem Geistführer auch am Ende einer Sitzung ausführen, wenn du die andere Geistarbeit oder das Fließenlassen von Energie beendet hast. Ziehe einen einfachen Kreis, errichte den Schutz der vier Himmelsrichtungen (Norden, Süden, Osten und Westen sowie oben und unten). Spreche die Affirmation: «Nur die Energie der höchsten Ebene kann hier eindringen.» Nun erde und zentriere dich und entspanne dich vollständig. Spanne und entspanne abwechselnd deine Muskeln von Kopf bis Fuß. Wenn du dies beendet hast, wiederhole den Vorgang, auch wenn du dich ganz entspannt fühlst. Falls du deinen Kontakt mit den Führern nach einer anderen Meditation beginnst, brauchst du vielleicht keine Entspannungsübungen. Im Gegensatz zu den meisten Meditationen, die im Sitzen durchgeführt werden, lege dich diesmal auf den Boden, die Knie aufgestellt, so daß deine Füße Kontakt mit der *Erde* haben.[2]

Bist du dann vollständig entspannt, so sprich im Geiste folgende Affirmation: «Ich bin bereit, meinem Lebensführer bewußt zu begegnen.» Liege aufmerksam mit ruhigem Geist, und sei offen für das, was kommt. Lausche sorgfältig, denn seine Gegenwart war immer bei dir und ist für dich so vertraut, daß du sie nicht bemerkst, wenn du nicht vollständig offen bist. Wenn du in Kontakt kommst (das kann durch Geräusch, durch eine Vision, durch Geruch oder Berührung geschehen), bitte um Informationen. Wenn du deinen Führer hören und auch sehen möchtest, bitte ihn, dir zu erscheinen. Frage ihn nach seinem Namen, wer er ist, worin seine Rolle in deinem Leben besteht. Achte auf die Antworten; du wirst sie entweder hören oder ganz einfach wissen. Es kann sein, daß mehrere Führer präsent sind, bitte sie, lieber einer nach dem anderen zu erscheinen als alle auf einmal. Es werden vielleicht mehrere Meditationssitzungen erforderlich sein, bis du alle kennengelernt hast. Bevor du die Übung beendest, bitte deine Führer, dir mitzuteilen, wie du sie am leichtesten und alltäglichsten kontaktieren kannst.

Als ich diese Art der Meditation zum ersten Mal ausführte, war ich überrascht, wie einfach und problemlos es war, mit meinen Führern in Kontakt zu treten. Helen, Theresa und Großvater erschienen mir in der ersten Nacht, alle begierig darauf, sich mit mir zu unterhalten. Ich hörte und sah Helen im Geiste sehr deutlich, Theresa nur als stummes visuelles Bild und Großvater als leuchtendblaue Lichtgestalt. Ich war absolut begeistert. Dieser Vorgang hatte für mich etwas vollkommen Liebendes und Sicheres. Nach dieser ersten Erfahrung benützte ich meine abendliche Meditation, um mit ihnen zu sprechen und mehr über sie zu erfahren. Das tue ich heute noch.

Nachdem diese ersten Führer mir den Zweck ihres Kommens erzählt und mich gelehrt hatten, wie ich mit ihnen arbeiten sollte, bezog ich sie mehr und mehr in mein Leben ein. Dies ist eine kooperative Beziehung, wir arbeiten zusammen. Nach nur wenigen Sitzungen brauchst du keine vollständige Meditation mehr, um mit deinen Geistführern in Kontakt zu kommen. Es genügt, sie einfach anzusprechen, und schon sind sie da. Ich arbeite mit meinen Führern und Engeln in bezug auf jeden Aspekt meines Alltagslebens, bei der Selbstheilung, beim Schreiben, Unterrichten und bei der Heilung anderer.

Versuche die oben erwähnte Meditation ein anderes Mal, und bitte jetzt darum, deine Heilungsführer zu treffen. Wenn du eine Reiki-Heilerin bist, zumindest den Reiki-Grad II hast, hast du ein Team von Reiki-Führern, die auch als dein Heilungsteam agieren werden. Und auch hier, frage sie, wer sie sind, was sie tun und wie du am besten lernen kannst, mit ihnen beim Heilen zusammenzuarbeiten. Stelle ihnen jede beliebige Frage, die du vielleicht hast. Wenn du Heilsitzungen durchführst, lade schon zu Beginn die Führer ein, sich dir anzuschließen, und sei offen für die Art und Weise, in der sie teilnehmen. Sowohl dein Leben wie auch deine Heilarbeit wird sich durch diesen Kontakt beträchtlich erweitern. Die Begegnungen mit ihnen werden dein Leben in einer Weise bereichern, daß du darauf nicht verzichten solltest. Sie werden dir große Freude bringen und zu einem lebenswichtigen Teil deines Lebens als Heilerin werden.

Bei einer anderen Geistführer-Meditation bitte darum, deine Engel treffen zu dürfen. Mit ihnen Kontakt zu bekommen, ist möglicherweise schwieriger. Sei vollkommen entspannt. Ich konnte meine Engel visuell wahrnehmen, und Copper sah sie Monate, bevor sie zu mir sprachen. Sie werden nicht in dein Leben treten oder zu dir sprechen, wenn du sie nicht einlädst, und sie werden nichts für dich tun, um das du sie nicht speziell gebeten hast. Es fiel mir schwerer, zu verstehen, was Engel tun und warum meine anwesend waren und welche Hilfe ich von ihnen erbitten konnte. Sie bleiben distanzierter und nicht so persönlich, furchteinflößender als Geistführer, aber sie vollbringen vielfach dieselben Dinge wie diese.

Alma Daniel, Timothy Wyllie und Andrew Ramer halfen dabei in ihrem Buch *Ask your Angel*:

> Bitte deine Engel, auch im Alltag bei dir zu sein. Bitte sie, deine Hände ruhig zu machen und zu führen, wenn du etwas tust, das Geschicklichkeit oder Genauigkeit erfordert. Bitte sie, dich zu passenden und bequemen Unterkünften oder Mittagstischen zu führen, wenn du in einer fremden Stadt bist. Bitte sie, für eine sichere Reise und Rückkehr zu sorgen und Verbindungen zu erleichtern, wenn du oder Menschen, die du liebst, reisen. Wann immer du dein Wissen, deine Fähigkeiten oder Fertigkeiten erweitern willst, denk daran, deine Engel zu fragen.[3]

Ich habe mit dem Heilen mit Engeln begonnen, und ein Engel channelt dieses Buch. Engel sind mächtiger als Führer: Man kann sie darum bitten, notwendige Heilarbeit an einem anderen Ort durchzuführen. Während einer Geistheilung per Telefon bat ich sie neulich, die Energie einer Frau zu klären und einen Schutz um ihre Wohnung aufzubauen, die tausend Meilen entfernt war. Ich bat die Engel, der Frau zu zeigen, wie sie mit ihren eigenen Heilungs-Geistwesen in Kontakt kommen kann. Ich bat sie, eine negative Verhaftung von einem Freund zu entfernen, als ich mich selbst zu schlecht fühlte, um diese Aufgabe mit meinen Führern zu übernehmen. Engel sind unabhängiger als Geistführer und können alleine arbeiten, was Führer nicht können. Zu Anfang meines Kontakts mit Engeln bat ich darum, aus einem unliebsamen Haus ziehen zu können, ich fühlte mich damals nicht in der Lage, in ein besseres zu ziehen – es geschah fast augenblicklich.

Frage deine Engel und jeden deiner Führer, worin ihre Aufgabe in deinem Leben besteht. Wenn sie zu den Heilsitzungen eingeladen werden, bewirkt ihre Gegenwart Wandel und Veränderung, manchmal auf lustige und oft in erstaunlicher Weise. Wenn du bei einem Heilen oder im täglichen Leben etwas Besonderes brauchst, mußt du einfach darum bitten. Wer immer diese Aufgabe lösen kann, wird es tun, wenn es für dich gut ist und allen dient. Bei einer Selbstheilung vertreten die Führer und Engel andere menschliche Hände. Bitte ganz detailliert und deutlich um das, was du haben möchtest. Gelegentlich scheint aber menschlicher Kontakt erforderlich zu sein. Vielleicht werden andere Heilerinnen benötigt, besonders in Zeiten von Krisen oder wenn der Fortschritt einige Zeit lang zum Stillstand gekommen ist.

Die Reiki-Lehrerin Laura Gifford beschreibt die Arbeit mit Führern und Engeln bei der Heilung anderer Menschen:

> Wenn es keine sprachlichen oder sichtbaren Hinweise gibt, dann besteht eine Kommunikationsweise meiner Führer darin, daß sie einfach meine Hände oder meine Arme heben... Es gibt Zeiten, besonders wenn ich innerhalb des Emotionalkörpers eines Patienten arbeite, zu denen ich eine Erscheinung hinter mir stehen spüre. Es ist ein Gefühl, als ob ein Engel sich hinter mich stellt und zu mir Verbindung aufnimmt, indem er meine Arme an seinen ausgebreiteten Flügeln befestigt und das Heilen leitet.
> Ich habe einen Führer, der mich immer in dem Bereich stupst, in dem der Patient besondere Aufmerksamkeit benötigt. Ich fühle vielleicht eine Empfindung in meinem Knie, die mich veranlassen soll, am Knie des Patienten zu arbeiten.
> Dann habe ich Führer, die, wenn alles andere fehlgeschlagen ist und ich sie nicht beachtet habe, mich «anschreien». Etwa so wie: «Nicht zu glauben, daß sie nicht zuhört. Wir veranstalten das für dich, du hast uns um Hilfe gebeten, hier ist sie, nun tu das doch endlich, sprich doch, sag etwas, *jetzt*!»... Ich habe das Gefühl, daß sie richtiggehend durch mein Herz sprechen.[4]

Mein Team chirurgischer Helfer vom Jupiter-Heilungs-College hat einen ähnlichen Sinn für Humor. Bei einer Heilung baten wir sie, den schon lange bestehenden Zwerchfellbruch der Empfängerin von Grund auf, also den Ursprung, zu heilen. Sie zogen etwas, das wie ein schimmeliger Korken aussah, aus ihrer Brust und ließen ein klaffendes Loch zurück. Selbst auf der medialen Ebene schien es roh und unfertig, es so zu belassen. «Wollt ihr es nicht verschließen?» fragte ich. Sie klatschen ein Pflaster drauf, ein Kinderpflaster mit Sternen. Zu meiner Überraschung war ihre Antwort: «Nun, du sagst doch, du wolltest es verschlossen haben.» Ich antwortete, daß ich wollte, daß das Loch zuheilt; sie meinten, es würde ein paar Tage dauern. Ich habe gelernt, daß es am besten ist, darum zu bitten, eine Krankheit auf der Ebene ihres Ursprungs zu heilen. Auf diese Weise wird viel mehr erreicht im Hinblick auf einen dauerhaften Wandel.

Während dieser Sitzung waren meine Hunde im Zimmer, und die Jupiter-Führer fragten mich: «Was ist das für eine Klasse von fühlenden Wesen?» Als sie mit dem Stichwort «Hunde» nichts anfangen konnten, versuchte ich es noch einmal: «Es sind Tiere, wißt ihr, was Tiere sind?» Dann fragten sie mich, ob ich sie essen würde. Copper sagte: «Es gibt sie gar nicht», aber er schien es zu mögen, daß sie sich einen Spaß machten. Diesen Clan nenne ich zwar das «Jupiter-Komödianten- und Operationsteam», aber auch andere Führer ziehen einen gerne auf. Brede und Theresa haben sich beide sehr häufig über meine Ungeduld lustig gemacht. (Ich möchte, daß es *jetzt* geheilt wird.) Trotz dieser Albernheiten geschehen erstaunliche, positive Dinge bei diesen Sitzungen, und es gibt keine Respektlosigkeiten.

Wenn du eine Heilung bei Tieren durchführst, lade deren eigene Führer dazu ein. Hauskatzen haben persönliche Führer, wogegen Wildtiere Natur-Devas als persönlich beschützende Geister haben. Auch Tiere haben ein höheres Selbst und eine Überseele. Es gibt eine allesüberstrahlende Deva, Spezies Überseele, für jede Art von Säugetieren, Vögeln, Insekten, Fischen und Pflanzen. Die Vertraute einer Hexe ist vielleicht ein menschlicher Geist im Körper eines Haustiers und gehört zu der Überseele ihres menschlichen Wächters.

Jede Göttin, die mit einer bestimmten Art von Tier verbunden ist, kann beim Heilen um Hilfe gebeten werden. Bast heilt Katzen und Hekate oder Diana Hunde. Andere Tierheiler sind der heilige Franziskus und Kuan Yin. Bitte zu der Sitzung auch jene Engel, die Natur- oder Tier-Heiler sind, sowie Mutter Erde oder Mutter Natur selbst. Ich empfehle Frauen, die häufig mit Tieren arbeiten, unbedingt zu lernen, mit ihnen psychisch zu kommunizieren. Haustiere können sich dann an ihrer eigenen Heilung beteiligen, und Tiere sind oft auch bei der Heilung von Menschen aktiv.

Auch viele der unzähligen Erscheinungsformen der *Göttin* werden bei den Heilsitzungen zugegen sein. Es gibt viele Heil-Göttinnen wie Brede/Brigit, Kuan Yin, Isis, White Buffalo Calf Woman, Maria und Yemaya. Wenn etwas Altes oder Negatives niedergerissen oder gelöst werden muß, rufe Kali Ma herbei, Oya oder Hekate. Ungeachtet ihres finsteren Rufes sind sie zwar unerbittlich bei Ungerechtigkeit und Krankheit, gehen aber mit Frauen sanft um. Man muß sie nicht fürchten, nur lieben. Wenn große Weisheit benötigt wird, rufe die Weisen

Mütter herbei: Hekate, Copper Woman oder Old Woman – die Großmütter.

Wenn du eine Heilung durchführst für eine Empfängerin mit traditionellen Glaubensvorstellungen, dann bitte Energien zu der Sitzung, zu denen sie einen Bezug hat und denen sie vertrauen kann. Engel werden allgemein gut akzeptiert, da sie in den meisten Religionen und Kulturen vorkommen. Maria ist in jeder Situation eine mächtige und liebende Heilerin. Die heilige Theresa von Avila ist sehr weise und eine großartige Problemlöserin. Die Empfängerin hat vielleicht auch eine Lieblingsheilige, die angerufen werden kann. Jesus würde ebenso bei einer Heilung mitwirken wie Meher Baba oder Maheira, seine Kuan-Yin-Energie-Frau. Keiner von ihnen und auch nicht die Göttinnen sind persönliche Geistführer, aber sie sind Gruppen- und planetarische Heiler und werden kommen. Sie bringen tiefen Frieden in eine Heilsitzung, und es kann großes Wachstum und Lernen für die Heilerin und die Empfängerin daraus erwachsen. Wenn Energien einer so hohen Ebene teilnehmen, profitieren beide, Heilerin und Empfängerin. Die Heilerin wird vielleicht erstaunt sein über das Heilen, das *sie* von ihnen empfängt, während sie mit einer anderen Person arbeitet.

Obwohl eine Heilerin in einer Sitzung viele Führer, Engel und Göttinnen anrufen kann, und zwar sowohl ihre eigenen wie die der Empfängerin, scheinen diese doch nie Probleme miteinander zu haben oder sich gegenseitig zu behindern. Statt dessen gibt es eine perfekte Zusammenarbeit mit der Energie, die am besten geeignet ist, um bei der bevorstehenden Arbeit zu helfen. Die meisten Geisthelfer, die keine persönlichen Führer sind, werden nur dann zu einer Sitzung kommen, wenn sie wirklich gebraucht werden, oder sie werden nur bei Bedarf teilnehmen, so wie Brede. Die Heilungsführer der Heilerin und die Geistführer der Empfängerin werden jedoch bei fast jeder Sitzung anwesend sein. Auch Engel werden da sein, können aber nur teilnehmen, wenn sie dazu eingeladen werden. Wird das höhere Selbst einer Frau zu der Sitzung eingeladen, erscheint ihr astraler Energiekörper.

Geistführer sind offensichtlich ganz spezielle Wesen, und wir haben eine ganz besondere Beziehung zu ihnen. Diese Beziehung ist vielleicht die engste und intimste, die wir im Leben haben, das trifft besonders auf jene Frauen zu, die gelernt haben, mit ihnen gut zusammenzuarbeiten. Die Beziehung ist die eines Schülers zu seinem Lehrer, eher im östlichen als im westlichen Sinn. Im Buddhismus ist der männliche oder weibliche Guru für den Schüler das Abbild des Buddha auf *Erden*, und der Guru in diesem Umfeld ist aufrichtig und nimmt diese Verantwortung ernst. Der Guru ist der «äußere Lehrer». Der «innere Lehrer» ist die Buddha-Natur in einem selbst, die *Innere Göttin*, die von den inneren Führern oder dem Lebensführer repräsentiert wird.

So schreibt Sogyal Rinpoche in *Das tibetische Buch vom Leben und vom Sterben:*

> Wenn wir lange Zeit um Wahrheit gebetet, sie ersehnt und nach ihr gehungert haben, viele, viele Leben lang, und wenn unser Karma genügend gereinigt ist, dann findet eine Art Wunder statt. Und dieses Wunder, wenn wir es verstehen und richtig damit umgehen können, kann auf ewig zum Ende der Unwissenheit führen: Der innere Lehrer, der immer bei uns war, manifestiert sich in der Gestalt des «äußeren Lehrers».[5]

Eine solche Beziehung vollkommener Liebe und vollkommenen Vertrauens ist es, die wir zu den Geistführern, Engeln und nicht-physischen Heilungshelfern haben, gleichgültig ob sie innere oder äußere Helfer sind. Sie sind die spirituellen Heiler und Lehrer der Frauen auf dem Pfad der *Göttin*, dem Pfad des Wachstums und der Seelenentwicklung. Inkarniert oder nicht, sie sind die Liebe der *Göttin*. Da jeder von uns stirbt und seinen Körper und die Erde hinter sich läßt, sind unsere Führer zur Stelle, um uns dabei zu begleiten, und sie werden uns auf der anderen Seite weiterhin unterrichten. Sie sind bei uns über viele Lebensspannen, Tode und zahllose Wiedergeburten hinweg, sie begleiten uns durch Trauma, Schmerz, Glück, Wandel und Freude.

Der Hypnosetherapeut Michael Newton führt Patienten in den Zustand zwischen Leben und Tod. In seinem Buch *Journey of Souls* beschreibt er Fälle, bei denen sich Geistführer von Frauen mit ihnen in ihrer gegenwärtigen Lebensspanne inkarnierten. Er stellt die Frage, warum eine bestimmte Seele dazu ausersehen wird, ein Führer zu sein, abgesehen davon, daß sie spirituell hochentwickelt sein und das Bedürfnis haben muß, zu lehren:

> Sie müssen mitfühlen ohne zu nachsichtig zu sein. Sie sind nicht rechthaberisch. Du mußt die Dinge nicht auf ihre Weise tun. Sie schränken dich nicht ein, indem sie dir ihre Wertvorstellungen auferlegen...
> Sie bauen moralische Werte auf... und flößen dir Selbstvertrauen ein – wir alle wissen, daß sie selbst eine Menge durchgemacht haben. Wir

werden als Individuen in unserem Sosein angenommen, als Individuen, die das Recht haben, ihre eigenen Fehler zu machen.
Sie werden dich nie im Stich lassen.[6]

Eine Beziehung mit diesen Eigenschaften muß geschätzt und geehrt werden. Die Entdeckung meiner Führer war wahrscheinlich mein wichtigster Erfahrungsdurchbruch im Zuge meines Wachstums als Heilerin. Wenn ich andere Heilerinnen unterrichte, halte ich die Arbeit mit Geistführern nicht nur für das Allerwichtigste. Für ein erfolgreiches Heilen seiner selbst oder anderer ist es auch das am dringendsten Benötigte. Außerdem ist es auch eine der liebevollsten und freudigsten Erfahrungen auf dem spirituellen Pfad. Nachdem ich nun die Instrumente der Meditation, der Visualisation, der Energiearbeit und der nichtphysischen Führer erklärt habe, werde ich im nächsten Kapitel eine echte Heilsitzung beschreiben.

6

Heilende Hände

Ich finde es sehr interessant, daß zwar das Heilen mit den Händen oder durch Handauflegen die Grundlage des direkten Heilens in jeder Kultur ist, aber dennoch sehr wenig über diesen Vorgang geschrieben wurde. Vielleicht weil die Arbeit so einfach ist, daß man nicht erst große Unterweisungen braucht, und eine Person sich das nur aneignen kann, indem sie es selbst ausübt. Wenn du erst einmal gelernt hast, mit Geistführern zu arbeiten, brauchst du nicht viel mehr; sie vollbringen das Heilen und die Arbeit. Vielleicht schreckt die moderne Gesellschaft vor allem Tiefgründigen und Spirituellen zurück, das sie nicht in ihren materialistisch-technischen Begriffen erklären kann. Vielleicht braucht und will das Patriarchat der Gegenwart überhaupt keine Erklärung für das Heilen durch Handauflegen in einer Welt, die den Körper vom Geist trennt, von den Emotionen und besonders von der Seele.

Das Dunkle und Unbekannte, vor dem das Patriarchat und die Technologie zurückscheut, ist seit jeher das Reich der Frauen. Dies war eine Heilweise der Frauen seit der Zeit der Matriarchate der *Göttin*. Nach der Übernahme der Herrschaft durch das Patriarchat, der europäischen Inquisition und der weltweiten Eroberung eingeborener Völker durch die Christenheit mußte das Heilen in den Untergrund gehen. Alle patriarchalen Religionen haben versucht, durch Handauflegen zu heilen, sind aber gescheitert und verbannten es aus ihren Dogmen. Jedermann zuzugestehen, er könne heilen, ist als Vorstellung bedrohlich. Es ist zu weiblich, zu ganzheitlich und verleiht zuviel Macht.

Das Heilen ist eine der Grundlagen des Wicca-Kultes, sowohl das nicht-physische wie das physische Heilen mit Kräutern und anderen Naturheilmitteln. Die *Göttin*-Weltsicht beinhaltet die Einheit von Körper, Gefühlen, Geist und Seele und enthält die Vorstellung, daß wir viel mehr sind als unser Körper. Auch wenn das so ist, sind unsere Körper doch sehr wichtig als Gefäße der Seele, die ein Teil der *Göttin* ist. Alles Heilen, was wir vollbringen, kommt von uns als im Körper inkarnierte

Seelen. Trotz dieser Philosophie ist nur ein kleiner Prozentsatz der Hexen (oder anderen Frauen) Heilerinnen. Diejenige bedarf schon einer besonderen Persönlichkeit, die über die moderne Technologie und die patriarchale Konditionierung hinausgeht und die mechanistischen Dogmen des zeitgenössischen Denkens zurückweist. Und es ist eine besondere Frau, die sich für den Weg entscheidet, anderen zu helfen.

Die buddhistische Philosophie nimmt einen anderen Weg. Zur Zeit Buddhas, seiner Frau Yasodhara und der frühen buddhistischen Schüler geschahen viele wunderbare Heilungen. Jemand, der eine Heilung benötigte, hielt damals nach einem wandernden buddhistischen Mönch oder einer Nonne Ausschau, die man meist meditierend unter einem Baum fand, und bat ihn/sie um Hilfe. Es gab so viele Heilungen, daß der diesbezügliche buddhistische Ruf sich überall verbreitete. Die ungeheure Zahl der Bitten lenkte die Leute von ihrer eigentlichen Arbeit, dem spirituellen Wachstum, ab, bis die frühen Meister der Meinung waren, daß das Heilen eine Ablenkung von ihrem höheren spirituellen Leben darstellte. Aus diesem Grund bemühten sie sich, sowohl die Suchenden wie die Heilenden abzuschrecken.

Da sie anerkannten, daß die Menschen litten, und sich der wichtigsten buddhistischen Prinzipien von Mitgefühl und Dienst an allen lebendigen Wesen bewußt waren, konnten sie weder das Bedürfnis nach Heilung ignorieren noch die mediale und spirituelle Entwicklung der Mönche und Nonnen, die sie zu Heilern machte. Das Leben des Buddha war in erster Linie dem Lernen gewidmet, dann der Unterrichtung anderer, um die Quelle allen Leidens durch Spiritualität zu heilen, die buddhistische Vorstellung, daß die einzige Antwort die Heilung des eigenen nicht-physischen Wesens ist.

Wenn alle Menschen ein Teil der Buddha-Natur sind, sind sie bereits vollkommen und geheilt. Indem man ihnen ihre Vollkommenheit zeigt und ihnen hilft, diese zu verstehen, kann die vollständige Heilung (Erleuchtung) erlangt werden. Auf der emotionalen Ebene beginnt dieses Heilen, wenn man die Frauen lehrt, alles loszulassen, was sie in schmerzlichen Gefühlen gefangenhält. Auf der mentalen Ebene bedeutet dies «den Spiegel zu entschleiern», die freie Wahl der Realitäten zu öffnen und das Karma zu erlösen. Die vollständige Heilung, und die einzige Art der Heilung im Buddhismus, kommt aus dem Verständnis und der Auflösung der Begrenzungen des Geistes (Ich, Getrenntheit, die den Spiegel verschleiern), um sich selbst als Buddha/*Göttin* wahrzunehmen.

Dies ist Erleuchtung, also ein Wissen von der Einheit und Funktionsweise des Universums. Wenn sie erreicht wird, gibt es keine Notwendigkeit mehr, sich in einem Körper zu inkarnieren, und deshalb auch kein weiteres Leiden. Der Körper ist der Schlüssel zur Heilung von Emotionen und Geist, und nur im Körper kann das Karma erlöst werden. Der Körper muß geachtet und umsorgt werden als Tempel des Geistes, der Ort der vollkommenen Buddha-Natur oder der *Inneren Göttin*.

Heilen durch Handauflegen beginnt mit dem Körper und reicht von ihm aus und durch ihn hindurch in die nicht-physischen Ebenen, die Emotionen, den Geist und die Seele. In einer Sitzung mit Handauflegen (oder direktem Heilen) fließt Energie oder Licht, das aus der *Göttin* gezogen wird, durch die Heilerin in die Empfängerin. Die Heilerin channelt oder fokussiert diese energetische Lebenskraft, sie bringt sie nicht hervor. Die Energie tritt in die Empfängerin ein durch ihren physischen Körper, aber sie bewegt sich durch ihn hindurch und in alle energetischen Körper, um dorthin zu gelangen, wo sie gebraucht wird. Das Heilen kann auf einer bestimmten oder auf allen Ebenen vor sich gehen, zuletzt manifestiert es sich im Physischen. Das Wirken der Geistführer ist dabei der Joker, der jede Sitzung unvorhersehbar macht und jeden Aspekt der Arbeit und ihrer Ergebnisse fördert. Die Führer setzen die Energie ein und unsere Hände.

Das Heilen kommt nicht von der Heilerin, sondern durch sie. Die Navahos nennen dies «zum Röhrenknochen werden». Die Heilerin kann nicht voraussagen, was bei einer Heilung geschieht, außer daß es positiv wirken und keinen Schaden anrichten wird. Gesetzlich ist es ihr verboten, etwas vorher anzukündigen oder zu diagnostizieren, und es ist ihr nicht gestattet, Behandlungen anzubieten, ob innerhalb oder außerhalb einer Sitzung, wenn sie nicht legal zugelassene Ärztin ist. Ethisch kann eine Heilerin nichts vorhersagen, weil sie es einfach nicht wissen kann. Alles kann bei einer Heilung passieren, von nichts bis zu richtiggehenden Wundern und allem, was dazwischenliegt. Das Heilen kann auf Dinge wirken, die sich völlig von dem ursprünglichen Bedürfnis der Empfängerin unterscheiden, das Anlaß für die Heilsitzung war.

Die Energie für das Heilen kommt von der *Göttin* durch die Heilerin, sie stammt nicht *von* der Heilerin. Eine Heilerin, die sich am Ende einer Sitzung ausgelaugt fühlt, muß lernen, sich fester in der Erde zu verankern und ihr Kronen-Chakra zu öffnen, um die Energie in beide Richtungen fließen zu lassen. Sorge für diesen Fluß vor dem Beginn und benütze ihn am Ende jeder Sitzung, um dich aufzuladen. In ähnlicher Weise kann eine Heilerin, die die Schmerzen der Empfängerin aufnimmt, Energie fließen lassen und die Symptome damit wegschikken; dabei kann sie die Affirmation sprechen: «Nur was mein ist, bleibt bei mir.»

Heilerinnen, die in der Heilsitzung ausgelaugt werden, haben die Verbindung zur *Göttin* nicht richtig aufgenommen und müssen das lernen. Ein Teil dieses Problems hat seinen Ursprung im Ego. Es denkt «mein Heilen» statt «das Heilen der *Göttin*». Die Ergebnisse und Erwartungen in den Sitzungen loszulassen, macht es auch leichter, ein reiner Kanal zu sein und vom Selbst Abstand zu halten, so daß die *Göttin* hindurchgelangen kann. Die beste Abhilfe für jede Heilerin, die sich nach der Heilsitzung ausgelaugt fühlt oder die Symptome anderer annimmt, ist die Schulung im Reiki. Auch ich hatte diese Probleme, bis ich den ersten Reiki-Grad erreichte, von da an hörte das augenblicklich auf. Die Feinstimmung des zweiten Grades im Reiki hat diese Probleme auch für Dutzende Frauen dauerhaft gelöst, die ich ausgebildet habe. Zwischenzeitlich übe, die Energie fließen zu lassen, und akzeptiere, daß du nur die Hände der *Göttin* bist, ein Röhrenknochen für den *Geist*.

Die zum Heilen benötigte energetische Lebenskraft tritt in die Heilerin ein an ihrem Kronen-Chakra. Sie verläßt sie durch ihre Hände, wenn sie diese auf jemand anderen oder sich selbst legt mit der Absicht zu heilen. Ein leichter meditativer Zustand ist notwendig, um die Verbindung zwischen *Göttin* und Empfängerin herzustellen und den Energiefluß zu starten. Je tiefer der meditative Zustand ist, den die Heilerin erreichen kann, um so tiefgründiger ist die Heilung, da in tiefer Meditation die Übermittlung von Energie/Licht größer und die Verbindung zur *Quelle* stärker ist. Je erfahrener die Heilerin in Meditation, Visualisation und dem Fließenlassen der Energie ist, desto größer ist die Menge an energetischer Lebenskraft, die ihr Körper halten und durch sich hindurchgehen lassen kann. Die energetische Lebenskraft ist grenzenlos; die Grenze wird nur dadurch bestimmt, wieviel Durchfluß die Energiekreisläufe, ihre *Kundalini*- und ihre *Hara*-Linie zulassen. Es wird nicht zugelassen, daß sie ihre Fähigkeit, diese Energie gefahrlos zu channeln, überlastet. Um so höher eine Heilerin spirituell und medial entwickelt ist, um so mehr Energie kann sie verarbeiten und um so tiefer ist ihre Verbindung mit den Führern und der *Göttin*. Und um so tiefreichender werden auch die möglichen Ergebnisse ihrer Arbeit sein.

Von der Tiefe des meditativen Zustands einer Heilerin ist es auch abhängig, wieviel Zugang sie zu nicht-physischen Wesen erlangt, ihren Geistführern, den Engeln, den Heilerteams etc. Diese sind es, die die

Heilung in Wirklichkeit bewirken, und je tiefer der meditative Zustand, um so höher die Ebene der Führer und um so mehr Fähigkeiten haben sie, durch dich zu wirken, um den Wandel zu erreichen. Bei einer tiefen Verbindung zu den Führern und einer gemeinsamen Anstrengung braucht die Heilerin nur noch ihre Hände aufzulegen, und die Führer vollbringen die ganze Arbeit. Das Arbeiten in dieser kooperativen Beziehung lernt man, indem man sie einlädt, den Führern und Helfern nicht im Wege ist und durch die Erfahrung, mit ihnen zu arbeiten.

Diese Zusammenarbeit muß auch die Empfängerin einschließen. Sie muß bereit sein, die Energie zu empfangen, und den Wunsch haben, sich zu heilen. Sie muß bereit sein, die Arbeit des inneren Wandels zu vollbringen, Emotionen loszulassen, ihre Anschauungen anzupassen und Dinge loszulassen, die sie behindern. Sie muß bereit sein, in ihrem Leben das Risiko eines Wandels einzugehen, und wenigstens zum Teil auch in der Lage dazu sein, sich selbst zu vertrauen, den Führern, der *Göttin*, der Heilerin und dem ganzen Prozeß. Eine Heilerin und eine Empfängerin, die sich gegenseitig nicht vertrauen, können zusammen nicht erfolgreich arbeiten.

Eine Empfängerin, die nicht bereit ist, teilzunehmen und zusammenzuarbeiten, wird sich nicht verändern und auch nicht heilen, gleichgültig wie erfahren und geschickt die Heilerin ist. Wenn die Empfängerin fest überzeugt ist, daß sie nicht geheilt werden möchte oder daß sie nicht geheilt werden kann, dann wird es auch zu keiner Heilung kommen. Wenn sie die Prozedur nur mitmacht, weil ihre Angehörigen das gerne möchten oder weil sie meint, sie sollte das tun, statt aus eigenem Wunsch und Willen heraus, dann wird sie auch nicht geheilt werden. Die Zusammenarbeit zwischen Heilerin, Empfängerin und *Göttin* (mit ihren Geistführern) ist unabdingbar. Die *Göttin* und die Führer sind immer bereit, aber was in einer Heilsitzung geschieht, hängt auch entscheidend von der beteiligten Heilerin und Empfängerin ab.

Heilung ist etwas Ernstzunehmendes, muß deshalb aber nicht düster sein. Es ist immer liebevoll und sanft, egal wie schwierig oder schroff die Probleme oder die Krankheit angegangen werden. Achtung ist von großer Bedeutung: Die Achtung der Heilerin gegenüber der Empfängerin und ihrer Krankheit und ihrem Lebensweg, und die Achtung der Empfängerin gegenüber den Bemühungen der Heilerin, zu helfen, und ihren Fähigkeiten und ihrem Können. In der Sitzung muß auch die Achtung der energetischen Lebenskraft vorhanden sein und die Achtung gegenüber der *Göttin* und den Führern, die sich ihr anschließen. Eine Heilung ist ein heiliges Ereignis, aber denke daran, daß Freude und

Heiligkeit zusammengehören. Wie das Gebet «Charge of the *Goddess*» feststellt: «Alle Handlungen der Liebe und des Vergnügens sind Rituale der *Göttin*.» Das Heilen ist ein Akt der Liebe.

Es ist auch ein Akt, bei dem das Mitgefühl der Katalysator für die Transformation ist. Ohne Mitgefühl heilt nichts, und es wird nur Schaden angerichtet. Das oberste Gesetz der *Göttin* lautet, keinem Schaden zuzufügen. In einer Heilsituation werden oft die Traumata und Schmerzen von Lebenszeiten an die Oberfläche gebracht, um diese dann loslassen und wandeln zu können. Die Geschichten, die eine Heilerin sich vielleicht anhören muß, können beunruhigend sein. Heilen ist ein gefahrloser Raum, ein vollkommen sicherer Raum, in dem solche schmerzlichen Geschichten eröffnet und geheilt werden können. Die Empfängerin braucht einen Ort vollkommener Sicherheit, an dem sie dies tun kann. Urteile und Schuldzuweisungen sind nicht sicher und gehören in keine Heilsituation. Die Aufgabe der Heilerin ist es, zuzuhören und mitzufühlen, niemals zu urteilen. Ihre Aufgabe ist es, Trost zu geben und die Empfängerin zu ermutigen, ihren Schmerz in der bestmöglichsten Sicherheit auszudrücken, zu öffnen und zu klären. Alles andere ist kein Heilen, sondern Schaden.

Der Heilprozeß bietet auch einen sicheren Raum für die Empfängerin, um zu weinen oder wütend zu sein, Emotionen freizulassen, die zu fühlen sie sich vielleicht noch nie zuvor erlaubt hat. Und auch hier ist es die Aufgabe der Heilerin, zuzuhören, völlig ohne Stellungnahme zu reagieren und die Empfängerin zu ermuntern, das auszudrücken, was sie herauslassen muß. Ihr zu sagen, sie solle nicht weinen oder «nicht dieses Gefühl haben», verhindert das notwendige Loslassen. Während dies geschieht, fährt die Heilerin mit ihrem Handauflegen fort, ruhig, um nicht den Lösungsprozeß zu stören. Am Ende der Sitzung, meist nach zehn oder fünfzehn Minuten, ist das Loslassen vollbracht. Wenn Derartiges in einer Sitzung geschieht, dann waren die Heilung und der Wandel tiefgreifend. Die Empfängerin hat einen Durchbruch zu neuem Wachstum geschafft, und alter Schmerz, der ihr Leben behinderte, ist verschwunden.

Vertraulichkeit ist ein ebenso unabdingbarer ethischer Grundsatz beim Heilen. Was auch immer in einem Heilprozeß geschieht, geht nur die Heilerin, die Empfängerin und die *Göttin* mit ihren Führern etwas an. Es darf nicht aus dem Raum dringen, ohne die ausdrückliche Erlaubnis der Empfängerin. Diesen Grundsatz zu mißachten, bedeutet die Verletzung eines tiefen Vertrauens, und Heilen kann ohne Vertrauen nicht erfolgen. Frauen werden in der patriarchalen Gesellschaft häufig verletzt, und das Heilen muß sich davon unterscheiden. Frauen haben immer wieder Verletzungen davongetragen, eine Lebenszeit nach der anderen, an ihrem Körper, ihren Gefühlen, ihrem Geist und ihrer Seele. Vertrauen, Mitgefühl oder Verschwiegenheit in einer Heilsituation zu verraten, ist spiritueller Mißbrauch. Beim Unterrichten oder wenn ich ein Buch schreibe, zitiere ich als Beispiele oft Heilungen, die ich selbst miterlebt habe, aber die Namen der Frauen und identifizierende Charakteristika sind stets verändert, es sei denn, ich habe die Erlaubnis der Betroffenen, dies nicht zu tun.

Wenn eine Heilerin mit Geistführern arbeitet, kann sie in der Sitzung viele Informationen erhalten. Frauen fragen mich oft, wieviel sie den Empfängerinnen mitteilen sollen. Meiner Meinung nach hat die Empfängerin das Recht, alles zu hören, was sie verstehen kann und was sie nicht erschreckt oder ihr schadet. Wahrscheinlich würde ich einer mißtrauischen wiedergeborenen Christin – als ausgefallenes Beispiel – nichts über ihre früheren Leben erzählen. Aber einer Frau, die dem Wissen gegenüber offen ist, würde ich erzählen, was ich sehe. Ich habe das Gefühl, daß mediales Wissen nicht ohne Grund gegeben wird, um die Arbeit der Heilerin zu lenken oder der Empfängerin zu geben, was sie braucht, um ihre Krankheit oder ihren Schmerz aufzulösen. Wenn ich mir nicht ganz sicher bin, ob ich eine bestimmte Information weitergeben soll, frage ich die Führer, bevor ich spreche.

Es gibt auch Situationen, in denen ich das Gefühl habe, daß es unpassend wäre, die Information weiterzugeben. Wenn mir gesagt wird, daß sich eine Frau in ernster oder lebensbedrohlicher Lage befindet, und sie mir gegenüber keine Andeutung gemacht hat, daß sie sich dessen bewußt ist, würde ich ihr das normalerweise nicht erzählen. Allerdings würde ich wahrscheinlich vorschlagen, daß sie sich um medizinische Hilfe bemüht und herausfindet, «was wirklich mit ihr los ist». Diagnosen zu stellen ist ungesetzlich, und es kann auch unverantwortlich sein. Es kann unnötig Furcht auslösen und Schaden anrichten, selbst wenn die Diagnose zutreffend ist. In solchen Situationen fahre mit dem Heilen fort, egal, welche Diagnose du innerlich gemacht hast. Ich habe es oft erlebt, daß ein bösartiger Tumor wieder gutartig wurde oder bei der nächsten medizinischen Untersuchung verschwunden war.

Auch wenn ich spüre, daß eine Frau vielleicht sterben wird, werde ich ihr das nicht sagen, wenn sie keine Hinweise gibt, darüber Bescheid zu wissen. Ich habe Frauen erlebt, die dem Tode schon sehr nahe waren und sich von ihm wieder zurückzogen, um weiterzuleben. Ich habe solche Zeiten auch bei mir selbst erlebt. Eine Frau, die zu sterben scheint, geht vielleicht physisch nicht in eine andere Welt. Statt dessen sagt sie sich vielleicht nur von einer alten Lebens- und Denkweise los, bevor sie zu etwas Neuem wiedergeboren wird. Diese Rituale des Übergangs, diese Initiationen durchlaufen wir viele Male in einer Lebensspanne. Die Frau, die gemäß meines Wissens, das ich in der Heilsitzung erlangt habe, dem Tode geweiht zu sein scheint, hat diese Krise vielleicht beim nächstenmal oder später überwunden. In diesen Zeiten der Erdveränderungen ist eine Reinkarnation innerhalb desselben Körpers wirklich möglich.

Selbstheilung

Jedes Heilen ist auch eine Selbstheilung, und obwohl die Methode des Handauflegens normalerweise an anderen ausgeübt wird, kann man sie auch bei sich selbst anwenden. Visualisations-Meditation ist ein sehr mächtiger Weg, um sich zu heilen, wenn man alleine arbeitet, und ich werde das in einem späteren Kapitel erklären.

Deine Hände sind eine sehr machtvolle Heilkraft. Es gibt eine ganze Reihe von Methoden dafür, sowohl einfache wie auch formell genauer strukturierte.

Eine ganz einfache Methode: Gehe in deinen Meditationsraum, zünde eine Kerze an, erde und zentriere dich und entspanne dich vollkommen. Ziehe einen Lichtkreis um dich und bitte deine Führer und Engel, in diesen einzutreten. Unterhalte dich mit ihnen für einen Augenblick, erzähle ihnen, was nicht in Ordnung ist und was du nötig hast. Du brauchst das nicht laut auszusprechen. Dann lege dich auf den Rücken, die Arme und Beine nicht gekreuzt, und lege deine Handflächen auf deinen Körper. Überlasse es deiner Intuition und deinen Führern festzulegen, auf welche Stelle jede Hand gelegt werden soll. Gebräuchliche Stellungen sind die eine Hand über dem Herzen und die andere auf dem Unterleib oder beide Hände über einem schmerzenden Bereich. Nimm immer beide Hände, die offenen Handflächen nach unten. Achte darauf, daß dein Geist wach und ruhig bleibt, laß die Energie und das Heilen in dich einfließen und durch dich hindurchfließen. Wenn der Lichtfluß oder die Empfindungen aufhören, danke deinen Führern, und die Heilung ist beendet.

Ich empfehle, dies direkt vor dem Zubettgehen durchzuführen, denn die Führer werden oft damit fortfahren, dich zu heilen, während du

Abb. 11: Reiki I – Handstellungen
Selbstheilung
Die Vorderseite – Kopf-Positionen

1. Auf die Augen.

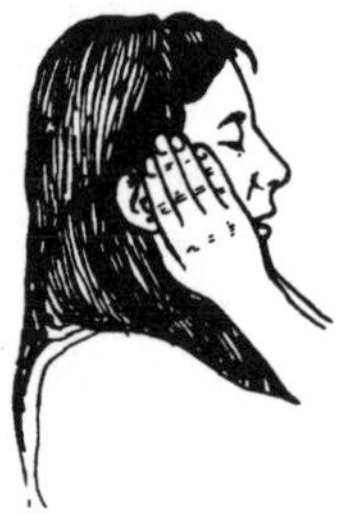

2. Auf die Wangen, der Daumen ist direkt unter den Ohren.

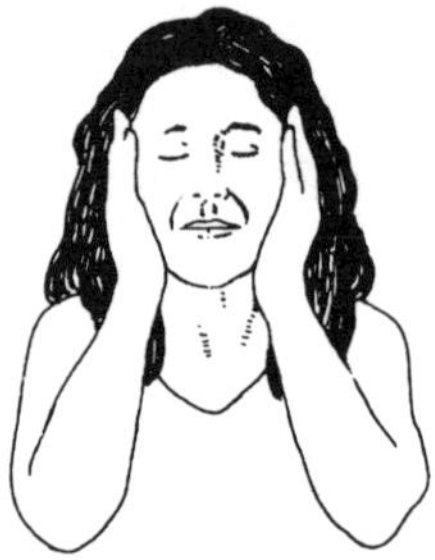

2 a. Alternative zur zweiten Stellung.

3. Rückseite des Kopfes, über die Wölbung des Hinterkopfes.

3 a. Alternative zur dritten Position.

Abb. 11: Reiki I – Handstellungen
Selbstheilung

4. Auf die Kehle.

4 a. Andere Kehl-Position.

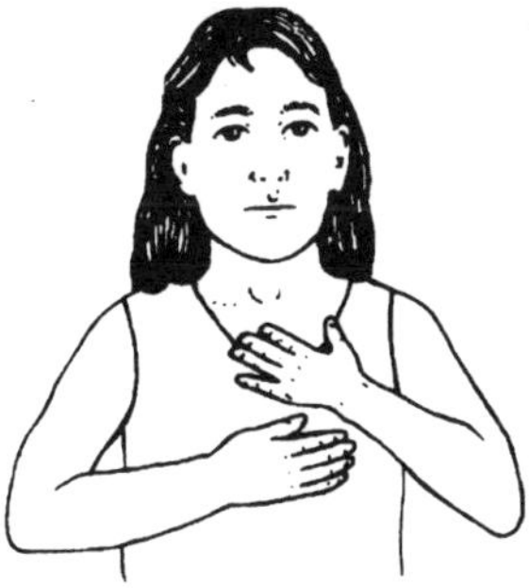

5. Auf das Herz und das Brustbein (nur beim Selbstheilen).

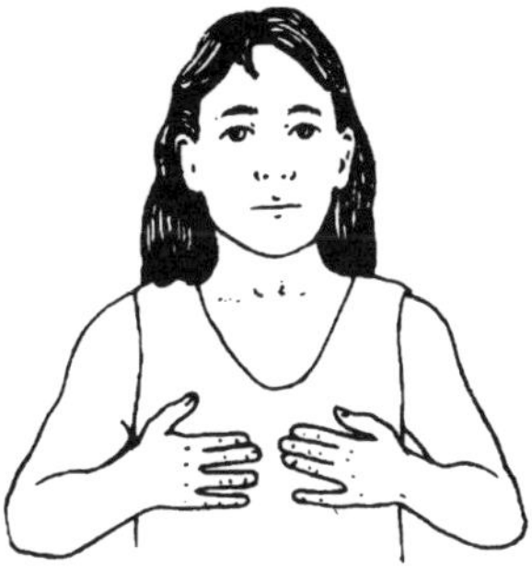

5 a. Alternative fünfte Position (nur beim Selbstheilen).

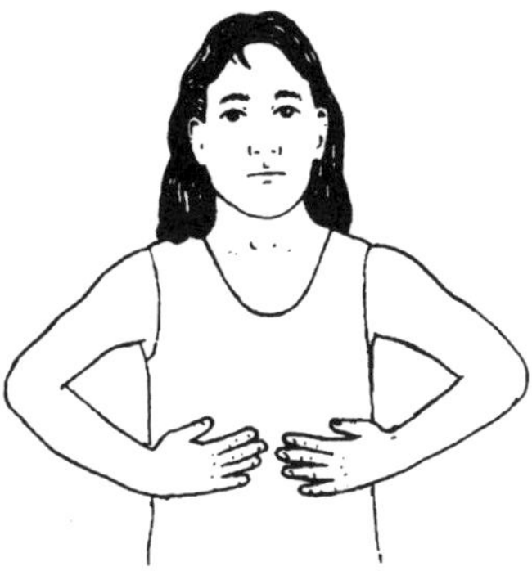

6. Auf die unteren Rippen, unterhalb der Brüste.

Abb. 11: Reiki I – Handstellungen
Selbstheilung

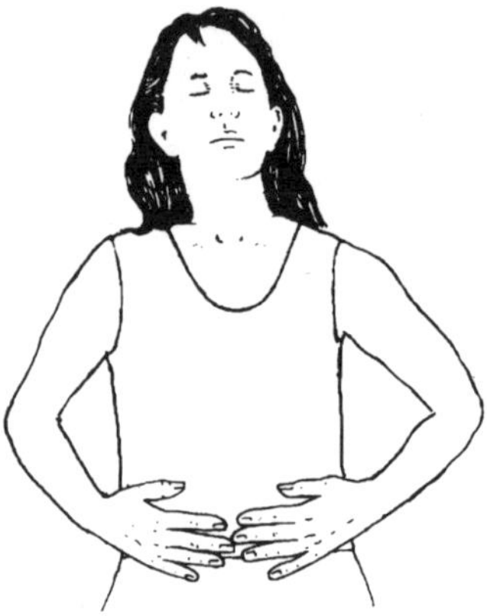

7. Auf die Mitte des Unterleibs.

8. Auf den Beckenknochen – unterer Bereich des Unterleibs.

9. Hände auf die Mitte oberhalb des Schambeins (ohne die Genitalgegend zu berühren).

9 a. Alternative neunte Position – auf das Gebiet des Schambeins (nur beim Selbstheilen).

Abb. 11: Reiki I – Handstellungen
Selbstheilung

Die Vorderseite – Knie, Knöchel und Füße

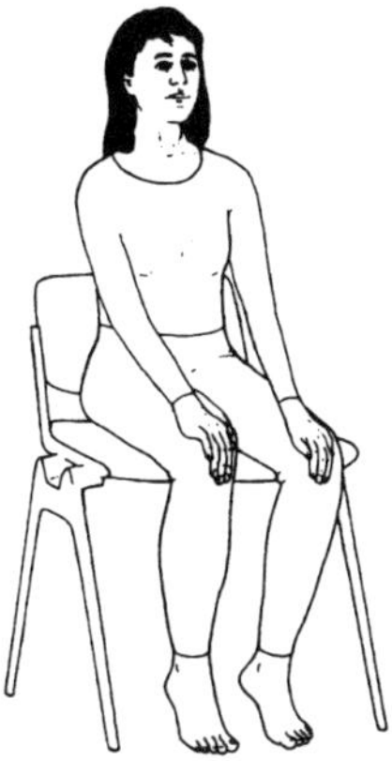

10. Auf die Vorderseite beider Knie.

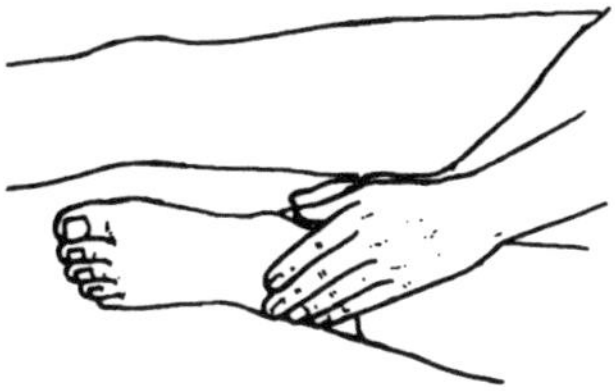

11. Auf die Vorderseite beider Knöchel.

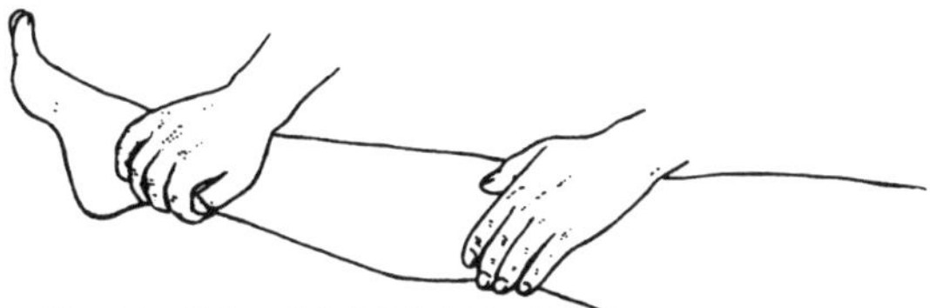

10 a.–11 a. Knie und Knöchel gleichzeitig,
abwechselnd an beiden Beinen.

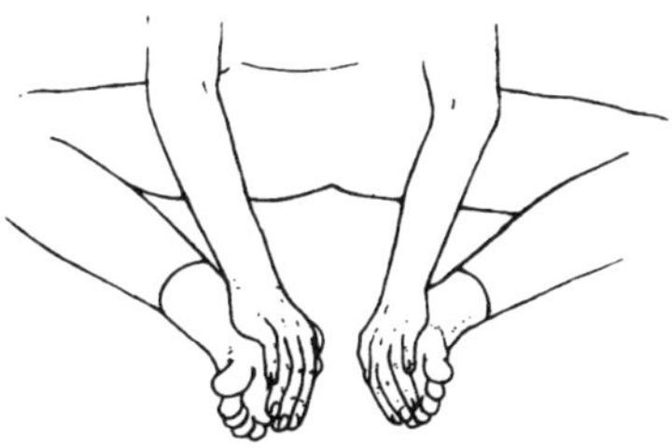

12. Beide Fußsohlen – oder 12 a.
Erst auf die eine Fußsohle,
dann auf die andere.

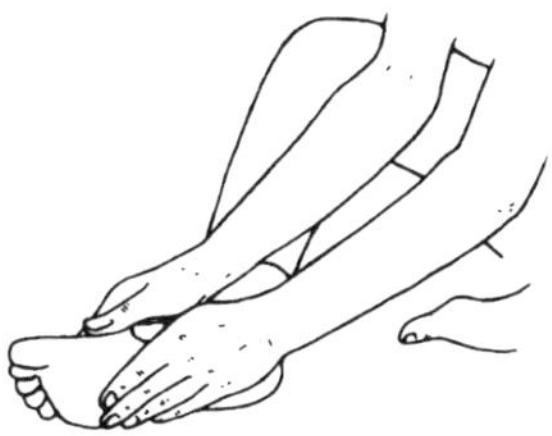

12 a.

Abb. 11: Reiki I – Handstellungen
Selbstheilung

Die Rückseite

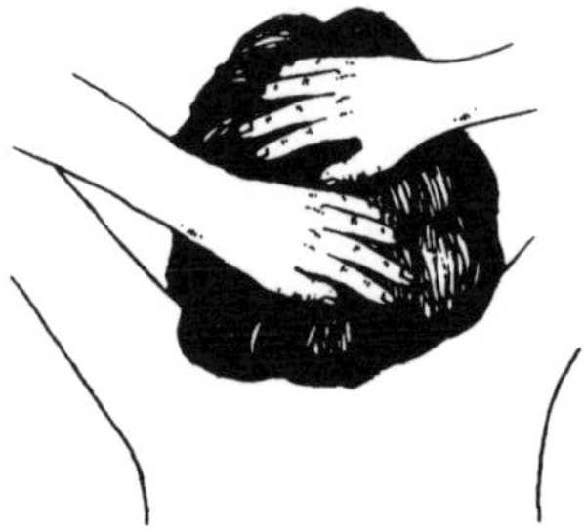

13. Hinterkopf – eine Hand auf die Wölbung des Hinterkopfes, die andere auf die (Spitze der) Krone.

13 a. Alternative Kopf-Position für die Rückseite.

14. Rückseite des Nackens und auf das obere Ende der Schultermuskeln.

Abb. 11: Reiki I – Handstellungen
Selbstheilung

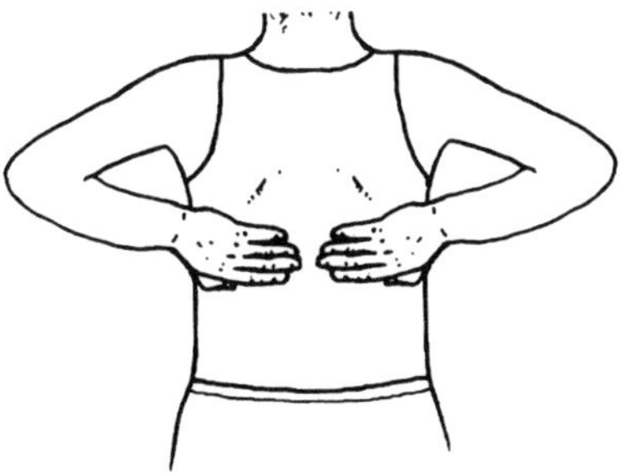

15. Auf die Rippen unterhalb der Schulterblätter, an der Rückseite des Herzens

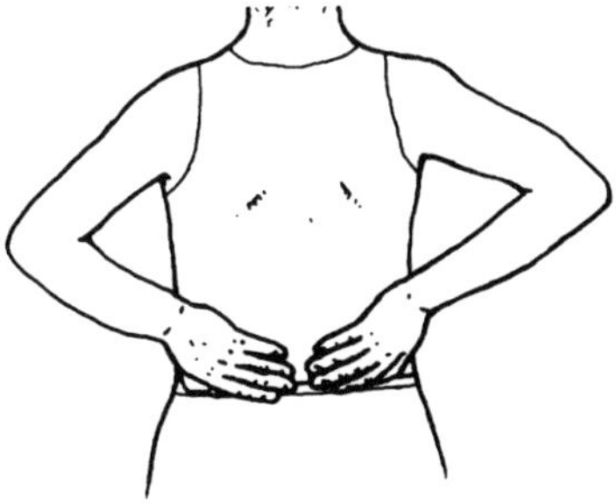

16. In der Mitte des Rückens

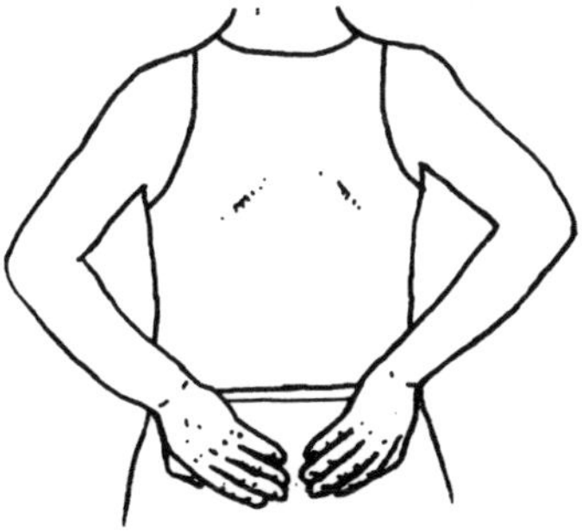

17. Unterer Rücken auf das Kreuzbein.

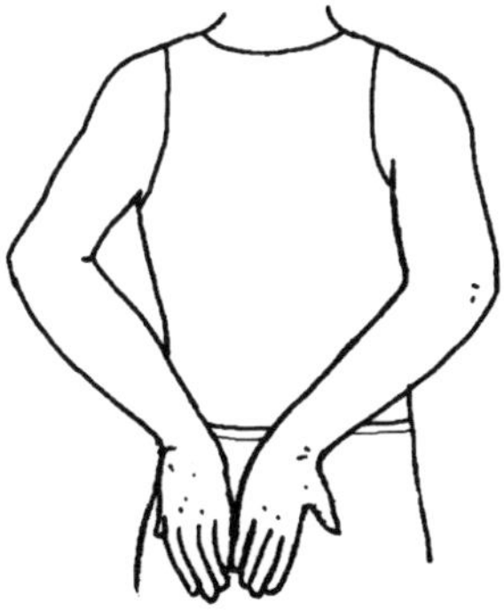

17 a. Andere oder zusätzliche Position für den unteren Rücken.

18. Beide Kniekehlen (wie in Abb. 10, aber auf der Rückseite).

19. Die Rückseite beider Knöchel (wie in Abb. 11, aber auf der Rückseite).

19 a. Halte gleichzeitig die Kniekehle und den Knöchel am gleichen Bein. Wiederhole dies mit dem anderen Bein.

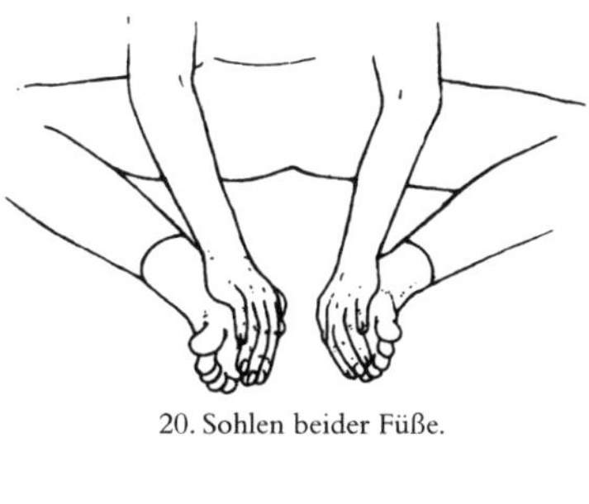

20. Sohlen beider Füße.

schläfst. Nimm eine Dusche, bevor du anfängst, und trage weite Kleidung für die Sitzung oder gar keine, aber lege eine Decke bereit, die du über dich ziehen kannst. Möglicherweise sinkt deine Körpertemperatur ab, je tiefer dein meditativer Zustand wird. Du verläßt vielleicht deinen Körper, und es kann sein, daß dir kalt ist. Warte möglichst bis nach dem Heilen, bevor du dich in den Schlaf sinken läßt. Manchmal aber werden dich die Führer in Schlaf versetzen, um an dir besser arbeiten zu können.

Eine andere Methode, Handauflegen als Selbstheilung durchzuführen, ist die Anwendung der Handstellungen des ersten Reiki-Grades. Wenn die vollständige Sequenz durchlaufen ist, hast du Licht/Chi/Energie und Heilung in alle *Kundalini-* und *Hara*-Chakras gebracht wie auch in alle Organe des physischen Körpers. Die Sitzung dauert für die Vorder- und Rückseite ungefähr eine Stunde, wenn alle Stellungen durchgeführt werden. Das kann in sitzender Position geschehen oder im Liegen. Wenn du es im Bett praktizierst, ist es möglich, daß du einschläfst, bevor du die Übungen beendet hast. Das macht nichts, aber vergewissere dich, daß du alle Kerzen ausgeblasen hast; vielleicht sollten bei diesem Heilen besser keine Kerzen angezündet werden.

Bist du in Reiki geschult, wird diese Methode für dich die naheliegendste sein, aber selbst wenn du keine Feinstimmungen erfahren hast, sind diese Stellungen hilfreich und wirkungsvoll. Sie sind die Grundlage für den größten Teil des Handauflegens. Wenn du eine oder mehrere der folgenden Stellungen nicht einnehmen kannst, ohne daß es dir unangenehm ist, dann übergehe sie und führe nur die durch, die dir leichtfallen. Fühlst du dich nur bei den Stellungen auf der Vorderseite des Körpers wohl, dann ist das auch in Ordnung. Es gibt keine richtigen oder falschen Stellen, an die man bei einer Heilung die Hände legen kann. Eine Grundregel ist, lege deine Hände dorthin, wo dein Körper schmerzt oder so nahe wie möglich an diese Stelle.

Diese Selbstheilung umfaßt den ganzen Körper. Beginne in einer sitzenden Position oder lege dich auf den Rücken und vermeide es, die Arme und Beine zu überkreuzen, damit die Energie ungehindert hindurchfließen kann. Werde ruhig, zentriere dich und rufe deine Führer herbei, bevor du anfängst. Wenn du dich hinlegst, ziehe eine Decke über dich und bewege deine Hände unter der Decke. Wenn du unter deinem Kopf und/oder deinen Knien Kissen brauchst, lege sie zurecht, bevor du beginnst. Ich führe diese Art der Selbstheilung gerne nackt aus, aber wenn du lieber angezogen bist, trage etwas Leichtes, Lockeres, das nicht einschnürt, wie einen Jogging-Anzug oder ein Nachthemd. Wenn du dich hinlegst, versuche, so lange wie möglich wach zu bleiben.

Die Illustrationen zeigen die Handstellungen für die Selbstheilung aus meinem Buch *Essential Reiki.*[1] Zur leichteren Bestimmung sind sie numeriert. Wir beginnen die Sitzung am Kopf, gehen an der Vorderseite des Körpers bis zu den Füßen hinunter und fahren dann fort vom Kopf bis zu den Füßen an der Rückseite des Körpers. Die ersten drei Stellungen befinden sich am Kopf. Bei der ersten lege deine leicht gewölbte Hand sanft (und ohne zu pressen) auf deine Augen. Halte diese Stellung, bis die Empfindungen von Hitze, von Kribbeln oder Energie, die sich entwickeln, wieder aufhören. Das kann bis zu fünf Minuten dauern, also habe Geduld. Die erste Stellung bringt die linke und rechte Gehirnhälfte ins Gleichgewicht und wirkt phantastisch bei Kopfschmerzen und angestrengten Augen. Sie stimmt überein mit dem Stirn-Chakra, dem Dritten Auge.

Als nächstes (Position 2 und 2a) gehe mit deinen Händen zu den Seiten deines Gesichts. Deine Daumen ruhen direkt unter den Ohren, und deine Handflächen bedecken die Wangen. Warte auch hier, bis der Energiezyklus vollendet ist. Dies ist eine fast instinktive Stellung für die Hände, und sie ist ausgesprochen beruhigend. Für die dritte Kopf-Position (3 und 3a) bewegst du deine Hände zur Hinterseite des Kopfes und bedeckst die Wölbung des Hinterkopfes. Damit deckst du das Kronen-Chakra ab und auch die Rückseite des Dritten Auges, darüber hinaus erreichst du auch das Chakra des Kausalkörpers. Laß der Energie Zeit, hindurchzufließen.

Nun gehe zum Kehl-Chakra (4 und 4a). Wenn du deine Hände über deine Kehle legst und eine Panikreaktion verspürst – was weniger wahrscheinlich ist, wenn man die eigenen Hände auflegt –, lege deine Hände statt dessen über das Schlüsselbein, das darunter liegt. Position fünf (5 und 5a) liegt über dem Herzen. Lege deine Hände auf dein Brustbein oder sogar über deine Brüste, wenn dort Heilung benötigt wird. Der Solarplexus kommt als nächstes (6). Lege deine Hände gegeneinander, so daß die Finger zueinander schauen, über die unteren Rippen, direkt unter deine Brüste. Anatomisch ist deine rechte Hand über deiner Leber und der Gallenblase, während die Linke über deiner Bauchspeicheldrüse, der Milz und dem Magen ist. Vielleicht kannst du bei dieser Stellung in deinem Innern ein Grummeln hören, dieser Vorgang wird dich auch sehr entspannen.

Lasse die Hände in ihrer gegenüberliegenden Stellung und bewege dich als nächstes zum Unterleib, ungefähr in Höhe der Taille oder etwas darunter (7), dann noch tiefer, um die Beckenknochen zu bedecken (8). Von dieser Stellung aus erreicht die Energie die Eingeweide und das Sakral-Chakra. Bei der letzten Rumpfposition legt man eine Hand über die andere in der Mitte des unteren Unterleibs, direkt über dem Schambein (9 und 9a). Bei dir selbst kannst du den Genitalbereich bedecken, wenn du das möchtest. Diese Position betrifft das Wurzel-Chakra und bedeckt die Gebärmutter und die Eierstöcke, die Blase und die Vagina bei Frauen und die Blase und die Hoden bei Männern.

Als nächstes wende dich den Knien, Knöcheln und Füßen zu. Die Handstellungen dienen hier dazu, dich auszubalancieren und zu verankern, dich wieder mit Mutter *Erde* zu verbinden und auch die heilende Energie zu integrieren und durch dich fließen zu lassen. Wenn du nach der Sitzung schlafengehen möchtest, sind diese Positionen nicht so wichtig. Bei den Knien und Knöcheln (10, 10a, 11, 11a) lege zuerst deine Hände auf beide Knie, solange der Energiestrom fließt, dann mache dasselbe an beiden Knöcheln. Du mußt dich vielleicht etwas strecken, um einen bequemen Weg zu finden, die Knöchel-Stellung zu halten. Eine andere Möglichkeit ist hier, eine Hand auf das rechte (oder linke) Knie und eine auf den rechten (oder linken) Knöchel zu legen, und dann dasselbe mit dem anderen Bein durchzuführen. Die Fußstellung nimm zuletzt ein, ziehe die Knie an und lege deine Hände auf die Fußsohlen, wo die Chakras liegen. Lege entweder je eine Hand auf einen Fuß (12) oder beide Hände erst auf einen Fuß und dann beide Hände auf den anderen Fuß (12a). Auch hier lasse die Hände dort liegen, solange die Energieempfindungen andauern.

Dann gehe zur Rückseite über. Es gibt nur eine Stellung für den Kopf (13), aber da du bereits drei Kopf-Stellungen durchgeführt hast, steht es dir frei, ob du sie ausführen möchtest. Lege eine Hand auf die Krone deines Kopfes und die andere auf den Hinterkopf (Chakra des Kausalkörpers). Alternativ kannst du auch beide Hände auf die Krone legen (13a). Als nächstes lege deine Hände auf den Nacken oberhalb der großen Trapezmuskeln zwischen Nacken und Schultern (14). Diese Muskeln halten bei vielen Frauen die Spannungen fest. Sie bilden die Rückseite des Kehl-Chakras, sind aber nicht so empfindlich wie die Vorderseite der Kehle.

Nimm deine Hände nach hinten, wenn du sitzt, oder rolle dich auf den Bauch, wenn du liegst, und plaziere die Hände direkt unterhalb der Schulterblätter (15), wo sie die Rückseite des Herzens bedecken. Deine Hände liegen sich wieder gegenüber, die Fingerspitzen gegeneinander gerichtet wie bei der Vorderseite des Rumpfes. Als nächstes bewege dich nach unten in die Mitte des Rückens, behalte die Position der Arme und Hände bei (16) und gehe noch eine Position tiefer (17). Diese Stellungen decken das Solarplexus- und das Sakral-Chakra ab. Eine alternative oder zusätzliche Plazierung ist über dem Lendenwirbelbereich, wobei die Hände nach unten zeigen, für das Wurzel-Zentrum. Im Sitzen oder auf der Seite liegend wiederhole die Knie- und Knöchel-Stellungen (18 und 19 oder 19a), aber diesmal lege die Hand auf die Rückseite statt auf die Vorderseite. Zum Abschluß wiederhole die Handstellung auf beiden Fußsohlen (20).

Diese komplette Körperheilung braucht Zeit, aber sie ist ein wundervoller Luxus, ein Geschenk an sich selbst. Achte auf die Gefühle, die Gedanken und die geleiteten Botschaften, die auftauchen. Sorge dafür, daß dein Geist klar ist, damit er diese wahrnehmen kann, und folge den Anweisungen deiner Geistführer und Engel. Wenn du danach nicht gleich schlafen gehst, trinke ein ganzes Glas Wasser. Nach der Beendigung der Sitzung bewege dich langsam; es kann sein, daß du dich etwas benommen fühlst, vielleicht auch noch am nächsten Tag. Dieselben Stellungen können angewandt werden für ein vollständiges Körperheilen mit einer anderen Person, aber respektiere den Intimbereich.

Heilung anderer

Wenn man bei anderen durch Handauflegen heilen will, ist die Umgebung genauso wichtig wie bei der Selbstheilung. Dein Meditationsraum wäre ein geeigneter Platz dafür, aber er ist vielleicht nicht groß genug für zwei Leute, und die Heilerin braucht Raum, um sich zu bewegen. Beide müssen sich physisch wohlfühlen, da eine Sitzung mindestens eine Stunde dauert, wenn nicht länger. Ein Massagetisch, um den man herumgehen kann, und ein Bürostuhl mit Rollen für die Heilerin sind am besten. Oder man führt die Sitzung auf einem Teppichboden aus, breitet eine Decke und Kissen unter die Empfängerin und legt für die Heilerin ein Kissen bereit, auf das sie sich setzen kann.

Ein Bett mag für die Empfängerin sehr bequem sein, erschwert der Heilerin aber ihre Arbeit, doch in manchen Situationen mag es notwendig sein, auf diese Weise zu arbeiten. Dann ist es am besten, die Empfängerin quer über das Bett zu legen, den Kopf in einer Ecke, und die Heilerin setzt sich in einen Stuhl am Fußende des Bettes. Um manche Positionen zu erreichen, wird die Heilerin wahrscheinlich neben dem Bett stehen oder auf dem Bett sitzen müssen.

Jedes Heilen braucht Ruhe und Ungestörtheit. Manche Heilerinnen lassen dabei sanfte Musik spielen, aber mich lenkt das zu sehr ab. Man sollte ausschließen, daß ein Telefon klingeln kann, daß Kinder oder Haustiere ein- und ausgehen. Nur Heilerin und Empfängerin sollten im Raum sein. Das Zimmer muß warm sein und Sicherheit ausstrahlen. Während des Heilens fällt die Empfängerin in denselben meditativen Zustand wie die Heilerin, und beiden wird vielleicht kalt, obwohl das Zimmer warm ist. Lege noch eine Decke in Griffweite, Papiertücher, falls Gefühle hochkommen, und stelle für hinterher Gläser mit reinem Wasser (keinem Leitungswasser) bereit.

Sowohl die Heilerin wie die Empfängerin sollten lockere und bequeme Kleidung tragen. Bitte die Empfängerin, ihre Schuhe auszuziehen und Gürtel und Brille abzunehmen. Kontaktlinsen stören normalerweise nicht. Manchen Heilerinnen ist es lieber, wenn beide Parteien allen Schmuck ablegen, aber ich halte das nicht für notwendig. Achte darauf, daß die Empfängerin es wirklich bequem hat. Sie liegt auf dem Rücken auf dem Massagetisch, dem Teppichboden oder dem Bett, bei einer kompletten Körperheilung wird sie sich später auf den Bauch drehen. Lege Kissen unter ihren Kopf und unter ihre Knie, wenn sie das möchte. Die Berührung der Heilerin ist immer sehr sanft und leicht, sie kommt kaum mit dem Körper der Empfängerin in Berührung. Ziehe einen Kreis schützenden Lichts um beide Teilnehmer.

Eine Heilsitzung mit Handauflegen, die man an anderen ausführt, verläuft genauso wie eine komplette Körper-Selbstheilung mit zwei Ausnahmen. Einmal gibt es bei der Ausführung der Positionen gewisse Veränderungen, weil die Hände sich mehr ausstrecken, als daß sie nach innen gerichtet sind. Die Heilerin muß die Sitzung so durchführen, daß ihr eigener Körper sich dabei immer wohlfühlt, sonst kann das Ausstrecken der Hände beträchtliche Anspannung auslösen. Du darfst auf keinen Fall deine Arme oder Beine überkreuzen oder dies der Empfängerin erlauben, da sonst der Strom der fließenden Energie blockiert wird. Zum zweiten achte darauf, den Intimbereich der Empfängerin nicht zu verletzen. Brüste oder Genitalien zu berühren, ist ein Eindringen in die Unverletzlichkeit des Körpers, es sei denn, du bist die betreffende Person oder dein Partner. Sei dir dessen sowohl bei Kindern wie bei Erwachsenen bewußt. Jede dritte Frau in Amerika ist schon einmal vergewaltigt worden, und wahrscheinlich war die Hälfte oder bis zu Dreiviertel der Frauen Inzest oder anderen Gewalttätigkeiten ausgesetzt. Heilsitzungen müssen für Frauen sichere Schonräume sein.

Wenn die Empfängerin ihre Haltung eingenommen hat und sich wohlfühlt, nimm dir als Heilerin ein paar Minuten, um dich zu erden und zu zentrieren und in den meditativen Zustand einzutreten. Errichte einen Schutz und beginne damit, die Energie fließen zu lassen. Bitte um die Anwesenheit der *Göttin* und der Führer und Engel, die zu beiden Beteiligten gehören, und bitte darum, daß die Arbeit zum größten Nutzen aller sein soll. Für diese Sequenz werden wieder die Stellungen von Reiki I benutzt, wie ich sie in meinem Buch *Essential Reiki*[2] beschrieben habe. Das Heilen wird leise durchgeführt und nur mit den notwendigsten Worten, es sei denn, die Empfängerin oder Heilerin muß über das sprechen, was im Prozeß vor sich geht.

Zu Beginn des Heilens führe die Kopf-Stellungen aus, wobei du hinter der Empfängerin stehst oder sitzt. Dort bleibst du während der drei Kopf-Stellungen, der Kehl-Position und wahrscheinlich der Herz-Position. Die Stellungen der Hände sind wieder illustriert und numeriert. Lege immer beide Hände gleichzeitig auf den Körper, die Handflächen nach unten. Beginne damit, deine leicht gewölbten Hände sanft auf die Augen der Frau zu legen, ohne Druck auszuüben (1). Fühle, wie die Energieempfindungen pulsieren, und wenn sie aufhören, bewege dich zur nächsten Position. Diese erste Position bringt die rechte und linke Hälfte des Gehirns ins Gleichgewicht. Die Frau, die die Heilung empfängt, wird vielleicht unruhig, aber wenn du zur nächsten Stellung übergehst, wird sie wieder ruhig werden.

Bei Position zwei (2) liegen die Hände auf den Wangen, der kleine Finger ist direkt neben dem Ohr. Während Position eins das Dritte Auge und die Visions-Chakras betraf, erreicht Position zwei die Krone und das Dritte Auge. Diejenige, die die Sitzung empfängt, wird hier meistens sehr ruhig und scheint vielleicht einzuschlafen oder sich aus ihrem Körper zu entfernen. Um die nächste Stellung (3) einzunehmen, hebt die Heilerin den Kopf der Empfängerin (gewöhnlich hilft die Empfängerin dabei) und schiebt ihre Hände unter den Kopf. Wölbe deine Hände unter der Ausbuchtung des Hinterkopfes. Du wirst die Stelle leicht erkennen, denn deine Hände werden sie als angenehm empfinden. Damit werden die Chakras von Krone, Drittem Auge, Visions-Chakra und Kausalkörper abgedeckt. Die Kopfpositionen behandeln den Schädel, das Gehirn, die Augen, Ohren und das zentrale Nervensystem.

Führe die Hände nach vorne zum Kehl-Zentrum (4). Da so viele Frauen in Panik geraten, wenn sich Hände über ihre Kehle legen, sollte man das vermeiden. Lege statt dessen deine Hände unterhalb der Kehle

Abb. 12: Reiki I – Handstellungen
Heilen von anderen

Vorderseite – Die Heilerin steht oder sitzt hinter der Person, die die Heilung empfängt

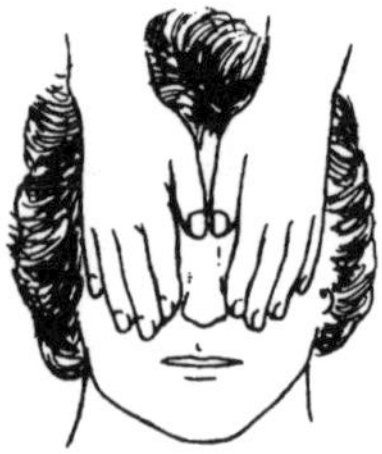

1. Hände sanft auf die Augen gelegt.

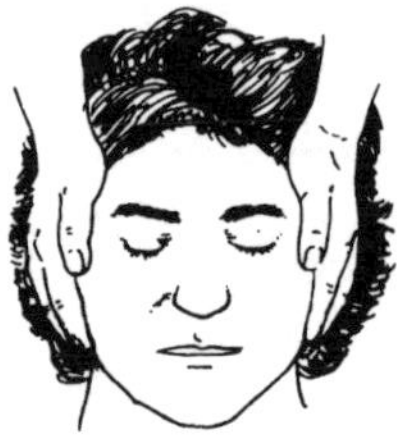

2. Auf die Wangen, der kleine Finger der Heilerin berührt leicht das Ohr.

3. Hände unter dem Kopf – der Kopf wird von der Heilerin angehoben.

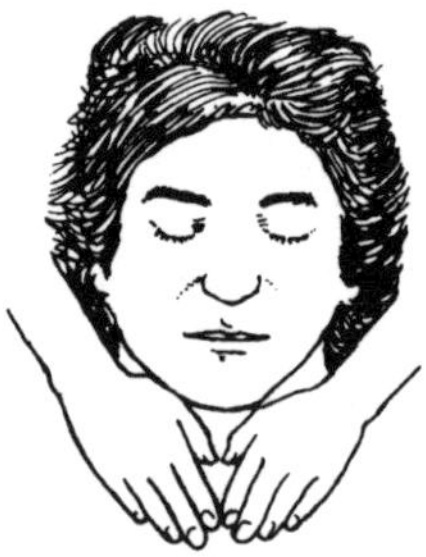

4. Die Hände ruhen leicht auf dem Schlüsselbein, ein wenig unterhalb der Kehle.

Abb. 12: Reiki I – Handstellungen
Heilen von anderen

Vorderseite – Die Heilerin geht an die Seite der Person, die die Heilung empfängt

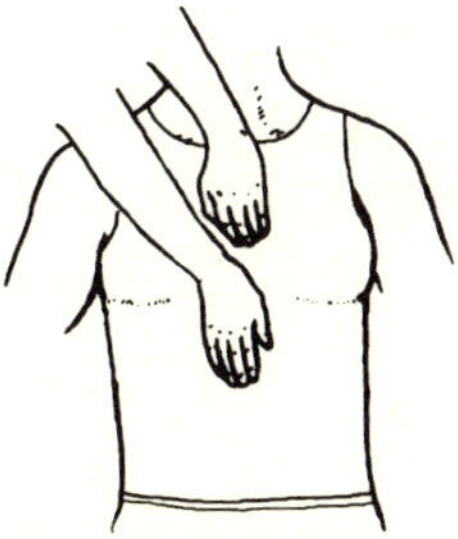

5. Zwischen den Brüsten – keine zwingend vorgeschriebene Position. Achte bei dieser Stellung darauf, nicht den Intimbereich der Frauen zu verletzen.

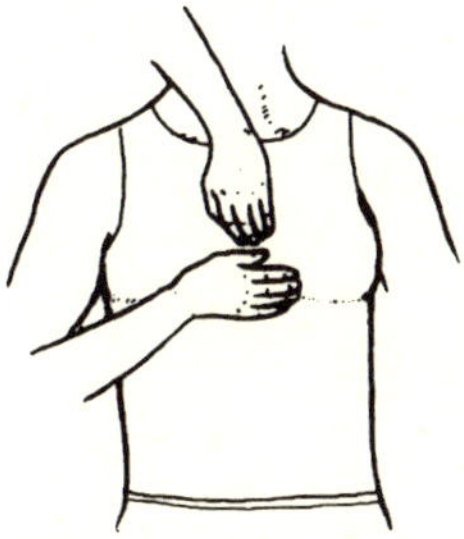

5 a. Alternative zur fünften Position.

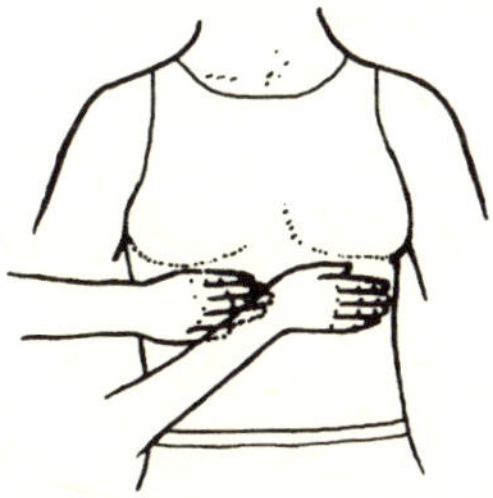

6. Unterhalb der Brüste auf den unteren Rippen.

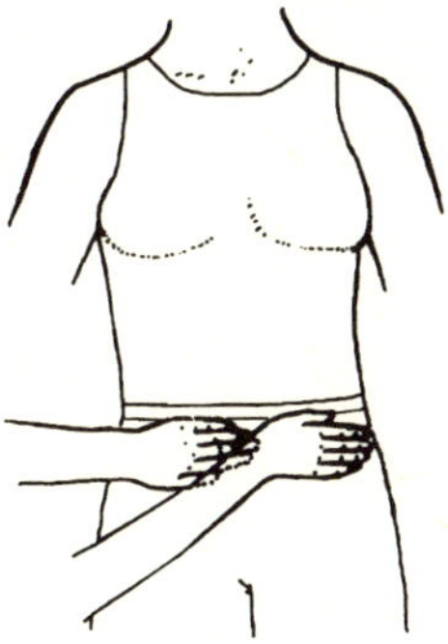

7. Direkt unterhalb der Taille.

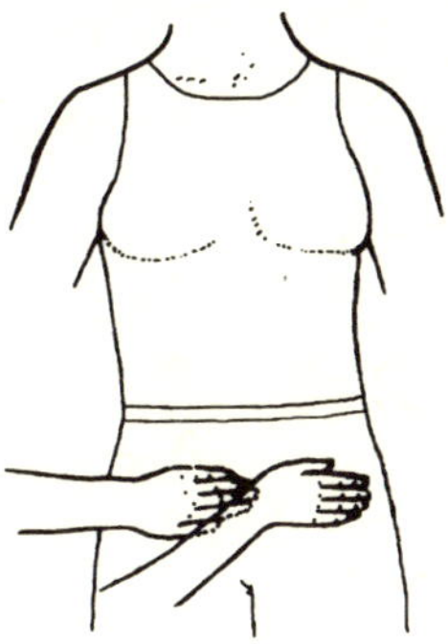

8. Quer über das Becken oberhalb des Schambeins.

Abb. 12: Reiki I – Handstellungen
Heilen von anderen

Vorderseite – Die Heilerin geht an der Seite weiter herunter

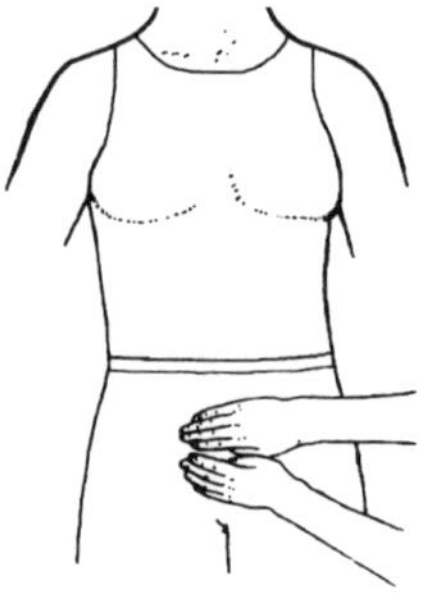

9. Beide Hände über dem unteren Bereich des Unterleibs oberhalb des Schambeins.

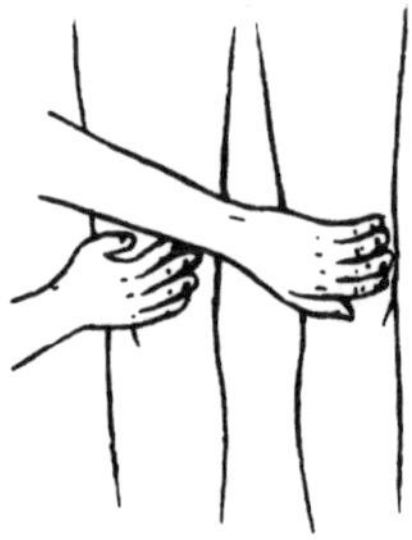

10. Vorderseite beider Knie.

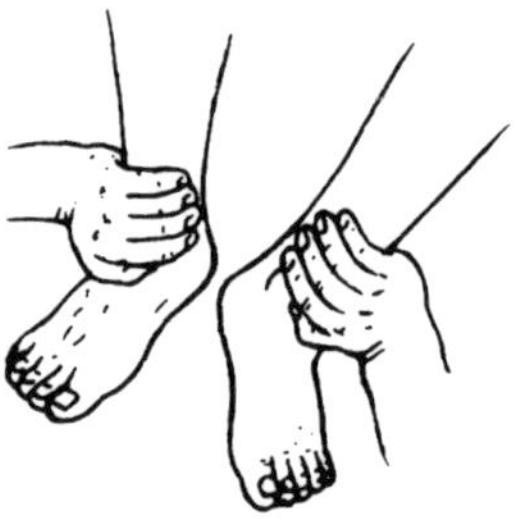

11. Vorderseite beider Knöchel.

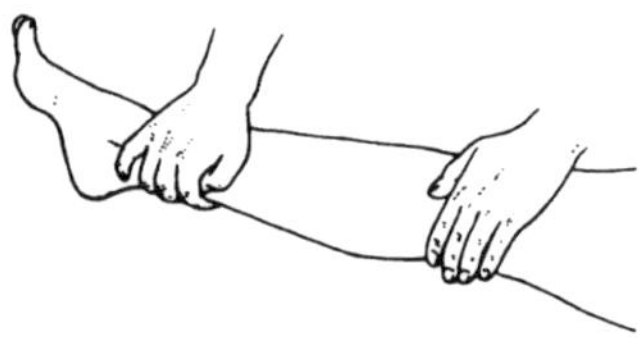

11 a. Knöchel und Knie gleichzeitig. Ein Bein nach dem anderen. Bevorzugte Position – kombiniert 10 und 11.

Die Heilerin geht ans Fußende und steht/sitzt den Füßen der Person gegenüber, die die Heilung empfängt

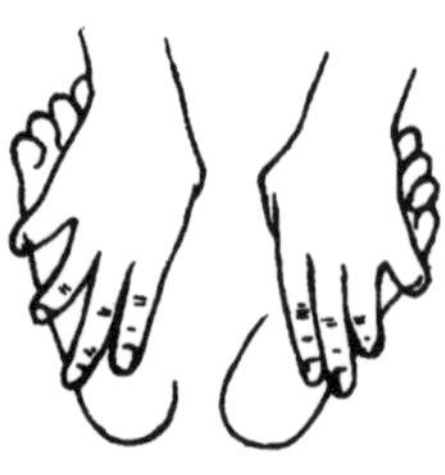

12. Unterseite beider Füße.

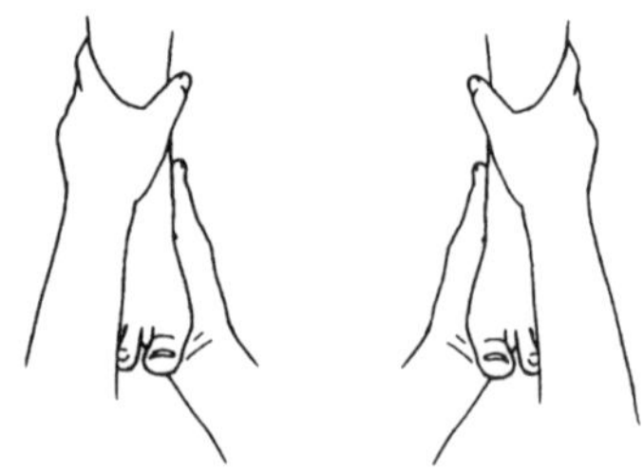

12 a.–12 b. Alternative zur zwölften Position. Immer nur die Unterseite eines Fußes mit beiden Händen.

Abb. 12: Reiki I – Handstellungen
Heilen von anderen

Die Rückseite – Die Heilerin kehrt zum Kopf der Person zurück, die die Heilung empfängt

13. Keine zwingend vorgeschriebene Position – eine Hand auf der Krone und die andere Hand auf der Wölbung des Hinterkopfes. Der Kopf der Person, die die Heilung empfängt, wird zur Seite gedreht.

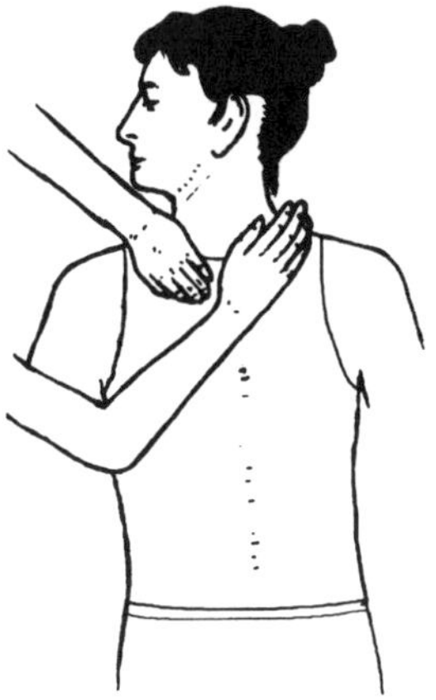

14. Nacken (Heilerin tritt an die Seite der Empfängerin).

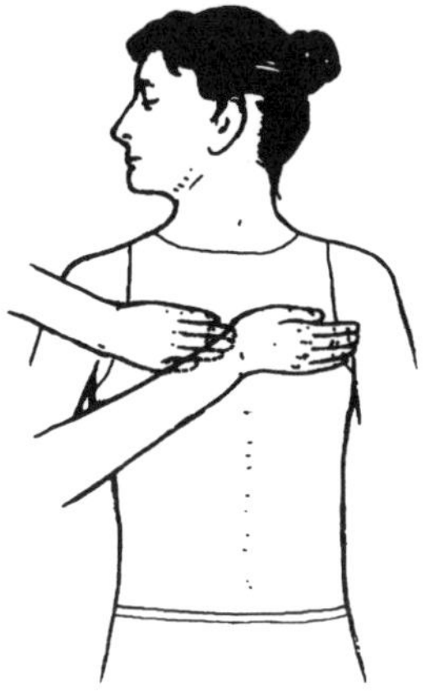

15. Oberhalb der Schulterblätter.

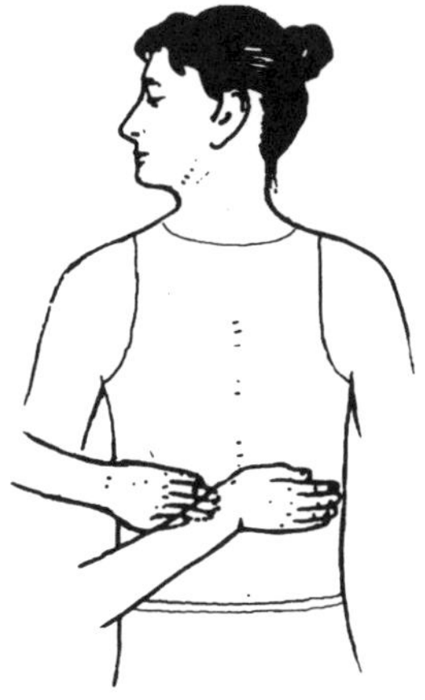

16. Mitte des Rückens.

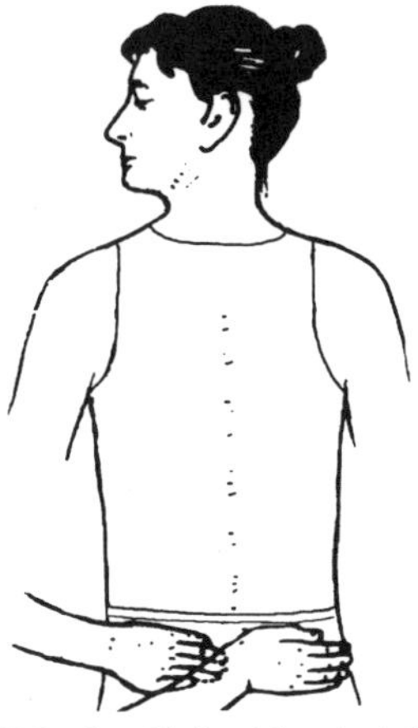

17. Lendenwirbelbereich – oberhalb des Kreuzbeins.

Abb. 12: Reiki I – Handstellungen
Heilen von anderen

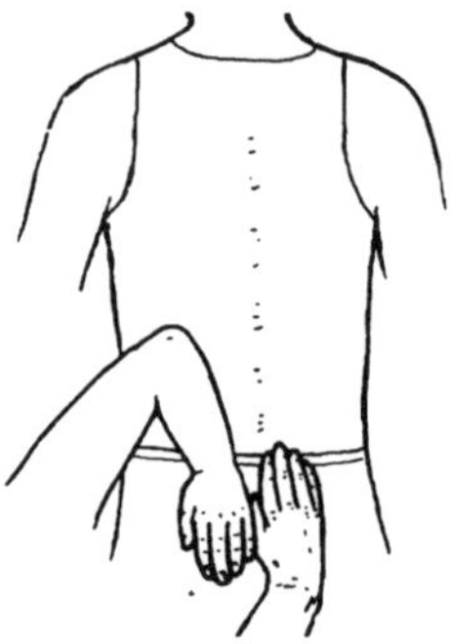

18. Oberhalb des Steißbeins – frei wählbare Position.

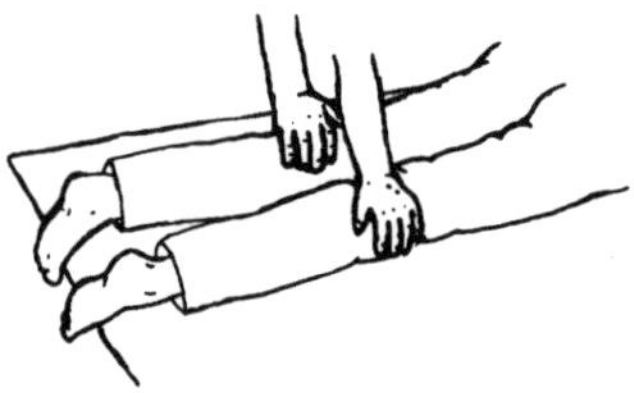

19. Beide Kniekehlen.

20. Rückseite beider Knöchel.

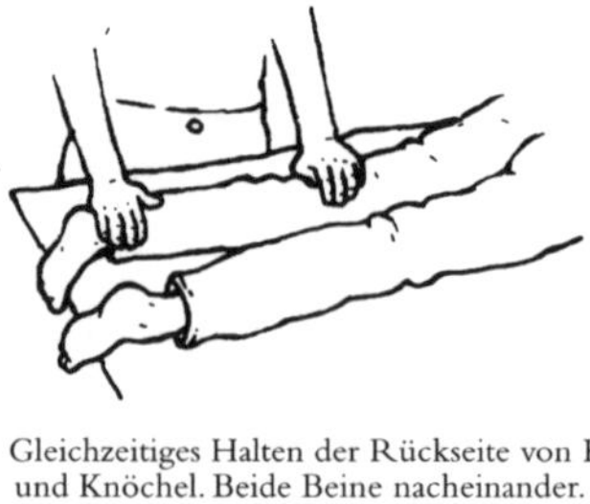

20 a. Gleichzeitiges Halten der Rückseite von Knie und Knöchel. Beide Beine nacheinander.

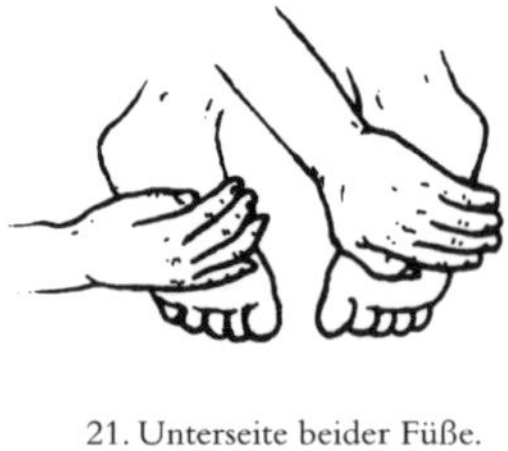

21. Unterseite beider Füße.

Abb. 12: Reiki I – Handstellungen
Heilen von anderen

Andere mögliche Handplazierungen

Alternative Handplazierungen für den Rumpf und den Rücken. Lege die Hände nebeneinander, statt die Fingerspitzen der einen an die Wurzel der anderen Hand. Ersetzt die Handstellungen 6, 7, 8 und 9 auf der Vorderseite und 15, 16, 17 und 18 auf der Rückseite.

oder

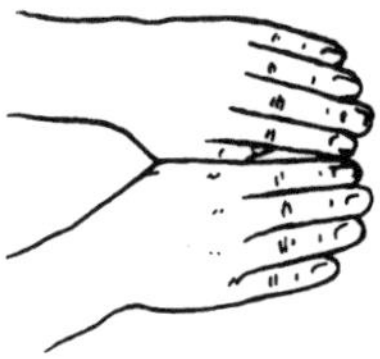

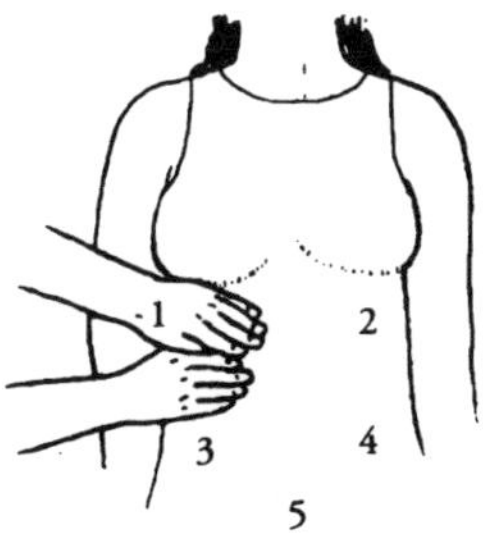

Vorderseite

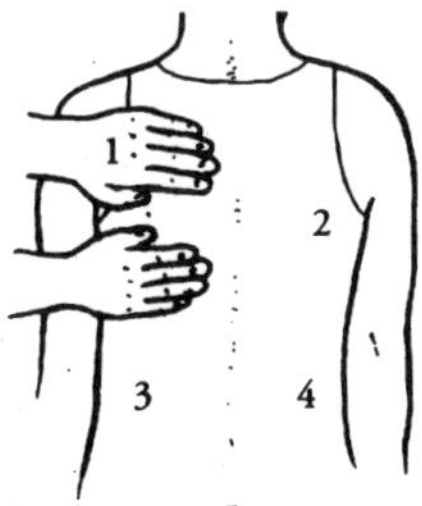

Rückseite

auf das Schlüsselbein. Du kannst deine Hände auch wie ein Zelt über die Kehle halten, ohne diese zu berühren, aber dies ist für die Heilerin eine unangenehme Anspannung. In ihren früheren Leben starben viele von uns, die heute Heilerinnen sind, auf dem Scheiterhaufen, meist wurden sie stranguliert, bevor die Flammen sie erreichten. Daher diese Phobie.

Strecke deine Hände weiter nach vorne oder bewege dich auf eine Seite für das Herz oder das Thymus-Zentrum (5 und 5a). Lege niemals die Hände auf die Brüste einer Frau, mit der du kein intimes Verhältnis hast, es sei denn, sie hat ihre Zustimmung gegeben. (Wenn die Frau Zysten oder Knoten in der Brust hat, kannst du sie fragen, ob sie einverstanden ist.) Doch normalerweise solltest du deine Hände oberhalb der Brüste plazieren oder zwischen die Brüste, wenn dafür genug Platz ist, oder die Position überhaupt auslassen. Heilende Energie geht genau dorthin, wo sie gebraucht wird, und es geht kein Vorteil verloren, wenn man diese Position übergeht. Jetzt mußt du dich an die Seite der Frau begeben und nicht mehr hinter ihr sein. Der Solarplexus ist direkt unter den Brüsten und bedeckt die oberen Verdauungsorgane, die Leber, die Gallenblase, den Magen und die Bauchspeicheldrüse. Er schließt auch das Zwerchfell-Chakra mit ein.

Bei den Stellungen am Rumpf hast du die Wahl, wie du deine Hände auflegen willst. Du kannst sie in einer horizontalen Linie über den Körper legen, wobei die Finger der einen Hand beinahe die Wurzel oder das Handgelenk der anderen berühren. Ebenso gut kannst du eine Stellung einnehmen, die manchmal bequemer ist, und deine Hände nebeneinander auflegen (wobei die Daumen sich fast berühren). Um für diese Haltung die richtigen Positionen zu finden, stelle dir den Rumpf der Empfängerin in Viertel aufgeteilt vor und lege deine Hände paarweise nacheinander auf jedes Viertel. Beachte die Illustrationen. Beginne mit der oberen rechen Seite, dann die obere linke Seite, die untere rechte Seite und die untere linke Seite. Zuletzt bringe beide Hände in die Mitte des unteren Teils des Unterleibs. Es macht keinen Unterschied, von welcher Seite aus du anfängst. Wenn du möchtest, kannst du dasselbe auch auf dem Rücken ausführen.

Fahre mit dem Rumpf fort, die Position (7) ist direkt unterhalb der Taille und deckt das Sakral- und das *Hara*-Chakra ab, dann bewege die Hände etwas nach unten auf das Becken oberhalb des Schambeins. Plaziere deine Hände entweder horizontal oder seitlich nebeneinander. Dann bringe beide Hände in die Mitte des unteren Teils des Unterleibs der Empfängerin (9), direkt oberhalb des Schambeins (Wurzel-Zentrum und Damm). Die Hände werden eine über die andere auf den Körper gelegt. Diese Positionen decken alle Unterleibsorgane ab.

Die Knie-, Knöchel- und Fuß-Stellungen sind hier wichtiger als bei der Selbstheilung. Die letzte halbe Stunde oder sogar länger hat die Frau, die die Heilung empfängt, ruhig dagelegen (es sei denn, sie erlaubte ein Lösen von Gefühlen). Vielleicht scheint sie zu schlafen oder «irgendwo draußen» zu sein, außerhalb des Körpers. Die Handstellungen an den Beinen und Füßen bringen sie wieder zur *Erde* zurück.

Um diese auszuführen, muß die Heilerin wieder ihre Stellung verändern. Bei den Rumpf-Stellungen stand oder saß die Heilerin an der Seite der Empfängerin. Es ist nicht notwendig, von einer Seite auf die andere zu gehen, vielmehr genügt es, über den Körper der Frau auf die andere Seite hinüberzureichen. Nun bewege dich weiter nach unten, so daß du ihre Beine erreichen kannst. Lege die Hände auf die Vorderseite beider Knie (10) und dann auf die Vorderseite beider Knöchel (11). Du kannst auch eine Hand auf das Knie und die andere auf den Knöchel desselben Beins legen (11a) – was die bevorzugte Art ist. Vollende diese Stellungen, indem du wieder wartest, bis die Energieempfindungen verblassen. Beende die Heilung mit den Unterseiten der Füße (12). Nimm entweder einen Fuß mit beiden Händen (12a und 12b) oder jeden Fuß gleichzeitig mit einer Hand, je nachdem, was dir lieber ist. Wenn du die Heilung fortsetzt an der Rückseite des Körpers, könntest du die Fuß-Stellungen bis zum Ende der Sitzung aufschieben. Bitte jetzt die Frau, sich umzudrehen, und gehe wieder zu ihrem Kopfende.

Nachdem die Empfängerin den Kopf auf die Seite gedreht hat, kannst du, wenn du willst, die Kopf-Position für die Rückseite des Körpers durchführen (13). Eine Hand liegt auf der Krone und die andere auf der Wölbung des Hinterkopfes/dem Chakra des Kausalkörpers. Die nächste Stellung ist der Nacken (14). Mir ist bisher niemand begegnet, der bei der Kehl-Stellung auf der Rückseite empfindlich reagierte. Als Alternative kannst du deine Hände über die Trapezmuskeln legen, jene großen Muskeln zwischen Schulter und Nacken.

Begebe dich wieder an die Seite der Frau und führe die drei Stellungen den Rücken abwärts aus (15, 16, 17). Du kannst die Hände, wie bei der Vorderseite, entweder hintereinander oder nebeneinander auflegen. Diese Stellungen betreffen das Herz/Thymus-Zentrum, den Solarplexus/das Zwerchfell und das Sakral-Chakra/die *Hara*-Zentren. Sie erreichen auch die Nieren und wirken phantastisch gegen Spannungen, Streß und bei Rückenproblemen. Wenn die Betreffende einen besonders langen Rücken hat oder viel unter Kreuzschmerzen leidet, kannst du noch eine weitere Stellung am Rücken einnehmen, und zwar noch weiter unten, am Ansatz der Pobacken (Wurzel/Damm). Wahlweise kannst du dabei die Hände so plazieren, daß sie in entgegengesetzte Richtungen zeigen (18).

Als nächstes gehe zu den Beinen und Füßen über, und diesmal ist es äußerst wichtig, daß du diese Positionen gründlich ausführst. Sie helfen der Empfängerin, sich zu erden – sie war eine lange Zeit «draußen». Begebe dich neben ihre Beine und lege die Hände auf beide Kniekehlen/die Bewegungs-Chakren (19) und die Rückseite beider Knöchel (20). Bevorzugt wird aber auch, eine Hand auf die Kniekehle und eine Hand auf die Rückseite des Knöchels bei einer Seite zu legen (20a). Warte auf die Energie, dann wiederhole dies mit der anderen Seite. Vergewissere dich, daß du beide Beine behandelt hat.

Die letzte Position dieser Heilung ist die Unterseite der Füße. Egal, ob du auf der Vorder- oder der Rückseite des Körpers arbeitest, die Füße werden immer an der Unterseite gehalten, wo die Erdungs-Chakras sitzen. Du wirst die Energieströme durch die Füße fließen fühlen, und die Energie wird vielleicht mehrere Minuten lang weiterströmen. Diese Stellung schließt die Energie der Sitzung zusammen und vollendet sie. Die Empfängerin wird zwar noch lange nicht geerdet sein, wenn sie vom Massagetisch aufsteht, aber sie wird handlungsfähig sein. Ohne die Fuß-Stellungen wäre sie viel zu benommen.

Wenn der Heilvorgang beendet ist, ist eine Menge geschehen. Danke deinen Führern und nicht-physischen Heilern und laß die Empfängerin noch ruhig liegen, solange sie das möchte. Die Führer und Engel arbeiten vielleicht noch weiter, und es kann sein, daß die Empfängerin ein paar Minuten bis zu einer halben Stunde braucht, um die Sitzung ganz zu verarbeiten, und bereit ist, sich aufzusetzen. Wenn sie während des Heilens eingeschlafen ist, sage ihr einfach, daß du jetzt fertig bist, und gib ihr dann Zeit, aufzuwachen. Sie wird sich wahrscheinlich sehr benommen fühlen und zu entspannt, um in der nächsten Zeit aufzustehen. Helfe ihr, sich aufzusetzen, wenn sie deine Hilfe braucht. Gebe ihr ein Glas reines Wasser (Flaschenwasser oder gefiltertes Wasser, kein Leitungswasser, das voller Chemikalien ist). Auch die Heilerin sollte ein Glas Wasser trinken. Lasse nicht zu, daß die Empfängerin geht oder Auto fährt, bevor sie nicht wieder völlig präsent und geerdet ist.

Es kann sein, daß sich die Empfängerin noch die nächsten Tage nach der Sitzung übermäßig entspannt oder benommen fühlt. Sie macht vielleicht einen Entgiftungsprozeß durch mit Symptomen wie Durchfall, häufiges Wasserlassen, laufender Nase, Schweißausbrüchen, ungewöhnlichen Körpergerüchen oder Durst. Vielleicht möchte sie ja fasten. Sage ihr, sie solle sich ausruhen, ihrem Körper alles Positive geben, wonach er verlangt, viel reines Wasser trinken mit oder ohne Zitronensaft. Du solltest ihr sagen, daß sie den Heilungsprozeß mit keinerlei Mitteln anhalten soll. Die Heilerin fühlt sich vielleicht hungrig, braucht Proteine oder Kohlenhydrate. Vielleicht hat sie sogar einen Heißhunger auf Zucker oder Schokolade. Ich esse statt dessen gerne Hüttenkäse oder Joghurt; auch Maischips oder Cracker tun gut. Die Heilerin hat vielleicht das Bedürfnis, für einige Zeit Energie fließen zu lassen und fühlt sich vielleicht auch ungeerdet, aber ansonsten dürfte sie sich eigentlich wohl fühlen.

Die Handstellungen, die hier benützt werden, sind Positionen des ersten Reiki-Grades für ein Heilen des gesamten Körpers. Wo du deine Hände beim Handauflegen wirklich positionierst, bleibt dir überlassen, aber diese Stellungen und diese Reihenfolge sind erprobt und stimmen. Wenn deine Intuition oder deine Führer dir raten, eine Position auszulassen, etwas anderes zu tun oder deine Hände auf andere (nicht den Intimbereich verletzende) Bereiche zu legen, dann folge ihnen. Die Teilnahme der Führer kann bei dieser Art Sitzungen sehr offensichtlich sein, wenn die Empfängerin viele Händepaare auf ihrem Körper und ihrer Aura spürt. Manchmal hat man das Gefühl, das ganze Zimmer sei voll.

Es kann vorkommen, daß dich die Führer bei einer Position anweisen, dort die Hände verweilen zu lassen, oder sie für eine lange Zeit dort festgewachsen scheinen. Ebenso kann es geschehen, daß die Führer deine Hände bewegen oder sie sogar ganz aus dem Heilen herausnehmen für eine gewisse Zeit, während sie die Arbeit machen. Dann behindere sie nicht und tue, was sie dir sagen, selbst wenn dir das, was sie machen, seltsam vorkommt und du es nicht verstehst. Das Team vom Jupiter macht das häufig mit mir, und sie sind dabei nicht immer gerade höflich – aber sie leisten jedesmal gute Arbeit.

Auf jeder Position werden deine Hände wissen, wann der Energiefluß beendet ist und es Zeit wird, die Hände zur nächsten Stelle zu bewegen. Reiki-Heilerinnen erfahren einen ganz klaren Energiezyklus von Empfindungen; auch Heilerinnen ohne Reiki erfahren vielleicht denselben Zyklus, aber die Empfindungen werden schwächer sein, oder die Heilerinnen empfinden vielleicht andere Dinge. In jedem Fall wirst du aber wissen, wann du weitergehen mußt. Bei Reiki beginnen die

Empfindungen damit, daß man einfach Körperwärme spürt. Dann verändern sie sich in eine Vielzahl von Gefühlen – verstärkte Hitze oder Kälte, ein wellenartiger Effekt, Wogen von Empfindungen, Farben oder weniger angenehme Gefühle wie das Einschlafen oder Schmerzen von Fingern. In den meisten Fällen sind die Empfindungen eher leise als laut, aber es gibt sie eindeutig. Wenn diese Empfindungen aufhören und statt dessen Körperwärme wahrgenommen wird, ist es Zeit, deine Hände weiterzubewegen. Beim Reiki dauert es etwa fünf Minuten in jeder Position.

Bei Frauen, die nicht in Reiki geschult sind, können dieselben Dinge geschehen oder auch andere. Vielleicht fühlt die Heilerin gar nichts, weiß aber trotzdem, wann sie sich weiterbewegen muß. Es kann sein, daß sie fühlt, wie ihre Hände plötzlich vom Körper der Empfängerin weggestoßen oder von ihren Führern hochgehoben werden. Möglicherweise hört sie, wie ihre Führer ihr mitteilen, wann sie ihre Hände bewegen soll, oder sie fragt sie vielleicht um Rat.

Auch die Empfängerin kann seltsame Empfindungen spüren oder auch gar nichts. Sie kann dasselbe fühlen, was die Heilerin fühlt. Und die Empfindungen können sich bei jeder Position für beide Frauen wieder verändern.

Von den Führern und Engeln bekommt man immer das Wissen, das für die Heilung benötigt wird. Es kann sein, daß beide, Empfängerin und Heilerin, Eindrücke oder Anweisungen bekommen oder nur die Heilerin oder nur die Empfängerin. Diese Information darüber, was die Führer tun oder was die Frau wissen muß, kann für die Frauen als Worte zu hören, als Emotionen zu fühlen oder als Bilder zu sehen sein. Sie kann als Farben oder Empfindungen übermittelt werden, oder die Führer machen ihre Arbeit, ohne sich mitzuteilen. Die Bilder können aus einer früheren Zeit in diesem Leben sein oder aus vergangenen Leben, besonders wenn die Heilerin in der Heilung darum bittet, die Quelle der Krankheit zu erlösen.

Auch die Empfängerin kann in vielerlei Weise reagieren. Sie kann ruhig bleiben oder sogar einschlafen, oder sie wird vielleicht sehr aktiv. Vielleicht beschreibt sie, was sie sieht, oder auch nicht – ich bitte sie immer darum. Vielleicht beginnt sie zu weinen oder braucht ein Gespräch. Schmerz aufzulösen, indem man ihn für eine kurze Zeit neu erlebt, ist positiv und bedeutet Loslassen. Versichere der Frau, daß sie das gerne tun darf und daß es für sie gefahrlos ist. Wenn eine Heilerin die ersten Male ein emotionales Loslassen miterlebt, wird es ihr Angst einjagen, aber sie muß nichts anderes tun, als die Empfängerin unterstützen und sie ihre Arbeit machen lassen. Setze währenddessen das Heilen fort, ohne die Empfängerin von ihrem Lösen abzulenken. Am Ende der Sitzung wird die Empfängerin still und ruhig sein. Sie wird sich gut fühlen, und manchmal ist ein jahrelanger, alter Schmerz verschwunden.

Nicht jede Heilung kann als die optimale vollständige Körpersequenz durchgeführt werden, wie ich sie gerade beschrieben habe. Manchmal erfordern zeitliche und räumliche Beschränkungen eine Schnellsitzung, bei der sich die Empfängerin vielleicht nicht einmal hinlegen kann. Laß sie dann in einem Stuhl mit gerader Lehne sitzen und tue dein Möglichstes. Es ist dann vielleicht nur möglich, deine Hände auf den Kopf der Frau oder ihre Schultern zu legen und auf diese Weise nur eine Stellung auszuführen. Wenn du deine Hände auf das schmerzende Gebiet legen kannst, ist das eine weitere positive Stellung.

Bevor du beginnst, solltest du zur Ruhe kommen und dich zentrieren und deine Führer und Engel hinzubitten, selbst wenn das Heilen in einem Restaurant oder auf einer Party stattfindet. Tiefe Meditation wird dort nicht möglich sein, aber inzwischen hast du gelernt, problemlos in einen leichten Trancezustand zu wechseln, und das reicht völlig aus.

Laß die Energie fließen, wenn es dir möglich ist. Gefühlslösungen werden kaum in Gegenwart anderer Menschen stattfinden, und darauf sollte auch nicht hingearbeitet werden, wenn du keinen ruhigeren Platz für eine vollständigere Sitzung findest. Erstaunlich positive Ergebnisse können selbst bei derart eingeschränkten Heilungen herauskommen.

Heilsitzungen mit Handauflegen können sogar für Babies und Tiere durchgeführt werden, allerdings gibt es hier ein paar Unterschiede zu der Arbeit mit menschlichen Erwachsenen. Einmal werden deine Hände auf einem kleinen Körper mehrere Positionen gleichzeitig abdecken, weshalb weniger formelle Positionen erforderlich sind. Bei Haustieren versuche deine Hände auf ihre Krone oder die Seiten des Kopfes zu legen, auf den oberen Rücken oder auf die Seite der vorderen Schulterpartie, auf den unteren Rücken, kurz vor Beginn des Schwanzes, und auf den Bauch. Selbst dies könnten schon zu viele Stellungen sein. Du kannst auch einfach deine Hände auf irgendeine Körperstelle legen, bei der das Tier möglichst still hält.

Dasselbe gilt für Säuglinge und Kleinkinder. Versuche bei Säuglingen die Seiten des Kopfes und eine Position in der Mitte des Unterleibs. Wende nur eine ganz leichte Berührung an ohne Druck. Bei älteren

Kindern kannst du weitere Positionen hinzufügen. Ein Baby sollte man von der Mutter im Arm halten lassen oder auf ihren Bauch legen, um es für die Berührung ruhig zu machen. Sowohl Kinder wie Tiere füllen sich sehr schnell mit Energie, und selbst diese grundlegenden Plazierungen werden nicht lange dauern. Deine Führer werden schnell arbeiten und vielleicht damit weitermachen, wenn du deine Hände weggenommen hast. Haustiere stehen auf und gehen, wenn sie genug haben, Babies oder Kinder werden dann unruhig. Ihre Aufmerksamkeitsspannen sind kurz; zwinge sie nicht, länger auszuhalten, als sie es möchten. Haustiere, die diese Hilfe brauchen, bitten vielleicht um die Energie, kommen zurück und drängen sich wiederholt gegen deine Hände. Gebe sie ihnen, wenn sie darum bitten. Mache das mit Kindern genauso, halte kurze (manchmal sehr kurze) Sitzungen ab, die häufig wiederholt werden, manchmal mehrmals in einer Stunde oder an einem Tag.

Bei Erwachsenen kann eine vollständige Körpersequenz ausreichen, um weniger ernste Krankheiten zu klären. Bei chronischen Beschwerden (emotionaler Schmerz eingeschlossen) ist einmal die Woche angebracht, wenn man intensiv arbeiten will, oder ein- bis zweimal im Monat, wenn man es langsam angehen will. Heilsitzungen können eine Menge Emotionen öffnen und Entgiftungsprozesse in Gang setzen, so daß eine Frau, die vieles zu klären hat, das vielleicht nicht so schnell tun möchte.

Bei ernsthaften, akuten Krankheiten können Heilungen täglich durchgeführt werden oder während einer Krise sogar noch öfter. Das betrifft das vollständige Körperheilen bei anderen. Bei der Selbstheilung folge deiner Intuition, aber für die meisten Frauen und Probleme ist allabendlich nicht zu häufig. Beim Selbstheilen ist die Menge an Energie, die in dich eindringt, auch jene Menge, die dein Körper gut verarbeiten kann. Bei der Heilung anderer kann die Energieübertragung durch die Heilerin stärker sein als der normale Energiefluß der Empfängerin.

Zwar habe ich dir jetzt die Grundlagen der Techniken des Handauflegens erklärt. Doch der einzige Weg, dies wirklich zu lernen und ein Könner bei dieser oder einer anderen Technik des Heilens zu werden, ist es, möglichst viele Sitzungen abzuhalten. Das wahre Lernen findet durch das Tun statt. Nur die Erfahrung kann aus dir und deinen Führern und Engeln ein kooperativ arbeitendes Team machen. Die Durchführung vieler Heilungen zeigt dir auch viele verschiedene Situationen, Krankheiten, Frauen und ihre Reaktionen, die der Heilerin ein Hintergrundwissen geben, von dem aus und mit dem sie arbeiten kann. Man kann das Heilen nicht aus einem Buch lernen; der einzige Weg besteht darin, diese Arbeit für sich selbst und für andere auszuführen. Das nächste Kapitel beschreibt die Methoden des Reinigens und des Loslassens schmerzlicher Gefühle bei sich selbst und bei anderen.

7

Lösen von Emotionen

Dieses Kapitel beschäftigt sich damit, wie man die Macht des Geistes für die Heilung von Emotionen einsetzen kann. Jedes einzelne der vielen Traumen eines Lebens wird in der Aura festgehalten, bis es geheilt und erlöst wird. Jedes von ihnen beeinflußt das Individuum auf allen Körperebenen, inklusive der Ebene des physischen Körpers und seiner Gesundheit. Emotionen sind die Brücke zwischen dem physischen Körper und der allschöpferischen Macht des Geistes. Traumatische Lebenserfahrungen sind der entscheidende Faktor bei der Verschleierung des Spiegels des Geistes, wodurch wiederum das Bewußtsein der Frau von ihrem *Göttin*-Sein verdunkelt wird. Durch das Freilassen dieser verdunkelnden Gefühle wird die Natur der Frau als *Innere Göttin* enthüllt und die Getrenntheit zur Einheit verwandelt.

Der Geist schöpft Materie, Wandel, Gesundheit und Transformation aus der Vollkommenheit der *Leere/Göttin*. Er versucht, Gesundheit zu schaffen, denn der Körper der Frauen ist darauf programmiert zu wissen, was Gesundheit ist, und nach ihr zu streben. Negative Denkmuster hindern den Geist, gute Gesundheit zu übermitteln: Wir sind, was wir denken. In ähnlicher Weise verhindern negative Gefühle, die im emotionalen Körper, der *Hara*-Linie und dem Sakral-Chakra festgehalten werden, daß sich gute Gesundheit auf der physischen Ebene manifestieren kann. Der Zweck der Lösung der Emotionen ist, den achtsamen, positiven Geist einzusetzen, um diese Traumen der Vergangenheit zu klären und die Emotionen und ihre negativen Auswirkungen auf das Leben der Frauen zu heilen.

Der Emotionalkörper besteht aus den gesammelten Empfindungen und Gefühlen – ein Lagerhaus der Vergangenheit. Augenblicklich herrschende Emotionen, Gefühle, Bilder und Eindrücke werden durch das Sakral-Chakra in den Körper gebracht und dort festgehalten, bis sie gelöst werden. Länger andauernde Empfindungen wandern in die Aura des Emotionalkörpers, wo sie selbst dann noch erhalten bleiben, wenn die ursächlichen Ereignisse vergessen sind. Eine neue Situation kann eine alte Emotion wieder hervorrufen, obwohl die Ursache ihres Wiederauftauchens nicht sofort oder nicht leicht erkennbar sein mag. Jede Verstärkung eines negativen Gefühls, jedes Lebenstrauma, das es hervorbringt, ob klein oder groß, verankert dieses Gefühl noch tiefer in der Auraschicht des Emotionalkörpers und noch darüber hinaus.

Tiefsitzende Emotionen, die im Emotionalkörper angesiedelt sind, werden zu den Themen der emotionalen Heilung in diesem Leben und dem Karma der nächsten Leben, die uns zu unserer nächsten Inkarnation vorwärtstreiben, wenn sie im gegenwärtigen Leben nicht geheilt werden. Sie werden solange vorwärtsgetrieben, bis sie gelöst werden können. In ähnlicher Weise besteht das Karma von Frauen zum großen Teil aus ungelösten Emotionen, die aus früheren Leben stammen. Diese Emotionen, die sich aus der Vergangenheit reinkarniert haben, müssen erst neu durchlebt werden, um geheilt werden zu können. Damit dies möglich ist, findet sich die Frau in diesem Leben in traumatischen Situationen, die jene wiederholen, die die Emotionen in einem früheren Leben ausgelöst haben. Dieses karmische Nachbilden ist in der Aura an der *Hara*-Linie festgehalten, dem Ort, wo auch die Lebensaufgabe dieser Inkarnation angesiedelt ist. Gerade weil es so wesentlich ist, diese Emotionen und Muster zu heilen, wird dieses Heilen zu einem Teil der Lebensaufgabe.

All dies hat tiefreichende Wirkungen, besonders hinsichtlich der Themen, denen sich die Frauen heutzutage gegenübersehen. Seit ein paar Jahren sprechen Frauen über Vergewaltigung, Inzest, Kindesmißbrauch, Alkoholismus und verprügelte Frauen. Sie sprechen darüber, die «Kette zu durchbrechen», damit diese Mißhandlungen ihnen in Zukunft nicht mehr zugefügt werden oder damit sie nicht zu Mustern werden, die durch sie in ihren Kindern weiterwirken. Die Kette, die unterbrochen ist, reicht jedoch nicht nur in die Zukunft, sondern auch in die Vergangenheit, und das Heilen hat eine viel weitreichendere Bedeutung, als die meisten Frauen wahrnehmen. Diese Traumen im Leben der Frauen zu heilen, wird wahrscheinlich auch die Muster der vergangenen Inkarnationen heilen, und ihre Vollendung wird die zukünftigen Lebensspannen verändern, für sie selbst und oft auch für andere.

Ich möchte dazu mein eigenes Leben als Beispiel anführen. Ich wurde als Kind physisch und emotional schwer mißhandelt, was zu weitreichenden neurologischen, visuellen Schäden und Wirbelsäulen-Schäden führte. Als ich meinen aktiven Heilungsprozeß begann, waren meine emotionalen und physischen Muster die einer Frau, die Inzest ausgesetzt war. Dennoch kam in mehreren Jahren des Heilens, der Therapie und der Trance-Arbeit der sexuelle Mißbrauch nicht ans Tageslicht, obwohl ich damit gerechnet hatte, glaubte, dazu bereit zu sein, und danach Ausschau hielt.

Als ich Wissen über meine früheren Leben erhielt, kamen die Traumen an die Oberfläche. In dem gegenwärtigen Leben wurde ich 1948 geboren, und mein letztes früheres Leben endete nur ein paar Jahre vor meinem augenblicklichen Geburtsjahr. In diesem letzten Leben starb ich in Deutschland im Konzentrationslager Buchenwald. Ich war weiblich, Jüdin und lesbisch und ein älterer Teenager, als ich infolge der medizinischen Fortpflanzungsversuche starb, die im Lager an Frauen vorgenommen wurden. Ich war dort auch wiederholten Schlägen, Mißbrauch und Vergewaltigungen ausgesetzt, die sich durch meinen entschlossenen Widerstand nur verschlimmerten. Bevor ich in das Konzentrationslager kam, hatte mich mein Großvater mehrere Jahre lang sexuell mißbraucht.

Mit dem Wissen von der Quelle dieses Traumas war ich in der Lage, mich von diesen Schäden zu heilen. Ich bin durch alle Emotionen und Traumen dieses Lebens gegangen bis zurück in den Mutterschoß und habe ein ungeheures Maß an emotionalem Heilen vollbracht. Das Muster konnte jedoch nur auf der karmischen Ebene aufgelöst werden, da es auf der *Hara*-Linie und in den äußeren Aurakörpern festgehalten ist. Allerdings konnte es von jenen höheren Ebenen erst dann gelöst werden, als die Arbeit an den Traumen des jetzigen Lebens vollendet war. Seit ich das begriffen habe, wird das Heilen nun emotional und in meinem Körper zu Ende geführt. Auf jeder Ebene gab es viele Veränderungen, und ich werde weder in diesem Leben noch in den vor mir liegenden Lebenszeiten erneut Mißbrauch manifestieren.

In diesem Kapitel wird erklärt, wie man emotionalen Schmerz und emotionale Schäden, die aus diesem Leben stammen, heilen kann. Karmische Neuprogrammierung und Lösung, um vergangene Inkarnationen zu heilen, werden in einem späteren Kapitel behandelt, da es sich dabei um fortgeschrittenere Arbeit handelt. Karmische Neuprogrammierung kann erst durchgeführt werden, nachdem die Arbeit an den Emotionen der Gegenwart beendet oder wenigstens in Angriff genommen ist. In ähnlicher Weise muß die Frau, wenn sie vollständige emotionale Erlösung von den Traumen dieses Lebens erlangen will, sich erst dessen bewußt werden, welche Ereignisse diesen Schaden angerichtet haben, bevor sie ihn heilen kann. Falls sie das noch nicht weiß, kann sie es in Meditation oder in Heilsitzungen herausfinden.

Es hat große Vorteile, ein Heilen der schmerzlichen Emotionen und der Traumen dieses Lebens durch Geistheilen zu versuchen. Frauen, die es mit Therapie, mit Selbsthilfegruppen, mit Schulmedizin etc. versucht haben, mußten feststellen, wie auslaugend und entmutigend ein solcher Prozeß sein kann. Als ich es auf diesem Wege in Angriff nahm, fand ich mich drei Jahre später mit einem Wissen von all dem Unrecht und den Problemen meines Lebens, einer tiefen Depression und Wut, ohne eine Ahnung zu haben, was ich damit anfangen sollte. Als ich meine Gestalt-Therapeutin fragte, die an diesem Punkt der Meinung war, meine Behandlung sei beendet, war die Antwort: «Wenn du wütend bist, schlage auf die Telefonbücher ein. Mit der Zeit wird die Wut verblassen.» Aber sie verblaßte nicht, und ich empfand mich als ohnmächtig und immer weniger in der Lage, normal zu funktionieren.

Beim Geistheilen, das ich für mich selbst und mit der Hilfe von anderen unternahm, lernte ich, was ich tun mußte. In jeder Geistheilungssitzung erhielt ich mehr Erleichterung und Erlösung als in der Therapie, und ich begann Antworten zu finden. Sobald ich mit dem Prozeß und den Techniken vertraut war, ging das Heilen zügig voran, manchmal sogar schneller, als ich es verarbeiten konnte. (Brede und Theresa behaupten, ich sei ungeduldig, und sie haben recht.) Die Dinge begannen sich neu zu ordnen, wenn auch nicht immer auf sanfte Weise, und eine Heilung geschah, die ich nie für möglich gehalten hatte. Heute unterscheidet sich mein Leben grundlegend von dem vor fünf Jahren oder überhaupt irgendeiner Zeit zuvor, und die Techniken haben sich auch bei der Arbeit mit anderen als wirkungsvoll erwiesen. Diese Art des Heilens löst den Schmerz in einer Weise, wie es die Therapie nicht fertig bringt, und löst ihn bis in viele tiefere Schichten hinein. Die Methoden werden im folgenden erklärt und sind eigentlich die Grundlage für alle Techniken in diesem Buch. Es gab für mich keine Heilung, bevor ich nicht den spirituellen Pfad einschlug und in diesem Umfeld nach Heilung Ausschau hielt.

Die Vorstellung, daß Krankheit des Körpers durch negative Emotionen ausgelöst wird, ist nicht neu. Ich benütze hier die Begriffe negativ und schmerzlich als Synonyme. Wenn eine Frau negative Emotionen hat, dann heißt das nicht, daß die *Frau* negativ ist, weil sie diese erfährt. Wir alle sind Opfer, wenn wir weiblich und in diesem Leben in einem Körper inkarniert sind. Der Buddhismus beschreibt ungelöste Emotionen als die Kraft, die die Menschen an das Rad der Inkarnation kettet. Da sich ungeheilte Emotionen mit der Person wieder inkarnieren und nur in Körpern geheilt werden können, zwingen sie die Frau, sich wieder und wieder zu inkarnieren. Jede Inkarnation fügt jedoch neue emotionale Anhaftungen hinzu und setzt diesen Prozeß fort.

Doch dieser Kreislauf kann beendet werden, wenn man den Geist einsetzt, um die Emotionen zu heilen und zu erlösen. Emotion ist ein Faktor des Ego oder der Getrenntheit, und wer die Emotionen losläßt, führt sein Ich zur Buddha-Natur/zur *Inneren Göttin* und begreift das eigene Selbst als Teil des Universums allen Lebens. Das Heilen der Emotionen entschleiert den Spiegel, erlaubt einem, die Realität zu sehen, die der Geist geschaffen hat. Die Freisetzung der Emotionen und der Begrenzungen des Geistes bedeutet Erleuchtung. Mit diesem Verständnis braucht sich eine Frau nicht länger zu inkarnieren.

Die Vorstellung, daß emotionaler Schmerz zu Krankheit führt, hatten bereits die alten Griechen. Paracelsus, jener Mann, der von weisen Frauen ausgebildet wurde und als Stammvater der Medizin angesehen wird, schrieb vor zweitausend Jahren schon darüber. Auch in den heilkundigen Schriften der Hildegard von Bingen, die sie vor achthundert Jahren verfaßte, ist diese Vorstellung enthalten. Das heilkundliche Wissen der Frauen wurde seit langem von der institutionalisierten Medizin fallengelassen, aber dennoch ist es sehr lebendig. Der Trance-Heiler Edgar Cayce, der für seine Tausenden von Fernheilungen durch Hausmittel, Ernährung und Naturheilverfahren berühmt ist, sprach auch über die Zusammenhänge von Emotionen und Krankheit. Er war sich dessen bewußt, daß Streß, Karma und Einstellung Krankheitsfaktoren waren, etwas, das zu seiner Zeit medizinisch nicht anerkannt wurde. Es ist sein Verdienst, daß viele verlorengegangene weibliche Vorstellungen wieder ins westliche Bewußtsein rückten, und vor seinem Tod 1945 begründete er die Metaphysik des New Age. Viele der unterdrückten ländlichen und eingewanderten Hebammen/Heilerinnen seiner Zeit hätten seine Arbeit wahrscheinlich genauso ausführen können, aber weder fragte man sie, noch hörte man ihnen zu.

Cayce stellte fest:

> Ärger führt zu Kopfschmerzen oder Verstopfung, Depression hat Müdigkeit zur Folge, emotionaler Aufruhr löst asthmatische Erkrankungen aus und so weiter. Er sagte, «keiner kann seinen (sic) Nachbarn hassen, ohne Magen- oder Leberprobleme zu bekommen» oder «eifersüchtig und auf den Partner wütend sein, ohne Verdauungsstörungen oder Herzprobleme» zu entwickeln.[1]

Alice Steadman war wahrscheinlich die erste Frau der Neuzeit, die 1966 in ihrem Buch *Who's the Matter With Me* diese Theorie zu einem Heilsystem verarbeitete. Sie widmet ihr Buch «den Kranken und Müden, die krank und müde davon sind, krank und müde zu sein». Darin bezeichnet sie die Menschen als spirituelle Wesen, die eine Aufgabe auf diesem Planeten zu erfüllen haben und deren Bedürfnis es ist, einander zu lieben und zu achten. Die Gedanken und Ängste der Menschen bringen im Körper Krankheit hervor, und indem man diese mental-emotionalen negativen Wirkungskräfte untersucht und verändert, kann die Gesundheit wiedererlangt werden. Krankheit wird verursacht durch die Spannung zwischen Körper und Seele: daß man sich nicht mehr als *Göttin* erkennt, der Lebensaufgabe der Inkarnation nicht folgt oder die eigene Spiritualität leugnet.

> Die sensiblen Stellen auf und in deinem Körper versuchen dir mitzuteilen, daß du gegen die Lebensaufgabe deiner Seele verstößt. So wie deine Mutter dir leicht auf die Hand schlug, die verbotenerweise in die Keksdose griff, so schlägt uns unsere Seele mit Schmerz in jenem Teil des Körpers, der das Symbol des falschen Denkens oder Handelns ist.
> Wir müssen damit aufhören, auf Stimuli blind zu reagieren; wir müssen uns der Zusammenhänge zwischen Emotionen und Körperreaktionen bewußt werden.[2]

Probleme im Lendenwirbelbereich beschreibt sie als Hinweis auf ungleiche Machtverteilung zwischen Eheleuten, die eigentlich gleichberechtigte Partner sein sollten, und die Brust- oder Gebärmuttertumoren bei Frauen als frustrierte Sehnsüchte bezüglich Liebe und dem Schaffen eines Heims. Magenschmerzen und Magengeschwüre drücken das Bedürfnis nach Liebe und Sicherheit aus. Erkältungen sind das Ergebnis von Hilflosigkeit und unterdrücktem Ärger, ein inneres Weinen über etwas, das man nicht ändern oder wieder in Ordnung bringen kann. Thrombosen und Schlaganfälle resultieren aus dem Vorenthalten von Liebe und Zuneigung, und ein Herzanfall ist ein Hilferuf nach Aufrichtigkeit und Zärtlichkeit.

Wahrscheinlich das Beste, was über krankmachende Denkmuster und Gefühle geschrieben wurde, steht in den Büchern von Louise Hay *Heile deinen Körper* und *Du bist dein Heiler.* Das Konzept ähnelt dem von Alice Steadman (obwohl es radikaler scheint), und ihre Definitionen sind sehr ähnlich. Sie beschreibt Emotionen und Glaubensvorstellungen als den Kern der Krankheit und das Loslassen von negativen Gedanken und Emotionen als wesentlich für das Heilen. Eine Hauptquelle von Krankheit ist, sich selbst für nicht gut genug zu halten in Verbindung mit Selbstbestrafung und Selbstbeschuldigungen. Sie beschreibt Groll, Vorwürfe, Angst, Schuldgefühle und Selbstanklagen als Persönlichkeitsmuster, die uns andere anziehen lassen, die uns dementsprechend behandeln, und dies manifestiert sich schließlich als Krankheit im Körper. Groll kann zu Krebs werden, Vorwürfe zu Arthritis, Schuldgefühle manifestieren sich als körperliche Schmerzen und Angst als alles mögliche von Magengeschwüren bis zum Haarausfall.[3]

Sie schreibt, daß Erlösung von den vergangenen Traumen und den negativen Emotionen und Denkmustern Vergebung voraussetzt. Alle Krankheit manifestiert sich als Folge eines Zustands der Unfähigkeit zur Vergebung, und alles Heilen entsteht aus der Vergebung gegenüber anderen und sich selbst. Vergebung heißt nicht, daß man Mißhandlungen hinnimmt, sondern die Bereitschaft, die Mißhandlungen, die Vergangenheit und das Negative, die unser Leben.mit Schmerzen erfüllen, gehenzulassen. Es handelt sich dabei um einen Prozeß des Aufbaus der positiven Selbstliebe, der alle Dinge heilen kann:

> Wir müssen uns dafür entscheiden, die Vergangenheit loszulassen und jedermann zu vergeben, uns selbst eingeschlossen. Wir wissen vielleicht nicht, wie wir vergeben sollen, und wir wollen vielleicht gar nicht vergeben; aber allein die Tatsache, daß wir sagen, wir seien bereit, zu vergeben, löst den Heilungsprozeß aus. Es ist eine Voraussetzung unserer eigenen Heilung, daß «wir» die Vergangenheit loslassen und jedermann vergeben.
>
> «Ich vergebe dir, daß du nicht so bist, wie ich dich haben wollte. Ich vergebe dir und gebe dich frei.» Diese Affirmation gibt uns frei.
>
> Selbstbestätigung und Selbstachtung im Jetzt sind der Schlüssel zu positiven Veränderungen in allen Bereichen unseres Lebens.[4]

Ich fühle, daß diese Analysen zutreffen, und viele der Definitionen der Quellen von Krankheiten sind unzweifelhaft von Wert. Dennoch habe ich meine Probleme, wenn ich an die Reaktion der Leute auf diese Darlegungen denke, da sie oft genug benützt werden, um den Frauen die Schuld für ihre Krankheit und ihren Schmerz zuzuweisen. Ich fühle, daß diese Erklärung nicht tief genug in die Traumen des weiblichen Lebens eindringt, weder in die von diesem Leben noch von früheren Inkarnationen. Auch ist kein Ansatz eines politischen Bewußtseins in dieser embryonalen Arbeit.

Ich gebe diese Krankheitsdefinitionen Frauen gerne als Information, um ihnen eine Vorstellung von der Quelle ihres Schmerzes zu geben oder eine Orientierungshilfe. Ich setze sie auch beim Heilen als Frage ein: «Kann es sein, daß deine Rückenschmerzen eine Folge von mangelnder Unterstützung in deiner Beziehung sind?» Die Frau antwortet mit ja oder nein. Wenn sie bejaht, dann frage ich sie, was notwendig ist, um das Problem zu lösen. Sie wird es wissen, und ich gebe ihr alle Zuwendung und Ermutigung, deren ich fähig bin. Verneint sie, frage ich, was sie für die Ursache hält. Besteht sie darauf, daß es dafür gar keine emotionale Ursache gibt, lasse ich das Thema fallen. Falls sie später bereit ist, nach einer Quelle zu suchen, dann steht ihr die Vorstellung zur Verfügung.

Auch ich glaube an die Macht der Vergebung, aber ich glaube, daß bei den meisten Frauen erst sehr viel Schaden geheilt werden muß, bevor Vergebung überhaupt möglich wird. Bei den ersten Meditationen zu Anfang dieses Buches waren Frauen, die mit schwierigen Emotionen arbeiteten, vielleicht noch nicht bereit oder in der Lage, diese loszulassen. Das ist am Anfang in Ordnung; allein die Durchführung der Meditation ist schon eine Vorbereitung dafür. Wenn ich eine Frau bitte, Liebe auszusenden oder zu vergeben, ist sie vielleicht noch nicht dazu bereit, aber auch hier ist es ein sehr guter Anfang, wenigstens die Übung durchzuführen. Sich selbst zu vergeben, ist immer das schwierigste.

Versuche diese Übung noch einmal. Gehe in deinen Meditationsraum, erde und zentriere dich und entspanne dich vollständig, laß die Energie fließen und lade deine Führer und Engel ein, sich dir anzuschließen. Bitte, daß man dich die emotionalen Hemmnisse in deinem Energiestrom sehen läßt oder die Blockaden in jedem Chakra. Nimm das erste Hindernis und frage, welches Gefühl oder welches Trauma oder welcher Mensch seine Quelle ist. Meditiere über die Antwort. Sende zuerst dem Gefühl oder der Situation Liebe, dann sende dir selbst Liebe. Erfülle dich mit Liebe und laß sie durch dich hindurchfließen. Versuche als nächstes Vergebung zu schicken, dem Gefühl, dem Trauma und dir selbst. Laß die Energie der Vergebung durch dich fließen und durch alle, denen du zu diesem Zeitpunkt vergeben kannst. Die Energie kann jede Art der Visualisation annehmen: Licht, Farbe, Ton, Empfindung, Duft.

Nun betrachte die betreffende Person. Wenn du nicht in der Lage bist, ihr *deine* Liebe zu schicken, dann sende die universale Liebe der *Göttin*. Wenn du nicht fähig bist, der anderen Person zu verzeihen, dann sende dir Vergebung, unabhängig davon, ob du glaubst, sie nötig zu haben oder nicht. Gehe wieder auf das Gefühl zu, wenn es immer noch vorhanden ist. Bitte deinen Geistführer, deinen Engel oder die *Göttin*, die schmerzliche Emotion wegzunehmen und sie durch etwas zu ersetzen, das sich auf dein Wachstum positiv auswirkt. Laß diese Emotion los, gebe sie auf. Als nächstes führe dies mit dem Trauma oder der Situation durch; achte darauf, was an seine Stelle tritt. Bitte als nächstes darum, daß du allen negativen Einfluß oder Schaden, den diese Person in deinem Leben angerichtet hat, loslassen kannst und ersetze auch dies mit etwas Positivem. Bitte darum, die Person gehenlassen zu können, wenn du dich dazu bereit fühlst. Wenn dies vollbracht ist, erfülle dich erneut mit Vergebung, Selbstvergebung oder Liebe. Danke deinen Führern und komme zurück ins Jetzt.

Wiederhole diese Meditation ungefähr einmal pro Woche. Wenn eine Emotion, eine Person oder eine Situation einfach nicht gehen will, nimm eine andere und kehre zu der ersten später zurück. Gehe bei dem Heilen langsam voran. Wenn du nicht dazu fähig bist, der Situation oder Person zu verzeihen, sende dir selbst Vergebung. Wenn du dir selbst nicht vergeben kannst, sende dir Liebe. Die Emotionen werden sich im Verlauf der Heilung allmählich verändern. Bitte deine Führer, Engel und die *Göttin*, dir zu helfen. Es kann sein, daß bis zu drei Tage nach einem großen Lösen im täglichen Leben weitere alte Gefühle und Erinnerungen in dir aufsteigen. Betrachte sie als Schmerz, der sich auflöst und geht. Beobachte sie wie einen Film und laß sie gehen.

Wenn die Gefühle sehr intensiv sind, nimm dir Raum und Zeit, um zu weinen oder wütend zu werden oder sie auf andere Weise in vollem Maße zu empfinden. Lehne sie nicht ab oder verdränge sie nicht, laß sie kommen, fühle sie und schau zu, wie sie gehen. Nimm unter der Dusche Meersalz und reibe es auf deine Chakras (aber nicht in die Vagina oder die Augen), dann spüle es ab. Führe das beim Duschen dreimal durch, um die durch das Lösen befreiten Giftstoffe schnell aus deiner Aura zu entfernen. Wenn alles gelöst ist, tupfe nach dem Duschen Apfelessig auf deine Chakras und laß ihn trocknen oder spüle ihn ab. Dies versiegelt deine Aura wieder und gibt dir ein wunderbares Gefühl; der Essiggeruch verschwindet beim Trocknen. Das Loslassen von schmerzlichen Gefühlen braucht viel Zeit, versuche nicht, alles auf einmal zu vollbringen. Baue dich während dieses Prozesses damit auf, daß du dich für alles, was du heilst, liebevoll lobst. Du wirst die Veränderungen in deinem Leben und deiner Gesundheit bemerken.

So schreibt Stephen Levine in *Healing Into Life and Death*:

> Unsere Leiden loszulassen ist die härteste Arbeit, die wir je zu tun haben werden. Es ist auch die lohnendste. Heilen bedeutet, uns selbst auf andere Art neu zu begegnen – wo jeder Augenblick neu ist, wo alles möglich und nichts begrenzt ist auf das Alte, wir unsere Besitztümer losgelassen haben und unser Streben mit wenig Überraschung oder Urteil betrachten. Die Weite unseres Seins, das jedem Augenblick mit ganzem Herzen begegnet, ob er Freude bringt oder Schmerz. Dann wird das Heilen tiefer gehen, als wir uns das jemals vorstellen konnten, tiefer als wir es zu träumen gewagt hätten.[5]

Während das Vergeben Zeit und Bereitschaft erfordert, kann es viel leichter sein, die Vielzahl der vorhandenen negativen Einflüsse aus deinem Leben zu entfernen. Dies ist ein «Hausputz» der Chakras, den ich alle paar Monate gerne durchführe. Das schließt ein, die Energie irgendeines anderen zu entfernen, die dich vielleicht auslaugt oder dich auf eine andere Weise zurückhält. Tiefsitzende emotionale Probleme lösen sich, wenn du alles gründlich und vollständig durchführst, aber das geschieht auch mit einer Menge kleinerer und unwichtiger Störungen durch Leute, die für dein Leben recht unwichtig sind. Falls andere von deiner Energie leben, wird dieser Prozeß ihren Einfluß beseitigen, und er deckt auch bewußte oder unbewußte mediale Angriffe auf. Obwohl hierbei andere Leute beteiligt sind, konzentrierst du dich nur darauf, deine Energie von ihnen zu befreien und sie loszulassen. Es schadet keinem, doch wer dir Energie abzapft, wird wütend sein, wenn du ihn abkoppelst.

Dieser Prozeß wird als Abkoppeln bezeichnet. Es ist eine traditionelle Reinigungstechnik für psychische und Wicca-Energie, die ich bis in die tiefsten Ebenen durchführe und für ausgesprochen wertvoll für das Lösen der Emotionen und die Heilung halte. Menschen, an die wir uns auf negative Weise gefühlsmäßig klammern, oder jene, die sich auf negative Weise an uns klammern, werden dadurch von unseren Auren und Energiesystemen abgetrennt. Du wirst vermutlich überrascht sein, wenn du entdeckst, wer diese Leute sind. Nach der Durchführung dieser Meditation wird wahrscheinlich eine starke Entgiftung stattfinden; du solltest das Meersalz und den Apfelessig zur Hand haben.

Achte sorgfältig darauf, daß du nicht zuviel zu schnell tust. Nimm dir in der Sitzung immer nur ein Chakra vor, an dem du intensiv arbeitest, oder kläre mehrere Zentren gleichzeitig etwas weniger gründlich. Es wird dich eine ganze Reihe abendlichen «Abkoppelns» kosten, bis du alle deine *Kundalini*-Chakras gereinigt hast, und wenn du nach einem gewissen Zeitraum das noch einmal überprüfst, wirst du noch mehr finden. Wenn man, wie ich, dies für die Heilung emotionaler Traumen einsetzt, kann der Prozeß über Monate gehen. Bei dem Lösen können deine Gefühle oder die Entgiftungsreaktionen sehr intensiv und unangenehm werden. Wenn das geschieht, gehe langsamer voran, lasse größere Abstände zwischen den Sitzungen. Jede Ebene und jede Leitung, die geklärt ist, ist ein Fortschritt in Richtung Heilen, aber führe es in einem dir angenehmen Tempo aus.

Trete in den meditativen Zustand ein, erde und zentriere dich und entspanne dich vollständig und lade deine Geistführer, Engel und die *Göttin* dazu ein. Errichte einen Schutz um dich; das ist in jeder Sitzung wichtig. Schau nach innen und bitte deine Führer, dir die erste Schicht der *negativen* Chakra-Leitungen zu zeigen, die entfernt werden sollen. Blicke zuerst auf dein Solarplexus-Zentrum. Du wirst aus diesem Zentrum eine oder mehrere Verbindungen kommen sehen, die wie elektrische Kabel aussehen, die dort eingesteckt sind. Sie werden häßlich, dunkel oder schimmelig aussehen und verschiedene Größen und Stärken haben.

Suche dir eines heraus, auf das du dich konzentrierst, und frage, wen es mit dir verbindet. Du wirst denjenigen sehen, fühlen oder erkennen. Wenn es richtig zu sein scheint, bitte darum, diese Schnur durchzuschneiden; scheint der Zeitpunkt dafür nicht geeignet, wird es ein anderes Mal dafür geben. Diese Schnur durchzuschneiden, schadet der anderen Person in keiner Weise, es befreit nur deine Energie von diesem Menschen. Um diese Leitung durchzuschneiden, visualisiere eine Schere oder Licht, die das tun, oder bitte deine Führer, sie durchzuschneiden oder wie bei einer Lampe den Stecker herauszuziehen. Diese Leitung wird zu der Person zurückschnellen, von der sie kam. Wenn sie das nicht tut oder noch ein Ende des Kabels zurückgeblieben ist, bitte deine Führer, dies wegzunehmen. Wenn du kannst, sende Licht zu der Person, die befreit worden ist, dann erfülle dich an der Stelle, wo der Stecker herauskam, selbst mit heilendem Licht, um das Chakra zu heilen.

Gehe zur nächsten Leitung im selben Chakra. Frage deine Führer, wenn du dieses Kabel nicht sofort sehen kannst. Wiederhole den Vorgang, bis alle negativen Leitungen beseitigt sind. Wenn es darunter welche gibt, bei denen du dir nicht sicher bist, ob du sie wirklich abtrennen willst, hast du die Möglichkeit, sie später wieder zu dir einzuladen. Doch wenn dir diese Leitung als negativ für dich gezeigt wird, empfehle ich dir, sie sofort durchzuschneiden. Du hattest ja darum gebeten, dir nur die negativen Leitungen zu zeigen. Denke ernsthaft darüber nach, bevor du einer erlaubst, zurückzukehren. Einige Menschen, die mit diesen Leitungen verbunden sind, werden eine Überraschung für dich sein. Es können Leute sein, die du seit Jahren nicht mehr gesehen hast, Menschen, die du kaum kennst. Es kann sogar ein Verkäufer sein, mit dem du neulich einen Wortwechsel hattest. In der ersten Schicht befinden sich meist Verbindungen von sehr oberflächlicher Qualität, aber es ist ein Anfang, und du wirst mit dem Prozeß vertraut.

Wiederhole diesen Vorgang an allen Chakras. Nach dem Solarplexus gehe zum nächsten Chakra, das darüber oder darunter liegt. Du brauchst dazu vielleicht mehr als eine Meditationssitzung. Vergiß nicht das Dritte Auge und das Kronen-Chakra, gerade sie können negative Leitungen enthalten und tun das auch meistens. Nachdem du die erste Schicht gereinigt hast, bitte darum, zur nächsttieferen Schicht zu gehen und dann wieder zur nächsten. Fahre damit fort, bis alle Chakras der *Kundalini*-Linie in jeder Schicht und auf jeder Ebene vollkommen gereinigt sind. Das kann mehrere Wochen dauern. Je tiefer die Schichten liegen, in die du vordringst, um so wichtiger werden die Leute. Es ist vielleicht erforderlich, daß du ihnen Vergebung oder universale Liebe sendest, um sie und ihre Leitungen zu lösen. Die Leitungen im Kronen-Chakra sind besonders tief und können sehr schwierige Lebensprobleme repräsentieren. Du kannst auch danach fragen, alle negativen Leitungen (oder Haken und später *Hara*-Linie-Haken) zu sehen und zu entfernen, die zu einer bestimmten Person gehören.

Wenn du für eine Sitzung genug gemacht hast, höre damit auf und laß durch all deine Chakras Energie fließen. Bitte deine Führer darum, jeden Schaden zu heilen und alle Giftstoffe zu beseitigen, die die Leitungen und die Menschen hinterlassen haben. Errichte um dich herum erneut Schutz, danke deinen Führern und Engeln und komm ins Jetzt zurück. Bewege dich nur langsam, bis du wieder völlig präsent bist. Nimm eine Dusche mit Meersalz, um das Lösen besser zu vollenden, da es noch für ein paar Tage weiteres Loslassen und alte Bilder geben wird. Wenn das Lösen beendet ist, schließe den Vorgang ab, indem du Apfelessig auf alle deine Chakras tupfst, um deine Aura neu zu versiegeln, und achte darauf, wie sich deine Energie für dich anfühlt. Nach tiefgründigen oder schwierigen Sitzungen brauchst du vielleicht ein paar Tage ruhigen Heil-Raum, eine Zeit, in der du dich pflegst und mehr schläfst als sonst. Du wirst wahrnehmen, wie sich dein Leben verändert, da diese Lösungen deine Aura neu ordnen und deinen emotionalen Körper heilen, auch deine physischen Krankheiten werden sich bessern oder heilen. Es handelt sich dabei um ein sehr tiefgreifendes emotionales Heilen.

Wenn du das Gefühl hast, daß deine Chakras von allen negativen Leitungen bis in ihre tiefsten Ebenen hinunter gereinigt sind, frage in einer anderen Meditation, ob irgendwelche negativen Haken in ihnen stekken. Haken funktionieren ähnlich wie die Leitungen, aber sie gehen viel tiefer. Visuell ähnelten meine Haken Angelhaken, einige hatten doppelte Zacken und mit Widerhaken versehene Spitzen. Sie stammen von Menschen, mit denen du in früheren Leben das Karma geteilt hast und die jetzt wieder mit dir zur Erde zurückgekehrt sind. Du wirst keine Haken finden von Personen, die du in diesem Leben nicht kennst. Es geht dabei um bedeutende emotionale und Beziehungsprobleme, die ein Lösen und ein Heilen nötig haben; wahrscheinlich findest du darunter deinen Vergewaltiger, deinen Mißhandler oder Inzest-Täter. Selten steckt in einem Chakra mehr als ein Haken, aber es kann vorkommen.

Vergewissere dich, daß du einen Schutz um dich hast, und bitte um die Hilfe der Führer und Engel, um die Haken zu entfernen. Ziehe sie nicht einfach heraus oder reiße sie ab – ich habe das einmal versucht und war danach eine Woche lang krank. Bei jedem Haken, den du siehst und dessen Quelle du erfährst, bitte lieber deine Führer, ihn auf die sanfteste und einfachste Weise zu entfernen. Entweder umgeben sie ihn mit Licht, so daß er verschwindet, lösen ihn auf oder entfernen ihn so, wie man üblicherweise einen Angelhaken entfernt, indem man das gerade Ende abschneidet und ihn dann rauszieht. Lasse sie das tun und bitte sie, es sanft zu tun. Beobachte oder fühle, wie es geschieht. Bitte sie, allen angerichteten Schaden zu heilen und alle Giftstoffe von jeder Aura-Ebene zu entfernen. Laß die Energie fließen und verstärke deinen Schutz am Ende jeder Sitzung; vergewissere dich, daß deine Schilde nach außen durchgängig sind, damit der Schmerz vollkommen losgelassen werden kann. Wiederhole die Meditation, bis alle Haken entfernt sind. Möglicherweise werden dafür mehrere Sitzungen notwendig sein, zwischen denen du Zeit zum Heilen brauchst. Arbeite langsam.

Danach gönne dir eine Ruhepause von einer Woche oder einem Monat, dann schau wieder nach. Bitte darum, sehen zu können, ob es noch mehr negative Chakra-Leitungen gibt; das ist relativ wahrscheinlich. Kläre sie. Bitte erneut, daß du sehen kannst, ob noch mehr Haken vorhanden sind, und kläre auch diese. Es werden bestimmt viel weniger Haken sein, aber vermutlich sind noch ein paar tiefe zurückgeblieben, die geklärt werden müssen. Wiederhole dies eine Woche später noch einmal. Bitte um die Heilung allen verbliebenen Schadens auf allen Aura-Ebenen. Fülle dich selbst mit Licht und laß die Energie fließen. Vergiß nicht, deinen Führern zu danken.

Du mußt damit rechnen, daß auf den tiefen Ebenen eine Zeitlang neue Leitungen und Haken ab und zu auftauchen werden, sobald du bereit und stark genug bist, sie zu klären. Neue Leitungen in den oberen Schichten stammen aus dem Alltagsleben. Wenn du deine Energieschutzhülle und deine Chakra-Schilde einsetzt, werden sie reduziert oder daran gehindert, einzudringen und sich an deine Energie anzuschließen. Scheinen alle Leitungen und Haken geklärt zu sein, gehe zu den Chakras der *Hara*-Linie über. Dort wird es zwar keine negativen Leitungen geben, aber die negativen Haken auf dieser Ebene stammen von Leuten, deren Einfluß deine Lebensaufgabe behindert (oder dies in der Vergangenheit getan hat). Dabei geht es immer um karmische Beziehungen, und es kann, aber muß nicht, eine Wiederholung einiger der tiefliegenden Leitungen und Haken von der *Kundalini*-Linie sein.

Kläre sie einen nach dem anderen, wie du das mit den anderen Haken ausgeführt hast, aber immer nur einen Haken pro Sitzung. Sie werden diesmal wie größere Bauhaken aussehen und nicht wie Angelhaken. Entferne diese nur sehr langsam, da die Entgiftungsreaktionen darauf äußerst intensiv sein könnten, schließlich kommst du jetzt zum Urgestein. Wenn sie gelöst sind, befindest du dich vielleicht für ein paar Wochen oder sogar einen Monat in einem extrem gefühlsintensiven Zustand. Du siehst vielleicht eine Flut von alten Bildern, die bis in die frühe Kindheit und sogar in frühere Leben zurückgehen. Wut, Angst, Kummer oder einfach große Erleichterung kann in dir aufsteigen. Schau dem Ablaufen dieser Filme zu, fühle die Emotionen und laß sie los. Auch wirst du wahrscheinlich für einen längeren Zeitraum fühlen, wie äußerst giftige Energie von deiner Aura gelöst wird. An den ersten drei Tagen ist es am stärksten. Erfülle dich wiederholt mit Licht und bitte deine Führer, dich zu reinigen und den Schaden zu heilen. Erinnere dich an das Salz und den Essig. Wenn du eine Bernsteinkette hast, trage sie, sie schützt und versiegelt die Aura, aber es ist wichtig, den Bernstein häufig zu klären.

Wenn du dann diesen Prozeß beendet hast, was vielleicht mehrere Monate dauern wird, und die Anstrengung hinter dir hast, die daraus folgt, hast du dein Leben verändert. Du wirst dich mit Sicherheit in jeder Hinsicht leichter fühlen, und die Behinderungen deines Wachstums und deiner Heilung werden nun zum größten Teil beseitigt sein. Du wirst feststellen, daß manche Leute aus deinem Bekanntenkreis verschwinden, da dein Energieniveau nicht mehr länger ihren Schwingungen entspricht, und dafür neue Bekanntschaften hinzukommen. Der Schaden, den vergangene Traumen oder sexueller Mißbrauch in deinem emotionalen Leben angerichtet haben, wird zum größten Teil oder vollständig aufgelöst, verwandelt und geheilt sein.

Deine Gefühle werden freier und positiver sein und deine Denkmuster gesünder. Du wirst dich für eine Weile sehr verletzlich fühlen, aber sobald dieser Prozeß abgeschlossen und die Reinigung vollendet ist, wirst du dich stärker fühlen als je zuvor. Gehe bei dieser Arbeit langsam und sanft vor, pflege dich und begrüße dein Wachstum und deine Transformation. Umgebe dich in dieser Zeit mit soviel liebender Unterstützung wie möglich, aber halte dich während der Phase, in der du dich von den Leitungen befreist, von Menschen fern, die diesem Prozeß negativ gegenüberstehen. Das Abkoppeln auf den tiefen Ebenen ist der direkte Weg zu tiefgreifendem emotionalen Heilen, physischer Heilung und zu Lebensveränderungen. Ich habe dieses Abkoppeln Schritt für Schritt durchgemacht und kann versprechen, daß diese Prozedur funktioniert. Gewöhnlich wird diese Arbeit während der Meditation allein durchgeführt, aber wenn du das möchtest, kann sie auch von einer anderen Heilerin geführt werden. Die Heilerin muß sich dabei völlig auf deine Bedürfnisse einstellen.

Die nächsten Übungen, deren Ziel es ist, dein verletztes Inneres Kind zu heilen und die Traumen neu zu programmieren, können auch von dir allein ausgeführt werden, aber die Hilfe einer anderen Heilerin wäre empfehlenswert. Es ist manchmal sehr schwierig, die Prozesse gleichzeitig zu lenken und zu erfahren. Ich glaube, daß es sehr wichtig ist, daß du eine klare Vorstellung von dem Trauma hast, das gelöst werden soll, bevor du beginnst. Dies ist auch später für das karmische Neuprogrammieren und Lösen von entscheidender Bedeutung. Der Tag, an dem eine Frau die Erinnerung an ihren Inzest entdeckt, ist dafür zu früh. Statt dessen funktionieren diese Heilungen am besten bei jener Frau, die ihre Situation überprüft, ihren Schmerz und ihre Wut gefühlt und erforscht hat und versteht, welcher Schaden ihr zugefügt wurde, und jetzt dazu bereit ist, das Trauma aus ihrem Leben gehen zu lassen. Die vorausgehende Abkoppelungs-Arbeit ist als Vorbereitung dafür sehr wertvoll.

Das Heilen des Inneren Kindes kann jederzeit ausgeführt werden, selbst zu Beginn des Heilungsprozesses. Allerdings empfand ich die Arbeit mit dem Inneren Kind als den schwierigsten Aspekt meiner eigenen Heilung, bis ich damit fast fertig war. Das Kind, das mein frühes Selbst war, jagte mir große Angst ein. Ich schrak lange Zeit vor ihm zurück und vor allen Kindern (die ich eigentlich immer geliebt habe). Ich konnte nicht mit meinem Kind-Selbst reden oder es in den Arm nehmen – und das galt auch für alle anderen Kinder. Ich fand es sogar noch einfacher, denen zu vergeben, die mich mißhandelt hatten. Die Übungen dieses Kapitels habe ich in der Reihenfolge aufgezeichnet, die sich für mich als die beste erwiesen hatte. Bei dir kann das anders sein; richte dich danach, was du brauchst, du wirst es wissen.

Wenn man diese Übung mit zwei Teilnehmerinnen durchführt, beginnt die Heilerin mit einem Handauflegen und führt die Empfängerin erst dann zu ihrem Inneren Kind, wenn sie das Herz-Zentrum erreicht. Das sollte bei einer sehr ruhigen Heilsitzung getan werden, wo es keine anderen intensiven Geschehen oder Gefühle gegeben hat. Die Hände der Heilerin nehmen im Verlauf der Arbeit ruhig die Stellung am Herzen, dem Solarplexus- und besonders dem Sakral-Chakra ein. Wenn du dies als Selbstheilung durchführst, trete wie gewöhnlich in den meditativen Zustand ein, entspanne dich vollständig und laß Lebensenergie fließen, bevor du anfängst. Bei beiden Methoden rufe deine Führer, Engel und die *Göttin* hinzu und errichte schon zu Anfang den Schutz. Vermeide in dieser Heilsitzung andere Prozesse wie Abkoppeln oder Vergebung. Wenn du oder die Heilerin den zweiten Grad im Reiki haben, setze die Symbole des *Sei-He-Ki* und *Hon-Sha-Ze-Sho-Nen* ein. Sie heilen die Gefühle und transzendieren Zeit und Karma.

Wenn du bereit bist, bittet dich die Heilerin, dich als Kind zu visualisieren in jener Zeit, kurz bevor der Inzest oder das Trauma stattgefunden hat. Dann gehe als dein erwachsenes Selbst zu dem Kind. Nimm dein Inneres Kind in den Arm, knuddle es und sage ihm, daß du bei ihm sein wirst, wenn es dich braucht. Mache dem Kind ein Geschenk: einen Kristall, eine Halskette, einen Zauberschlüssel oder ein goldenes Horn, mit dem es dich rufen kann, wenn es deine Hilfe braucht. Zeige ihm, wie man es benutzt. Die Heilerin führt die Empfängerin durch diese Visualisation, während die erwachsene Empfängerin sich mit ihrem Inneren Kind anfreundet.

Nun gehe in der Zeit etwas weiter, gehe zu deinem Kind-Selbst direkt nach dem ersten Inzest oder Trauma. Außer dem Kind ist keiner da, und es hat sein Geschenk benützt, um dich um Hilfe zu rufen. Die erwachsene Frau geht zu ihrem Inneren Kind, um es zu schützen, zu heilen und zu umsorgen. Erfülle es mit Trost und Liebe. Sage ihm, daß es überleben und stark und ganz werden wird. Frage es, was es als erwachsenes Selbst braucht, und gebe es ihm, indem du Visualisation und Methaphern dazu einsetzt. Erinnere das Kind an dein Geschenk und daß du bei ihm bist, um mit ihm durch den Schmerz und das Heilen zu gehen. Frage es, ob es ein Geschenk für dich hat; es kann ein Gegenstand sein oder eine Umarmung. Vollbringe so viel Heilung wie möglich, so viel, wie es akzeptieren wird. Laß das Kind getröstet zurück in dem Wissen, daß es ihm gut gehen wird, daß es gut ist, geliebt wird und nicht allein ist. Die Heilerin führt jetzt die Empfängerin wieder ins Jetzt zurück, setzt die Heilsitzung fort und beendet sie.

Das ist auch meist genug für eine Sitzung. In der Empfängerin werden Erinnerungen und Gefühle hochkommen. Sie hat vielleicht eine neue Sicht davon gewonnen, wer sie war, als sich ihre Traumen ereignet haben. Das mag sich für einige Zeit fortsetzen, aber ein Gefühl von Heilung und größerem Frieden werden diese Erinnerungen begleiten. Möglicherweise braucht die Empfängerin, unabhängig davon, ob sie die Heilung allein oder mit einer anderen Heilerin ausgeführt hat, ein paar ruhige Tage allein für die Vollendung des Prozesses und des Lösens, und sie braucht vielleicht die nächsten Tage sehr viel Schlaf. Die Heilerin muß sich in dieser Zeit um sie kümmern und sie unterstützen. Die Empfängerin der Heilung muß wissen, daß sie geliebt wird und daß sie nicht allein ist und daß sie jemanden hat, mit dem sie reden kann, wenn sie das möchte. Sie kann auch jederzeit wieder zu ihrem Kind-Selbst gehen, wenn sie das Bedürfnis verspürt.

Hier eine Variante oder eine zusätzliche Sitzung für Frauen, deren Eltern ihnen gegenüber nicht positiv eingestellt waren. Die Erwachsene geht wieder zu ihrem Kind-Selbst, aber diesmal als feenhafte *Göttin*-Mutter des Inneren Kindes, mit Zauberstab und allem, was dazugehört. Du kannst dich dabei kleiden wie Glenda die Gute Hexe, wie Cinderellas feenhafte *Göttin*-Mutter oder als Große Mutter. Dieses magische Erwachsenen-Selbst bittet ihr Inneres Kind, seinen idealen Elternteil oder seine idealen Eltern zu beschreiben und seine wirklichen Eltern durch vollkommene zu ersetzen. Jedes Detail, das das Kind hinzufügt, baut das erwachsene Selbst in ein wachsendes positives Bild ein, das sich im Zimmer aufbaut. Setze bei dieser Visualisation so viele Sinne wie möglich ein. Wenn das Kind Eltern möchte, die anders aussehen, lasse es sich welche aus einem Bilderbuch aussuchen. Wenn es seine neue Familie zusammengestellt hat, erweckt das erwachsene *Göttin*-Selbst die neuen Vorstellungen zum Leben.

Das Innere Kind begegnet ihnen und lernt sie kennen. Ändere alles, was das Kind verändert haben will, und helfe den Eltern und dem Kind, sich besser kennenzulernen. Alles, was das Kind möchte, ist in diesen neuen Eltern. Nun zeige diesen idealen Eltern, was Kinder brauchen und wie man ein Kind mit Mitgefühl, Achtung und Liebe aufzieht. Frage die neuen Eltern und das Kind, ob sonst noch etwas gebraucht wird. Gebe ihnen, was sie brauchen. Beobachte, wie das Kind zur Erwachsenen heranwächst in seiner neuen Familie. Achte darauf, in welcher Weise es sich von der Empfängerin der Heilung unterscheidet, so wie sie gegenwärtig ist. Bringe das geheilte Kind mit seinen vollkommenen Eltern in dein Erwachsenen-Leben, um dein erwachsenes Selbst zu heilen. Bringe die Heilung in das Jetzt und das Bewußtsein der Empfängerin in die Gegenwart. Beende das Heilen.

Wenn die Empfängerin das Gefühl hat, die beiden vorhergehenden Heilungen verarbeitet zu haben, aber mindestens eine Woche später, treibe den Prozeß weiter voran. Wieder benützen Reiki-Heilerinnen das *Sei-He-Ki* und *Hon-Sha-Ze-Sho-Nen*. Heilerin und Empfängerin beginnen die Sitzung wie zuvor. Achte darauf, daß die Führer und Engel von beiden, Empfängerin wie Heilerin, dazu geladen sind. Beginne damit, daß sich die Empfängerin als Kind kurz vor dem Inzest oder dem Trauma visualisiert. Das Kind ist diesmal schon heiler als Ergebnis der vorhergehenden Sitzungen und hat mehr Kraft für das, was kommen wird. Auch die Erwachsene ist stärker, da sie von der Erfahrung profitiert hat und daran gewachsen ist. Zeit existiert beim Geistheilen nicht und ein Rückschreiten im Alter, um die Vergangenheit zu heilen, heilt das ganze Wesen aus allen Zeiten seines Lebens. Diese Vorstellung steht bei dieser Sitzung im Mittelpunkt.

Die Empfängerin als ihr Kind-Selbst vor dem Trauma beschreibt ihr Leben in positiven Begriffen. Vielleicht zeigt sie der Heilerin und ihrem erwachsenen Selbst ihr Zimmer, was sie in der Schule macht, ihr neues Kleid und was gerade geschieht. Achte darauf, daß es positiv ist, wenn nötig, erfinde etwas. Nimm an, daß ihr Inzest an diesem Abend geschehen würde, aber dieses Mal, in der neuen Version der Wirklichkeit, geschieht er nicht. Laß das Kind den Abend in neuer Form beschreiben, ohne Trauma oder Inzest. Auch hier laß das Bild vollkommen positiv und durchschnittlich sein. Wenn die Empfängerin/das Kind sich nicht vorstellen kann, wie der Abend hätte verlaufen können, bitte sie, sich das auszumalen, es zu erschaffen oder zu erfinden.

Die Empfängerin/das Kind beschreibt einen durchschnittlichen Abend, vielleicht mit Hausaufgaben, Fernsehen, einem Bad und dem Zubettgehen. Ihre Lieblingspuppe oder ihr Teddybär ist bei ihr, und sie geht zu Bett und träumt friedlich und geborgen. Die Heilerin lenkt die Empfängerin, zum nächsten Tag weiterzugehen, und fragt sie: «Da der Inzest nicht geschehen ist, was hat sich dadurch in deinem Leben geändert?» Laß sie den nächsten Tag kurz beschreiben, wieder mit ganz normalen Begebenheiten. Während des gesamten Verlaufs dieses Visualisations-Heilens ist es überaus wichtig, daß alle Bilder darin vollkommen positiv sind. Vergiß nicht, daß du das, was du denkst, erschaffst, und die Visualisation im tiefen Meditationszustand ist ungeheuer machtvoll. Die Empfängerin/das Kind beschreibt kurz ihren Tag – Schule, der Spielplatz, eine Eistüte, dann zu Hause ihr Lieblingsabendessen und Fernsehen. Bitte sie, ihre Gefühle zu beschreiben.

Nun begleitet die Heilerin die Empfängerin als ihr Kind-Selbst zu ihrem nächsten Geburtstag. Sie bittet sie, ihr Leben zu beschreiben, nachdem der Inzest *nicht* stattgefunden hat. Frage sie, inwiefern sie durch diese Veränderung in ihrem Leben selbst verändert ist. Von nun an halte die Beschreibungen ziemlich kurz; das Wesentliche daran ist, sie positiv zu machen. Dann führt die Heilerin die Empfängerin zu einem Geburtstag fünf Jahre später, bittet sie wiederum um eine Beschreibung, wie sich ihr Leben verändert hat. Dann zehn Jahre später, und wieder die Beschreibung. Das Kind ist jetzt erwachsen oder wenigstens beinahe. Es beschreibt ein Leben, das unbeschädigt ist von Inzest oder Trauma und erschafft eine positive, hoffnungsvolle Szene.

Die Heilerin läßt die Empfängerin für einige Zeit bei den neuen Vorstellungsbildern und ihrem neuen Leben verweilen, dann gibt sie ihr die Anweisung, ihre geheilte Wirklichkeit in die Gegenwart zu bringen. Frage sie, inwiefern ihr Leben jetzt anders ist und was sich zu positivem Wohlbefinden verwandelt hat. Leite die Empfängerin an, wieder in die Gegenwart zurückzukehren und ihre Veränderungen dabei mitzubringen. Sage ihr, sie soll die Heilung in ihren Körper, ihre Emotionen, ihren Geist und ihre Seele auf jede Ebene bringen. Beende das Handauflegen und erlaube ihr, zu ruhen und sich wieder zu sammeln. Sie braucht dazu vielleicht mehr Zeit als sonst, und es kann sein, daß sie nach der Sitzung für längere Zeit benommen ist. Diese Gefühle können noch mehrere Tage lang anhalten.

Die Empfängerin wendet vielleicht an diesem Punkt ein: «Aber es ist geschehen, ich kann doch nicht einfach so tun, als hätte es das nie gegeben.» Natürlich ist es passiert, und nichts auf der Welt kann diese Tatsache ändern. Frage sie aber: «Welche Variante dieser Lebenszeit hättest du für dich und deine Zukunft lieber gehabt?» Die Frau wird die positive neue Version wählen. Weise sie an, das Heilen in das Jetzt zu bringen und die neue Wirklichkeit mit ihren neuen Erinnerungen zu akzeptieren. Ihre freie Entscheidung und das Annehmen wird ihre neue Version real werden lassen. Damit soll nicht das frühere Leiden der Frau geleugnet werden. Es ist nur eine Methode, ihren Geist neu zu programmieren, damit der emotionale Schaden der Vergangenheit geheilt werden kann.

Der Geist, der die Blaupause unserer Wirklichkeit erstellt, ist leicht zu verwirren. Er akzeptiert eine Vision oder ein Denkmuster der Wirklichkeit ebenso rückhaltlos wie ein tatsächliches Geschehen. Da der Geist den Unterschied nicht feststellen kann, gib ihm die positive Wahl eines sorgfältig geschaffenen Lebens. Jede Vorstellung darin muß positiv sein. Wenn man dies tut, kommt der Geist durcheinander, welche der Erinnerungssequenzen nun wirklich ist. Obwohl er weiß, daß das Trauma real ist, verwirren die neuen Erinnerungen den Geist genug, um das alte Denkmuster auszulöschen. Dies löst und heilt den Schaden, der in den mentalen und emotionalen Körpern festgehalten wird. Wenn die Frau ihre Erinnerungen betrachtet, sind die realen Ereignisse immer noch da, aber die Gefühle sind verwischt. Diese Technik wird bei Hypnose eingesetzt und beim Neurolinguistischen Programmieren (NLP), und es kann zu spektakulären Erfolgen führen.

Für eine gewisse Zeit, ungefähr eine Woche oder zehn Tage lang, wird die Empfängerin fühlen, wie sich ihre Körperenergie verschiebt und neu ausrichtet. Ich hatte das Gefühl, als ob alle meine Moleküle sich neu ordneten und ich von einem großen Gewicht befreit war. Mein Gesichtsausdruck veränderte sich und wurde weicher, als sich die Muskeln entspannten, und mein Rücken begann sich zu begradigen. Meine Haut und meine Augen wirkten klarer. Ich fühlte mich ganz ruhig. Meine Depression war verschwunden, und ich hatte erstmals ein völlig neues Empfinden meines Daseins auf diesem Planeten. Ich hatte das Bedürfnis, die nächsten drei Tage fast ganz durchzuschlafen, und als ich danach aufwachte, fühlte ich mich gut, aber noch zu benommen, um viel zu tun. Die Empfindungen waren ganz und gar angenehm. Dieses Heilen veränderte mein Leben auf eine Art und Weise, die ich nie für möglich gehalten hätte.

Dieses Neuprogrammieren ist der letzte Schritt in einem langen Prozeß. Bevor eine Frau ihn tun kann, muß sie ein vollständiges Wissen über ihre Vergangenheit haben, das Stadium der Wut durchlaufen und ihre Emotionen geheilt haben. Sie muß bereit sein, zumindest sich selbst zu vergeben. Das Vergeben kommt am Schluß dieses Prozesses, und das Neuprogrammieren erfordert sozusagen die höchste Stufe des Bereitseins. Falls die Frau vor der Neuprogrammierung nicht zur Vergebung fähig war, wird sie vielleicht danach dazu bereit sein. Sie muß es einfach tun können, um zu ihrem Inneren Kind zu werden und ein besseres Leben visualisieren zu können. Der Vorgang des Abkoppelns ist eine ebenso unverzichtbare Vorbereitung wie die Heilungen am Inneren Kind, die vor der Neuprogrammierung beschrieben wurden. Für eine Frau, die sich diesem Heilen unterzieht, wenn sie dazu bereit ist, kann dies zur vollständigen Transformation führen. Diese Technik kann auch auf frühere Leben angewandt werden.

Der Schlüssel für alles Heilen durch emotionales Lösen ist die Bereitschaft loszulassen. Vergebung kann später kommen, aber ist nicht ganz so wichtig, der Schlüssel ist das Loslassen. Das zu lernen fällt besonders jenen Frauen schwer, die keine Kontrolle über ihr Leben hatten und um Selbstbehauptung kämpfen. Wenn sie aber erst einmal so weit sind, der *Göttin* und ihrer eigenen Kompetenz in bezug auf ihr Leben zu vertrauen, wird es plötzlich ganz leicht für sie. Wenn der Schmerz dich überwältigt, gestehe dir ein, daß du ihn nicht kontrollieren kannst, daß er gar nicht kontrollierbar ist. Gib ihn der *Göttin*, deinen Geistführern oder Engeln oder gib ihn der *Erde*. Gib ihn auf und lasse ihn los; der *Geist* wird sich um ihn kümmern. Laß die *Göttin* ihn wegnehmen und in etwas Positives und Sinnvolles verwandeln, in etwas, das geheilt ist.

Loslassen bedeutet nicht zu kämpfen und Widerstand zu leisten, es bedeutet annehmen und weitermachen. Es bedeutet nicht, daß man die Kontrolle verliert, sondern daß man zurückweist, daß Kontrolle notwendig ist. Es gibt keine Notwendigkeiten, nichts wird benötigt. Eine Erinnerung oder ein Gefühl, das keinen Widerstand auslöst, hat keine Macht:

> In jedem Moment des Loslassens treten wir in unsere Geburt ein und erleichtern unseren Tod.
> In jedem Moment des Loslassens lassen wir die Dinge so, wie sie sind, ohne den geringsten Drang oder das Bedürfnis, daß sie anders wären …

In jedem Moment des Loslassens vollzieht sich Heilung im Geist/Körper.[6]

Nach Jahren des Kampfes war dieses Loslassen für mich ein überraschender Friede, ein «Aha»-Erlebnis. (Warum hatte ich das bloß nicht schon früher?) Jahrelange hilflose Verzweiflung war notwendig gewesen, um mich über die Schwelle ins Sich-Ergeben zu stoßen und es hinnehmen zu können; diese Verzweiflung ist unnötig. Alles Heilen beginnt in dem Moment, in dem man die Kontrolle aufgibt. Alles Heilen beginnt und endet mit dem Loslassen.

Frauen, die eine tiefgehende emotionale Lösungsarbeit unternehmen, müssen auch über Chakra-Narben Bescheid wissen. Diese stammen von den Wunden wiederholten mißbrauchten Vertrauens, Verrat, Angst, Verletzung oder Mangel an Liebe. So wie ein Kind, das traumatisiert ist, vielleicht die bewußte Erinnerung vergräbt, bis es alt und stark genug ist, damit fertigzuwerden, kann es auch tiefgehende emotionale Wunden in der Aura speichern. Diese sind immer mit einem bestimmten Trauma, einer bestimmten Situation oder einem speziellen Vorfall verbunden und werden normalerweise in der Energie des Sakral- oder Herz-Chakras festgehalten. Die unterdrückten Traumen bleiben ungeheilt und beeinflussen das Gefühlsleben der erwachsenen Frau, obwohl dieser Vorfall vielleicht gar nicht in ihrer bewußten Erinnerung vorkommt. Wenn solche Wunden im Laufe dieser Lebensspanne nicht geheilt werden, erlangen sie karmische Qualität.

Wenn Frauen mit dem tiefgründigen Lösen von negativen Vorfällen und Gefühlen beginnen, kommen die Chakra-Narben an die Oberfläche, damit sie geklärt werden. Dies ist letztlich sehr positiv, auch wenn man es sich zu dem Zeitpunkt noch nicht vorstellen kann. Dies kann geschehen, nachdem man Zugang zu einer alten Erinnerung oder einem schmerzlichen Gefühl gefunden und dies dann gelöst hat; und einige Zeit später wird die Narbe wiedereröffnet, meist mit explosiver Kraft. Befindet sich die Wunde am Sakral-Chakra, bringt ihre Öffnung eine intensive, quälende Flut von Rückblenden, Wut und Angst, Groll und Selbsthaß. Die bloße, erschütternde Gewalt dieser Emotionen, die oft dann aufsteigen, wenn die Frau geglaubt hatte, über diese Gefühle hinaus zu sein, ist oft zutiefst zermürbend und ruft große Bestürzung hervor. Das Leiden kann sehr intensiv sein, aber das Reinigen geht auch schnell; meist ist es innerhalb einer Stunde vorüber.

Befindet sich die Narbe am Herz-Zentrum, geschieht etwas ähnliches. In meinem Fall war dieses Öffnen der Narbe von überwältigendem emotionalen und physischen Schmerz begleitet, einem Schmerz, den ich in meinem ganzen Körper fühlte, der sich aber auf das Herz konzentrierte. Ich wußte ganz genau, daß die Quelle im Emotionalen lag. Ich erfuhr Explosionen von Verzweiflung, Kummer und Todeswünschen. Die Intensität dieses Durchbruchs spiegelte die buchstäblich atemberaubende Agonie wider. Diese Emotionslösungen traten meist beim Gehen ein und schienen immer dann hochzukommen, wenn ich die Möglichkeit hatte, mich ins Bett zu legen und darauf zu warten, daß sie vorübergehen. Innerhalb einer Stunde etwa waren sie wieder verschwunden. Mein Herz-Chakra fühlte sich in Stücke gerissen, und ich war den ganzen Tag lang noch sehr zittrig und schwach, aber der intensive Schmerz war vorüber. Dem folgten immer größere Wechsel in der emotionalen Einstellung, zusammen mit dem Gefühl, eine bedeutende Leistung vollbracht zu haben, und großer Erleichterung.

Nachdem ich diese Erfahrung mehrere Male gemacht hatte, fürchtete ich sie, aber ich verstand auch die Funktionsweise. Ich beschreibe dies hier nicht, um dich zu erschrecken, sondern um dir zu sagen, daß du ohne Furcht hindurchgehen kannst. Es ist schmerzhaft und intensiv, aber auch schnell vorbei und langfristig gesehen positiv. Manchmal gehen dem zwei oder drei Tage voller Unruhe und Ängstlichkeit voraus. Die beste Art, mit diesem Vorgang umzugehen, ist, ihn einfach geschehen zu lassen und loszulassen. Betrachte die Bilder in deinem Geist, ohne an ihnen festzuhalten oder ihnen zu widerstehen, und sie werden schnell vorübergehen. Fühle die Emotionen, aber fürchte sie nicht, halte nicht an ihnen fest, und laß auch sie gehen. Wenn die Belagerung endet, solltest du dich sofort in Richtung Dusche und Meersalz begeben und die Reinigung vollenden. Später, wenn alles vorbei ist, nimm Apfelessig und tupfe ihn auf deine Chakras, um deine Aura neu zu versiegeln und zu heilen. Ruhe dich aus und pflege dich zumindest ein paar Tage lang.

Der Prozeß des Lösens von Emotionen ist selten einfach, aber er kann schnell und wirkungsvoll durchlaufen werden, Schritt für Schritt. Ich habe ihn dargestellt in einem Ablauf, der sich bei mir und bei anderen, die ich darin unterrichtet habe, bewährt hat. Man kann diesen Prozeß allein durchlaufen, so wie ich es getan habe, aber ich empfehle, möglichst mit einer anderen Heilerin zu arbeiten. Wenn das ganze Geschehen sehr rauh und stürmisch wird, ist es gut, wenn man Unterstützung und menschliche Führung hat. Eine Heilerin muß vollkommen mitfühlend sein, wenn sie bei dieser Arbeit eine Hilfe sein will. Vergiß nicht, bei jedem Schritt deine Führer um Leitung zu bitten.

Heilen ist für Frauen ein Lösen von Emotionen. Es ist der einzige Weg, um den Schmerz zu klären, zu heilen und zu beenden und bei der Bewältigung von sexuellem oder anderem Mißbrauch Fortschritte zu machen. Es ist die Initiation und die Feuerprobe der Frauen. Neben der Heilung für dein Leben und die zukünftigen Lebensspannen, wird es dich als Heilerin schulen, anderen durch den Prozeß zu helfen. Die Erdveränderungen geschehen im Körper der Frau, und das Lösen von Emotionen ist das zentrale Reinigen. Indem wir uns selbst heilen, heilen wir die *Göttin* und die *Erde.*

Im nächsten Kapitel geht es um Kristalle und Edelsteine als Instrumente für Heilerinnen und das Heilen von Frauen.

8

Heilen mit Kristallen

Edelsteine und Kristalle gehören zu meinen Lieblingsdingen. Meine Taschen beulen sich aus, weil ich immer welche bei mir trage, und Frauen ziehen mich auf mit der Behauptung, ich würde beim Gehen klappern. Ich trage immer mehrere Halsketten und Ringe und Ohrringe mit Edelsteinen. Meine Freunde behaupten, die Edelsteine seien das einzige, was mich noch auf der *Erde* hält. Manche Frauen weigern sich, mit mir einkaufen zu gehen; mein Pendel überprüft alles von Gurken bis zu Kleidern und anderen Kristallen (an manchen Tagen mag es alles kaufen, an anderen kauft es kein Stück). Doch dieser Wahnsinn hat Methode: Alle Edelstein-Energien sind sorgfältig danach ausgewählt, was ich beim Heilen brauche, und sie sind energetisch aufeinander abgestimmt.

Ich setze Edelsteine/Halbedelsteine und Kristalle praktisch bei jedem Heilen ein und auch in jedem Bereich meines Lebens. Sie heilen ebenso mich wie andere. Wenn ich sie nicht direkt einsetze für das Chakra eines Hilfesuchenden, dann benütze ich das Pendel, um die Information zu channeln. Oder ich lege die Edelsteine auf meine Hände und meinen Körper, um mir beim Zugang zu den Führern zu helfen und Kristallfrequenzen zu übermitteln. Wenn mir meine unberechenbaren Sinne des medialen Sehens oder Hörens keine Hinweise geben, dann erzählt mir das von einem Geistführer bewegte Pendel, was ich oder die Empfängerin wissen müssen. Ich gebe damit auch «Vorlesungen» über mediale Information für mich und andere.

Wenn sie bei einer Heilsitzung direkt angewandt werden – ob unter dem Massagetisch oder in die Hand der Empfängerin gelegt, auf ihre Energiezentren oder auf ein blockiertes Gebiet –, sind die Ergebnisse immer positiv. Die Kristalle konzentrieren die Sitzung auf das, was die Empfängerin zu dem Zeitpunkt gerade braucht, um ihr Ziel zu erreichen. Kristalle und Edelsteine, die im Zimmer verteilt werden, nehmen auch aktiv am Heilen teil. Sie helfen mit Schutz, Reinigung oder dem

Entfernen negativer Energie und stellen Energieflüsse wieder her. Ich habe sie benützt, um Schmerz aus den Chakras und den Aurakörpern zu schöpfen, um beschädigte Chakras und Auraenergien zu heilen und sogar, um medial zu operieren. Sie können viel ausrichten in bezug auf emotionales Heilen und Reprogrammieren. Obwohl Kristalle und Edelsteine für das Geistheilen nicht unbedingt notwendig sind, so sind sie doch mächtige und wunderbare Werkzeuge, die die Wirkung der Heilungen auf jede Art unterstützen. Darüber hinaus bringen sie große Schönheit in die Arbeit der Heilerin und in ihr Leben.

Die Erde besteht zu einem vollen Drittel aus Quarzkristallen, und die Kieselerde und das Wasser, aus dem dieser Kristall zusammengesetzt ist, sind auch die Hauptkomponenten des physischen Körpers. Quarz ist versteinertes Wasser, und unsere Körper bestehen zu 98 Prozent aus Wasser. Die Piezoeffekte der Kristalle – ihre Energiefelder – gleichen unserer menschlichen Energie und elektrischen Frequenz. Das magnetische Feld der Erde besteht aus Kristallschwingungsenergie, und das gilt auch für das magnetische Feld der menschlichen Aura. Ein gereinigter und feingestimmter Kristall klärt auch die menschliche Energie und sorgt für ihre Feinstimmung. Er richtet die Energie der Frauen auf die Schwingungsfrequenz des Planeten aus und heilt sie auf diese Weise. Ein gereinigter Kristall ist gestimmt (programmiert), und auch der Planet ist gestimmt, die Frequenz guter Gesundheit auf allen Ebenen schwingen zu lassen und sie in das Sein der Wesen zu bringen.

Ein Netzwerk von Kristallenergie überzieht die *Erde.* Auf dem Boden sind das die *Ley Lines* – die Akupunktur-Karte der Erde. Jenseits des Erdkörpers und gespiegelt auf der Ebene der menschlichen Aura befindet sich das universale Gitternetz, das von der Kristallenergie geformt wird, die vom Planeten und der Galaxie ausstrahlt und in die menschliche Energie integriert ist. Der Wicca-Spruch dafür lautet: «Wie oben, so unten.» Dieses Energienetz enthält unsere Vielfalt an individuellem Bewußtsein und das kollektive Bewußtsein der Gesellschaft ebenso wie den Zugang zum universellen Bewußtsein der *Göttin* oder der *Leere.* Es ist die Schnittstelle zwischen unseren Auren und den Auren der *Erde* und des Universums. Das Kristallgitter ist der Energieübermittler der *Nicht-Leere*, der Weg, auf dem der Geist Materie aus der *Leere* erschafft.

Eine Reihe von riesigen Tuning-Kristallen, die sich meist unter der Oberfläche oder unter Wasser befinden, verbindet die *Ley Lines* der *Erde* mit dem Netz *Ihrer* geistigen Aura-Energie. Diese besonderen Kristalle existieren physisch auf dem Planeten, über die Erdkugel verstreut an Schlüsselorten. Viele dieser Orte sind heilige Stätten für die Anwohner, die noch immer den alten Lebensweisen verbunden sind. Einige dieser Kristalle sind unbekannt oder in Vergessenheit geraten. Sie schliefen oder waren im Halbschlaf seit Tausenden Jahren. Sie wurden zu der Zeit deaktiviert, als die menschliche DNA entkoppelt wurde, da sie ein Hauptteil jenes Informationsnetztes sind, das unser Erbe ist.

Wie die menschliche Energie wacht nun auch dieses Netzwerk der verbindenden Kristalltransmitter auf. Ich habe so ein Erwecken der Kristalle schon miterlebt. 1992 reiste meine Freundin Jill zu den heiligen Stätten Mexikos mit einer Gruppe von New-Age-Anhängern. Dort wurde ein Ritual abgehalten, um einen Kristall zu aktivieren, von dem man wußte, daß er im Meer vor der mexikanischen Küste lag. Als ich den Kristall später im Geiste betrachtete, sah ich, daß er sich wirklich öffnete, aber ich sah auch, daß er dringend Reinigung benötigte. Mit meinen Führern und anderen nicht-körperlichen Heilern sowie zwei Freundinnen arbeitete ich daran, ihn zu reinigen, da ich fühlte, daß der Kristall so, wie er war, mehr Schaden als Gutes anrichten würde. Zu jener Zeit wurde mir das gesamte Kristallnetzwerk gezeigt beziehungsweise soviel davon, wie die planetarischen Heiler mich zu der Zeit sehen lassen wollten.

Mir kam die Idee – oder die Führer gaben sie mir ein –, wenn dieser erste Kristall gereinigt und feingestimmt werden konnte, könnte man ihn auch so programmieren, daß er den Rest des Netzwerkes aufweckt, reinigt und abstimmt. Meine *Erde*-Heilungsführer billigten das, wie es auch die Deva des Kristall-Giganten tat. Kristalle sind Heiler, und sie wollen arbeiten. Der Kristall war einverstanden, den nächsten Transmitter zu öffnen und zu klären und ihn damit auch darauf zu programmieren, auf den nächsten einzuwirken. Und sobald ein Kristall sich geöffnet, gereinigt und geheilt hatte, ging er daran, den nächsten zu heilen. Als nun das gesamte Netzwerk erwacht war, war die nächste Aufgabe, die kleineren Kristalle auf dem Planeten zu heilen und auch sie darauf zu programmieren, die noch kleineren zu öffnen.

Das letztliche Ziel war, alle Kristalle der *Erde* zu erwecken, zu reinigen und zu heilen, von den Riesen im Energienetzwerk bis zu den winzigen Kristallen in den Computerchips und im Schmuck, und auch alle Kristallgrößen, die dazwischenlagen. Wenn alle Kristalle dann geheilt wären, wäre auch die Energiefrequenz der *Erde* geheilt. Im Verlauf der Heilung der planetarischen Kristallenergie der *Erde* wird auch alle menschliche Energie aktiviert, gestimmt, erweitert und geheilt. Diese planetarische Arbeit als Geistheilen durchzuführen, schien damals ganz einfach, erst später wurden uns die weiteren Konsequenzen enthüllt.

Alles, was zwei befreundete Heilerinnen und ich damals wußten, war, daß wir einige große Kristalle heller machten, die der Reinigung bedurften. Jede Nacht beobachtete ich in Meditation, wie die sich öffnenden Kristall-Giganten erwachten, sich aufhellten und klärten, und jeden Abend waren noch mehr Steine zu sehen, die sich dem Netzwerk anschlossen. Man zeigte mir eine Landkarte des Planeten, mit neuen hellen Lichtern, die den Ort jedes Steines bezeichneten.

Dieser Prozeß des Erweckens der ersten Giganten dauerte einen Monat, und weitere sechs Monate dauerte es, bis sie vollständig gereinigt waren. Im ganzen sah ich dreizehn von ihnen. Die Energie der *Erde* wurde eine Zeitlang ganz schwer von dem, was gelöst wurde, eine dunkle Dunstglocke um den Planeten, die sich immer noch reinigt. Die Energie der Menschen klärt sich nun auf dieselbe Weise, und die verbleibenden Kristalle der Erde befinden sich noch immer in diesem Öffnungsprozeß. Ich glaube, daß das Klären der Kristalle und ihre Programmierung zur Heilung der Erde und der Menschen Hauptfaktoren in den Erdveränderungen sind. Sogar die kleinen Kristalle und Schmucksteine wurden so viel mächtiger für das Heilen auf dem Planeten. Zwar sind viele der riesigen Gitternetz-Kristalle aus klarem Quarz, aber nicht alle. Ich habe unter den Riesen auch Kristalle aus Amethyst, Rauchquarz, rosafarbenem Turmalin und Aquamarin gesehen, und ich bin sicher, es gab noch weitere Kristallarten.

Kristalle spielen eine wichtige Rolle bei der Heilung der Frauen und der *Erde*. In dem Maße, wie sich die Kristalle öffnen und heilen, heilen ihre geheilten Frequenzen auch Menschen, indem sie die menschlichen Auren öffnen, feinstimmen und programmieren. Die Giganten sind ein Bindeglied zwischen den *Ley Lines* und dem universalen Energienetz. Ihre Aktivierung bindet die menschliche Aura ebenso an das Energienetz wie an unsere einengenden Lichtkörper. Wir sind im universellen Plan der *Göttin* enthalten, unser Geist ist ein Teil *des Geistes*. Nun kann uns galaktische und Sonnenenergie durch das Energienetz erreichen und die Hilfe der Heiler von anderen Planeten.

Die Ausdehnung und die Anbindung des Energienetzes an Individuen hat es dem Jupiter-Heilungs-College, den Pleijadiern und anderen positiven Heilern und planetarischen Beschützern möglich gemacht, uns und die Erde zu beeinflussen und beiden zu helfen. Zum ersten Mal erhalten die Heilerinnen selber Hilfe und Heilung; wir müssen nicht mehr alles alleine machen. Diese kleinen Kristalle und farbigen Edelsteine in unseren Taschen und in unserem Schmuck tun mehr für uns, als uns bewußt ist, und ihre Energie wird weiter wachsen.

Mein liebstes Werkzeug beim Heilen ist das Pendel, das ich zu Hause fertige und hauptsächlich benütze, um mit den Geistführern zu sprechen. In letzter Zeit habe ich versucht, die Informationen direkt zu hören, statt das Werkzeug einzusetzen, aber ich benütze das Pendel immer noch für viele Dinge, unter anderem beim Schreiben und Heilen. Als Pendel kann alles genommen werden, das man an einer Schnur oder einer dünnen Kette baumeln lassen kann, aber ich ziehe es vor, für das schwingende Ende ganz klare Quarzkristalle zu nehmen und einen Edelstein als Befestigungspunkt am anderen Ende. Wenn die Kette dazwischen aus Metall ist, sollte sie nur aus einem reinen Metall sein (Silber, Kupfer oder Gold), da Legierungen den Energiefluß blockieren und die Genauigkeit einschränken. Nimm dazu Steine, die in bezug auf Größe und Gewicht gut zu handhaben sind, und die Kette sollte so lang sein, daß eine Frau sie bequem halten kann. Die Ketten meiner Pendel sind zur Zeit ungefähr zwölf bis achtzehn Zentimeter lang, und die Steine haben ungefähr die Größe von Murmeln.

Die entscheidende Voraussetzung für die Wirksamkeit des Pendels ist, daß darauf geachtet wird, seine Energie jederzeit vollkommen gereinigt zu halten. Steine ziehen negative Energie an, halten sie fest und geben sie dann geklärt wieder ab. Wenn sie in Gebrauch sind, kann es jedoch sein, daß sie die negative Energie schneller ansammeln, als sie sie klären können. Auch entwickelt sich durch intensiven Gebrauch eine Frequenzüberladung, die von den Steinen aufgenommen und festgehalten wird. Diese Überladung ist eine Art elektrostatisches Feld, das – wie beim Radio – die klare Übermittlung stören kann. Ein Pendel, das benützt wird, um spirituelle Energie zu channeln oder – wie es häufiger von fortgeschrittenen Heilerinnen eingesetzt wird – um über den bewußten Geist hinauszugehen und das Energienetz des *Universalen Geistes* zu erreichen, muß unbedingt von negativer Energie und Elektrostatik vollkommen freigehalten werden. Wenn es nicht gereinigt ist, wird das Licht/die Information, die sich hindurchbewegt, verzerrt werden, und es kann nicht genau arbeiten.

Die Pendel werden im Bereich der Metaphysik meist dazu benützt, über den bewußten Geist hinauszugehen und den intuitiven oder höheren Geist zu erreichen. Die Information, die man auf diese Weise erlangt, bereichert das Alltagsleben, ist aber noch nicht die *Göttin*- oder universale Energie. Wenn du deine medialen Fähigkeiten mit dem Kristall verbindest und ihn so programmierst/feinstimmst, daß er das Energienetz erreichen kann, erhältst du Zugang zu noch viel großartigerem Wissen. Wenn du das Pendel dazu programmierst, mit einem Geistführer zu arbeiten, der seine Bereitschaft signalisiert hat, durch das Pendel zu sprechen, kann sogar Wissen einer höheren Ebene erlangt und Heilung erreicht werden. Bei dem Werkzeug selbst, den Edelsteinen des Pendels, muß immer auf geklärte Energie geachtet werden, und du mußt unbedingt dafür sorgen, daß nur die höchste Ebene der positiven Energie und der Geistführer durch das Pendel arbeiten.

Kristalle und Edelsteine können mit verschiedenen Methoden gereinigt werden, egal, ob man sie als Pendel oder etwas anderes einsetzt. Die meisten Frauen nehmen dazu Meersalz oder Wasser mit Meersalz. Ausgesprochen effektiv ist es, die Steine über Nacht oder noch länger darin einzuweichen. Allerdings läßt Salz Silberfassungen anlaufen und greift die Schnüre von Perlenketten an. Man kann auch klares fließendes Wasser, sogar Leitungswasser, nehmen, das ist aber nicht geeignet, sehr überlastete Steine zu reinigen. Manche Frauen setzen die Steine Salbei- oder Zedernrauch aus, was eine äußerst wirkungsvolle Methode ist; auf diese Weise kannst du auch dich selbst und dein Heim reinigen. Die Steine über Nacht oder länger unter eine Pyramide zu legen, ist eine weitere Möglichkeit. Ich mache das so. Selbst eine Papp-Pyramide führt zum gewünschten Erfolg, wenn die Abmessungen stimmen. Allerdings hat eine kleine Pyramide manchmal Probleme damit, große Mengen überladener Kristalle und Schmucksteine zu reinigen.

Falls du Reiki-Heilerin bist, kannst du mit den Symbolen des zweiten und dritten Grades von Reiki die Steine wunderbar reinigen und programmieren. Ich nehme den Stein in die Hand oder lege meine Hände auf ihn, wenn er groß ist, und visualisiere die Symbole, die in ihn eindringen. Nimm dazu zuerst das *Dai-Ko-Myo*, um die Aura des Steins zu öffnen, dann das *Sei-He-Ki*, um ihn zu reinigen. Als nächstes setze das *Cho-Ku-Rei* ein, während du im stillen das Ziel erklärst, für das du den Sein einsetzen willst: «Ich weihe diesen Kristall/diesen Edelstein/dieses Pendel der *Göttin*, um mich und andere zu heilen.» Bei Heilsteinen füge ich das *Hon-Sha-Ze-Sho-Nen* hinzu, schließe dann wieder mit dem *Dai-Ko-Myo* und bitte den Stein, sich selbst zu reinigen. In der Wirkung hast du damit dem Stein eine Reiki-Feinstimmung gegeben, und wenn er auch weiterhin der Reinigung bedürfen wird, so doch viel seltener als früher.

Du kannst auch deine Führer und Engel bitten, Steine für dich zu klären und zu programmieren/feinzustimmen. Nimm den Stein in die Hand und bitte deine Führer und die Deva des Edelsteins oder Kristalls, hereinzukommen. Bitte sie zuerst darum, den Stein zu klären, dann weihe ihn der *Göttin* oder seinem Zweck (Heilung, Schutz etc.). Stimme ihn auf die Energie jener Person ab, die ihn benützen wird, indem du feststellst, wer das ist. Sobald der Stein geklärt ist und bevor du ihn programmierst, frage die Deva des Steins, ob sie mit deinem Vorhaben einverstanden ist. Wenn die Deva für diesen Edelstein oder Kristall eine andere Aufgabe hat, wird sie dir das sagen. Kristalle funktionieren bei bestimmten Menschen und Zielen, während Edelsteine allgemeinere Energien haben. Führe dieses Klären und Programmieren bei allen neuen Steinen durch und reinige sie auch danach häufig. Obwohl dir deine Führer beim Reinigen der Edelsteine helfen, setze auch physische Methoden wie Meersalz oder Pyramiden oft ein. Edelsteine oder Kristalle müssen nur dann neu programmiert werden, wenn du ihre Aufgabe verändern willst.

Wenn du ein Pendel benützt, bitte es, sich selbst auf das universale Energienetz abzustimmen, oder programmiere es einfach auf «die klarste und höchstmögliche Wahrheit und Information». Dann frage, ob einer deiner Führer oder Engel das Pendel für dich schwingen möchte, damit es für die Heilung exakt arbeitet. Damit machst du dein Pendel noch wirksamer und schließt so manche Enttäuschung aus. Ich habe Jahre gebraucht, um darauf zu kommen. Wenn keiner deiner gegenwärtigen Führer diese Aufgabe übernehmen möchte, frage, ob ein Führer oder Engel «da draußen» sich dir für diesen Zweck anschließen möchte. Mache ganz deutlich, daß nur Energien der Wahrheit, der Weisheit, des Lichts und der *Göttin* eintreten dürfen.

Als nächstes mußt du lernen, wie man mit dem Pendel und seinem Führer arbeitet. Halte den Stein lose zwischen Daumen und Zeigefinger deiner dominanten Hand und laß den Kristall frei hängen. Lade deinen Pendel-Führer ein, sich dir anzuschließen. Dann bitte darum, daß das Pendel so schwingt, wie es ein «Ja» als Antwort anzeigen würde. Das kann sich von dem «Ja» für jemand anderen unterscheiden. Zentriere deinen Geist auf das «Ja» oder «zeige mir ein Ja», während du auf den Kristall schaust. Die Visions-Chakras der *Hara*-Linie bewegen die Pendel, die auf das universale Energienetz abgestimmt sind. Achte auf die Antwort, wobei du mehrere Male nach dem «Ja» fragst. Dann wiederholst du diesen Vorgang, nur daß du diesmal darum bittest, den Ausschlag des Pendels für «nein» zu sehen. Beobachte das Pendel und zentriere deinen Geist auf das «Nein». Dies ist der Übung sehr ähnlich, bei der die Kerzenflamme zur Seite gebeugt und eine hängende Perle bewegt wurde. Bitte darum, dir zu zeigen, wie der Ausschlag für ein «Vielleicht» oder «Unschlüssig» als Antwort aussehen würde.

Wenn du dann mit den Antworten vertraut bist, stelle einige Fragen, deren Antworten du bereits kennst. Achte darauf, deinen Geist neutral zu lassen und nicht ja oder nein zu denken, sondern konzentriere dich auf das schwingende Ende des Pendels. Da die einzigen möglichen Antworten eines Pendels «ja», «nein» oder «vielleicht/unschlüssig» sind, müssen die Fragen sorgfältig formuliert werden. Wenn du Pat heißt, kann die Frage: «Bin ich Pat oder Sandy?» kaum eine sinnvolle oder zutreffende Antwort erhalten. Stelle statt dessen zwei getrennte Fragen: «Bin ich Pat?» und dann «Bin ich Sandy?» Je einfacher die Fragen formuliert sind, um so brauchbarer werden die Antworten sein, deshalb wird oft eine ganze Reihe von Fragen notwendig sein, um die erwünschte Information zu bekommen. Stelle zu Beginn Fragen, deren Antworten du bereits kennst, damit du Erfahrung darin bekommst, was das Pendel kann und was nicht. Du mußt erst lernen, wie dein Pendel-Geistführer und du zusammenarbeiten können.

Ich halte Pendel bei der Heilarbeit für sehr nützlich. Sie suchen ein bestimmtes Vitamin oder homöopathisches Mittel für mich selbst oder für andere aus, bestimmen die Dosierung und wie oft es genommen werden muß. Frage: «Sind fünfundzwanzig Milligramm genug?» (Nein.) «Reichen fünfundsiebzig?» (Ja.) «Sind fünfundsiebzig zuviel?» (Nein.) Also beträgt die Dosis fünfundsiebzig Milligramm. «Reichen einmal am Tag fünfundsiebzig Milligramm?» (Nein.) «Zweimal am Tag?» (Nein.) «Dreimal am Tag?» (Ja.) Frage danach, an welchem Chakra oder welchem Gefühl gearbeitet werden muß, damit eine Krankheit geheilt werden kann. «Ist es das Sakral-Chakra?» (Ja.) «Solarplexus?» (Nein.) «Herz-Chakra?» (Ja.) Also sind die Energiekanäle am Sakral- und am Herz-Chakra verstopft. Gehe so durch alle Chakras und frage nach jedem einzelnen. «Ist das problematische Gefühl Kummer, Ärger, Furcht, Wut, Schuldgefühle?» Frage bei jedem Chakra, ob dort Leitungen abzukoppeln sind. «Wie viele? Habe ich sie alle geklärt? Befinden sich dort noch Haken?» Jeder Teil ist dabei eine eigenständige Ja-oder-Nein-Frage. Die Möglichkeiten sind unbegrenzt.

Je öfter du mit einem Pendel arbeitest, desto besser wirst du über seine Vorteile Bescheid wissen, seine Einsatzmöglichkeiten und seine Grenzen kennen. Es ist mit Sicherheit nicht unfehlbar, aber die Genauigkeit eines feingestimmten, gereinigten Pendels kann für einen erfahrenen Anwender, der Zugang zum Energienetz und zu Führern hat, neunzig Prozent oder mehr betragen. Der Anwender braucht gewisse grundlegende Informationen, aus dem das Pendel seine Antworten auswählen kann. Falls die Fragen für den Anwender emotional belastet sind, ist die Genauigkeit nicht so hoch, da unser Bewußtsein und unsere

Wunschvorstellungen die Antworten beeinflussen und damit die Führung durch die Geistwesen aufgehoben werden kann. Wenn du unbedingt *möchtest*, daß das Pendel «ja» sagt, dann wird es dir deinen Wunsch erfüllen. Nur wenn du deinen Geist so neutral wie möglich hältst und die Fragen ohne emotionale Beteiligung stellst, wirst du die erwünschten Ergebnisse erhalten.

Ein Pendel, bei dem nicht ständig für eine Klärung der Energie gesorgt wird, kann nicht genau arbeiten. Entweder antwortet es dann auf alles mit «nein», oder es schwingt in bedeutungslosen Kreisen. Ich habe mir mehrere Pendel angefertigt, und während ich eines benutze, wird das andere unter der Pyramide geklärt. Ich nehme sie abwechselnd und habe ein Gefühl dafür entwickelt, wenn ein Pendel «voll» ist, was ich an seinem Gewicht und seiner Schwerfälligkeit merke.

Edelstein- und Kristallschmuck und Taschensteine müssen jede Nacht geklärt werden, und Steine, die man beim Heilen einsetzt, brauchen eine vollständige Energiereinigung vor und nach ihrem Gebrauch. Ungeklärte Steine können die Empfängerin ihrer Energie bei einer Heilung regelrecht krank machen. In ähnlicher Weise spiegelten die ungeklärten Kristallgiganten die Krankheiten der Erde, und ihre Reinigung wird diese Krankheit vom Planeten lösen.

Kristalle und Edelsteine beziehungsweise Halbedelsteine beim Heilen auf den Körper der Empfängerin zu legen, wird als Steinauflegen bezeichnet. Es ist eine sehr machtvolle Methode, negative Energie zu lösen, die Chakras zu klären und auszubalancieren, die Lösung von Emotionen zu bewirken und Licht und Heilung in alle Aurakörper zu bringen. Die geklärten und feingestimmten Steine bringen die Schwingungen der Empfängerin in Übereinstimmung mit der Frequenz des Planeten und des universalen Energienetzes. Dies hat eine Befreiung der energetischen Lebenskraft in den Chakras und der Aura zur Folge, eine Heilung des *Lichtkörpers* und eine Transformation der negativen oder Krankheitsenergien hin zur Gesundheit. Die Abstimmung der Energie der Empfängerin auf das Energienetz fördert die Fähigkeit ihres Geistes, den Spiegel der Gefühle zu klären und positiven Wandel und Wachstum anzunehmen. Steinauflegen wirkt auch auf die Chakras auf den Ebenen der *Kundalini*- wie der *Hara*-Linie.

Dieses Verfahren kann man für sich selbst durchführen oder als Teil einer Heilsitzung mit Handauflegen. Man kann dazu entweder nur durchsichtige Quarzkristalle nehmen oder nur Edelsteine oder eine Kombination von beiden. Ich wende das Steinauflegen am liebsten als Teil eines Reiki-Handauflegens an und benütze Kristalle und Edelsteine gleichzeitig. Allerdings habe ich auch Sitzungen abgehalten, bei denen ich nur Kristalle genommen habe oder nur Edelsteine oder nur eine bestimmte Art von Edelstein oder Halbedelstein, abgestimmt auf die besonderen Bedürfnisse der Empfängerin. Alle diese Variationen wirken positiv und haben ihren speziellen Wert.

Die Energie muß bei dieser Art des Kristallheilens in einer Richtung durch den Körper wandern, entweder von der *Erde* zum Himmel oder vom Himmel zur *Erde*. Lege die Richtung zu Anfang der Sitzung fest und bleibe dabei; bei der Auswahl kann dir das Pendel helfen. Wenn der Energiefluß von der *Erde* zum Himmel verläuft, müssen alle Spitzen der Kristalle oder Edelsteine in Richtung Kronen-Chakra der Empfängerin gedreht werden. Verläuft der Energiefluß vom Himmel zur *Erde*, ist es genau umgekehrt, das heißt die Kristalle müssen auf ihre Füße zeigen. Obwohl sonst beim Handauflegen am Kopf begonnen wird und man sich dann zu den Füßen hinunter bewegt, ist es beim Steinauflegen umgekehrt. Fange damit an, die Steine an die Füße oder unterhalb von ihnen zu legen und gehe dann den Körper aufwärts bis zum Kronen-Chakra der Empfängerin.

Die Energierichtung Himmel-*Erde* ist bei einem Edelsteinauflegen geeignet, um die Empfängerin zu erden und in ihren Körper zu bringen. Es zieht energetische Lebenskraft der *Göttin* durch ihre Krone herein und zu ihren Füßen heraus, verwurzelt sie in der *Erde*. Diese Richtung ist sehr positiv für jemanden, der mißbraucht wurde und mehr in seinen Körper gebracht werden muß. Ebenso ist sie gut für Frauen, die zuviel Zeit mit spiritueller Arbeit verbringen, benommen und ungeerdet sind oder Schwierigkeiten mit den erdgebundenen Tätigkeiten haben. Legt man die Steine in Richtung *Erde*-Himmel, läßt dies Energie von *Mutter Erde* in und durch eine Frau strömen, wodurch die Energie der Empfängerin auf eine höhere Schwingungsebene oder eine höhere spirituelle Ebene gebracht wird. Dies verbindet eine sehr bodenständige Empfängerin mit ihren spirituellen und psychischen Fähigkeiten. Oft wird es bei Heilungen angewandt, bei denen man mediale oder spirituelle Informationen braucht, um eine physische Krankheit aufzulösen. Es verschafft Zugang zum Energienetz und zur Galaxie und zu intergalaktischen Heilführern.

Will man Handauflegen und Steinauflegen zusammen durchführen, werden zuerst die Steine auf den Körper der Empfängerin plaziert, und zwar von den Füßen bis zum Kopf. Dann beginnt die Heilerin ihr Handauflegen wie gewöhnlich, beginnt mit dem Kopf und bewegt sich zu den Füßen. Sie legt ihre Hände auf die Kristalle und Edelsteine, um ihre Handstellungen einzunehmen. Meist wird das Heilen durch Steinauflegen nur auf der Vorderseite des Körpers durchgeführt. Wenn die Heilerin auf der Rückseite der Empfängerin weitermachen will, kann sie das tun, aber bevor die Empfängerin sich umdreht, muß sie die Steine entfernen. Möchte sie weitere Steine oder Kristalle auf den Rücken legen, dann kann sie das tun. Wie bei anderen Formen des Heilens solltest du dich von deinen Führern und deiner Intuition bei der Sitzung leiten lassen.

Ein Heilen durch Steinauflegen kann ziemlich intensiv sein. Durch den Einsatz von Edelsteinen, Halbedelsteinen und Kristallen kommt es weit öfter zu einem emotionalen Loslassen, dem Öffnen von Traumen dieses und der vergangenen Leben und zu transformierenden Ereignissen als ohne sie. Dabei können wenige Steine ebenso wirkungsvoll sein wie ein Steinauflegen, das den ganzen Körper einbezieht, wenn die Steine sorgfältig ausgewählt werden. Ein Auflegen von Rosenquarz oder Kunzit allein oder eine Kombination von rosafarbenen Steinen kann die Herznarben positiv und nachdrücklich klären. Die Veränderungen werden noch die nächsten Tage bis zu einer Woche nach einer Sitzung weitergehen. Ein Auflegen klarer Kristalle kann zu einer starken physischen und emotionalen Entgiftung führen, die sich bis zu einer Woche fortsetzen wird. Die Veränderungen sind immer positiv, und meist sind sie sanft.

Es gibt eine Reihe von Mustern für die Anordnung der Kristalle und Edelsteine auf dem Körper. Grundsätzlich muß dabei der Linie der zentralen Kanäle gefolgt werden, und das ist auch das einzige Muß. Benützt du verschiedenfarbige Steine, dann achte darauf, daß die Steinfarbe zur Farbe des jeweiligen Chakras auf diesem Zentrum paßt. Nimm dazu die Farben und Steine der *Kundalini*-Linie oder jene der *Hara*-Linie oder beider. Es gibt bei den Farben auch gewisse Wahlmöglichkeiten, beispielsweise alternativ Schwarz oder Rot für das Wurzel-Chakra. Man kann pro Chakra und Farbe einen Stein oder mehrere nehmen. Falls man viele Steine verwendet, kann das Arrangement künstlerisch angeordnet sein, aber nur wenn man Lust dazu hat. Edelsteine sind immer wunderschön.

Nimmt man für das Auflegen klaren Quarz, folgt auch hier das Muster wieder dem Verlauf der zentralen Kanäle. Lege einen Kristall unterhalb der Füße hin oder zwischen sie und auf jedes *Kundalini*-Chakra, dabei einen Stein noch oberhalb des Kronen-Chakras. Ich gebe der Empfängerin auch gerne einen größeren Kristall in jede Hand. Die Kristalle, oder zumindest die meisten, sollten beim Steinauflegen mindestens sieben Zentimeter lang sein, um optimale Heilergebnisse zu erzielen. Benütze für alle Heilarbeit möglichst klare, auch für das Pendel, wenn irgend möglich ohne gebrochene Spitzen.

Die farbigen Edelsteine, die beim Steinauflegen benützt werden, können jede beliebige Form haben – geschnitten und geschliffen, roh mit oder ohne Oberflächenstruktur, eiförmig, mugelig (mit gewölbter Oberfläche) geschliffen, als Schmuckstück oder Perlenkette oder als Splitter. Die Formen können beliebig zusammengestellt werden, von jeder etwas, je nachdem, was du zur Verfügung hast. Für Reisen habe ich für das Steinauflegen ein Set mit sehr kleinen Edelsteinen, die etwa nur einen Zentimeter bis zweieinhalb Zentimeter groß sind. Sie wirken eindeutig gut und machtvoll beim Heilen, aber es ist schwierig, sie nicht aus den Augen zu verlieren, und ich verliere dabei so manche von ihnen. Deshalb ziehe ich Steine vor, die zweieinhalb bis siebeneinhalb Zentimeter groß sind, auch benütze ich Halsketten aus Steinen. Steine bewegen sich beim Heilen und fallen vom Körper der Empfängerin herunter. Wenn du ein Edelstein-Heilen im Freien machst, denke daran, eine Decke unter die Empfängerin zu legen, sonst werden die Steine im Gras verschwinden.

Wenn ich Kristalle und Edelsteine beziehungsweise Halbedelsteine gemeinsam verwende, lege ich die Edelsteine gerne auf die Chakras. Ich gebe der Empfängerin klare Kristalle in jede Hand, oberhalb ihres Kronen-Chakras, unterhalb ihrer Füße und in einem Kreis um den Körper in mehreren Zentimetern Entfernung. Plaziere die Spitzen entweder zur *Erde* oder zum Himmel entlang der Vertikalen des zentralen Chakra-Kanals. Die Kristalle, die den Körper umgeben, zeigen auf die Empfängerin. Klare Kristalle können auch an jedem Chakra eingesetzt werden, umgeben von den farbigen Edelsteinen. Sie können zwischen die *Kundalini*-Chakras gelegt werden, so daß sie über den *Hara*-Chakras liegen und die *Hara*-Linie aktivieren.

Beginne ein Heilen mittels Steinauflegen in derselben Weise wie eine Heilsitzung mit Handauflegen. Die Empfängerin liegt auf dem Rücken auf einer weichen Unterlage auf dem Boden oder auf dem Massagetisch, zur Bequemlichkeit Kissen unter dem Kopf und unter den Beinen. Die Heilerin kann sich auf einen Stuhl setzen oder neben dem Massagetisch stehen, muß sich aber frei bewegen können. Der Raum sollte ruhig, angenehm, warm und abgeschieden sein. Da die Steine gereinigt werden müssen, bevor man sie einsetzt, kannst du das entweder durchführen, bevor die Empfängerin kommt, oder du räucherst zu Beginn der Sitzung die Steine, die Empfängerin, das Zimmer und dich selbst mit Salbei. Bevor du dies durchführst, vergewissere dich, daß die Empfängerin den Rauch verträgt. Sorge zuvor für einen sicheren Ort, an den du den Salbei- oder Räucherstab legen kannst, wenn du ihn nicht mehr brauchst. Für das Körperauflegen setze ich nur Steine ein, die der *Göttin* geweiht und auf Heilung programmiert sind. Lade die Führer und Engel der Teilnehmerinnen zu der Sitzung ein, ich lade gewöhnlich auch andere nicht-physische Heiler von hohem Niveau zur Sitzung ein, falls sie teilnehmen möchten.

Beginne damit, die Kristalle unterhalb der Füße der Empfängerin hinzulegen, in ihre Hände und über ihren Kopf. Dann gehst du von Chakra zu Chakra, von den Füßen bis zum Kronen-Chakra. Verteile die Steine an einem Platz, wo du sie erreichen kannst, und wähle die Steine aus, die jeweils auf die Zentren gelegt werden. Vielleicht gibt es Steine, die du für eine bestimmte Person nicht benützt, oder Steine, die zu einem Chakra gezogen werden, zu dem ihre Farben von der Logik her eigentlich nicht passen. Lasse dich dabei führen, es gibt keine festen Regeln. Ein Stein, dessen Energie für die Sitzung nicht gebraucht wird oder der für die Energie der Empfängerin nicht geeignet ist, wird einfach herunterrollen oder zu einer Stelle rollen, wo er besser eingesetzt werden kann. Laß dies geschehen. Falls du «vergißt», einen Stein zu plazieren, dann heißt das, daß seine Energie für diese Person oder diese Heilung nicht sinnvoll ist. Wenn die Empfängerin klagt, ein Stein fühle sich unangenehm an, entferne ihn, denn dann ist diese Energie nicht für deren Bedürfnisse geeignet.

Sind nun alle Steine an Ort und Stelle, hat die Heilerin zwei Möglichkeiten. Sie kann sich hinter das Kopfende der Empfängerin stellen und eine Heilung durch Handauflegen beginnen. Dabei muß sie ihre Hände sorgfältig plazieren, um die Steine nicht zu verschieben. Die andere Möglichkeit ist, sich still neben die Empfängerin zu setzen und einfach zu warten, um den Steinen und Führern Gelegenheit zu geben, ihre Heilwirkung zu entfalten. In dem Maße, wie die Chakras und die Aura der Empfängerin die Energie der Kristalle und Edelsteine aufnehmen und von ihr ausgeglichen werden, beginnen die Steine Stück für Stück herunterzurollen. Die Empfängerin teilt jetzt vielleicht mit, daß sich etwas unangenehm oder fertig anfühlt; entferne diesen Stein von ihrem Körper. Manchmal scheinen alle Steine zur gleichen Zeit herunterzuspringen, obwohl die Empfängerin vollkommen still daliegt. Das ist ziemlich verblüffend, wenn es geschieht, und oft auch komisch. Lege sie nicht wieder zurück.

Wenn alle Steine vom Körper herabgefallen sind oder du oder die Empfängerin das Gefühl hast, es sei vollendet, auch wenn noch einige Steine an ihrem Ort liegen, ist das Heilen beendet. Lasse die Empfängerin noch eine Weile ruhig liegen ohne die Steine. Während dieser Zeit kann die Heilerin die Steine von Tisch und Boden aufsammeln und wieder reinigen, bevor sie sie wegpackt. (Ich bewahre meine in einem Beutel auf, der sie schützt.) Oft kommt es während einer Heilung durch Stein-Auflegen zu einer größeren Energieveränderung oder zu einem Loslassen von Emotionen.

Es ist schwieriger, diesen Vorgang bei sich selbst durchzuführen, aber es ist möglich. Lege die Kristalle so auf den Boden, daß du dich in deren Mitte hinlegen kannst. Du solltest die Steine für jedes Chakra farblich getrennt in kleinen Häufchen neben dir haben. Vor Beginn wählst du mit dem Pendel die Steine aus, die eingesetzt werden sollen. Mache es nicht unnötig kompliziert. Benütze nur ein paar Steine. Ein Auflegen nur von Kristallen ist am leichtesten für die eigene Heilung einzusetzen. Lade deine Führer vor Beginn zu dieser Sitzung ein. Vergewissere dich, daß die Kristalle gereinigt sind. Wenn du die Steine auf deinem Körper auf ihre Plätze gelegt hast, meditiere und ruhe in der Energie und fühle, wie deine Führer und nicht-physischen Heiler durch die Steine das Heilen vollbringen.

Eine noch einfachere Form der Selbstheilung durch Edelsteine besteht darin, im Schlaf in jeder Hand einen Stein zu halten. Suche dafür jene beiden Steine aus, deren Energien du besonders nötig hast. Obwohl du sie anfangs nicht die ganze Nacht festhalten wirst, werden sie dennoch noch nahe genug bei deinem Körper sein, um dich zu beeinflussen und zu heilen. Mit der Zeit gewöhnst du dich daran, sie im Schlaf festzuhalten, und du wirst sie beim Aufwachen immer noch in der Hand halten. Du kannst auch in jede Hand einen Edelstein oder Kristall nehmen, dich auf den Rücken ins Bett legen und einen über dein Herz plazieren und den anderen irgendwo andershin, wo er gebraucht wird. Entferne die Steine, wenn du fertig bist, oder schlafe die ganze Nacht mit ihnen. Laß sie von deinem Körper rollen oder von dir wegrollen, wenn ihre Energie und die Heilung beendet sind.

Die meisten Frauen, die mit Edelsteinen arbeiten, setzen sie für ihre *Kundalini*-Chakras und -Kanäle ein. Für diesen Zweck gibt es viele Bücher, wie man Edelsteine verwendet. Ich möchte kurz ein paar Steine beschreiben, die meist nicht erwähnt werden, die sich aber bei meinen Heilsitzungen als besonders positiv herausgestellt haben. Jede Heilerin, die Edelsteine einsetzt, hat ihre eigenen Lieblingssteine, über die andere Heilerinnen vielleicht nichts wissen. Die meisten meiner Steine entdecke ich auf regionalen Edelstein-Messen, die jährlich abgehalten werden. Dort sind die Preise auch am günstigsten. Ihre Einsatzmöglichkeiten erfahre ich, indem ich mit ihnen schlafe und meine Führer bitte, mir zu zeigen, was diese Steine können. Zuerst möchte ich ein paar ungewöhnliche Steine für die *Kundalini*-Chakren aufzählen, danach beschreibe ich Edelsteine, die die Zentren der *Hara*-Linie aktivieren.

Der erste Stein für das Wurzel-Chakra der *Kundalini* ist der *Schwarze Turmalin*. Meistens verwende ich an diesem Zentrum schwarze Erdungs-Energie, obwohl seine Hauptfarbe Rot ist. Ich schätze alle Turmaline wegen ihrer Fähigkeit, eine beschützende Aura aufzubauen. Aber dieser Turmalin nimmt darüber hinaus noch negative Energie und negative Denkmuster von einem selbst und von anderen auf und verwandelt sie. Er heilt Angst und Panik und verleiht ein Gefühl der Geborgenheit und beschützter Sicherheit. Der Schwarze Turmalin stützt und aktiviert die eigene Fähigkeit, sich zu erden und zu zentrieren und sich auf der *Erdebene* präsent und willkommen zu fühlen. Er hilft jenen, die sich nur widerwillig in ihren Körpern aufhalten.

Tektite ist ein weiterer schwarzer Stein, der für das Wurzel-Zentrum geeignet ist. Er stammt nicht von diesem Planeten, da Tektite aus meteoritischem Material sind. Dieser Stein hilft dem Benutzer, alle Chakras auszuweiten, sie aufeinander auszurichten und zu klären, auch den gesamten *Kundalini*-Kanal. Er wirkt auch schützend für die Energie und verankert einen nicht nur in der Wirklichkeit, Geborgenheit und Sicherheit der Erde, sondern bringt sie auch in die Fülle der Galaxie. Er holt positive Hilfe aus nicht-irdischen Quellen.[1] Tibetischer Tektite wird als der mächtigste angesehen, aber er ist sehr selten und daher auch sehr teuer. Zu günstigeren Preisen sind auf den Edelsteinmessen amerikanische Tektite zu kaufen.

Zwei nützliche Edelstein-Energien für das Sakral-Chakra sind der Rote Phantomquarz und der orangefarbene Pecos-Quarz. Der Phantom ist ein durchsichtiger Kristall, der aussieht, als sei ein anderer Kristall in seinem Innern. Beim *Roten Phantomquarz* ist der innere Stein von orangeroter Farbe. Es sieht aus, als sei im durchsichtigen Stein ein Daumen eingeschlossen. Phantomquarze öffnen Erinnerungen, Gefühle und Bilder, und sie lösen aus diesem Leben stammende negative Gefühle auf. Besonders sinnvoll ist ihre Plazierung auf dem Sakral-

Chakra, wenn Ärger geheilt werden soll, indem man die Erinnerungen an die Quelle des Ärgers öffnet. Führe dir diese Energie nur in kleinen Dosen zu und nimm den Stein herunter, bevor die Gefühle zu stark werden, um sie noch verarbeiten zu können.

Pecos-Quarz ist ein undurchsichtiger Stein von tiefem Orange. Wie der Rote Phantomquarz besteht er aus kleinen nadelförmigen Kristallen, die meist zweieinhalb Zentimeter lang sind. Dieser Stein formt Ärger eher um, als ihn zu öffnen, verwandelt den Ärger und die Wut dieses Lebens und vergangener Leben in verständnisvolles Mitgefühl und Versöhnlichkeit. Hellfühlige Heilerinnen, die zu viele Schmerzen anderer aufnehmen oder ihre eigenen Schmerzerlebnisse mit denen der Empfängerin gleichsetzen, hilft er zu schützen, indem er diese Schmerzen durch Mitgefühl auflöst. Pecos-Quarz ist ein wichtiger Stein bei der Heilung einer Frau von früherem sexuellen Mißbrauch, Vergewaltigung und Prügeln, und für die Lösung der karmischen Muster von Mißbrauch von der Aura. Er ist nicht so intensiv in seiner Wirkung wie der Rote Phantomquarz und kann als Halskette getragen werden, man kann ihn auch immer in der Tasche bei sich haben. Die Gefahr einer Energieüberladung besteht nicht.

Die folgenden zwei Steine für das Nabel-Chakra (Solarplexus) sind besser bekannt. Der erste ist der *natürliche Zitrin*, im Gegensatz zum hitzebehandelten Amethyst, der goldfarben wird und meist als Zitrin verkauft wird. Er wird in hellgelben einzelnen Kristallnadeln oder in ganzen Bündeln gefunden. Die natürliche Gesteinsform ist ein Reiniger und Entgifter für die ganze *Kundalini*-Linie, er regeneriert das Gewebe und gleicht das Rückgrat aus und hilft, die Energie der Aurakörper zu klären, auszuweiten und aufeinander abzustimmen. Zitrin ist eine große Hilfe für Frauen mit Zystitis (Blaseninfektionen) oder anderen Harnwegs-, Nieren- oder Verdauungsstörungen.

Der goldene oder champagnerfarbene *Topaz* wird oft nicht beachtet. Er zentriert Hauptenergie für den Solarplexus. Hauptsächlich wird er angewendet, um Lebensveränderungen von der Geburt bis zum Tod zu stabilisieren, das ätherische Doppel zu heilen und das zentrale Nervensystem auszubalancieren. Er bringt auch die Körperenergie, den Geist und die Emotionen auf allen Ebenen zum Ausgleich und klärt und heilt den *Lichtkörper*. Dieser Stein ist auch ein wichtiger Beschützer und Stabilisator, wenn Frauen eine neue Inkarnation erleben, während sie noch in ihrem Körper sind, oder bei Prozessen wie intensivem Heilen, Loslassen oder Entgiften.[2]

Als nächstes kommt das Herz-Chakra mit zwei meiner Lieblingssteine, dem Kunzit (rosa) und dem Dioptas (grün). Der *Kunzit* schafft ein Gefühl der Ruhe, der Ausgeglichenheit, der Stabilität, der Selbstsicherheit, des Friedens und des Mitgefühls. Es hilft sowohl hinsichtlich Offenheit wie auch Schutz. Seine Energie ähnelt der des rosa Turmalin. Kunzit heilt die Negativität, die von einem selbst oder von anderen kommt als Folge von Angst und Unsicherheit. Diese sanfte Kuan-Yin-Energie verbindet und klärt das Herz, die Kehle, das Dritte Auge und die Krone. Sie fördert die physische Intuition und erleichtert beim Heilen und Selbstheilen die Arbeit mit Führern.

Der *Dioptas* heilt das Innere Kind und löst die Traumen des jetzigen und der vergangenen Leben. Er beruhigt und lindert Schmerz und ist der sanfteste Weg, den ich kenne, um Herz-Narben zu öffnen und zu heilen. Die Energie dieses Steins ist glücklich, spielerisch und wie ein Kind. Sie heilt den physischen Körper, indem sie das Herz heilt, vergangenen Mißbrauch löst und karmisches Verstehen fördert. Dieser funkelnde, tiefgrüne Stein ist sehr teuer und zerbricht auch sehr leicht, und es kann vorkommen, daß er sich bei einem Heilen opfert. Ich trug einen kleinen Anhänger, während ich an einem Herz-Lösen arbeitete, und konnte sehen, wie sich der Stein im Laufe des Prozesses auflöste.

Zwei hellblaue Energien des Kehl-Chakras sind Angelit und Kyanit. *Angelit* stabilisiert im emotionalen und physischen Bereich und wirkt beruhigend. Ich halte ihn für ähnlich hilfreich wie den Kunzit, so daß ich ihn immer in der Tasche bei mir trage. Er fördert die kreativen und verbalen Fähigkeiten, besonders wenn diese Eigenschaften mit dem Channeln verknüpft sind. Dieser weiche Stein vom gleichen Blau wie die Eier des Rotkehlchens hilft beim Gewahrwerden der Geistführer und Engel und dem Aufnehmen der Verbindung zu ihnen. Er leitet den Schutz der Engel auf die Heilerin und ihr Heim. In *Love Is in the Earth* spricht Melody dem Angelit auch die Fähigkeit zu, Telepathie und Empathie ebenso zu fördern wie Astralreisen das Wiedergeborenwerden und die Auflösung von Ärger.[3]

Kyanit ist ein silberblauer Stein, der die Energie der Chakras und Kanäle von *Kundalini-* und *Hara-*Linie verbindet und ausgleicht, aufeinander einstimmt, öffnet, erweitert und die Energien beider Systeme heilt. Dieser Stein wirkt besonders für das Dritte Auge und die Chakras von Thymusdrüse und Kausalkörper der *Hara-*Linie. Diese Energie entfernt und heilt Blockierungen und Erschöpfung von allen Aurakörpern. Er heilt jede Krankheit der Kehle, hilft bei der Kommunikation (auch der psychischen) mit Führern und Tieren, beruhigt, fördert das Manifestieren und stabilisiert das Immunsystem. Ich betrachte ihn wegen seiner allesheilenden Wirkung als eine wichtige Edelstein-Energie.

Für das Chakra des Dritten Auges habe ich blauen Aventurin und Azurit ausgewählt, beides Steine von tiefblauer Indigofarbe. *Azurit* ist das Gegenstück des Dritten Auges zum Dioptas und ähnelt ihm in der Form. Da er eine intensive Transformationsenergie bereitstellt, darf er nur in kleinen Dosen angewandt werden und wird dich wahrscheinlich wach halten, wenn du ihn mit ins Bett nimmst. Ich benutze ihn beim Heilen vor allem dann, wenn ich das Gefühl habe, daß der Prozeß zum Stillstand gekommen ist und ich etwas anderes ausprobieren muß. Der Stein verbindet die Anwenderin aktiv mit ihrem *Lichtkörper* und dem Energienetz des universalen *Geistes*, mit der *Nicht-Leere* und der *Leere*, mit den Geistführern und der *Göttin*. Er ist von wesentlicher Bedeutung für jene Frauen, die Erdheilungen durchführen oder Tiefenmeditation. Wenn du dir einen solchen Stein kaufst, achte darauf, daß er von tiefer Färbung ist und Qualitätsmerkmale wie glänzende Kristallfacetten und aktive elektrische Energie hat.

Der *Blaue Aventurin* ist ein anderer indigofarbener energetischer Schmuckstein. Er ist mehr auf Lehren und Regenerieren ausgerichtet als der Azurit. Er nimmt das verletzte Innere Kind aus dem Sakral-Chakra und heilt es im Herzen. Setze ihn ein für die Arbeit mit dem Inneren Kind und für jeden Aspekt des emotionalen und mentalen/psychischen inneren Heilens. Der Blaue Aventurin heilt die Emotionen über den Geist und den universalen *Göttin-Geist* und ist ein anderer Zugangsweg zur *Inneren Göttin*, dem *Lichtkörper* und dem Energienetz der *Erde*. Er verschafft Zugang zu Führern, die beim Heilen lehren und helfen, und hilft beim Lösen von Weltraummüll und negativen Wesenheiten aus den Chakras und den Aurakörpern.

Edelsteine für das Kronen-Chakra sind der Haaramethyst, der Sugilit und der violette Turmalin. Der *Haaramethyst* ist ein Amethyst, der Blättchen oder nadelförmige Kristalle des metallischen Rutil enthält. Diese haben die üblichen Eigenschaften des Amethyst, aber auf einer höheren Ebene. Statt nur die Krone zu heilen, kann dieser Amethyst die Energie des gesamten *Kundalini*-Kanals ausrichten und heilen. Er klärt vorwiegend *Ida* und *Pingala* und *Sushumna* von Energie- und Gefühlsblockaden, weniger die einzelnen Chakras. Er gleicht aus und klärt die Chi-/Energieströme zum Gehirn, in das zentrale und autonome Nervensystem, in die lymphatischen Kanäle und auch die Akupunktur-Meridiane. Der Haaramethyst hilft auch beim Verstehen und Heilen des persönlichen Karmas.

Sugilit ist eine weitere Energie des Kronen-Chakras und öffnet den ganzen *Kundalini*-Kanal und gleicht ihn aus, diesmal mit allen Chakra-Zentren. Nach Melody verbindet er Geist und Körper, um Krankheit in beiden zu heilen. Er hilft der Anwenderin, in der Gegenwart zu leben, mildert die Härte ab, die das Leben auf der *Erdebene* bedeutet, und heilt und löst Verzweiflung, Feindseligkeit und Entmutigung.[4] Der Sugilit stimmt die eigene Energie auf die Schwingung der *Erde* und des universalen Energienetzes, der *Inneren Göttin* und der *Nicht-Leere* ab und bringt die linke und die rechte Hälfte des Gehirns zum Ausgleich. Er ist sehr hilfreich bei Krankheiten wie Dyslexie und Schlaganfällen.

Der *Violette Turmalin* bietet den spirituellen Energien Schutz durch das Verhindern und Klären von Anhaftungen von Geistwesen, negativen Wesenheiten, Geistern niedriger Ebene und negativer außerirdischer Einmischung. Dabei handelt es sich nicht um den rosa Turmalin oder Rubellit des Chakras des Kausalkörpers (siehe unten), sondern um einen Turmalin, der richtiggehend violett oder purpurfarben ist und den ich ganz billig auf einer Edelstein-Messe erstanden habe. Dieser Stein klärt das menschliche Energiesystem, die emotionalen und mentalen Aura-Ebenen und den *Lichtkörper* von negativen Verletzungen, die (allein) in diesem Leben zugefügt wurden; die Verletzungen der vergangenen Leben kann er nicht heilen. Er bringt das Licht und die Reinigung über die *Kundalini*-Kanäle und die Chi-/Energieflüsse.

Als Steine für die Chakras der *Hara*-Linie gibt es althergebrachte und einige erst vor kurzem entdeckte Steinergien. Die Kenntnisse, die ich über sie habe, folgen den Chakra-Farben und -Positionen weniger vorhersehbar als bei den *Kundalini*-Zentren. Turmaline aller Farben scheinen sowohl für das Wachstum der *Kundalini*- wie der *Hara*-Linie wichtig zu sein. Ich werde mit dem *Erd*-Chakra beginnen und mich aufwärts bewegen bis zum Transpersonalen Punkt.

Zu den Steinen für das *Erd*-Chakra (schwarz) gehört der Schwarze Samt-Turmalin und die Boji-Steine. Der *Schwarze Samt-Turmalin* hat eine glänzende, aber rauhe, fast pelzige Oberfläche und eine vibrierende Energie, die man sich nicht vorstellen kann, wenn man sie nicht selbst gefühlt hat. Ich wende ihn zusammen mit einem ähnlich aussehenden weißen (nicht durchsichtigen) Quarzphantom für den Transpersonalen Punkt an, lege sie unterhalb der Füße (schwarz) und oberhalb der Krone (weiß) nieder, um die gesamte *Hara*-Linie sofort elektrisch zu öffnen und ins Gleichgewicht zu bringen. Dieses Paar verbindet die individuelle Energie mit dem Chi der Erde und dem Chi des Himmels, indem es die *Hara*-Kanäle und -Chakras, die dazwischen liegen, mit transformierendem Licht füllt. Obwohl diese Steine jeweils nur zweieinhalb Zentimeter groß sind, schaffen sie einen direkten Zugang zu *Leere* und *Nicht-Leere.* Ich fand es interessant, daß man mich dahin führte, schwarze Edelsteine sowohl für das *Erd*-Chakra wie das Wurzel-Chakra der *Kundalini* zu nehmen, denn das *Kundalini*-Wurzel-Zentrum wird allgemein als rot bezeichnet.

Um die himmlischen Anfänge in einer bewußten *Erd*-Inkarnation zu verankern, solltest du die *Boji-Steine* ausprobieren. Wie bei den Tektiten handelt es sich dabei um Energien, die nicht von unserem Planeten stammen, die das gesamte Aura-System klären und stabilisieren, aber diesmal von der *Hara*-Ebene des emotionalen Körpers. Sie heilen den emotionalen Körper von negativen Gefühlen, negativen emotionalen Mustern und altem Schmerz und übersetzen die Veränderungen in Heilung auf der physischen Ebene. Setzt man einen einzelnen Boji-Stein ein, dann heilt er chronische Schmerzen auf allen Ebenen; paarweise öffnen sie die Aura und lösen Blockaden im energetischen System des Menschen und auf den Akupunktur-Meridianen. Die besten Ergebnisse erzielst du, wenn du immer einen in der Tasche trägst und ihn über Nacht reinigst, denn Boji-Steine arbeiten sehr langsam und nehmen das, was sie klären, in sich auf.

Elestial-Quarz ist ein Stein für die *Hara*-Erdungs-Chakras an den Fußsohlen (braun). Diese Steine besitzen transformative Energien. Es überraschte mich, als mein Geistführer diese Kristalle an diese Stelle legte. Offensichtlich liegen das tiefe Loslassen und die Lebensveränderung, die diese Steine auslösen, darin, Frauen in ihrem Lebensweg zu verankern. Wenn man ein paar Nächte mit ihnen schläft, eröffnet das eine völlig neue Sicht auf das eigene Leben und zeigt dir, wohin du gehst. Ihre Energie kann sehr unvermittelt und plötzlich wirken.

Für die dunkelgrünen Bewegungs-Chakras in den Kniekehlen ist der *Moldavit* der geeignete Stein. Wiederum war ich überrascht, diesen Stein an dieser Stelle zu finden. Auch die Energie des Moldavits stammt nicht von diesem Planeten. Hauptsächlich habe ich ihn eingesetzt, um mit positiver plejadischer Hilfe bei Schutz, Heilung und Selbstheilung Verbindung aufzunehmen. Diese Arbeit umfaßt auch die Entfernung negativer Einprägungen und Anhaftungen von Geistwesen vergangener Lebensspannen. Darüber hinaus verleiht einem der Stein das Gefühl, sich frei zwischen den Dimensionen und Galaxien bewegen zu können, während man dennoch sicher auf der *Erde* lebt. Er hat eine ausgeprägt öffnende und erhöhende Wirkung mit einer starken und dennoch sanften Schwingung.

Es war nicht einfach, Steine für das kastanienbraune Damm-Chakra zu entdecken. Die natürliche Entsprechung schien mir der Rubellit zu sein, aber meine Führer wiesen ihn zurück und wählten statt dessen den roten *Spinell.* Gurudas ordnet diesen Stein als bedeutenden Entgifter ein, der auch die ätherischen und emotionalen Körper ausrichtet[5] und damit die *Hara-* und *Kundalini*-Kanäle klärt und verbindet. Melody nennt ihn den «Stein der Unsterblichkeit» und ein Hilfsmittel für die Verjüngung und Regeneration. Er ergänzt verbrauchte Energie, fördert die physische Vitalität und bietet bei schwierigen Aufgaben Ermutigung an.[6] Diese Definitionen passen zum Damm-Chakra, in Asien als «Tor zu Leben und Tod» bezeichnet, die Energiepumpe für das System der *Hara*-Chakras. Das Zusammenziehen und Schließen der physischen Damm-Muskeln verbindet auch die Energieströme der *Hara-* und *Kundalini*-Linie.

Bernstein ist die passende Energie für das goldbraune *Hara*-Chakra, obwohl es als fossiles Harz wissenschaftlich gesehen gar kein Stein ist. Bernstein stabilisiert das gesamte *Hara*-System, bietet Beruhigung, Gewißheit über den einzuschlagenden Pfad und dic Wahlmöglichkeiten, mentale und emotionale Stärke, den Ausgleich und das Reinigen von Energie und das Heilen der gesamten Aura. Wo die Aura von zu schnellem emotionalen Loslassen, karmischem Lösen, der Entfernung von psychischen Angriffen, von Narkosemitteln oder anderen negativen Wirkstoffen zerrissen wurde, heilt Bernstein, füllt wieder auf, schützt und repariert den Riß. Er wirkt auch als Schild gegen die Aufnahme des Schmerzes anderer während der Heilarbeit und schützt gegen energetische Eindringlinge, psychische Angriffe und psychisches Auslaugen durch andere.

Zwei Edelsteine, die das limonengrüne Zwerchfell-Zentrum entgiften, sind der Grüne Turmalin und der Smaragd. Der *Grüne Turmalin* öffnet das Chakra und entzieht ihm die Giftstoffe. Er ist ein Reinigungsmittel, um negative Emotionen aus der Lebensaufgabe zu entfernen. Ich habe ihn nie als sanfte Energie empfunden, aber eigentlich scheint nichts an dem Zwerchfell-Chakra sanft zu sein. Wie andere Turmaline umgibt er die Anwenderin mit einer schützenden Aura, ermöglicht ihr, den Prozeß der Reinigung des Zwerchfells nicht nur sicher zu durchlaufen, sondern auch voller Vertrauen auf die *Göttin* und das Ergebnis.

Sobald das Zwerchfell geöffnet und gelöst ist, heilt und repariert der *Smaragd* den Schaden und programmiert das Chakra und die *Hara*-Linie/den emotionalen Körper neu. Er entgiftet und transformiert negative in positive emotionale Energie und stabilisiert und tröstet tiefgründig. Der Stein ruft ein Gefühl von Geborgenheit, Harmonie und Nähe zur *Göttin-Quelle* hervor. Er verbindet einen mit der *Inneren Göttin* und eröffnet einem den Blick auf einen selbst und seine Lebensaufgabe im Verhältnis zur *Erde* und dem universalen Plan. Melody schreibt über den Smaragd:

> Er kann dazu eingesetzt werden, die Negativität aus dem eigenen Leben zu entfernen und die positiven Handlungen zu fördern, die als Helfer gebraucht werden, wenn man in der praktischen Anwendbarkeit der eigenen Lebensarbeit zentriert bleiben will.[7]

Blauer Turmalin und Aquamarin sind Steine, die sich für das aquablaue Thymus-Chakra der *Hara*-Linie eignen. Auch hier ist der Turmalin wieder der transformierende, und der Aquamarin (der eigentlich ein Smaragd anderer Farbe ist) leistet regenerative Arbeit. Der *Blaue Turmalin* öffnet und klärt das Thymus-Chakra und verbindet die *Hara*-Linie des Emotionalkörpers mit dem *Kundalini*-Kanal des ätherischen Doppels. Er reinigt und stabilisiert die *Hara*-Linie und die *Hara*-Chakras. Der Stein transformiert emotionales Heilen in die Heilung physischer Krankheit und übersetzt die spirituelle Energie und die spirituelle Aufgabe in einen Dienst an der *Erde* und allen Menschen. Der Blaue Turmalin verschafft dem Individuum ein Gefühl der Sehnsucht und Hingabe an seine Lebensaufgabe und schützt es bei der Verfolgung dieses Zieles.

Der *Aquamarin* erfüllt die *Hara*-Linie mit heilendem Licht, das durch das Thymus-Zentrum zur *Kundalini*-Linie geführt wird. Er beruhigt und unterstützt das Individuum während Perioden intensiven physischen, emotionalen oder karmischen Lösens und Reinigens und unterstützt einen Lebenspfad des Dienens. Der Stein stützt und beschützt, und als Vertreter der Meeresenergie erinnert er uns an die ständige Gegenwart und Liebe der *Göttin* in unserem Leben und unserer Lebensaufgabe. Die Verständigung mit den Geistführern und Engeln wird durch den Aquamarin ebenso gefördert wie das spirituelle und psychische Gewahrsein und die Verbindung zur eigenen Überseele. Dieser Stein hat eine mächtige und doch sanfte Energie, die auch tiefgründig heilt auf allen Ebenen.

Zwei passende Steine für das mystische Chakra des Kausalkörpers sind der Blaue Saphir und der Rosa Turmalin. Die elektrische Energie des *Saphirs* ist transformativ und strahlt spirituelles Licht und Lebenskraft über die *Hara*-Linie aus. Sie stellt die Verbindung und Kommunikation der Anwenderin mit Führern, Engeln, *Lichtkörper*, Überseele, dem universalen Energienetz des Geistes und der *Göttin* auf eine höhere Stufe. Saphire helfen dabei, die Lebensaufgabe erfolgreich zu aktivieren und zu manifestieren und sie in das zielgerichtete Bewußtsein der *Erdebene* zu bringen. Diese Energie strahlt Freude, Gedeihen, Frieden und Schönheit aus. Obwohl als kostbarer Stein betrachtet, sind ungeschliffene Exemplare günstig zu erwerben; und ein sehr kleiner Splitter reicht aus, um diese mächtige Energie zu nutzen.

Der *Rosa Turmalin* oder Rubellit ist der andere Stein für den Kausalkörper, von der rotvioletten Farbe des Roséweins. Dieser Stein bietet dem Empfangenden eine tröstliche Liebesenergie, die den gesamten Emotionalkörper öffnet und heilt durch das Ausstrahlen seiner Wirkungen von diesem Chakra. Er bringt das Gewahrsein des Lebenszieles in alle Chakras der *Hara*-Linie und in das *Erdebene*-Bewußtsein für ein mitfühlendes Leben des Dienens. Rubellit gleicht die Energieströme sowohl der *Hara*- wie der *Kundalini*-Linie und aller Chakras auf beiden Ebenen aus. Er transformiert und entfernt Blockaden und Negativität aus dem gesamten Wesen und füllt die Chakras und Kanäle mit Licht, Frieden, Freude und universaler Liebe.

Zu den Steinen für die silbernen Visions-Chakras gehören der Danburit und der Labradorit. *Danburit* ist ein silberweißer Edelstein, der jede andere Energie intensiviert und reinigt, mit der zusammen er eingesetzt wird, und er tut das auf sanfte Art. Er öffnet die neuen potentiellen galaktischen Chakras, die von Barbara Marciniak beschrieben werden, und öffnet das Gewahrsein des Individuums von anderen Reichen und Dimensionen. Diese nährende Energie vollbringt ihre Transformationsarbeit im Tempo der Anwenderin, ohne Zwang oder Streß. Der Danburit verbindet die Frauen mit ihren Engeln und fördert die Kreativität, die psychischen Fähigkeiten und das Gewahrsein des Geistes.[8] Ich setze ihn dafür ein, um meine selbstgemachten Blütenessenzen zu verstärken. Er fördert auch den Prozeß der Reiki-Feinstimmung.

Der silbrig irisierende *Labradorit* verbindet die eigenen emotionalen und mentalen Körper mit dem physischen Ziel und der Handlung. Der Stein schützt auch nachhaltig die Aura, klärt Blockierungen und aktiviert die *Hara*-Linie. Er öffnet die Augen/die Visions-Chakras, damit sie als Laserstrahlen beim Heilen und bei der Arbeit mit dem Pendel eingesetzt werden können. Melody spricht dem Labradorit die Fähigkeit zu, dem Individuum ein bewußtes Gewahrsein seines Lebensziels zu geben und die Anwenderin mit den interplanetarischen Wesen und galaktischen Heilebenen zu verbinden. Ihrer Meinung nach ist der Stein extra-terrestrischen Ursprungs.[9]

Zu den klaren Edelsteinen für den Transpersonalen Punkt gehören Herkimer-Diamanten und Phenakit. Dabei ist der *Phenakit* relativ neu auf der Edelsteinszene, aber er ist so teuer, daß ich ihn bisher nur einmal in der Hand halten konnte, aber bisher nicht in der Lage war, ihn zu kaufen. Seine Energie aktiviert die *Hara*-Linie, bringt das Chi des Himmels/*Göttin*-Energie in die *Hara*- und *Kundalini*-Chakras und alle Kanäle und Meridiane. Sie ist fließend, wirkt sanft reinigend, tröstend und ausgleichend. Wenn du ihn in der Hand hältst, steigert er dein Gefühl dafür, daß du selbst Teil eines größeren *Göttin*-Plans sowohl auf der *Erde* wie im Universum bist.

Herkimer-Diamanten gehören mit zu meinen Lieblingssteinen, obwohl ich nur die großen und sehr klaren interessant finde, und diese sind teuer. Doch ein paar wunderschöne sind zu mir gelangt durch günstige Gelegenheiten, Tauschgeschäfte und viel *Göttin*-Glück. Die Energie dieser Steine ist sowohl sanft und transformierend; sie sind reine Liebe und reines Wissen/Licht. Die Schwingung der Herkimer-Steine führt zu Harmonie, Feinstimmung, Erweiterung, Klarheit, Fülle und Erfüllung – zur Kunst, friedvoll in der Gegenwart zu leben. Sie verbinden die anderen Dimensionen und Sterne mit der *Erde* und mit der Lebensaufgabe des Individuums und vereinigen es mit dem universalen Energienetz, seinem *Lichtkörper* und seiner Überseele.

Hier wurden nur ein paar von den Hunderten von Edelstein-Energien aufgelistet, die für das Heilen zur Verfügung stehen. Ich habe dazu nur ein paar meiner Lieblingssteine ausgewählt. Jede Heilerin, die mit Steinen arbeitet, hat ihre eigene Sammlung von bekannten und weniger bekannten Exemplaren.

Eine weitere Energie muß in diesem Kapitel noch erwähnt werden, obwohl es sich dabei eher um einen gefertigten als einen natürlichen Edelstein handelt. Und zwar ist das die Tachyonenergie-Perle, winzige weiß-irisierende Cabochons, die wie Opale aussehen. Diese wurden von japanischen Physikern entworfen, sind aus quarzkeramischem, optimiert schwingendem Material und haben die Eigenschaft, den Energiefluß durch den Körper und die Aurakörper zu steigern. In den Broschüren der Herstellerfirma heißt es, sie seien anti-entropisch (sie arbeiten Verfall und Abnutzung entgegen). Sie stärken den Blutkreislauf, die Ausdauer und das Chi im Körper und schaffen Ordnung aus dem Chaos.

Meine Geistführer behaupten, daß diese Tachyonperlen positiv auf die *Hara*-Ebene einwirken, um die *Hara*-Linie und die Energie des *Hara*-Chakras zu öffnen, auszuweiten und zu klären. Die Perlen steigern die Fähigkeit des physischen Körpers, sich zu erholen und selbst zu heilen, Energie hervorzubringen ohne Raubbau und Erschöpfung und verbrauchte Energie schneller zu regenerieren. Eine Frau erzählte mir, daß diese Perlen für sie die gesamte positive Energie auf allen Ebenen steigert, während eine andere das Gefühl hat, sie stimulierten transformierenden positiven Wandel. Eine Bekannte berichtete, daß sich ihre Rückgratverkrümmung innerhalb von drei Wochen begradigte, als sie den Tachyon-Gürtel trug.

Im allgemeinen habe ich nichts übrig für synthetische Edelsteine, aber als ich diese in einem New-Age-Katalog sah, drängten mich meine Geistführer so lange und so heftig, daß ich sie schließlich ausprobierte. Ich bestellte nur zwei winzige Perlen, da sie ziemlich teuer sind, aber sie waren so mikroskopisch klein, daß ich sie fast augenblicklich verlor. Dann bestanden meine Führer darauf, daß ich einen Tachyon-Anhänger bestelle, ein ausgehöhltes Silberschloß, das zehn Perlen enthielt. Als ich das schließlich machte, hatte ich anfangs das Gefühl, daß mir die Schwingungen Übelkeit verursachten. Man sagte mir, ich solle mit dem Anhänger Freundschaft schließen und ihn der *Göttin* widmen. Und als ich das tat, beruhigte sich mein Unwohlsein, und jetzt ist es ein wundervolles Gefühl. Andere Frauen erzählen mir, sie hielten den Anhänger gerne in der Hand, denn er fühle sich beinahe so an, als sei er lebendig. Sie sagen aber auch, daß seine Energie sie aus der Fassung bringe und ein «absonderliches» Gefühl auslöse. Anscheinend hat er sich auf meine besondere Aura-Energie eingestimmt.

Diesen Anhänger trage ich jetzt seit sechs Monaten und habe das Gefühl, daß er meine *Hara*-Energie ausweitet und die Reihe der Chakras auf der *Hara*-Linie öffnet, damit ich sie verstehen und ihrer gewahr werden kann. Er hat auch einen intensiven, fast überwältigenden Prozeß der Entgiftung und der Lösung auf allen Chakras und Aura-Ebenen angeregt, auch in den höheren Energiekörpern und im ätherischen Bauplan. Meine Fähigkeit zu channeln und die verschiedenen Bedeutungen und Anwendungen von Dingen wie Blumen für Blütenessenzen und heilende Edelsteine herauszufinden, hat sich beträchtlich gesteigert. Er hat mir auch geholfen, mich mit Engeln und positiven Wesen aus anderen Dimensionen in Verbindung zu bringen.

Die Perlen kann man entweder einzeln bestellen, aber sie sind so klein, daß dauernd die Gefahr besteht, sie zu verlieren, oder in einem

Anhänger, in Armbändern, Kopfbändern, Gürteln, aufgeladenem Wasser oder in Bodylotion. Obwohl sie ausgesprochen teuer sind, sind sie bei der Selbstheilung ein wirksames Werkzeug für jene Frauen, die sich von ihnen angezogen fühlen. Sie können auch bei der Heilung anderer durch Steinauflegen eingesetzt werden.

Kristallheilen ist eine komplexe Kunst, die ich in diesem Kapitel nur skizzieren konnte. Das nächste Kapitel gibt Unterweisungen über das Fernheilen, das im allgemeinen als psychisches Heilen oder Geistheilen bekannt ist.

9

Fernheilen

Wenn die meisten Leute von Geistheilen sprechen, meinen sie Fernheilen. Diese Technik trägt das Heilen über Zeit und Raum in vergangene und zukünftige Lebenszeiten und in den Zustand zwischen den Inkarnationen nach dem Tod. Sie wird auch beim Handauflegen und bei der Selbstheilung eingesetzt, um tiefere Ebenen zu erreichen. Dieses Heilen ist buchstäblich grenzenlos in Spannweite und Ausmaß. Geist-/Fernheilen funktioniert bei einem selbst und bei anderen, bei Tieren, Nationen, der Erde und jenseits des Planeten. Die Heilerin muß diejenigen nicht kennen, denen sie hilft. Es heilt alle Aurakörper und den physischen Körper, reicht sogar bis in die Ebene des Seelenkörpers hinab. Es wirkt auf die Chakras und Kanäle der *Kundalini*- und der *Hara*-Linie, reicht bis in den *Lichtkörper* und ins universale Energienetz und tritt in die Ebene der *Göttin-Leere* ein.

Fernheilen ist ein Prozeß, bei dem man den Geist und den *Göttin-Geist* benützt, um aus der *Nicht-Leere* Wandel, Schöpfung und Transformation in die *Leere* zu ziehen. Der Geist ist die allschöpferische Macht, die die Realität schafft und verändert. Der bewußte Einsatz des Geistes im meditativen Zustand befähigt, die Wirklichkeiten jeder Art und jeder Ebene zu lenken und zu verändern. Besonders wenn die negativen Emotionen, die den Spiegel des Geistes verschleiern, gelöst worden sind, hat der bewußte Geist die Macht, positive Transformation zu wählen, zu schaffen und zu manifestieren. Er kann auf jede Weise Krankheit in Gesundheit verwandeln.

Alles, was ich in diesem Buch über die Heilwerkzeuge geschrieben habe, war eine Vorbereitung, um den medialen Einsatz des Geistes für das Heilen möglich zu machen. Fern-/Geistheilen wird im Grunde vollbracht durch Visualisation im meditativen Zustand. Die Versenkung der Trance oder der Meditation ist tiefer, als es für das Handauflegen notwendig war. Deswegen ist die wichtigste Voraussetzung Meditationserfahrung. Sehr tief veränderte Zustände sind erforderlich, sogar bis zur

Theta-Ebene, um tiefgründige Veränderungen zu bewirken und aufrechtzuhalten und vor allem um die äußeren Auraschichten jenseits des Körpers, des ätherischen Doppels und der Gefühle zu erreichen. Es erfordert Konzentration und Kontrolle des Geistes.

Visualisation ist das Medium, durch das der mentale Körper/Geist den Wandel bewirkt. Nur die Ebene des bewußten Mentalkörpers ist in der Lage, Information/Licht/Energie in Worten anzunehmen. Worte (die technologische Ebene) sind die einzige Methode, mit der die moderne Wissenschaft Zugang zu etwas hat, und die einzige Informationsmethode in dieser Zeit, die allgemein gelehrt wird. Die moderne Medizin (Technologie) ist deshalb gefangen im bewußten Geist des dichten physischen Körpers und ist selbst dort nicht vollkommen wirkungsvoll. Alle anderen Ebenen der Aurakörper verweigern sich Worten – Worte können sie nicht erreichen oder beeinflussen. Das Medium, das die Energiekörper der Aura wahrnehmen und auf das sie reagieren, ist die Visualisation. Um so vollständiger und klarer eine Heilerin lernt, visuelle und andere Sinnesbilder zu benützen, um so größer ihre Kontrolle, ihre Spannweite und ihr Zugang, um Wandel auf allen Ebenen beim Heilen zu bewirken.

Vorstellungsbilder, Symbole, Gefühle, Geräusche, Emotionen und in geringem Maße Gerüche sind die Medien, mit deren Hilfe man Wandel auf jeder Ebene schaffen und lenken kann, ausgenommen die Ebene des rational-technologischen Geistes. Der Geist kann wenig Veränderung bewirken, wenn er Worte benützt, aber unendlich viel mit den anderen Sinnen. Ein von den Sinnen hervorgerufenes Bild von dem, was im Körper zu geschehen hat, kann vom schöpferischen Geist dazu benutzt werden, es geschehen zu lassen. In ähnlicher Weise kann das Fühlen negativer Emotionen und ihr Lösen aus dem Emotionalkörper – indem man sie vollständig akzeptiert und erfährt – die Hemmnisse in bezug auf mentale Klarheit entfernen. Das Loslassen negativer Bilder zusammen mit den Emotionen, die sie begleiten, alte Rückblenden verborgenen Schmerzes, entfernt ebenso die Hindernisse für einen klaren Geist. Der klare, schöpferische Geist, der unverschleierte Spiegel des Buddhismus, wird von der Visualisation freigesetzt. Er kann zu positiveren Visionen des Heilens als neuer Wirklichkeit neu programmiert werden.

In Verbindung mit tiefer Meditation, Visualisation als leitendem Medium und emotionalem Lösen als Weg, die Wahrheit zu entdecken, ist die Arbeit mit Geistführern von wesentlicher Bedeutung beim Geistheilen. Sie ist der Hauptfaktor, der fachmännisches Können in den anderen Fertigkeiten voraussetzt. Während Visualisation und das Loslassen von Emotionen Zugang zur *Nicht-Leere* haben, erlauben Meditation und Geistführung den Zugang zum größeren *Geist* der *Göttin* und der *Inneren Göttin*, der *Leere*.

Jedes Wesen ist ein Teil der Einheit der *Göttin*, obwohl der verschleierte Spiegel ihm dieses Wissen nicht zugänglich macht und die Getrenntheit des Selbst von der *Quelle* erschafft. Die *Innere Göttin* (oder Buddha-Natur) ist an sich vollkommen; sie bedarf keines Wandels, keines Wachstums und keiner Heilung. Doch all die Blockaden, Illusionen, falschen Wahrnehmungen und Schmerzen des Ego/der Getrenntheit verbergen dies vor uns. Geist-/Fernheilen, unterstützt von geistigen Wesen, die unser wahres *Göttin*-Selbst kennen, helfen uns, die *Innere Göttin* zu entdecken, die wir nicht ohne weiteres wahrnehmen können. Geistführer werden im Geist wahrgenommen und sind eine Brücke vom individuellen Geist zu *Göttin/Leere/Universalem Geist*.

Die Arbeit mit Geistführern, Engeln und nicht-physischen Heilern ist für das Geistheilen von wesentlicher Bedeutung. Sie bringen die Perspektive des *Göttin-Geist* in die Sitzung. Diese Führer verstehen und haben Zugang zu beiden, zur Weisheit der *Inneren Göttin*, der Heilerin und der Empfängerin. Der Heilerin werden in der Sitzung Informationen gegeben, die sie auf andere Weise nicht erhalten könnte, und die Empfängerin wird auf einer Ebene geheilt, die außerhalb ihrer wie der Heilerin üblichen Reichweite liegt. Beim Heilen durch Handauflegen arbeiten die Geistführer durch die Hände der Heilerin. Beim Geist-/Fernheilen arbeiten sie durch ihren höheren Geist.

Geistheilen wird von spirituellen Körperebenen aus vollbracht, physisch ins Bewußtsein gebracht durch die Kehl-, Stirn-, Kronen- und Herz(höherer Geist)-Chakras und manifestiert. Die Kehle ist das Energiezentrum der ersten Auraschicht des spirituellen Körpers, der Ebene des ätherischen Bauplans. Es ist das vielschichtigste der sieben Chakras, die Zugang zum physischen Körper haben, und kann für die bewußte Leitung eingesetzt werden. Die Kehle ist das Zentrum von Empathie und Telepathie (Senden und Empfangen von Gedanken), Kommunikation und Ausdruck auf den physischen und psychischen Ebenen, psychische Klänge und Hören und für Schöpfung und Selbstschöpfung auf der *Erdebene* und jenseits dieser Ebene.

Das Kehl-Chakra, das fünfte Zentrum, bildet den Zugang zu den ersten drei Auraschichten des spirituellen Körpers. Barbara Ann Brennan sagt über diese Ebene, daß sie den Bauplan oder die Blaupause des Lebens für das erste (Wurzel-)Chakra, die Aura des physischen Körpers/ätherischen Doppels enthält. Sie nennt das Kehl-Chakra die Ebene des göttlichen Willens, der dem Individuum zur Einheit mit dem All verhilft.

> Göttlicher Wille ist ein Bauplan oder ein Muster für den großen evolutionären Plan der Menschheit und des Universums. Dieser Bauplan ist lebendig, pulsiert und entfaltet sich unaufhörlich. Er hat ein mächtiges, fast unerbittliches Gefühl für Willen und Zweck. Ihn zu erfahren, heißt vollkommene Ordnung zu erfahren. Es ist eine Welt der Präzision und eine Ebene der präzisen Nuancen. Dies ist die Ebene der Symbole.[1]

In der Terminologie des Heilens ist das Kehl-Chakra die herabgestufte Energie der ersten Schöpfungsebene des menschlichen elektrischen Feldes. Es hat Zugang zur Ebene des spirituellen/ätherischen Bauplans der *Leere*, um im dichten Körper Wandel zu bewirken und zu manifestieren. Dies ist der Ort, an dem das individuelle Ego die Einheit seiner *Inneren Göttin* oder Buddha-Natur entdeckt. Für medial Begabte, die die Auraschicht sehen können, sieht deren Struktur aus wie ein Fotonegativ, bei dem hell und dunkel ausgetauscht sind. Heilerinnen, die mein eigenes Kehl-Chakra und die Ebene meines ätherischen Bauplans gesehen haben, beschreiben viele Zimmer mit sich öffnenden und schließenden Türen.

Heilung und mediale Wahrnehmung auf dieser Ebene fördert ganz besonders der Klang. Die Buddhisten sagen, daß der Klang beim Singen des *Om (Om Mani Padme Hum)* jene Schwingung ist, die das Universum erschuf. Dieses Chakra ist der Ort, an dem Heilerinnen geführte Information hören und Heilinformationen in Symbolen bekommen, und der Ort, an dem man mit seinen eigenen Geistführern spricht und sich verständigt und channelt. Barbara Ann Brennan beschreibt die Kehle und die Ebene des ätherischen Bauplans als «lebendig, pulsierend und unaufhörlich sich entfaltend». Sie manifestiert den Willen der *Göttin* und das menschliche Gewahrsein, daß das Leben und Sein jeder Frau einen spirituellen Grund hat.

Die nächste Aura-Ebene des spirituellen Körpers, die beim Geistheilen gebraucht wird, ist der himmlische Körper, dessen herabgestufte Energie im Dritten Auge oder Stirn-Chakra, dem sechsten Chakra, verankert ist. Dies ist die Ebene medialen Gewahrseins und Wissens, das rein analytisch und vom Geist bestimmt ist. Dennoch enthält es die Blaupause des Energiebauplans für den Emotionalkörper und das Sakral-Chakra. Im Dritten Auge/der himmlischen Auraschicht nehmen

Abb. 13: Die Schichten des Aurakörpers

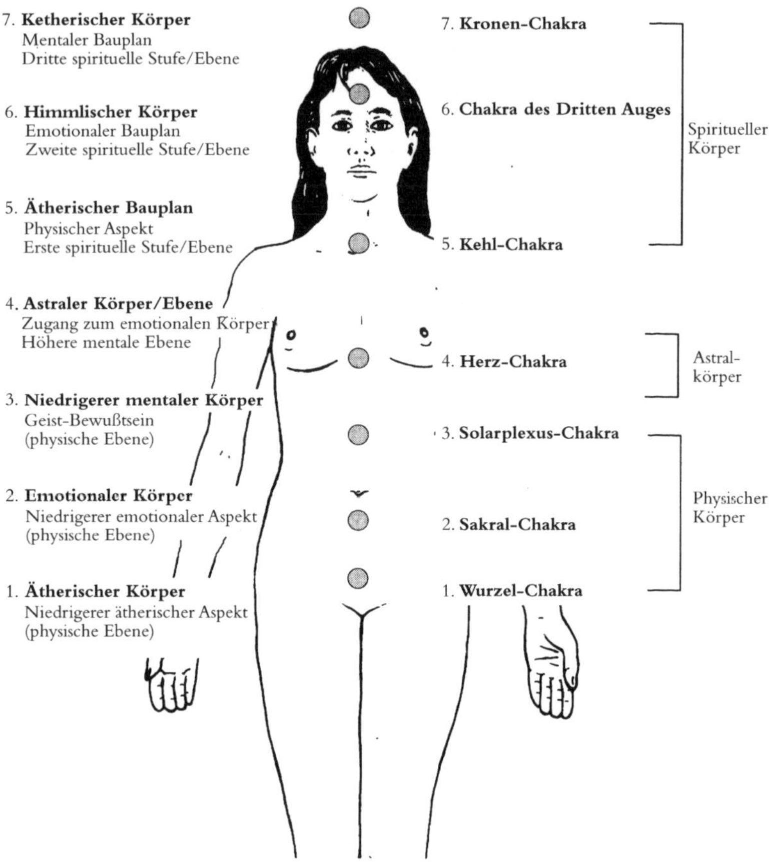

wir unzählige Wirklichkeiten und Wahrheiten wahr und können sie erschaffen. Es ist der entschleierte Spiegel des Geistes der *Inneren Göttin*, der von negativen Gefühlen befreit wurde. Enthielt die vorige Ebene den göttlichen Willen, so erfährt dieser die göttliche Liebe und spiegelt sie in alle anderen Ebenen und Chakras.

Barbara Ann Brennan beschreibt die Ebene des himmlischen Körpers visuell als fächerartig sich ausbreitende Lichtstrahlen in allen Farben des Regenbogens. Sie erklärt:

Dies ist die Ebene der Gefühle innerhalb der Welt unserer Seele; es ist

> die Ebene unserer göttlichen Liebe ... Sie wird erfahren als spirituelle Liebe, als Freude, Hochstimmung und Segen. Wir erreichen diese Ebene, indem wir den lärmenden Geist zum Schwingen bringen und zuhören. Wir gelangen dorthin durch Meditation ... Rezitation oder (Tag-)Träumerei. Wir tauschen uns mit allen Wesen der spirituellen Welten der verschiedenen Himmel ebenso aus wie mit der ganzen Menschheit, allen Pflanzen und Tieren der Erde.[3]

Unsere Fähigkeit, mit Geistführern zu arbeiten und ihren Anweisungen zu folgen, liegt in dieser Energieschicht des Dritten Auges/des himmlischen Bauplans. Führer, Engel und andere nicht-physische Heiler kommen zu uns von einem Ort großer Liebe und bieten uns in diesem Licht ihre Hilfe. Zugang zu ihrer Hilfe bekommt man durch den unverschleierten, erleuchteten Geist, der frei ist von Ablenkungen und negativen Emotionen und fähig, sich in fokussierter Meditation zu konzentrieren. Wie beim Kehl-Chakra ergibt sich so ein Zugang zur *Leere*, aber zu einem tiefer gelegenen Ort der *Leere*. Heilen, das gesündere Wirklichkeiten erschafft und bildet, wird von der Ebene des himmlischen Bauplans/des mittleren spirituellen Körpers durch die Klarsichtigkeit (klare Wahrnehmung, mediale Sicht) des Dritten Auges gesandt.

Die dritte Ebene des spirituellen Körpers, die am Kronen-Chakra (dem siebten Chakra) im *Kundalini*-System verankert ist, wird ketherischer Aurakörper genannt. Sie enthält den Energie-Bauplan für das Nabel-Zentrum (den Solarplexus), die unteren mentalen Körper oder den rationalen, technologischen, bewußten Geist. Auf dieser Aura-Stufe ist das der göttliche Geist, *Göttin*, und die buddhistische *Leere*, der Ort, aus dem alle Schöpfung entsteht. Barbara Ann Brennan beschreibt diese Ebene als goldenes Energienetz, dessen sich verflechtende Stränge alle Eigenschaften des physischen Körpers bilden. Dieses Energienetz ist von einem goldenen Ei schützenden Lichts umgeben. Es ist der Zugang zum *Lichtkörper*, zum universalen Energienetz des kollektiven Geistes und zum universalen Energienetz des *Göttin-Geist*.

Das Kronen-Chakra, an dem die herabgestufte Energie des ketherischen Aurakörpers das ätherische Doppel erreicht, ist der Ort der Spiritualität. Es ist der Tausendblättrige Lotos, die unzähligen Leben und Möglichkeiten des Lebens und das Universum, mit dem Juwel im Zentrum. Oft wird als das Juwel im Zentrum Buddha oder die Bodhisattva/*Göttin* Kuan Yin dargestellt. Dieses Zentrum aller Ebenen der Realität, des Geistes und der Existenz ist Erleuchtung, der Geist, der frei von allen Illusionen ist, *Göttin/Innere Göttin* oder Buddha-Natur. Die Krone ist der Ort der Gewißheit der Frauen, daß sie die Vollkommenheit der *Göttin* sind, der Ort vollkommener Einheit und des Verstehens, wie das Leben und der Dienst des einzelnen funktionieren als Teil *Ihres* größeren Plans. Denken ist die Natur und die Schöpfung aller Realität, die physische Realität eingeschlossen, und alles Heilen kommt vom *Geist* der *Göttin* durch den individuellen Geist.

So schreibt Barbara Ann Brennan über diese Stufe:

> Die goldenen Lichtfäden der siebten Stufe existieren in allem und um alles herum, ob es die Zellen eines Organs sind, ein Körper, eine Gruppe von Menschen oder die ganze Welt ...
> Wir erfahren den göttlichen Geist in uns und betreten die Welt des Feldes des universalen göttlichen Geistes ... Hier lernen wir Vollkommenheit kennen inmitten unserer Unvollkommenheit.[4]

Ein höheres und wahrscheinlich das wichtigste Chakra und die wichtigste Aura-Stufe, die beim Geist-/Fernheilen eingesetzt wird, ist das Herz-Chakra. Dieses vierte Chakra ist der Umformer für den höheren Mentalkörper auf der physischen Ebene und die Brücke zum Astralkörper und der *Hara*-Linie. Das Herz und der höhere Geist sind der Ort des Mitgefühls und der Gefühle für einen selbst und andere. Jegliches Heilen kommt aus diesem Bereich, an dem Liebe erfahren und gegeben wird, was die Schöpfungsenergie aus den spirituellen Stufen in den Emotionalkörper bringt (die Chakras des spirituellen Körpers und die Auraschichten). Bevor die Energie des Geistes das ätherische Doppel und den dichten physischen Körper erreichen kann, muß es durch die emotionale/astrale Körperschicht. Mit anderen Worten, damit das Heilen wirkungsvoll sein kann, muß es mit Liebe übermittelt werden.

Der höhere mentale Aurakörper am Herz-Zentrum ist der Ort des Zugangs zum Astralen. Dorthin gehen wir, wenn wir den Körper verlassen und uns in ein anderes Gewahrsein als das der *Erdebene* begeben. Dort treffen sich unsere Führer mit uns, um mit uns zu arbeiten, wenn wir sie einladen zu einer Heilung oder einer Meditation. Das Astrale wiederum ist es, durch das wir durchgreifen, wenn wir ein Heilen an einer Empfängerin durchführen, die bei einer Fernheilung nicht physisch gegenwärtig ist. Es ist der emotionale/astrale Körper der Empfängerin (oder der Heilerin selbst), der die Energie des Geistheilens annimmt, die als Fernheilung ausgeführt wird.

Barbara Ann Brennan beschreibt das Heilen oder jede andere Interaktion zwischen zwei Menschen so:

Wann immer zwei Menschen interagieren, ob offen oder verdeckt, gehen große Ströme farbigen, einer Flüssigkeit ähnelnden Bioplasmas von jedem aus, um das Feld des anderen zu berühren. Die Natur dieser Interaktion entspricht der Natur des Energie-Bewußtseins dieser Energieströme.[5]

Diese Interaktion zwischen den Auren der Heilerin und der Empfängerin ist es, die das Heilen übermittelt, ob als Handauflegen oder als Geist-/Fernheilen. Es funktioniert auf der Astralebene bei jeder Entfernung. Die Hilfe der Führer, Engel und nicht-physischen Heiler in einer Heilsituation dringt in die Aura der Heilerin durch ihren spirituellen Körper ein. Dann wird sie der Empfängerin übermittelt durch das Herz/den höheren mentalen/astralen Körper. Die Energie wird auch durch den Astralkörper der Empfängerin aufgenommen und dann auf ihre Chakras und die physische Körperebene verteilt.

Wenn du diese theoretischen Überlegungen im Geist gegenwärtig hast und erfahren bist in Meditation, Visualisation und dem Kontakt mit Geistführern, beginne mit einem einfachen Geistheilen.

Gehe in deinen Meditationsraum, erde und zentriere dich und entspanne dich vollständig. Lade deine Führer und Engel ein, sich dir anzuschließen. Inzwischen kannst du dich vielleicht schon durch einen einfachen Bewußtseinswechsel in den Meditationszustand versetzen. Eine Heilerin, die in medialer Arbeit erfahren ist, hat das gelernt und kann ein Fernheilen zu jeder Zeit und an fast jedem Ort ausführen. Ihre Konzentration und ihr Gerichtetsein auf einen Punkt werden vollkommen oder zumindest annähernd vollkommen sein. Allerdings sollte man das nicht gerade beim Autofahren tun oder bei anderen Tätigkeiten, die deine absolute erdgebundene Aufmerksamkeit erforderlich machen. Man kann es nicht gleichzeitig mit irgendeiner anderen Aktivität ausführen. Was einem wie ein Augenblick des Wechsels zum veränderten astralen Heilzustand vorkommt, kann viel länger als nur einen Moment dauern; es kann sich sogar auf über eine Stunde ausdehnen. Zeit gibt es auf dieser Ebene nicht mehr, obwohl die Zeit auf der Erde weiterläuft.

Wenn du in deinem Meditationsraum bist, erinnere dich an die frühere Übung der Visualisation einer Rose oder einer anderen Blume. Gib der Rose diesmal deinen Namen und bitte sie, deinen Vitalitätszustand zum Ausdruck zu bringen. Wenn du leuchtend und gesund bist, wird auch die Rose leuchtend und gesund aussehen. Wenn du müde bist, hängen ihre Blätter vielleicht herunter, und wenn du sehr müde bist, läßt vielleicht die Blüte selbst den Kopf hängen. Wenn du bestens verankert und verwurzelt bist, wird dir die Rose das zeigen, sie scheint vielleicht in einem hübschen Garten gepflanzt zu sein. Erwarte nicht, daß die Rose ein bestimmtes Aussehen hat, oder versuche dieses hervorzurufen, nenne ihr nur deinen Namen und bitte sie, deine Gesundheit zu spiegeln. Die Rose kann in jeder Farbe erscheinen. Denk daran, daß Farbe eine symbolische Bedeutung hat. Betrachte das Bild und erkenne die Energiebeurteilung, die es dir vermittelt.

Nun sende der Rose Heilung.[6] Versuche, es erst als heilendes Licht unbestimmter Farbe zu senden; es wird die Farbe annehmen, die du brauchst. Sende es als Klang, bitte wiederum nur um den Klang, der dir augenblicklich das meiste zu bieten hat. Wie reagiert die Rose auf das Licht und den Klang? Mache dasselbe mit einer Reihe von positiven Gefühlen, bitte wiederum um das, was du brauchst. Das Gefühl kann Freude, Liebe, Erfüllung, Trost, Bewunderung sein. Achte darauf, welche Emotionen du nötig hast. Bringe über die Rose das Bild der Sonne, laß das Sonnenlicht mit seinen goldenen Strahlen sie mit Heilung und Wohlbefinden erfüllen. Bei jedem Schritt achte darauf, wie die Rose reagiert und wie sich dein Körper fühlt.

Nun löse das Bild der Rose auf und stelle an ihren Platz ein Bild von dir selbst. Diese Vorstellung oder dieses Bild wird wahrscheinlich nicht deutlich oder detailliert sein. Es ist vielleicht nur ein schattenhafter oder verwischter Umriß oder ein Farbnebel. Doch was immer du auch siehst, es ist in Ordnung; bitte darum, deinen Gesundheitszustand zu sehen. Schicke diesem Bild von dir dieselben Vorstellungen wie der Rose. Sende eine nach der anderen und achte auf Anweisungen, welche du jedesmal schicken sollst. Richte deine Aufmerksamkeit darauf, auf welche Weise die Energieform, die du aussendest, dein Bild verändert. Sind diese Formen dieselben, wie du sie der Rose übermittelt hast? Achte jedesmal auf alle Empfindungen in deinem Körper. Beobachte die Farben und Gefühle. Frage deine Führer und Engel, ob du noch irgend etwas anderes tun, sehen, senden oder wahrnehmen sollst. Entwickle noch eine weitere Vorstellung, diesmal von dir in vollständiger Gesundheit, Vitalität und Lebensfreude; erschaffe dir das Selbst, das du gerne sein möchtest. Laß dir alle Zeit, die du brauchst, um das zu tun. Danke deinen Führern und komm ins Jetzt zurück.

Kehre in das gegenwärtige Gewahrsein langsam zurück und achte darauf, wie du dich fühlst in deinem Körper, deinen Emotionen und deinem Geist. Was hast du über dich selbst und deine Bedürfnisse gelernt aus diesem Geistheilen? Hast du irgendwelche Anweisungen von deinen Führern und Engeln erhalten, die du auf der *Erdebene* ausführen sollst? Vielleicht haben sie dir ja gesagt, du sollst mehr schlafen, Wasser trinken, an den Strand fahren oder einen Spaziergang in der Natur machen. Wieviel von dem Heilen, das du der Rose mit deinem Namen geschickt hast, hast du gebraucht?

Erschaffe dir bei einer anderen Sitzung eine neue Rose, gib ihr diesmal den Namen von jemand anderem, von dem du weißt, daß er Heilung von dir braucht und auch annehmen wird. Es sollte jemand sein, der dir die Erlaubnis dazu gegeben hat. (Wie man auf der Astralebene um Erlaubnis fragt, wird weiter unten beschrieben.) Führe dasselbe für die Rose des anderen aus, was du mit deiner eigenen Rose getan hast. Inwiefern unterscheidet sich diese Rose von deiner Rose? In welcher Weise sind die Vorstellungsbilder, die deine Führer dich für diese Person aussenden lassen, anders? Sind bei diesem Heilen Führer oder Engel anwesend, die vorher nicht da waren? Geben sie dir Informationen darüber, was du tun oder aussenden sollst, oder teilen sie dir etwas mit, was du der anderen Person erzählen sollst? Achte auf die Reaktion der Rose und darauf, auf welche Bilder die Rose am bereitwilligsten anspricht.

Löse die Rose wieder auf wie bei dem vorausgehenden Heilen und sehe vor dir die Person, die sie darstellte. Auch hier wird das Bild wahrscheinlich nicht klar sein, sondern dir lediglich vermitteln, wer diese Person ist. Wenn du nicht erkennen kannst, was man dir zeigt, frage die Frau, an die du denkst: «Ist es ...?» Auf irgendeine Weise wirst du eine Antwort bekommen. Vielleicht sagt sie «ja», lächelt, winkt oder zeigt sich deutlicher. Die Klarheit der Visualisation von dir selbst und anderen wird sich beim Geistheilen steigern, je mehr Erfahrung du hast. Diese Fertigkeit ist wie ein Muskel, der immer stärker wird, je häufiger man ihn benutzt.

Frage die Empfängerin deines Heilens, was sie für ihre Heilung vielleicht braucht oder wovon sie mehr braucht. Du hast ihr als Rose schon viel Heilung gesandt; vielleicht braucht sie noch mehr, oder auch nicht. Laß sie oder ihre Führer oder deine Führer dir zeigen, was ihr fehlt, und visualisiere dies, um es ihr zu übermitteln. Wie in der vorausgehenden Heilmeditation stelle dir die Frau geheilt, glücklich und gesund vor, dann löse das Bild auf und kehre in die Gegenwart zurück. Vergiß nicht, deinen Führern zu danken.

Wenn du dich dazu bereit fühlst, über diese Heilung mit der Empfängerin zu sprechen, dann mache das auch. Da sie dir die Erlaubnis gegeben hat, wird sie vielleicht für deine Eindrücke offen sein. Möglicherweise hat sie selber Wahrnehmungen und Bestätigungen erhalten, von denen sie erzählen kann. Solche Berichte stärken das Selbstvertrauen, besonders bei Heilerinnen, die gerade erst mit der psychischen Arbeit beginnen. Als ich mit dem Geistheilen anfing, schien es mir so einfach, daß ich glaubte, ich hätte das alles nur erfunden, vor allem da ich zu der Zeit nicht in tiefer Trance gewesen war. Niemand hätte überraschter sein können als ich, als eine Frau, die über zweihundert Meilen entfernt wohnte, wissen wollte, ob ich ihr am Donnerstag gegen zehn Uhr abends goldenes Licht geschickt hätte. Es stimmte. Sie hatte mich in einem Brief gebeten, ihr Energie zu senden.

Wenn du erst einmal Erfahrungen gewonnen hast mit Heilungen, bei denen du dich erst auf Rosen konzentrierst und dann die Rosen in Menschen verwandelst, verzichte auf die Rosen und visualisiere von Anfang an nur die Menschen. In dem Maße, in dem du Erfahrungen sammelst, werden dir mehr Informationen gegeben werden. Bitte darum, den schmerzenden Bereich der Empfängerin zu sehen, und sende dein Heilen direkt an diese Stelle als Licht, Farbe, Klang oder Symbol. Du mußt für die Heilungen nicht alle Methoden einsetzen – meistens genügen eine oder zwei. Manche Heilerinnen schicken am liebsten Licht, während bei anderen die bevorzugte Ausführungsweise Klänge sind. Manchmal ist die Krankheit nicht das, was sie zu sein scheint. Das Gebiet, in dem die Krankheit auftaucht, entspricht vielleicht nicht dem, was dir die Frau vor der Heilung erzählt hat. Meist wird sie jedoch danach das bestätigen, was du siehst. Die Kopfschmerzen einer Frau können beim Heilen als Schmerz im Unterleib auftauchen, und da viele Kopfschmerzen ihren Ursprung im Unterleib haben, macht das auch Sinn. Wenn die Bauchschmerzen einer Frau ihre Ursache in Ängsten haben, die in ihrem Kehl-Chakra festgehalten sind, kannst du den Schmerz an einem der beiden Orte sehen oder auch an beiden. Manchmal tauchen unerwartete Schmerzen auf. Frage die Empfängerin, was in diesem Chakra oder diesem Körperteil los ist.

Eine andere Methode für die Durchführung des Geistheilens ist es, darum zu bitten, die Chakras der Empfängerin zu sehen. Bereiche, in denen die Energie steckengeblieben oder blockiert ist, werden anders aussehen, weniger ansprechend als die gesunden Gebiete. Ein gesundes Chakra ist von leuchtender und gleichmäßiger Farbe, ohne dunkle Flecken, Risse oder trübe Stellen. Es bildet auf dem Körper mit den anderen Zentren eine vertikale gerade Linie. Schicke die gesunde Farbe des Chakras in blockierte Gebiete, um sie zu klären und zu heilen. Sende beispielsweise Hellblau zu einem roten Flecken im Kehl-Chakra oder Grün (oder Rosa) zu einem verschleierten Herz-Chakra. Auch hier kannst du wieder Klänge schicken oder andere Sinnesbilder, wenn du das vorziehst.

Es gibt wahrscheinlich so viele verschiedene Arten des Geistheilens, wie es Frauen gibt, die es ausüben. Eine andere Methode – die ich Kesselflicker-Heilen nenne – ist, einfach hineinzugehen und jeden Schmerzbereich zu reparieren, den man sieht. Kenntnisse in Anatomie und was geschehen muß, damit ein Heilen stattfinden kann, sind sicher sinnvoll, aber es gibt andere Wege, dies zu tun. Der Geist kann in Symbolen und Metaphern arbeiten. Wenn ein Knochen gebrochen oder eine Wunde vorhanden ist, nimm *Göttin*-Heftpflaster, um es zu reparieren. Wenn eine rote Kehle der Tröstung bedarf, probiere blaue oder grüne *Göttin*-Farbe auf einem Pinsel oder einem Farbroller oder visualisiere Eis, um sie zu kühlen. Wenn ein Schnitt oder ein Loch repariert werden muß, nimm eine *Göttin*-Nähnadel und heilenden Faden. Besteht ein Fieber, senke es mit einem *Göttin*-Feuerwehrschlauch und kaltem Wasser oder visualisiere wieder Eis auf dem schmerzenden Gebiet. Bitte um Geistführung und visualisiere am Ende der Sitzung die Empfängerin in vollständiger, freudiger Gesundheit.

Als Reiki-Heilerin integriere ich Symbole des zweiten und dritten Reiki-Grades beim Heilen, ob durch Handauflegen oder Fernheilen. Ich bin mir auch immer dessen sehr bewußt, daß Heilen nur mit Erlaubnis der Empfängerin durchgeführt werden darf. Da nicht jeder, der einer Heilung bedarf, ausdrücklich danach gefragt hat – oft rufen mich Frauen an und bitten mich, eine Heilung für jemand anderen oder ein Haustier durchzuführen –, setze ich die unten beschriebene Methode ein, um auf der Astralebene telepathisch die Erlaubnis zu bekommen. Ich beschreibe im folgenden meine grundlegende Vorgehensweise; je mehr Erfahrungen ich aber damit habe, um so mehr bekomme ich Informationen und Vorschläge dazu, was ich bei meinen Heilungen tun soll.

Beginne wie immer mit dem meditativen Zustand und bitte deine Führer und Engel, bei dir zu sein. Nimm ein paar tiefe Atemzüge, um dich zu zentrieren, dann visualisiere/imaginiere die Person, der du helfen möchtest. Ich sehe sie meist deutlich genug, um sie erkennen zu können. Als nächstes frage sie: «Möchtest du, daß ich dich heile?» Oder:

«Kann ich dir mein Heilen anbieten?» Du wirst darauf eine Antwort erhalten. Vielleicht sagt ihre Stimme «ja» oder «nein», oder sie wendet sich dir zu (ja) oder von dir ab (nein). Du wirst es erkennen und mußt aus ethischen Gründen ihre Entscheidung respektieren. Es kommt oft vor, daß sich jemand auf der physischen Ebene der Heilung verweigert, oder du meinst, er könnte sich verweigern, dem aber das Heilen willkommen ist, wenn er auf diese Weise auf der astralen Ebene gefragt wird. Wende diese Methode an, wenn jemand im Koma liegt und auch bei Haustieren oder Kindern, also bei all jenen, die dir auf der physischen Ebene keine Erlaubnis geben können. Wenn die Empfängerin deiner Bitte zustimmt, fahre fort, wenn nicht, ziehe dich ruhig und mit Liebe zurück und beende die Sitzung.

Wenn du dir der Antwort nicht sicher bist, schicke das Heilen mit der ausdrücklichen Einschränkung, daß es der Empfängerin freigestellt ist, es anzunehmen oder zurückzuweisen. Wenn die Betreffende die Energie zurückweist, kann diese statt dessen für die Heilung der *Erde* eingesetzt werden, um Bosnien zu heilen oder ein anderes Krisengebiet oder jemand anderen, der es möchte. Unerwünschte Heilenergie kann auf diese Weise wiederverwendet werden für einen positiven Gebrauch, ohne dabei den freien Willen einer Person zu verletzen. Unerwünschtes Heilen jemandem aufzuzwingen, verstößt absolut gegen die ethischen Grundsätze einer Heilerin. Menschen und Tiere haben das Recht, an ihrer Krankheit festzuhalten, wenn sie das wollen, und manchmal entscheiden sie sich dafür, Heilung abzulehnen.

Wenn die Erlaubnis gewährt wird, weiterzumachen, schicke der Frau Licht. Bestimme dabei nicht die Farbe, sondern laß das Licht jene Farbe annehmen, die gebraucht wird. Alle Farben sind positiv, solange sie leuchtend und schön sind. Schwarz ist beim Heilen positiv, beispielsweise das Samtschwarz eines Nachthimmels voller Sterne oder das Schwarz des fruchtbaren Bodens von *Mutter Erde*. Wenn das Schwarz etwas Negatives signalisiert, wirst du das merken. Es gibt viele Gründe, warum jemand Schwarz brauchen könnte, und Schwarz, mit Liebe und heilender Absicht gesandt, ist tröstend und verankernd. Die Farbe beziehungsweise Nicht-Farbe, die man am seltensten einsetzen sollte, ist Weiß. Es ist viel wirkungsvoller, eine Farbe zu schicken, die sich auf die Bedürfnisse der Empfängerin konzentriert, als weißes Licht zu senden als «Rundumschlag».

Viele der Farben, die beim Geist-/Fernheilen auftauchen, gehören nicht der *Erdebene* an. Sie sind in Worten schwer zu beschreiben, und soweit ich weiß, haben sie keine Namen. Sie sind unglaublich schön und positiv. Dabei handelt es sich um die schon vorher erörterten Astralfarben der *Hara*-Linie, die die Farben der grundlegenden Chakras der *Erdebene* von *Kundalini* und ätherischem Doppel ergänzen. Sie erscheinen sehr oft beim Geistheilen und sind der Hauptgrund dafür, keine Farben zu bestimmen, wenn du Licht aussendest. Irdische Farben zu benennen, begrenzt die Spannweite dessen, was auftauchen kann, und verhindert das Erscheinen der entsprechenden astralen Farben. Dadurch daß du keine Farbe spezifizierst, kann die Frau, die das Heilen empfängt, ihr höheres Selbst, ihre Führer oder deine Heilführer jene Farbe auswählen, die für ihre Bedürfnisse am geeignetsten ist.

Laß die Farben die Aura der Frau erfüllen, und wenn du in Reiki geschult bist, schicke ihr Reiki-Symbole. Statt sie zu zeichnen, sende sie als Ganzes, einfach indem du ihr Erscheinen willst. Sie scheinen durch den Raum zu fliegen, um sich dem Körper der Empfängerin der Länge nach einzuprägen. Beginne mit dem *Dai-Ko-Myo*, um die Aura zu öffnen. Das *Hon-Sha-Ze-Sho-Nen* ist das Symbol, das Reiki durch Raum und Zeit übermittelt; benütze es bei jeder Fernheilung. Das *Cho-Ku-Rei* steigert die Macht der Heilenergie, und das *Sei-He-Ki* behandelt die emotionalen Elemente der Krankheit. Bei den meisten Fernheilungen sende ich alle diese Symbole und schließe wieder mit dem *Dai-Ko-Myo*. Auch die Symbole nehmen Farben an, oft die Astralfarben der *Hara*-Linie, und zwar diejenigen, die für das Heilen am besten sind.

Wenn du die Symbole ausgeschickt hast, hörst du vielleicht eine Botschaft von deinen Führern oder von der Person, die die Energie empfängt, mit Hinweisen, noch mehr zu tun. «Erfülle ihre Aura mit goldenem Licht», könnte eine solche Botschaft lauten. Gelenkte Botschaften sind immer positiv und lebensbejahend, weisen alles andere zurück. Wenn dies beendet ist, visualisiere die Frau wiederhergestellt und gesund, wie sie wieder ihrem Alltagsleben nachgeht. Vielleicht hörst du sie sagen, daß es ihr gut geht. Dann ziehe dich aus der Meditation zurück (löse die Rose auf), danke deinen Führern und Engeln und kehre in das Gewahrsein der Gegenwart zurück. Der Vorgang des Geistheilens dauert nur Sekunden, viel kürzer als die Zeit, die man braucht, um ihn zu erklären.

Um Erlaubnis zu fragen ist von so entscheidender Bedeutung, daß ich vor dem Beginn jeder Heilmeditation danach frage, selbst wenn mir die Erlaubnis bereits auf physischer Ebene gegeben wurde. Es ist ebenso wichtig, wie um die Erlaubnis von Babies, Kindern, Haustieren und anderen zu fragen, die es dir nicht direkt sagen können, im Gegensatz zu

Erwachsenen, die bei Bewußtsein und vollem Verstand sind. Tiere und Babies wissen genau, was sie wollen und was sie brauchen, und sie werden dir das in der Meditation auch mitteilen. Frage sie, was mit ihnen nicht stimmt und was du tun kannst, um ihnen zu helfen. Sie werden dir oft Informationen geben, die du sonst nicht bekommen könntest.

Du kannst ein Fernheilen auch ausführen, wenn du neben dem menschlichen oder tierischen Empfänger sitzt oder am anderen Ende des Zimmers, falls ein Handauflegen nicht angebracht ist oder keine Zeit ist für eine vollständige Körpersitzung. Dies eignet sich besonders dann, wenn eine Berührung Schmerzen hervorrufen würde, wie bei Patientinnen mit Verbrennungen, oder ein Infektionsrisiko für die Empfängerin oder die Heilerin besteht. Du kannst so arbeiten in Krankenhäusern, wo Berührungen vielleicht nicht erlaubt oder unangenehm wären. Benütze diese Methode bei schlafenden Haustieren, wenn das Tier beim Handauflegen nicht stillhält, aber dennoch deutlich macht, daß es geheilt werden will. Das gleiche gilt für Kinder. Es ist auch eine gute Methode für freilebende Tiere oder solche mit Schmerzen, und auch für Nutztiere auf dem Bauernhof. Dieselben Techniken können auch dafür benützt werden, dich selbst zu heilen – statt jemand anderen zu visualisieren, visualisiere dich selbst in der Meditation, wie du es mit der Rose gemacht hast.

Eine Schülerin bat mich einmal, Fernheilung für ihre Mutter auszuüben. Um herauszufinden, ob ich die Erlaubnis der Mutter bekommen konnte (der Schülerin war es nicht gelungen), visualisierte ich ihre Mutter, der ich noch nie begegnet war, und bot ihr die Heilung an. Die Antwort war dieselbe, die meine Schülerin bekommen hatte: «Nein, meine Liebe, laß mich gehen, es ist Zeit für mich.» Als ich ihr auf der Astralebene versicherte, daß das Heilen sie nicht zurückhalten wird, wenn sie in die andere Welt übergehen will, sondern diesen Vorgang erleichtern würde, nahm sie dankbar an. Ich sagte ihr, sie könne das Heilen dazu benutzen, ihren Schmerz zu lindern, und für jeden anderen Zweck, den sie wählen würde. Sie bat darum, daß es ihr helfen möge, in Frieden zu sterben. Meine Schülerin fuhr fort damit, ihrer Mutter zu geben, was sie wünschte, so daß der freie Wille der Frau respektiert wurde. Sie starb ein paar Wochen später friedlich im Schlaf mit einem Lächeln auf dem Gesicht.

Arbeite nie daran, einen Tod zu verhindern, wenn die Empfängerin das nicht möchte oder wenn es gegen ihren Willen ist oder es nicht zu ihrem Besten ist. Manchmal ist der Tod die einzig mögliche Heilung.

Sende Energie auf eine Art und Weise, die es der Empfängerin ermöglicht, auszuwählen, wie sie sie für ihre Zwecke einsetzen kann. Bitte deine Führer, dir dabei zu helfen, herauszufinden, was das ist. Wenn ich heilendes Licht sende, sende ich es der ganzen Person, nicht nur ihrer Krankheit. Ich schicke das Licht mit der Affirmation «gemäß ihrem freien Willen».

Dieser einfache Prozeß, sich die Person vorzustellen oder sich auf sie zu konzentrieren, ihr Licht und/oder Reiki-Symbole zu senden, sie wieder gesund zu sehen und dann ins Jetzt zurückzukehren, hat eine tiefgreifende Wirkung. Heilen auf diese Weise kann genau genommen sogar wirksamer sein als eine Sitzung mit Handauflegen und dauert nur ein paar Sekunden. Je geübter du darin wirst, mit deinen Führern zu arbeiten, um so vielschichtiger können diese Heilungen werden in bezug auf das, was du in der Sitzung wahrnimmst und wozu du in der Sitzung angeleitet wirst. Du wirst lernen, innerhalb des Energiefeldes der Lebenskraft der Empfängerin zu arbeiten, mit ihren Chakras sowohl auf der Ebene der *Kundalini*- wie der *Hara*-Linie und in ihren Aurakörpern. Ich bin mit Selbstheilung sehr weit in meine eigene Aura eingedrungen, bis zum Energienetz des Geistes und zum *Lichtkörper*, in den ätherischen Bauplan von anderen und noch weiter. Setze die Geistheilungstechniken auch ein, während du ein Handauflegen durchführst, damit wirst du bei der Sitzung die bestmöglichen Ergebnisse erzielen.

Die Person, die ein Heilen in Abwesenheit erhält, ob sie darüber bewußt Bescheid weiß oder nicht, wird wahrscheinlich fühlen, wie es geschieht. Wenn sie für Energie sehr offen und medial gewahr ist, weiß sie vielleicht genau, was du getan hast und wann. Sie mag sich dessen nicht voll bewußt sein, aber hat vielleicht während des Heilens an die Senderin gedacht. Sie hat vielleicht plötzlich Frieden empfunden oder Farbe oder sich besser gefühlt. Schmerz (ob physischer, emotionaler oder mentaler) kann zu jedem Zeitpunkt des Heilens aufhören, und möglicherweise kommt er nie mehr zurück. Die meisten Heilerinnen, die mit Fernheilungen anfangen, denken, sie würden sich das «nur einbilden» oder «alles erfinden», wie es mir gegangen ist. Ein paar Bestätigungen von Empfängerinnen werden diese Zweifel der Heilerin schnell beseitigen, und sie wird bald große Achtung vor diesem Vorgang haben.

Wenn eine Heilmeditation ausgeführt ist, kehre in die Gegenwart zurück und vergesse alles darüber. Über das Heilen weiter nachzudenken, hält die Energie bei der Heilerin, statt sie über das Astrale loszulassen und der Empfängerin zu übermitteln. Wie beim Handauflegen entscheide über die Häufigkeit des Geistheilens je nach dem Ernst der Situation. Bei etwas so Einfachem wie Kopfschmerzen oder Menstruationskrämpfen kann eine Heilmeditation ausreichen. Bei ernsthafteren Krankheiten wiederhole das Heilen alle paar Minuten, aber laß die Energie zwischen den Sitzungen los. Ein- oder zweimal am Tag ist meist ausreichend, wenn es sich nicht um einen kritischen Gesundheitszustand handelt. Wenn Geistführer und Engel beteiligt sind, kann eine Sitzung ausreichen, selbst bei sehr ernsthaften Problemen. Ich frage meine Führer, ob und wann weitere Sitzungen notwendig sind, bevor ich die Fernheilung wiederhole.

Zeit existiert nicht auf den nicht-physischen Körperebenen, und dies kann vorteilhaft beim Fern- und Geistheilen eingesetzt werden. Bei einem emotionalen Trauma mußt du zur Quelle des Traumas gehen, um es zu heilen. Bitte deine Führer darum, dir die Empfängerin zu der Zeit und an dem Ort zu zeigen, an dem das Trauma sich ereignet hat. Wenn das Heilen an der Quelle vollbracht ist, bitte deine Führer, das Heilen und die Empfängerin in die Gegenwart zu bringen. Sei nicht überrascht, wenn die ursprüngliche Quelle in der frühen Kindheit oder in einer anderen Lebensspanne war; gehe einfach mit deinen Führern in die Situation und führe die Heilung aus. (Im nächsten Kapitel findest du mehr Informationen über Karma und vergangene Leben.)

Heilerinnen mit dem zweiten Reiki-Grad wurden gelehrt, das Symbol *Hon-Sha-Ze-Sho-Nen* zu benützen, wenn sie außerhalb der Zeit heilen wollen. Es kann eingesetzt werden, um zu programmieren, daß ein Heilen in bestimmten Abständen wiederholt wird (stündlich, zweimal am Tag etc.), solange es notwendig ist. Ordne diesen Wiederholungen immer eine Begrenzung zu – meist «solange sie die Hilfe benötigt» –, so daß keine unerwünschte Energie übrig bleibt, die dann auf der astralen Ebene umherirrt. Das funktioniert auch bei Heilerinnen ohne Reiki-Schulung, aber nicht so wirkungsvoll. Du wirst die Heilsitzungen dann mindestens täglich oder sogar öfter wiederholen müssen.

Es gibt beim Reiki vier Fernheilungs-Techniken, Methoden zum Fokussieren, die bei jeder Geistheilerin gut funktionieren. Benütze sie wie die anderen Fernheilungsmethoden im meditativen Zustand. Diese vier Techniken sind:

1. Stell dir vor, dort zu sein und ein Handauflegen durchzuführen.
2. Stell dir die Person kleingeschrumpft vor, und halte sie für das Heilen in deiner Hand.

3. Laß dein linkes Knie und den linken Oberschenkel die Körpervorderseite der Betreffenden darstellen, dein rechtes Knie und den rechten Oberschenkel die Rückseite. Lege deine Hände auf.
4. Nimm als Ersatz einen Teddybär, ein Kissen, eine Puppe oder eine Fotografie. Führe die Heilung an dem Hilfsgegenstand aus; gib dem Bär, der Puppe oder dem Kissen den Namen der Empfängerin.

Bei der ersten Methode stell dir vor, du wärst mit der Empfängerin zusammen und führst eine Sitzung mit Handauflegen durch. Dies klingt ganz einfach, aber ist eigentlich die schwierigste der vier Methoden. Es dauert lange, die Handstellungen auszuführen, deshalb muß die Heilerin die Meditation und Visualisation für ziemlich lange Zeit halten. Meistens dauert Fernheilung nur ein paar Sekunden, und wenn du nicht sehr erfahren bist, ist eine ausgedehnte Visualisation dieser Art ausgesprochen schwierig. Allerdings ist es ein gutes Training in Konzentration und punktgerichteter Aufmerksamkeit. Eine hilfreiche Alternative ist es, dich mit einem Extrapaar von Armen zu visualisieren wie bei einer Statue von Kuan Yin oder Tara. Dies verkürzt die Zeit beträchtlich, aber es kostet immer noch große Mühe. Doch die Male, die ich Geistheilen auf diese Weise durchgeführt habe, waren sehr liebevolle Erfahrungen und in höchstem Grad wirksam.

Die zweite Methode ist, sich die Betreffende, das Tier oder selbst den Planeten ganz klein zusammengeschrumpft vorzustellen. Halte sie/ihn in den Händen zwischen deinen gewölbten Handflächen. Geistheilen kann auch für die *Erde* ausgeübt werden, und ich heile häufig auf diese Weise ebenso wie mit der Arbeit mit dem Kristall-Energienetz im letzten Kapitel. Die *Erde* braucht alles Heilen, was wir *Ihr* schicken können. Als Alternative kann man beim *Erde*-Heilen einen kleinen Globus nehmen von der Art, wie sie als Murmeln oder Schlüsselanhänger verkauft werden, und ihn in der Hand halten, während man visualisiert, dem Planeten Licht zu schicken. Mit dem Bild oder seiner Visualisation in deiner Hand, schicke Farbe, Licht, Klang oder Symbole des Heilens in sie hinein. Dies ist wahrscheinlich die leichteste der vier Methoden.

Bei den nächsten beiden Techniken geht es mehr darum, sich auf einen Gegenstand zu fokussieren als um Visualisation. Bei der ersten von beiden setze dich auf einen Stuhl mit gerader Lehne und stelle dir vor, daß dein Knie und dein oberes Bein der Körper der Empfängerin sind.

Die Rundung deines Knies wird der Kopf der Betreffenden, dein Oberschenkel ist der Rumpf, und deine Hüfte stellt ihre Beine und Füße dar. Führe das Heilen aus, als ob deine Hände wirklich auf ihrem Körper wären, halte ihr Bild in deinem Geist fest, während du in deiner Vorstellung ein Handauflegen durchführst. Nimm dein linkes Knie, um die Vorderseite der Frau zu verkörpern, und dein rechtes Knie für ihren Rücken.

Mein Favorit ist die vierte Methode. Nimm einen Teddybär, eine Puppe, ein Kissen oder eine Fotografie der Frau als Ersatz oder Brennpunkt. Der Schlüsselanhänger-Globus für das *Erde*-Heilen ist ein Beispiel dafür. Führe das Heilen an dem Bär aus, dann stelle dir vor, du gibst den geheilten Bär der Person, die die Fernbehandlung erhält. Sage ihr: «Nimm von dem Bär, was du gebrauchen kannst.» Diese Methode ist besonders geeignet, wenn bei der Frage nach der Erlaubnis die Antwort ist: «Ich weiß nicht genau» oder «Was möchtest du tun?» Zeige der Empfängerin, welches Heilen am Bär ausgeübt wurde, dann gib ihn ihr über die Astralebene. Gib dem Bären für die Dauer der Sitzung den Namen der Empfängerin.

All diese Techniken werden im meditativen Zustand ausgeführt und mit Hilfe der Geistführer und Engel. Denke daran, daß du sie zu Anfang jeder Heilsitzung bittest zu kommen, da sie mit dir nur arbeiten können, wenn sie dazu eingeladen sind. Vergiß auch nicht, ihnen am Ende der Sitzung zu danken. Arbeite mit den Führern bei jedem Schritt des Prozesses kooperativ zusammen; sie werden dir zeigen, was du tun sollst und wie du es tun sollst.

Zu den befriedigendsten, aber auch schwierigsten Geistheilungen gehört das *Erde*-Heilen, und obwohl es immer eine Herausforderung ist, bitte ich Heilerinnen, die Arbeit an der *Erde* zu einer regelmäßigen Heilmeditationsübung zu machen. Das kann ganz einfach getan werden, indem man den Planeten visualisiert oder sich vorstellt, die Erde in den Händen zu halten und ihr Licht und Energie zu schicken, als wenn man eine Person heilt. Visualisiere die Erde als leuchtend, geheilt und gesund. Man kann es auch auf komplexere Weise ausführen. Deine Geistführer werden dich bei dieser Arbeit leiten, wenn du bereit bist, dies als Dienst an der *Erde* zu tun.

Einige Möglichkeiten, wie man an diese Arbeit herangehen kann: Bitte darum, einen Ort auf dem Planeten zu sehen, wo deine Energie und deine Liebe helfen können. Das kann auch eine Erdbebenbruchlinie sein, eine gefährdete Tierart, eine verschmutzte Bucht oder ein verunreinigter Fluß, ein vernichteter Wald oder ein Gebiet, das radioaktiv verseucht wurde (davon gibt es viel zu viele). Bitte deine Führer um Leitung bei jedem Schritt dieser Heilungen. Wenn du Zweifel hast, sende Licht und Liebe, ohne die Veränderung irgendeiner Einzelheit zu visualisieren oder irgend etwas anders zu machen. Allerdings werden dir deine Geistführer und Engel sehr deutlich sagen, was du tun sollst. Bei jeder Art von planetarischem Heilen ist es äußerst wichtig, dich mit vollständigem Schutz zu umgeben und am Schluß zur Auffüllung deiner Vorräte Energie fließen zu lassen. Wenn etwas getan werden muß, das dir gefährlich erscheint, frage deine Führer und Engel, ob sie es tun oder dich dabei beschützen würden. Achte genau darauf, daß du nur sehr kurze Zeiträume lang arbeitest – du wirst vielleicht überrascht sein, wie intensiv und erschöpfend die Arbeit des *Erde*-Heilens sein kann.

Ungefähr vor einem Jahr sagte man einer Freundin und mir bei einem Channelling, das sie durchführte, daß die russischen Atomkraftwerke genügend Radioaktivität nach außen verlören, um Krebs und einen Schaden der *Erde* für Hunderte von Jahren in der Zukunft auszulösen. Die russische Regierung hat entweder nicht die Technologie, die Organisation oder das Problembewußtsein, um dies zu stoppen. Da wir beide *Erde*-Heilen ausführen, wurden wir gebeten, zu helfen. Für ein paar Wochen bat jede von uns in ihren Meditationen darum, dorthin zu gehen, wo man uns brauchte, und später verglichen wir unsere Notizen darüber, was wir sahen. Unsere Visionen glichen sich verblüffend.

Als ich es zum ersten Mal tat, sah ich etwas, das wie ein riesiges, dunkelrotes, flackerndes Feuer aussah, und von dem man mir sagte, es sei im südlichen Rußland oder in einem der Satellitenstaaten. Man zeigte mir eine Landkarte, aber ich hatte zuwenig Kenntnisse in Geographie, um den Ort genau bestimmen zu können. Ich fragte, was ich tun solle, und man zeigte mir einen schwarzen Behälter, wahrscheinlich aus abschirmendem Blei, der über das Feuer gestülpt werden und dann von unten noch geschlossen werden sollte. Ich versuchte, das zu tun, aber obwohl ich den Behälter an den vorgesehenen Ort bewegte, schien das rote Feuer immer noch durchzukommen, und ich konnte die Kiste nicht schließen. Diese Visualisation dauerte wahrscheinlich nicht länger als zwei oder drei Minuten, aber ich war am nächsten Tag sehr krank und auch noch die darauffolgende Woche. Meine Freundin Jane war bei ihrer Meditation bei sich zu Hause in der Lage, den Behälter zu schließen, aber selbst danach sahen wir das Feuer immer noch durchlecken. Auch ihr ging es danach ziemlich schlecht.

Wir brauchten ein paar Tage, bevor wir es noch einmal versuchen konnten, und dieses Mal arbeiteten wir zusammen, indem wir uns medial über das Telefon verbanden. Unsere Führer baten um einen zweiten Bleibehälter, den man über den ersten stülpen könnte. Als wir ihn an seinen Platz bewegten, baten wir sie, ob sie uns dieses Mal davor schützen könnten, wieder krank zu werden. Sie setzten den Behälter wieder auf den Boden und berieten sich, dann wiesen sie uns an, uns zurückzuziehen und einfach zuzuschauen. Eine Gruppe von Engeln kam, sie brachten den Behälter an seinen Platz und schlossen ihn.

An dieselbe Stelle führte man uns noch ein weiteres Mal, um dort noch einen Isolierbehälter zu installieren, dann zu anderen Standorten, und an jedem Atomkraftwerk waren es ein paar Sitzungen. Wir baten jedesmal die Engel, das zu tun, was man uns als notwendig mitgeteilt hatte. Krank wurde ich nicht wieder, war aber immer noch nach jeder Sitzung sehr müde. Die Engel und Führer sagten, daß die Radioaktivität ihnen nicht schaden könnte, aber für uns wäre sie schädlich. Im ganzen waren es neun Standorte, und obwohl in diesen Wochen, in denen wir an ihnen arbeiteten, eine Menge Heilung geschah, muß immer noch mehr getan werden. Ähnlich verseuchte Plätze gibt es auf dem ganzen Planeten. Gehe dabei sehr vorsichtig vor, um nicht einen noch größeren Schaden bei anderen oder dir selbst auszulösen. Errichte um alle Teilnehmer vollständigen Schutz, und mache bei jeder Sitzung immer nur wenig.

Ich fragte die Führer und Engel, warum sie medial begabte Menschen für diese Arbeit benötigten, die wir doch eigentlich nicht stark genug waren, um diese Aufgabe zu erfüllen. Man sagte mir, die *Erde* sei ein physischer Planet des Menschen, und nicht-physische oder nichtmenschliche Hilfe könnte nur durch Einladung erlangt werden. Es ist unser Planet, und wir müssen uns ihnen anschließen bei dieser Arbeit und diesen Aufgaben. Geistführer und Engel können nichts tun, wenn wir sie nicht darum bitten, und ihnen nur zu sagen, «heilt einfach alles, was geheilt werden muß», ist etwas, das sie nicht tun dürfen. Die Bitte muß sich auf etwas Bestimmtes beziehen und präzise sein, wobei die Erdwesen sehen, was getan werden muß, und es anleiten. Man kann uns Informationen über gefährliche Bereiche geben, dann müssen wir um Hilfe bitten und an der Heilarbeit teilnehmen. Offensichtlich braucht man sehr viele Erdheilerinnen dafür.

Es gibt auch Anlässe, in denen die Heilerinnen wissen, was getan werden muß, ihnen aber nicht erlaubt ist, sich einzumischen. So ein Fall war beispielsweise der Hurrikan Andrew. Als ich zum ersten Mal fühlte, daß etwas wirklich Schlimmes auf Florida zukam, versuchte ich wie üblich, den Hurrikan von seinem Weg in Richtung auf das Land und die Menschen abzulenken. Oft funktioniert das, und die Hurrikane ziehen am Land vorbei oder schwächen sich so ab, daß sie nicht mehr gefährlich sind. Besonders an der Küste machen viele Heilerinnen diese Arbeit. Bei diesem Hurrikan jedoch sagte man mir: «Rühr ihn nicht an, dieser muß geschehen.» Eine Reihe anderer Erdheilerinnen, mit denen ich während des Hurrikans und danach sprach, sagten mir, sie hätten dieselbe Botschaft bekommen. Dasselbe wurde mir mitgeteilt bezüglich des Massakers in Ruanda. Beim Heilen für Bosnien hörte ich: «Das ist nicht deine Aufgabe, hier arbeiten andere.» Wir alle sind Teil eines größeren Plans, und manche der Erdveränderungen dürfen nicht abgemildert werden. Es ist jedoch immer willkommen und sinnvoll, kollektiv oder individuell Heilung jenen zu senden, die davon betroffen sind.

Als nach einem Tanker-Zusammenstoß in der Nähe meines Heims in Tampa Bay Öl auslief, taten drei von uns sich zusammen, um das auslaufende Öl in den Golf von Mexiko zu bringen, wo es nicht die Bucht und die Strände ruinieren konnte. Wir sahen, wie das Öl aufs offene Meer hinaustrieb in die Richtung, von der die Wissenschaftler und die Nachrichtensprecher gesagt hatten, daß das Öl dort am wenigsten Schaden anrichten konnte. Ich bin sicher, auch andere Erdheilerinnen entlang der Golfküste von Florida halfen dabei. Das Heilen verlief so gut, daß wir, als das Öl aufs offene Meer trieb, damit aufhörten, den Verlauf zu überprüfen, aber wir hatten unsere Arbeit zu früh beendet. Eine Reihe von Gewitterstürmen trieb das Öl ein paar Tage später wieder zurück, und das Öl erreichte schließlich doch das Land.

Es war uns nicht nur peinlich, wir waren auch entsetzt. Als nächstes setzten wir geführtes Heilen ein, um die Reinigung zu unterstützen und soviel Schaden wie möglich zu verhindern. Die möglicherweise folgenreichste Verschmutzung, die aus klebrigen Teerklumpen bestand, die mit der Brandung auf die weißen Sandstrände zutrieben, wurde in nur zwei Tagen beseitigt. Obwohl dies mitten in der Woche passierte, schaufelten über sechshundert Freiwillige den Teer vom Sand und der Küste, und Dutzende retteten, fütterten und wuschen betroffene Seevögel.

Wenn du Nationen heilen möchtest, die sich im Krieg oder im Konflikt befinden, sei sehr darauf bedacht, mit der Erlaubnis der Geistführer zu arbeiten. Viele dieser Situationen sind Karma, das sich schließlich mit den Erdveränderungen selbst erschöpfen wird nach Hunderten oder Tausenden von Jahren des Kampfes. Wie schlimm auch immer es sein mag, was da gerade geschieht – es jetzt geschehen zu lassen, beendet vielleicht das Karma ein für allemal und verhindert ständige Kriege in der folgenden Zukunft. Wenn dir deine Geistführer und Engel die Erlaubnis geben, dann führe die Arbeit durch, aber arbeite eng mit ihnen zusammen und tue nur, wozu sie dich anweisen. Wenn deine Führung zu etwas, was du tun möchtest, «nein» sagt, dann solltest du unbedingt darauf hören und dem folgen. Eine Verletzung dieser Regel kann hier ernsthafte karmische Folgen für die Heilerin und den Planeten haben wie auch für die Situation, um die es geht. Denk immer daran, wir sind alle Teil eines größeren göttlichen Plans.

Fernheilung für die Menschen und die *Erde* hat so viele mögliche Anwendungen, daß es unmöglich ist, sie alle zu beschreiben. Deine einzigen Grenzen sind deine Fähigkeit, in einen tiefen Trance-Zustand einzutreten, und eine Fähigkeit, mediale Informationen zu erlangen, normalerweise durch Visualisation und Geistführung. Zeit und Entfernung lösen sich beim Geistheilen auf und stellen keine Begrenzungen mehr dar. Was auf der *Erdebene* nicht zu bewirken sein kann, geschieht bereitwillig bei einer Fernheilungs-Sitzung, und das Heilen verändert den physischen Körper von beiden, dem Menschen und dem Planeten.

Alle Realitäten sind vom Geist und vom Denken erschaffen, durch die *Nicht-Leere* aus der *Leere* geholt worden. Das Denken ist eine energetische Kraft, die Veränderungen in der Materie bewirkt, und alle Materie, eingeschlossen die *Erde* und unsere Körper, sind aus dieser Energie erschaffen. Energie ist, was wir sind und was wir wieder werden, und Energie ist *Göttin*, die weder geschaffen noch zerstört werden kann. Geist-/Fernheilen setzt die Energie des Denkens ein, um Wirklichkeiten zu erschaffen und zu transformieren auf jeder Ebene vom menschlichen Körper bis zur *Erde* selbst. Es ist die schöpferische Lebenskraft der *Göttin*, und ihr Einsatz durch die Heilerinnen bringt diesen großen Gaben, aber noch größere Verantwortung. In diesen Zeiten der Erdveränderungen bedürfen die Menschen, die Tiere und der Planet des Heilens. Geistheilen ist ein Weg, dies zu tun, und viele Heilerinnen werden heute gebraucht, mehr als je zuvor. Für jene Frauen, die sich auf dem Pfad der Göttin/der Bodhisattva befinden, sind Heilen und Erdheilen Wege, dem Leiden unserer Zeit entgegenzuwirken. Setze die Fähigkeiten weise ein und immer mit Achtung, Ehrerbietung, Mitgefühl und Liebe.

10

Karma

Wer wir in dieser Lebensspanne sind und wie sich das spirituelle Wachstum unseres Seins gestaltet, ist abhängig von der Ansammlung der vergangenen Leben auf diesem und anderen Planeten. In keinem der einzelnen Leben reicht die Zeit, unsere Rolle im universalen Plan der *Göttin* zu ergründen. Von einem kosmischen Standpunkt aus sind wir so viele Male zurückgekehrt, daß jede Inkarnation wie ein einziger Schultag ist. Manche Tage mögen schwieriger oder einfacher als andere sein, und obwohl wir dazu bestimmt sind, die Einzelheiten jeder Inkarnation wieder zu vergessen, sammelt sich das Lernen zu einem Ganzen, das uns sagt, wer wir im Grunde unseres Wesens sind.

Obwohl Hexen eine Vielzahl von Vorstellungen über die *Göttin* und ihr Wirken akzeptieren, sind zwei Glaubensüberzeugungen dabei zentral. Die eine ist der Glaube an die *Göttin* selbst als innewohnendem Wesen, und die andere ist das Konzept von Karma und Reinkarnation. Die Immanenz der *Göttin* bedeutet, daß *Sie* ein Teil von allem ist, das lebt, und in jedem Wesen existiert. Ein Baum, ein Hund, ein Vogel, ein Kristall und eine Woge des Ozeans sind alle *Göttin*, und ebenso ist es jeder Mensch und alles, was der Mensch hervorbringt. Sie ist ein Teil von uns, und wir sind ein Teil von ihr. Alles, was lebt, ist eins.

Der andere zentrale Glaube des Wicca ist die Reinkarnation. Wir sind schon zuvor hier gewesen, und wir werden hier wieder sein; es gibt keinen Anfang und kein Ende des Lebens oder unseres Lebens. Viele Frauen haben nach Bestätigung dafür gesucht in ihrer eigenen Erfahrung und haben sie problemlos gefunden. Bitte einfach in Meditation darum. Heilerinnen stoßen immer wieder darauf, wenn sie bei der Heilarbeit darum bitten, die Quelle einer Krankheit oder eines Problems zu sehen, und sich dann an einem anderen Ort und einer anderen Zeit wiederfinden. Dieser Ort muß sich nicht einmal auf der Erde befinden, und die Zeit kann eine sein, die entschieden weiter entwickelt ist in technologischer (und menschlicher) Hinsicht als unsere heutige.

Jede Religion, das Judentum, das Christentum und der Islam eingeschlossen, besaß einst den Glauben an die Wiedergeburt. Die westlichen Religionen ließen das Konzept ungefähr im fünften Jahrhundert fallen, um mehr politische Kontrolle über ihre Anhänger zu gewinnen. Indem sie dieses Leben zum einzigen Leben erklärten und ein System von Belohnung und Bestrafung im Jenseits erfanden, machten die westlichen Religionen ihre Anhänger abhängig von ihrem Gott als einer sowohl religiösen wie auch politischen Macht. Jedes Wesen wurde vom Ganzen abgetrennt, war allein und wertlos. Die politischen Mächte wuchsen, indem sie Völker, Länder und Kontinente eroberten. Im Osten, wo Wiedergeburt von jedem anerkannt wird, kommt das spirituelle Wachstum aus dem Innern des Selbst. Diese Menschen leben in spiritueller Freiheit.

Der Buddhismus definiert die Reinkarnation, das Rad der Wiedergeburt, als vom Schicksal bestimmt, aber wenn ein Mensch die Erleuchtung erlangt, dann kommt das Rad des Lebens zum Stillstand. Der buddhistische Glaube verlangt die Anerkennung zweier Grundprinzipien: Mitgefühl für alle Wesen und Verständnis, daß alles Leben eine Einheit ist. Die Realität der *Erdebene* muß als Illusion verstanden werden, die vom Geist geschaffen wurde; alles, was wirklich zu sein scheint, das eigene Leben eingeschlossen, ist nur die Schöpfung des Geistes. Die wahre Wirklichkeit ist die Leerheit der *Leere*, die ein Segen ist, und die erlangt wird, indem man den Geist von der Getrenntheit, der Illusion und den Schöpfungen des negativen Geistes befreit, die einen an die Wiederkehr fesseln.

Mahayana- und tantrischer (Vajrayana-) Buddhismus versichern, daß Erleuchtung in dieser Lebensspanne durch spirituelle Übung, mitfühlenden Dienst am Nächsten und Gewahrsein der Wahrheit des Geistes erlangt werden kann. Jeder kann erleuchtet werden und damit frei sein. In der Weltsicht der Buddhisten wird die Existenz (das Leben) an sich als unglücklich und voller Leiden angesehen. Dieses Leiden kommt von Egoismus (Getrenntheit, Ego) und von den Wünschen (Sehnsucht), die ihrer Natur nach niemals erfüllt werden können. Dadurch, daß Wesen sich emotional binden, an Dingen, Orten und Menschen der *Erdebene* festhalten, sind sie dazu verurteilt, ihre Existenzen in verschiedenen Körpern zu wiederholen. Wenn sie sterben, werden ihre Seelen durch diese emotionalen Bindungen und Verhaftungen wieder zur Wiedergeburt angeregt. Indem man dieses egoistische Verlangen losläßt und akzeptiert, daß das Ego und das ganze Leben nur Illusion ist, wird der Geist im Zeitpunkt des Todes von der Notwendigkeit befreit, zurückzukehren und wieder zu leiden. Um diese Konzepte vollständig zu verstehen, muß man Kenntnisse darüber haben, wie das Universum funktioniert und wie man für jeden die Wiedergeburt und damit das Leiden beenden kann.

Der Buddhismus gründet seine Vorstellung von der Wiedergeburt auf das ununterbrochene Fortbestehen von Bewußtsein/Geist. Das folgende Zitat stammt von Seiner Heiligkeit, dem Dalai Lama:

> Alle Elemente in unserem gegenwärtigen Universum, selbst bis auf mikroskopische Ebene hinunter, können, wie wir glauben, zurückverfolgt werden zu einem Ursprung, einem Ausgangspunkt, an dem alle Elemente der materiellen Welt komprimiert waren in etwas, das wir technisch als «Raumpartikel» bezeichnen. Diese Partikel wiederum sind das, was von der Auflösung eines früheren Universums übriggeblieben ist. Und so gibt es also einen ständigen Kreislauf, in welchem das Universum sich entwickelt, vergeht und dann wieder existent wird.
>
> Der Geist ist dem sehr ähnlich ... Wenn du unseren gegenwärtigen Geist oder unser Bewußtsein zurückverfolgst, dann wirst du finden, daß dich die Suche nach dem Ursprung, der Kontinuität des Geistes, ebenso wie nach dem Ursprung des materiellen Universums, in die Dimension der Unendlichkeit führt; er ist, wie du erfahren wirst, ohne Anfang.
>
> Aus diesem Grunde muß es aufeinanderfolgende Wiedergeburten geben, die dem Kontinuum des Geistes erlauben, hier zu sein.[1]

Und wieder ist die Sprache der modernen Physik der alten Weisheit ein Stück nähergekommen. Der Mechanismus, der das Verlangen und das Festhalten in Wiedergeburt verwandelt, ist Karma. Karma wird einfach als die Handlung des Geistes definiert. Ein ähnliches Konzept im Wicca lautet: «Was du aussendest, wird zu dir zurückkehren.» Jede Aktion zieht eine Reaktion nach sich. Wenn man ein Leben negativer Handlungen führt, das Wiedergutmachung erfordert, bevor es erlöst werden kann, ist die Seele zur Wiedergeburt gezwungen. Negatives Handeln meint jedoch nicht nur und nicht notwendigerweise moralisch falsches Handeln. Auch jedes Festhalten am Leben zieht Karma und Wiedergeburt nach sich. Karma wird gebunden durch schmerzliche Gefühle oder Ereignisse, die in der Aura festgehalten sind und vor dem Tod in dieser Lebensspanne nicht geheilt wurden.

Deshalb lädt beispielsweise der Vergewaltiger negatives Karma auf sich durch seine Handlung gegenüber der Frau. Es ist eine Tat der Getrenntheit und des Ego, die in der ursprünglichen Lebensspanne nicht geheilt wurde. Er muß diese Handlung auf irgendeine Weise wiedergutmachen, vielleicht in seinem nächsten Leben Frauen dienen oder als Frau selber Vergewaltigung und Mißhandlung erleiden. Er trägt auch eine karmische Schuld gegenüber der Frau, der er geschadet hat. Von diesem Teil der karmischen Verhaftung kann er sich freimachen, wenn er lernt, Mitgefühl für Frauen zu entwickeln und zu verstehen, welches Unrecht er begangen hat, und vielleicht dadurch, daß er dieser Frau in anderen Leben Gutes tut.

Auch die Frau, die er vergewaltigt hat, sammelt Karma an, obwohl sie an der Erfahrung keine Schuld trägt. In diesem Fall ist der Schaden, den sie an ihrem Geist und ihren Emotionen davongetragen hat, der Grund, wieso sie sich reinkarnieren muß, um diesen zu heilen. Hat die Heilung stattgefunden, dann bringt sie dieses negative emotionale oder mentale Muster nicht mehr in ihrer Aura in zukünftige Leben mit. Solche karmischen Muster wiederholen sich so lange, bis sie geheilt sind, losgelassen und von der Aura und dem Karma der Frau gelöst wurden, obwohl vielleicht eine ganze Reihe von Lebensspannen notwendig sind, bis das geschieht. Da das Ziel darin besteht, vom Rad der Wiedergeburt befreit zu werden, und Karma durch Handlungen während unserer Zeit im Körper angesammelt wird, kann es auch nur im Körper geheilt werden. Sowohl die Anhänger des Wicca wie auch die Buddhisten sehen im menschlichen Körper ein kostbares Geschenk, denn das Heilen des Karma (bei beiden, der vergewaltigten Frau wie ihrem Vergewaltiger) kann nur während der Inkarnation in einem Körper vollbracht werden.

In ähnlicher Weise erschafft jede Handlung und jede Beziehung Emotionen, aufgrund derer man daran festhalten möchte, was wiederum in Karma und Wiedergeburt resultiert. Wenn du jemanden liebst, aber an ihm mit der Verhaftung des Ego festhältst, statt ihn im Wissen um die Einheit loszulassen, bist du gezwungen, dich immer wieder zu reinkarnieren, um mit dem Partner so lange zusammen zu sein, bis die Beziehung gesund und mitfühlend wird. Und wenn dies geschieht, könnt ihr beide euch immer noch dafür entscheiden, zusammenzubleiben, jenseits der Notwendigkeit, miteinander ins reine zu kommen. Wenn es in der Beziehung Kränkungen gegeben hat, die wiedergutgemacht werden müssen, werden karmische Muster entstehen, die dafür sorgen werden. Wenn eine Frau beispielsweise auf ihren Partner eifersüchtig ist, wird die Situation auf vielerlei Arten immer wieder auftauchen, bis die Eifersucht geheilt und nicht länger ein Problem ist. Gemäß demselben universalen Gesetz heilen positive Taten und Beziehungen das Karma, was zu Gewinn und Lebensgeschenken führt, und bringen die Seelen beider Partner der Freiheit von Wiedergeburt näher.

Karma ist keine Bestrafung, sondern ein Lernprozeß, dessen Ziel spirituelles Wachstum und Entwicklung für die Seele ist. Es ist herrlich vielschichtig und der letztendliche Ausdruck des freien Willens. Wir sind, wer wir sind, wegen dem, was wir tun und wie wir mit anderen Menschen umgehen. Wenn wir die Lektionen des Mitgefühls, der rechten Handlung, des reinen Denkens, des Dienstes an der Menschheit und der Nichtverhaftung gelernt haben, werden wir von der Wiedergeburt und vom Leiden befreit sein:

> Gemäß dieser Lehre sind wir für unsere Leben selbst verantwortlich, für unsere Lebensumstände, unseren Schmerz, unsere Freude, unsere Möglichkeiten und unsere Begrenzungen, selbst für unsere Charakterzüge, Talente, Neurosen und Persönlichkeitsblockaden …
> Alle Gedanken, Motive, Gefühle, die wir in der Vergangenheit erzeugt haben, sind in die vielschichtigen Anlagen eingegangen, die uns zu dem machen, was wir heute sind.[2]

Das Karma des Individuums könnte als persönliches Lehrprogramm angesehen werden. Die Lektionen sind genau auf die Bedürfnisse der betroffenen Person abgestimmt, auf die Dinge, die sie in früheren Leben gewählt hatte und an denen sie in dieser Lebensspanne arbeiten muß. Es werden freudvolle und leidvolle Lektionen darunter sein. Leidvoll werden die Lektionen nur dann, wenn sich die Frau einem leichteren Lernen verschließt. Es wird positive Gaben und Fähigkeiten geben, wie das Talent zum Malen oder die Fähigkeit, Maschinen zu reparieren, und Dinge, die schwieriger zu erlernen sind. Jeder kommt hierher mit einer Lebensaufgabe und einem Satz von Lernzielen. Es wird auch eine Gruppe wichtiger Menschen geben, mit denen man zusammen lernt. Jede bedeutsame Beziehung ist eine karmische Beziehung – und wahrscheinlich auch viele, die nicht so wichtig sind. Das Karma eines Individuums schließt seine Familienmitglieder und Geliebten mit ein, mit denen es sich wieder und wieder inkarniert hat. Es umfaßt auch – und ist ein Teil davon – das Karma seines Planeten, seines Landes, seines Geschlechts und seiner Rasse.

Ich bin mir vergangener Leben gewahr geworden, unter anderem als homosexueller römischer Soldat; als Hexer, Schmied und Tierheiler, der im sechzehnten Jahrhundert in England auf dem Scheiterhaufen verbrannt wurde; als Hexe, die bei dem Marsch der italienischen Frauen ins Meer ertrank; und wieder ertränkt als Hexe im kolonialen Neuengland. Ich war eine Priesterin und Heilerin im alten Kreta, eine Pueblo-Hebamme und Schamanin in Mesa Verde in Neu-Mexiko. In einem anderen männlichen Leben war ich Ladenbesitzer im Bundesstaat New York, der per Flachboot und Planwagentreck nach Kalifornien ging. Ich war eine jüdische Lesbierin, die ungefähr 1940 in Buchenwald starb. Dies sind möglicherweise nur ein paar der vielen weiteren Inkarnationen, über die ich nichts weiß.

Ich bin mir bewußt, daß eine Frau, die ich heute innig liebe, in vielen dieser Lebensspannen meine Gefährtin war. Wir waren ein männliches oder weibliches Paar oder unterschiedlichen Geschlechts, homosexuelle Männer oder Lesbierinnen, die in den unterschiedlichsten Ländern zusammen waren. In einer Lebensspanne auf einem anderem Planeten war sie mein Bruder, und wir waren beide männlich. Ich bin mir bewußt, daß ich einige Freunde aus früheren Leben kenne, ohne immer deutliches Wissen unserer vergangenen Beziehungen zu haben. Wenn ich jemandem begegne, den ich schon zuvor gekannt habe, dann wird daraus sehr schnell eine vertraute Verbindung, und wenn ich nach dem Grund dafür Ausschau halte, entdecke ich gewöhnlich die Beziehungen aus den früheren Leben.

Zwischen den Lebensspannen leben die Seelen in Familien und inkarnieren sich zusammen. Eine Überseele setzt sich aus – wie ich sie nenne – den Selbst-Wesenheiten oder Seelen-Wesenheiten zusammen. Die Überseele kann bis zu vier Seelen-Wesenheiten gleichzeitig inkarnieren, obwohl sich diese Selbst-Wesenheiten selten begegnen, wenn sie verkörpert sind. Jede Selbst-Wesenheit jedoch beinhaltet zahllose Inkarnationen oder individuelle Lebensspannen. Jede Seele/Selbst-Wesenheit gehört zu einer Familie anderer Selbst-Wesenheiten, die aus mehreren Überseelen besteht. Diese Wesenheiten inkarnieren sich immer und immer wieder zusammen und kommen in den Übergangsstadien zwischen den Leben wieder zusammen – «nach Hause». Die Mannschaft des inneren Kreises von ungefähr bis zu fünfundzwanzig Seelen reinkarniert sich zusammen bis in alle Ewigkeit, und sie sind gegenseitig von zentraler Bedeutung für das Wachstum und das Lernen der einzelnen. Kreise, die sich von der Gruppe des inneren Kreises entfernen, sind weniger intensive Beziehungen.[3]

Die Überseele entläßt bis zu vier Stränge, die ich als Selbst-Wesenheiten bezeichne, gleichzeitig in die Inkarnation. Selbst-Wesenheiten (inkarnierte Wesen) haben viele Lebensspannen oder Reinkarnationen. Selbst-Wesenheiten treffen sich untereinander selten, solange sie in einem Körper sind.

Die vergangenen Leben sind wichtig für das Heilen in diesem Leben. In diesen Zeiten der Erdveränderung wirkt vieles Heilen der vergangenen und des jetzigen Lebens auch als karmisches Heilen. Für die Zeit der Jahrtausendwende sehen wir ein karmisches «Bereinigen», bevor das neue Zeitalter beginnt. Es ist uns vergönnt, in einer solchen Ära günstiger Gelegenheit zu leben. Das karmische Heilen von Situationen aus vergangenen Leben in bezug auf Menschen, Gefühle und Krankheiten geschieht in dieser Lebenszeit in beschleunigtem Tempo. Emotionale, mentale Verhaltensmuster und solche aus der Vergangenheit tauchen wieder auf, damit wir sie klären und loslassen können. Negative Verhaftungen, die in der Aura während vielen Lebensspannen festgehalten wurden, werden geheilt. Und wenn es Zeit ist, unsere augenblickliche Inkarnation zu verlassen, werden wir uns in jeder Hinsicht entwickelt haben und gewachsen sein.

Ein solches Heilen setzt voraus, daß wir lernen, wer wir als Seelen sind, und die wichtigen Teile unserer Akasha-Chronik verstehen. Die Akasha-Chronik ist das Buch, in dem all die vielen Inkarnationen unserer Seele aufgezeichnet sind und die wichtigsten Ereignisse jeder Lebensspanne. Gewöhnlich dürfen wir nur über jene Situation der vergangenen Leben etwas erfahren, die für die Klärung gegenwärtiger Lebensprobleme von Bedeutung sind oder für die Erfüllung der Aufgabe unserer jetzigen Inkarnation. Vergangene Leben tauchen oft in Heilungen als Quelle einer gegenwärtigen Situation oder eines negativen Musters auf, besonders bei jenen Problemen, die keine erkennbare Wurzel in diesem Leben zu haben scheinen.

Wenn man uns diese Akasha-Information gibt, ist das ein Zeichen, daß das Problem jetzt gelöst und endgültig beendet werden kann. Manchmal reicht es auch schon zu wissen, was im vergangenen Leben geschehen ist und sich deshalb in diesem Leben wiederholt. Manchmal öffnet dieses Wissen eine Flut von Emotionen, die endlich losgelassen werden können, nachdem man sie wieder gefühlt hat. Bei einem meiner derartigen Erlebnisse hat das Wissen, welchen Fehler ich in vergangenen Leben gemacht hatte, ein Muster im gegenwärtigen Leben aufgelöst.

Karma ist eine Konstruktion des Geistes, wie jede Wirklichkeit, und der Geist kann auch neu programmiert werden. Das Heilen von Inzest

Abb. 14: Reinkarnationen [4]

Die Überseele entläßt gleichzeitig bis zu vier Stränge in die Inkarnation, die Selbst-Wesenheiten genannt werden. Jede Selbst-Wesenheit (inkarniertes Wesen) hat eine Vielzahl von Lebensspannen der Inkarnationen. Selbst-Wesenheiten treffen sich selten, solange sie sich im Körper aufhalten.

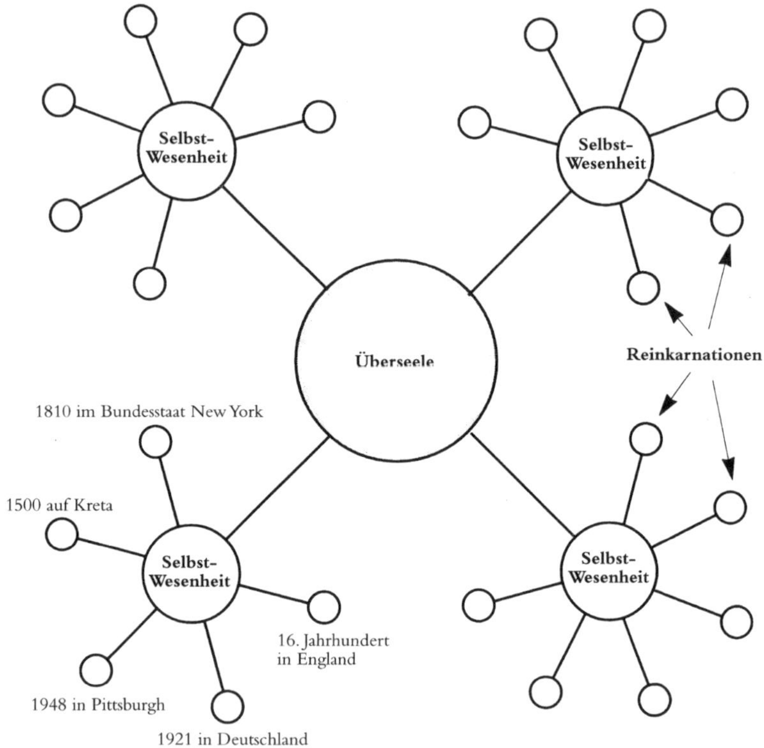

durch Rückführung in vergangene Leben im Kapitel über das emotionale Lösen ist ebenso äußerst wirksam, um das Karma der vergangenen Leben neu zu programmieren. Sobald die Situation bekannt ist, kann sie meist geheilt werden, und dieses Wissen zu erlangen, bedeutet auch die Einwilligung zum Heilen durch die *Herren* und *Heiler des Karmas* – wenn die Empfängerin sich dafür entscheidet, dies anzunehmen. Die Fähigkeit der Heilerin, sich über die Zeit hinaus zu begeben, ist einer der wichtigsten Faktoren bei dieser Arbeit. Der Buddhismus (und die Physik) beschreiben Zeit, Raum und selbst Karma als Illusionen, die vom

Geist erschaffen und gelenkt werden. Das Verstehen, daß diese Begrenzungen von einem selbst geschaffen sind, transzendiert und entfernt sie und macht die Grenzen wandelbar.

Probiere die folgende Meditation, um dein vergangenes Leben zu erforschen. Es gibt eigens dafür bestimmte Meditationen, aber ich finde das unnötig. Hypno- und Psychotherapeuten, die die Rückführung einsetzen, um Phobien und negative Verhaltensmuster zu heilen, erleben oft, daß ihre Patienten Erlebnisse aus früheren Lebensspannen erzählen. Und wenn das der Fall ist, können die Phobien oder die Situationen, die sie aufdecken, meist sehr schnell geklärt werden. Auch Heilerinnen begegnen diesem Phänomen häufig und können es für die Selbstheilung einsetzen. In der folgenden Anfangsmeditation bitte nur darum, dein eigenes vergangenes Leben zu sehen, um so mit diesem Vorgang vertraut zu werden, bevor du ihn für ein spezielles Heilen einsetzt. Für die meisten Frauen geschieht der erste Zugang zum vergangenen Leben spontan – es geschieht einfach bei der Meditation oder der Bitte um Lösung einer Krankheit, ohne daß die Empfängerin oder die Heilerin darum gebeten haben.

Versenke dich in den meditativen Zustand an einem Ort und zu einer Zeit, wo du vor Störungen sicher bist. Erde und zentriere dich, entspanne dich vollständig und laß die Energie fließen, um deine Aurakörper und Chakras mit Licht zu erfüllen. Führe diese Vorbereitungen selbst dann aus, wenn du auch ohne sie in den Meditationszustand einfach wechseln könntest, da eine tiefere Trance erforderlich ist. Errichte um dich eine Lichthülle als Schutz und lade deine Führer und Engel ein. Sage ihnen: «Ich möchte gerne ein vergangenes Leben sehen, das für mein jetziges Leben von Bedeutung ist», und bitte sie, dich dorthin zu bringen.

Stelle dir vor, du bist in einem dunklen Tunnel, du gehst eine Treppe hinunter oder überquerst eine Brücke oder einen Fluß. Folge dem Licht, das du am Ende oder unten siehst, und gehe durch ein leuchtendes Tor in eine andere Zeit. Schaue nach unten und betrachte deine Füße, sind sie männlich oder weiblich? Welche Farbe hat deine Haut, und was für Schuhe trägst du, falls du überhaupt welche trägst? Betrachte erst deine Kleidung und dann deine Umgebung. Wo bist du? Und in welcher Zeit? Wenn du es nicht selbst erkennst, bitte deine Führer um Antwort. Wer bist du? Was geschieht in dieser Zeit? Ist noch jemand anderer an diesem Erlebnis beteiligt? In welcher Beziehung stehst du zu dieser Person in dieser Lebensspanne? Erkennst du sie jetzt?

Beobachte, wie sich die Szene entwickelt. Wenn diese Begebenheit sich auflöst, bitte um eine andere Szene aus diesem Leben.

Wenn diese Begebenheit Schmerz oder Trauma mit sich bringt, bitte darum, «es wie einen Film anschauen zu können», ohne davon beeinflußt zu werden, so daß keine Schmerz- oder Angstgefühle entstehen. Wenn du beobachten kannst, wie du stirbst, geboren wirst oder ein Kind zur Welt bringst in diesem Leben – sieh dir alles wie einen Film an. Wenn deine Geistführer dir gezeigt haben, was du sehen solltest, und das Bild sich auflöst, frage sie danach, welche Bedeutung diese vergangene Lebensspanne für dich heute hat. Vielleicht weißt du es bereits. Wenn du das Gefühl hast, daß die Bilder und das Lernen beendet sind, kehre ins Jetzt zurück.

Du kannst diese Meditation eine Zeitlang sogar täglich machen, um ein vollständigeres Verständnis davon zu bekommen, wer du bist. Oft löst sich eine gegenwärtige Schwierigkeit schon dadurch auf, daß man etwas in der Vergangenheit sieht, das mit diesem Problem zusammenhängt. Manchmal ist auch noch tiefgründigere oder gezieltere Arbeit notwendig. Bisweilen muß noch viel mehr Wissen gesammelt werden, bevor das ganze Muster deutlich wird und eine vollständige Heilung möglich ist. Falls eine Situation oder ein vergangenes Leben besonders traumatisch war, wird man es dir in kleinen Dosen über einen längeren Zeitraum hinweg enthüllen.

Es kann auch notwendig sein, die negativen und schmerzlichen Gefühle noch einmal zu durchleben, um sie loslassen zu können. Das kann sich anfühlen, als würden sie jetzt gerade geschehen, und es kann sehr intensiv sein. Nach Meditationen über vergangene Leben kannst du Rückblenden der Begebenheiten erleben, die du beobachtet hast, und auch andere Szenen aus diesem früheren Leben. Beobachte diese Szenen passiv. Laß sie los, setze der Information oder dem Schmerz weder Widerstand entgegen, noch halte ihn fest.

Nun versuche dieselbe Meditation, aber frage diesmal nach einer Quelle im vergangenen Leben für ein Muster, eine Situation, eine Beziehung oder ein Trauma dieses Lebens, die du heilen möchtest. Die besten Resultate hast du, wenn du dies für eine Situation erfragst, für die du die emotionale Arbeit in diesem Leben schon vollbracht hast. Vielleicht findest du ja noch eine weitere Schicht aus noch einer anderen Inkarnation, besonders wenn die vollendete Arbeit in diesem Leben das Problem nicht gelöst hat. Wenn du die Quelle im vergangenen Leben gesehen hast, frage danach, ob noch andere Lebensspannen daran beteiligt sind. An einem karmischen Muster können mehrere Leben zusammen wirksam werden. Versuche dir dessen gewahr zu werden, welches vergangene Leben die Quelle des Problems ist. Versuche bis hierhin nicht, irgend etwas zu verändern. Erst brauchst du einen vollständigen Überblick.

Wenn an der Situation ein anderer oder mehrere Menschen beteiligt sind, gibt es ethische Regeln zu beachten, besonders wenn du erkennst, um welche Person es sich in der jetzigen Inkarnation handelt. Jemand, der dir in der Vergangenheit ein Unrecht angetan hat, selbst ein großes Unrecht, ist deshalb in dieser Lebensspanne kein Krimineller. Im Brennpunkt steht hier das Heilen, nicht die Rache; überlasse die karmische Vergeltung der Akasha-Chronik der betreffenden Person, ihren Geistführern und der *Göttin*. Wenn du dies verletzt, kann das für dich schwerwiegende Folgen haben. Deine einzige Verpflichtung – und es ist eine Verpflichtung ohne Schuldzuweisung oder Schuldgefühle – besteht darin, die Situation für dich selbst zu heilen. Wenn du geheilt bist, ist vielleicht auch dieser andere Mensch geheilt. Achte sorgfältig darauf, daß du nicht das Karma eines anderen manipulierst, es sei denn, der Betreffende stimmt diesem Prozeß zu und nimmt intensiv daran teil.

Jeder Mensch hat verschiedene Arten von Leben geführt. Absichtlich oder nicht haben dir andere Unrecht getan, und du hast anderen Unrecht angetan. Es geht nur darum, das Problem in der Gegenwart und für die Zukunft zu heilen. Jeder hat in anderen Lebensspannen schon ebenso Unrecht getan wie in dieser. Wenn du merkst, daß du selbst jemand anderem ein Unrecht zufügtest, dann hast du die Verpflichtung, dich dafür zu schämen, wenn du weißt, was du getan hast, und die Lektion daraus so gründlich zu lernen, daß du dieses Unrecht nicht wiederholen wirst. Bitte deine Führer, dir dabei zu helfen. Wenn jemand dir etwas angetan hat, solltest du ihn deswegen nicht ansprechen. Es macht keinen Sinn. Erinnere dich, du bist davon auch nicht frei. Beurteile die Beziehungen dieses Lebens nach dem, was sie jetzt sind. Heile heute, indem du die Vergangenheit losläßt. Anderen oder sich selbst Schuld zuzuweisen, wird weder dich noch sie heilen. Solche Schuldzuweisungen werden vom Ego ausgesprochen. Verhalte dich neutral mit Mitgefühl für dich selbst und jeden, der darin verwickelt ist.

Ich möchte noch einmal betonen, daß es vielleicht schon ausreicht, die Situation einfach nur kennenzulernen, um sie zu verändern und das Problem zu lösen und Krankheit und Schmerz aus deinem Leben zu entfernen. Laß dir Zeit, mit der Information vertraut zu werden. Du wirst sie besser verstehen, wenn du erst später darüber nachdenkst. Dabei helfen vielleicht die Rückblenden der nächsten Tage, die dir weitere Informationen vermitteln. Laß dem Prozeß Zeit, sich zu entfalten, ohne ihn zu beschleunigen oder abzubremsen. Laß zu, daß die Gefühle durch dich hindurchgehen, erlaube ihnen, zu kommen. Meist geschieht das, bevor du einschläfst oder kurz nach dem Aufwachen, wenn du am entspanntesten bist. Verschaffe dir einen vollen Überblick und ein tiefes Verständnis der Situation, bevor du weitergehst. Falls eine ganze Reihe vergangener Leben an dieser Situation beteiligt ist, mußt du sie alle kennenlernen oder zumindest alle, die deine Geistführer für notwendig erachten. Falls du Informationen wieder vergißt, wird man sie dir noch einmal geben, wenn und falls du sie brauchst. Halte sie nicht fest, beobachte sie nur und laß sie los.

Nun kannst du den nächsten Schritt gehen und eine Meditation zur Rückführung in vergangene Leben durchführen, bei der das Karma der Situation geheilt wird. Versetze dich in den meditativen Zustand mit voller Entspannung, dem Fließenlassen von Energie und dem Schutz. Bitte deine Geistführer, dich in die Lebensspanne zu versetzen, in der das Problem begonnen hat, also die Quelle der Krankheit oder des Karmas liegt. Bitte deine Führer, die Quelle neu zu programmieren und zu heilen. Wenn du dieses Mal zu dem Leben zurückgehst, in dem das Problem seinen Ursprung hat, verändere den Film. Schreibe vor dem entscheidenden Geschehen das Drehbuch neu, so daß es sich gar nicht ereignen kann, und löse das Problem in positiver Weise.

Wenn jemand dich in diesem vergangenen Leben vergewaltigt oder ermordet hat, wird er in dem neuen Drehbuch an diesem Schicksalstag überhaupt nicht auftauchen. Wenn ein Konkurs der Auslöser für einen Selbstmord war, wie es bei der Heilung des vergangenen Lebens einer Frau war, die ich durchgeführt habe, wird nun eine Menge Geld vorhanden sein (wenn auf keinem anderen Weg, dann durch ein Wunder), und der Selbstmord wird sich nicht mehr ereignen. Wenn ein Streit der Vergangenheit heute Beziehungsprobleme verursacht, lege den Streit in der Vergangenheit bei, indem du volle Vergebung übst. Es ist völlig gleich, wer recht oder unrecht hatte, vergib einfach. Schaffe Lösungen, die vollkommen positiv für jeden Beteiligten sind, aber die Veränderungen müssen in dir selbst vorgehen. Denk daran, daß alles Böse durch Liebe überwunden werden kann.

Ist die Situation geheilt, bitte darum, dein Leben in dieser Inkarnation am Tag nach dem korrigierten Trauma zu sehen. Gehe dabei so vor wie beim Loslassen der Emotionen im Falle der bereits beschriebenen Inzest-Heilung. Dann gehe zum folgenden Jahr und betrachte dein Leben in dieser Zeit, nachdem das Trauma nicht stattgefunden hat. Gehe in der Zeit fünf Jahre weiter, zehn, und dann beobachte mit Schmerz oder Unbehagen deinen Tod in dieser Lebensspanne. Frage deine Führer bei jedem Schritt, was sonst noch erforderlich ist. Nach dem Tod bitte sie, die Heilung durch alle dazwischenliegenden Lebensspannen und alle Aura-Ebenen zu übermitteln, um dein gegenwärtiges und zukünftiges Leben in positiver Weise zu verändern. Danke deinen Führern und Engeln und komme ins Jetzt zurück.

Es kann sein, daß du eine Woche Ruhe brauchst, in der du dich pflegst und besonders viel schläfst, um dich an die Veränderungen durch diese Heilung anzupassen. Nimm dir soviel Raum dafür wie möglich. Trinke viel reines Wasser. Wenn du dich krank fühlst oder heftig Gifte ausscheidest, nimm beim Duschen Meersalz mit, reibe deine Chakras damit ein und spüle das Salz ab. Wenn du dich wie ein «ausgenommener Fisch» fühlst, dort, wo sich deine Aura entblößt, aufgerissen oder blutend anfühlt, tupfe nach dem Duschen Apfelessig auf die Chakras oder gieße eine Tasse von dem Essig in das Badewasser und lege dich für zwanzig Minuten bis zu einer halben Stunde hinein. Du solltest in dieser Zeit Bernstein tragen, das hilft, dich zu schützen und deine Aura zu heilen.

Sobald sich deine Gefühle geklärt haben und du dich wieder stark fühlst, führe noch eine Meditation aus. Wenn du dieses Mal darum bittest, dein vergangenes Leben zu sehen, wirst du von den Veränderungen verblüfft sein. Das Trauma oder die Ursprungssituation ist verschwunden. Dann bitte darum, das nächste vergangene Leben zu sehen, das ein Teil des Trauma-Musters war. Verändere es ebenso, wie du es mit der Ursprungs-Lebensspanne getan hast; es wird sehr schnell ablaufen. Bitte um das nächste Leben in diesem Muster und verfahre in gleicher Weise. Fahre damit fort, bis alle Lebensspannen, die Teil des negativen karmischen Musters waren, erlöst sind. Wenn deine Führer dir zu verstehen geben, daß sie dir keine mehr zeigen können, weil alle vollkommen geklärt sind, bitte sie, die Heilung in alle Ebenen deines gegenwärtigen und zukünftigen Lebens zu übertragen. Danke ihnen und kehre in das Jetzt zurück.

Du wirst noch ein paar Tage brauchen, bis du das alles verarbeitet hast, aber das Muster wird geheilt und das Karma beendet sein, vollendet. Da der Geist in der Lage ist, neue Wirklichkeiten zu schaffen, konntest du deine Akasha-Chronik über diese Situation oder dieses Trauma neu schreiben, und das karmische Muster wurde dadurch geändert.

Ich empfehle diesen Prozeß jeder Frau, die Inzest oder Mißbrauch ausgesetzt war, als Ergänzung ihrer Heilung. Alle Arbeit an dem gegenwärtigen Leben sollte beendet sein, bevor man an die Quelle in den früheren Leben herangeht. Die Methode hat sich auch bei problembeladenen Beziehungen als sinnvoll erwiesen, um das Muster und die Quelle dieser Konflikte zu verstehen und zu heilen. Intensive Beziehungen haben vielleicht eine Menge Karma zu klären, während die weniger wichtigen relativ schnell und leicht gereinigt werden können. Stammt das Problem allein aus dieser Inkarnation, so wird man dir das sagen. Wenn du in deinem gegenwärtigen Leben Probleme klären willst, an denen andere beteiligt sind, denk daran, daß die Veränderungen nur bei dir liegen können. Frage deine Führer bei jedem Schritt auf diesem Weg, welche Lösungen erlaubt oder akzeptabel sind und welche nicht. Das Ziel soll zum Besten aller sein. Bleibe neutral bei deiner Bewertung. Setze Mitgefühl und Liebe ein und verzichte auf jede urteilende Haltung. Sei dir dessen bewußt, daß in diesen karmischen Heilungen wichtige Lebensveränderungen geschehen. Nimm dies sehr ernst und gehe damit verantwortlich um.

Diese Technik kann auch sehr wirksam bei der Heilung anderer eingesetzt werden. Die Heilerin führt die Empfängerin durch den Prozeß, geleitet durch die Beschreibungen der Empfängerin von dem, was sie sieht. Die Heilerin ist vielleicht in der Lage, sich mit ihr medial zu verbinden und die Entwicklungen zu beobachten. Wenn du in Reiki geschult bist, dann sollte während des ganzen Vorgangs das Symbol *Hon-Sha-Ze-Sho-Nen* eingesetzt werden, und zwar sowohl bei der Selbstheilung wie bei der Heilung von anderen.

Falls eine Heilerin verfügbar ist, mit der du gut arbeiten kannst, solltest du lieber ihre Hilfe annehmen als zu versuchen, die karmische Neuprogrammierung allein durchzuführen. Wenn dich jemand führt, kannst du tiefer in die vergangene Lebensspanne und die Meditation eintauchen, als wenn du dir gleichzeitig noch des Prozesses und des nächsten Schrittes bewußt sein mußt. Ob allein oder mit Hilfe, du wirst auf jeden Fall grundlegende Lebensveränderungen erfahren. Wenn du dafür noch nicht bereit bist oder die Neuprogrammierung nicht erlaubt ist, wird man dich das wissen lassen. Vielleicht ist noch nicht der richtige

Zeitpunkt, oder du mußt erst noch andere Heilungen empfangen oder weitere Informationen bekommen.

Ich habe eine ganze Reihe solcher karmischer Umprogrammierungen durchgeführt, sowohl allein als auch zusammen mit anderen Frauen. In dem einen Fall hatten zwei Frauen eine zwanghafte Beziehung, und die eine wollte das heilen. Bei dieser Meditation arbeitete eine andere Heilerin mit mir zusammen, und in der Meditation sah ich, daß die Empfängerin von der anderen Frau ermordet worden war, die in jener vergangenen Lebensspanne als Mann inkarniert war. Die Empfängerin saß wartend unter einem Baum, eine junge, dicke Frau. Ein großer dünner Mann kam aus dem Wald und stach heftig immer wieder auf sie ein, bis sie eine Menge Blut verloren hatte und starb. Ich erkannte in dem Mann die andere Frau, obwohl seine Gestalt damals völlig anders war. Die andere Heilerin sah eher Energiegestalten als das Ereignis selbst. Sie beschrieb klares Licht, das von sich ausbreitender Schwärze verdunkelt wurde. Die Empfängerin erzählte mir später, daß sie einen immer wiederkehrenden Traum hätte, bei dem sie blutend im Schoß der anderen Frau liegend starb. Derart heftige Gewalttätigkeit ist eigentlich sehr selten bei diesen Sitzungen.

Es gibt noch einen anderen Prozeß des Erlösens von Karma, den ich nur bei äußerst schwerwiegenden Fällen anwende. Das sollte nicht auf die leichte Schulter genommen werden. Ich beschrieb ihn mal einer Frau, die völlig verwundert meinte, das sei ja «als ob man zu Gott ginge und ihn bäte, die Zehn Gebote zu ändern». Ich setze ihn meistens für lebensbedrohliche Krankheiten ein und für Lebenssituationen von großer Tragweite. Versuche erst das emotionale Lösen für das jetzige Leben, dann die volle karmische Meditation und das Neuprogrammieren, bevor du die andere Technik auch nur in Erwägung ziehst, und dann wende sie nur an, wenn alles andere überhaupt nicht geholfen hat.

Dieser Prozeß wird karmisches Lösen genannt, und daran sind zwei nicht-physische Heilungsgruppen beteiligt, die *Herren des Karmas* und die *Heiler des Karmas*. Die Herren des Karmas – sie scheinen männlich zu sein (dies war der Name, den man mir für sie genannt hat) – sind jene Wesen, mit denen man die Lektionen der Inkarnation im Übergangsstadium vor einem neuen Leben entwirft. Sie sind die Verfasser und Wächter der Akasha-Chronik und die Verwalter des persönlichen und des Gruppen-Karmas. Bei der wenigen Information, die ich über diese Wesen bekommen konnte, fand ich heraus, daß sie auch *Lipika* genannt werden, ein hinduistisches Wort, oder die *Aufzeichnenden Engel*:

Wir finden im Hinduismus, daß die *Lipika* (Herren des Karmas) auf dieselbe Weise persönliche karmische Verwalter geworden sind wie Jehova, der Gott der Juden, der Christen und der Moslems, personalisiert wurde als gerechter, aber strenger Gott.[5]

Es gibt Überlieferungen von gewissen Institutionen, die man als *Lipika* oder als Aufzeichnende Engel kennt. Ihre Aufgabe umfaßt viel mehr, als nur die Bücher über unsere Handlungen zu führen. Sie werden ständig mit neuer Information versorgt, die dem Material hinzugefügt wird, das sie in ihrem «Gedächtnis» gespeichert haben. Das Feedback darauf verändert die sich ergebende Auswirkung in jedem Augenblick. Das Ergebnis ist ein vollkommenes dynamisches Gleichgewicht in jedem Moment. Dies ergibt vollkommene Gerechtigkeit im ganzen Universum.[6]

Es gab mehrere Gelegenheiten, bei denen ich mich an die Herren des Karmas gewandt habe wegen eines Heilens, und wenn die Heilung gewährt wird, beginnt ein umfassender Reinigungs- und Lösungsprozeß von transformierender Wirkung. Ich möchte noch einmal betonen, daß du erst ganz sicher sein solltest, daß alle anderen Wege ausgeschöpft sind, bevor du diesen Pfad nimmst. Nähere dich diesen Wesen mit tiefem Ernst, großer Achtung und Ehrerbietung. Das sind nicht gerade Leute, mit denen man es sich verderben sollte. Wenn sie deine Bitte ablehnen, finde dich damit ab. Du möchtest doch sicher nicht, daß deine nächste Lebensspanne noch mühsamer ist als die jetzige.

Um diesen Weg zu gehen, bitte in tiefer Meditation darum, mit den Herren des Karmas sprechen zu dürfen. Deine Führer und Engel sollten bei dir sein. Du wirst die Anwesenheit dieser Wesen intensiv sehen, hören oder fühlen. Sie sind sehr positiv und voller Liebe, wenn auch ehrfurchtgebietend und streng. Lege ihnen deine Situation dar, und bitte darum, die Besonderheiten des karmischen Vertrags zu erfahren. Sobald du weißt, *warum* etwas so ist, und dies begreifst, verstehst du vielleicht auch die Notwendigkeit, es unverändert zu lassen.

Wenn du es immer noch ändern willst, frage, ob es erlaubt ist, dies zu tun, und ob es möglich ist. Du wirst ein «Ja» oder «Nein» hören, oder du wirst vielleicht gefragt, auf welche Weise du diese Veränderungen vornehmen willst. Sei äußerst sorgfältig bei der Umformulierung des Vertrags, und berate dich zuvor mit deinen Geistführern und Engeln. Sei vorsichtig bei dem, worum du bittest, denn du wirst mit den Folgen leben müssen, die noch in andere Lebensspannen hineinreichen werden. Möglicherweise wird man dir nicht erlauben, noch eine weitere Veränderung vorzunehmen. Wenn du von einer Krankheit geheilt werden möchtest, erkläre, daß du umfassende und vollständige Heilung auf jeder Ebene haben möchtest und ein Leben ohne Krankheit für diese Lebensspanne. Man wird dir meist nicht erlauben, über diese Lebenszeit hinauszugehen, aber Veränderungen in diesem Leben werden auch die zukünftigen Leben beeinflussen. Befreiung von einer lebensbedrohlichen Krankheit kann auch durch den Tod geschehen, also achte sorgfältig darauf, *wie* du diese Freiheit haben möchtest, obwohl das nicht der übliche Heilungsmechanismus wäre. Achte darauf, genau festzulegen, wann das Heilen beginnen sollte. Du möchtest doch sicher nicht, daß es beginnt, *nachdem* diese Lebensspanne beendet ist. Überlasse nichts einer möglichen Fehlinterpretation. Drücke dich ganz deutlich aus – in keiner Weise mehrdeutig.

Wenn du dich für eine bestimmte Bitte entschieden hast und du und deine Führer die Formulierungen billigen, dann erkläre dies gegenüber den *Herren des Karmas*. Bitte auch sie um die Billigung deiner Worte. Frage sie, ob sie dies jetzt gewähren können oder was du noch wissen mußt, damit es möglich ist. Du wirst ein «Nein» hören oder «Gewährt», und dann sind sie verschwunden. Sie werden darüber nicht diskutieren. Vielleicht zeigen sie dir eine Situation aus einem vergangenen Leben, die geklärt werden muß, bevor deiner Bitte entsprochen werden kann. Frage sie, ob das Lösen für diese Ursprungs-Lebenszeit erlaubt ist. Wenn ja, und du das möchtest, dann erbitte es. Es kann sein, muß aber nicht, daß du die Veränderungen bei dieser Szene siehst, aber wieder wirst du ein «Nein» oder «Gewährt» hören können. Vielleicht mußt du auch für diese Situation eine karmische Neuprogrammierung durchführen. Danke ihnen, und die Meditation ist vorüber. Das Ganze hat vielleicht nur Sekunden gedauert.

Von dem Augenblick an, in dem du das Wort «gewährt» hörst, kann sich jeder Aspekt deines Lebens radikal ändern. Es kann sein, daß du tagelang in einem völlig veränderten Zustand bist, Visionen und vergangene Leben siehst, Licht und Regenbogen in unvorstellbaren Farben. Du durchläufst vielleicht eine Zeit intensiven emotionalen oder physischen Lösens. Diese Periode kann einen Monat lang dauern. Vielleicht fühlst du dich sehr krank, benommen oder als hättest du die Kontrolle verloren. Du machst einen grundlegenden Wandel und eine vollständige Transformation durch und mußt diesem Vorgang Rechnung tragen mit

Dankbarkeit, viel Schlaf, Ruhe und Pflege. Vertraue der *Göttin* und den Veränderungen.

Wenn du später Hilfe brauchst bei deiner Reintegration oder bei der Verarbeitung der Veränderungen und ihrem Einbau in dein Leben, dann gibt es eine zweite Gruppe von Heilern, die du anrufen kannst. Dies sind die *Heiler des Karmas* (die dafür geeigneter sind als die *Herren des Karmas*). Sie sind nicht ganz so streng, aber auch nicht viel persönlicher. Sie werden sich mit dir durch die Lebensveränderungen durcharbeiten, die dem karmischen Lösen folgen. Du kannst sie auch anrufen, wenn der Prozeß zum Stillstand gekommen zu sein scheint oder nicht zu Ende geführt ist. Aber warte erst einige Zeit, bevor du sie anrufst. Du kannst die *Heiler des Karmas* auch anrufen, wenn du das Karma von Tieren verändern willst. In vielen Fällen des karmischen Lösens wirst du zu ihnen geleitet werden, statt zu den *Herren des Karmas/Lipika*. Bitte deine Führer und Engel um Rat.

Ich habe die *Herren des Karmas* gebeten, die ständige und in gewisser Weise überwältigende Angst zu heilen, die mich schon diese ganze Inkarnation lang begleitet. Meine ganze Kindheit lebte ich schon mit dieser Angst, aber ich habe viel an meinem gegenwärtigen und meinen vergangenen Leben gearbeitet, um sie zu heilen. Doch die Angst blieb, stieg oft auf ohne sichtbaren Grund und meist mit einer Heftigkeit, die jenseits aller Vernunft lag. Weil diese Angst mein Leben in so vielfacher Weise verletzte, entschloß ich mich, die Herren des Karmas um Hilfe zu bitten.

Als ich sie das erste Mal darum bat, diese ungerechtfertigte Angst aus meinem Leben zu entfernen, wiesen sie mich zurück. Darauf fragte ich meine Führer und Engel, was ich tun sollte, und sie verwiesen mich auf meine früheren Leben.

Als ich darum bat, die Quelle meiner überwältigenden Angst kennenzulernen, führte man mich in das Konzentrationslager. Aber dieses Wissen um die Quelle veränderte oder heilte die Furcht nicht. Ein paar Tage später hatte ich eine neue Idee und wandte mich noch einmal an die Herren des Karmas. Diesmal fragte ich sie, ob sie gestatten würden, den Schaden, der mir in der Lebenszeit im Konzentrationslager angetan worden war, zu lösen und zu heilen auf allen Ebenen, der Kernseele und den Aurakörpern. Dieses Lösen wurde mir gewährt.

Doch damit war das noch nicht erledigt. Sobald mir das Loslösen gegeben worden war, hatte ich eine so unglaubliche Empfindung von Freude, Frieden, Ruhe und Erleichterung. Dann begann ein plötzliches Schmerzgefühl von meinem Körper herabzurinnen und in den Boden zu sickern. Es fühlte sich an, als wenn fließendes Wasser durch meinen Körper strömte, und es war wunderbar. Am nächsten Tag war ich jedoch äußerst krank, und dieses Fließen kam von meinem Kehl- und Herz-Chakra. Ich hatte Herzklopfen und fühlte mich so schwach, daß ich kaum gehen konnte. Das Übelkeitsgefühl und die extreme Schwäche dauerten an. Ich hatte eine zweite Woche voll äußersten Schreckens und fragte mich, was die Führer mir nur angetan hatten und warum sie diesen Schaden nicht reparieren konnten oder wollten. Ich glaubte ernsthaft, daß ich sterben würde. Brede saß die ganze Zeit Nacht für Nacht an meinem Bett – auch ich konnte nicht schlafen –, und sie sprach mit mir, schien mir aber nicht helfen zu können.

Nachdem die Angst verebbt war, fühlte ich mich noch einen ganzen Monat lang krank und schwach. Seit dieser Zeit ist all meine Angst verschwunden, und mehrere Krankheiten meines Körpers, die ich für unheilbar gehalten hatte, wurden geheilt. Dies beinhaltete Probleme mit meinen Verdauungsorganen, meiner Gebärmutter, den Augen und den Nerven. Nach den zwei Monaten der anfänglichen intensiven Lösung erschien eine Heilerin und half mir. Offensichtlich durchlebte ich die Schrecken des Konzentrationslagers ein zweites Mal in konzentrierter Weise und konnte sie auf diesem Weg vollenden und erlösen. Ich hatte keine Rückblenden, wofür ich dankbar war, sondern nur Empfindungen und Gefühle. Es war ein Heilen, das ich mehr als dringend nötig hatte, aber es war wahrscheinlich der schwierigste Prozeß, den ich je durchlaufen habe. Doch das Karma aus dieser Lebensspanne wird nun nicht mehr meine gegenwärtige oder zukünftige Lebenszeit ruinieren. Es befindet sich nicht mehr in meiner Aura, meinem Leben oder meiner Seele.

Diese Form des Heilens darf man nicht auf die leichte Schulter nehmen, aber sie kann das Leben verändern und positiv bestimmen, wenn es als letzte Zuflucht genutzt wird. In einem Fall, bei dem ich diese Methode bei einer Frau anwandte, hatte sie keine angsteinflößenden Reaktionen. Es handelte sich dabei um eine Studentin mit einer Blutkrankheit der Milz, die ihr Immunsystem ernsthaft schädigte. Ich gab ihr Informationen über Naturheilverfahren und Möglichkeiten, das Immunsystem zu unterstützen, schlug ihr ein sehr wirksames Mittel zur Schwermetallentgiftung vor und eine phosphorarme Ernährung. Und ich führte ein Handauflegen bei ihr durch.

Als ich um karmisches Lösen für sie bat, zeigten ihr die Herren des Karmas erst einen Vorfall aus einem früheren Leben. Darin war sie ein Junge, der im Gefängnis saß, weil er Steine auf ein Pferd einer in die

Stadt einmarschierenden Armee geworfen hatte. Sie erkannte in dem Mann, der sie gefangennahm, ihren Vater in ihrem jetzigen Leben. In ihrer Beziehung hatte es große Probleme gegeben. Ich fragte sie, ob sie ihm jetzt und in dieser Lebenszeit vergeben könnte, und sie machte das. Wir bekamen keine klare Aussage von den *Herren des Karmas*, und sie zeigten uns auch nichts mehr. Die Blutwerte der Frau haben sich aber beträchtlich gebessert, wie die medizinischen Tests ergeben haben.

Bei einem anderen Fall stellte eine Frau mit Brustkrebs keinen richtiggehenden Antrag an die *Herren des Karmas*, und ihr wurden nur Visionen gezeigt, wie sie selbst durch einen Wüsten-Canyon trieb. Ich hatte die *Herren des Karmas* für sie gefragt, aber sie mußte sich selbst für die Erlösung entscheiden und tat das nicht. Nicht-physische Helfer, selbst (oder besonders) jene auf den höchsten Ebenen werden den freien Willen nicht verletzen. Um von ihnen geheilt zu werden, mußt du mit ihnen zusammenarbeiten. Du mußt selbst Verantwortung übernehmen. Es ist ein kooperativer Prozeß, und nicht jeder entscheidet sich dafür, geheilt zu werden.

Während einer dieser Sitzungen, bei denen mir eine andere Heilerin half, wurde uns das karmische Lösen für die Empfängerin gewährt, aber wir mußten sie bei ihrer Bitte anleiten. Wie viele Frauen hatte sie keine Ahnung, was es bedeutete, um ein neues Leben zu bitten oder worum sie bitten könnte, um eine positive Lebensveränderung zu erreichen. Wir mußten sie dahin bringen: «Möchtest du Freude in deinen Leben haben?» «Eine gute Beziehung?» «Möchtest du gesund sein?» «Möchtest du, daß deine Diabetes geheilt wird?» «Möchtest du Wohlstand?».

Wir Heilerinnen wurden immer ausgefallener in unseren guten Wünschen für sie, und wir drei lachten immer mehr. Jede gute Sache, die wir vorschlugen, akzeptierte sie, aber ihr selbst fiel nichts ein. Auf diese Weise wählte die Frau, was sie für ihr neu entworfenes Leben wollte und was nicht, und die *Herren des Karmas* stimmten zu. Diese Veränderungen beginnen sich zu manifestieren, allerdings nicht ohne manche Rückschläge. Ihr Körper, der bei der Sitzung nicht im Brennpunkt stand, befindet sich offensichtlich in einem Prozeß des Heilens, und ihr Bedarf an Insulin verringert sich immer mehr. Die emotionale Arbeit, die der Brennpunkt der Heilung war, geht nur sehr langsam voran. Es handelt sich dabei übrigens um jene Frau, die ich schon erwähnt habe und die Hilfe suchte wegen ihrer zwanghaften Beziehung. Und auch hier geschehen Veränderungen.

Ich glaube, daß ein solches karmisches Lösen und Heilen dreißig Jahre früher nicht möglich gewesen wäre, vielleicht nicht einmal vor fünf oder zehn Jahren. Die Anspannung und der Schmerz der Entscheidung, auf der Erde während der Zeit der Erdveränderungen als Heilerin zu leben, hat dieses Positive bewirkt. Auch die zunehmende Medialität, das wachsende Wissen, wie wir unsere Heilfähigkeiten einsetzen können, gewährt uns diesen Gewinn. Ich habe nicht länger das Gefühl, daß es hoffnungslose Situationen gibt, egal wie schlimm es anfangs aussieht. Ich habe die Heilung von so vielen Dingen erlebt, die eigentlich nicht möglich gewesen wären, daß ich glaube, daß alles sich verändern kann, wenn es zum Besten der Empfängerin ist, und sie nur darum bittet, daß es geschieht.

Doch ich bin zunehmend wütend und bestürzt, wenn ich von Heilerinnen höre, die das Karma als Entschuldigung nehmen, um anderen für ihren Schmerz die Schuld zu geben oder an das Karma mit urteilendem Ego und Mangel an Mitgefühl herangehen. Jeder hat negative Situationen, Gefühle und Beziehungen erfahren, aber auch anderen zugefügt. Wir alle tun unser Bestes auf der Grundlage des Wissens, das wir zu gegebener Zeit besitzen. Wir müssen die Verpflichtung eingehen, aus der Vergangenheit zu lernen, damit die Vergangenheit geheilt werden kann. Dies gilt sowohl für dieses Leben wie auch für die vergangenen Inkarnationen. Keiner ist vom Sterben ausgenommen, und keiner ist vom Karma verschont.

Die buddhistische Philosophie sagt, daß der einzige Weg, um das Karma zu heilen, der Pfad zur Erleuchtung ist, die man nicht für sich selbst, sondern nur für andere zu erreichen versuchen soll. Wenn du es geschafft hast, gewahr zu werden, daß der Geist die Wirklichkeit erschafft und daß alle Wirklichkeit Illusion ist, brauchst du nicht mehr wiedergeboren zu werden. Dann wird alles Karma enden. Doch es liegt auch große Freude und viel Liebe darin, in einem Körper auf einem Planeten zu sein, der so schön ist wie die *Erde*. Insofern ist das Wiedergeborenwerden gar nicht so schlecht.

Viele Heilerinnen sind hier auf dem Bodhisattva-Pfad des Mitgefühls, sind aus ihrer eigenen Erleuchtung zurückgekehrt, um andere den Weg zu lehren. Sie reinkarnieren sich dafür freiwillig. Im Mahayana-Buddhismus heißt es, wenn wir das Rad der Inkarnation verlassen, werden wir alle zusammen gehen, so daß sich keiner mehr reinkarnieren muß. Vielleicht wird es von diesem Punkt an, ob als Körper oder als Lichtwesen, kein weiteres Leiden mehr geben, sondern nur die Liebe, die unser Geburtsrecht ist als Seelen, die ein Teil der *Göttin* sind.

11

Seelenregeneration

Seelenregeneration beziehungsweise die Integration abgespaltener Seelenanteile gehört eigentlich zum Konzept des Schamanismus, aber ich setze es im Zusammenhang mit dem Geistheilen ein. Der Schamanismus hat europäische, australische, tibetische, indianische und afrikanische Ursprünge; es ist eine Form des Geistheilens, die den Eingeborenenstämmen auf der ganzen Welt bekannt ist. So wie ich es benutzte, beziehe ich mich auf keine bestimmte Überlieferung, sondern auf den Beweggrund aller Traditionen. Ich messe jede Heiltechnik an ihren Ergebnissen, wie erfolgreich und wie einfach sie wirkt und wie gut sie beim Heilen hilft. Häufig kombiniere ich Methoden, stelle sie neu zusammen oder verändere sie, und das habe ich auch mit dieser Technik gemacht. Mit dem Ausdruck Seelenregeneration bezeichne ich hier eine wirkungsvolle Methode, einen Schaden an der Kernseele zu reparieren und Frauen zu helfen, zu neuer Ganzheit zu finden. Bei mir und anderen hat diese Technik zu spektakulären Veränderungen geführt.

Der Hauptvorteil der Seelenregeneration ist die Möglichkeit, das Heilen durch alle Ebenen der Existenz ausüben zu können. Dies unterscheidet sich insofern von der Arbeit mit den Chakras und den Stufen der Aurakörper, als das Heilen der Existenzebenen ein Heilen der Kernseele oder der Selbst-Wesenheit bedeutet. Zu diesen Existenzebenen gelangt man über die Auren der astralen, mentalen und spirituellen Körper, und sie schließen auch die Ebenen des physischen Körpers ein (siehe Abbildung 13 in Kapitel 9).

Die physische Ebene ist die Stufe der Wurzel-, Sakral- und Solarplexus-Chakras und der Aura-Bänder, die ihnen die Energie übermitteln. Sie sind physische Existenz, aber nicht die Kernseele/Selbst-Wesenheit. Die astrale Ebene wird erreicht über das Herz-Chakra und dessen Aurakörper. Es ist der spirituelle Zwilling (Höheres Selbst) des emotionalen Körpers und darüber hinaus die universale Welt der Reisen außerhalb des Körpers, der spirituellen Welt. Um den Zugang zur mentalen Ebene zu finden, kann die Verbindung geschlossen werden zwischen dem Geist-Energienetz und dem *Lichtkörper*, der Schnittstelle zwischen dem eigenen Geist, dem *Universalen Geist* von *Göttin Erde* und der Schnittstelle zwischen *Erde*, anderen Planeten und der Galaxie. Dieser Zugang erfolgt über die Aura-Stufen, die mit den Zentren von Kehle und Drittem Auge verbunden sind, aber sich jenseits der Zentren dieser Aura-Körper befinden.

Die spirituelle Ebene wird erreicht vom Kronen-Chakra aus und jenseits der Aura-Stufen, die ihm Energie übermitteln. Es umschließt den ätherischen Bauplan, den himmlischen und den ketherischen Körper, geht dann über sie hinaus durch den *Lichtkörper* und in die Überseele. Die Kernseele ist zusammengesetzt aus den astralen, mentalen und spirituellen Ebenen und den Stufen jenseits von ihnen. Sie ist die Selbst-Wesenheit in all ihren vielen Inkarnationen. Doch sie schließt nicht die physische Ebene ein.

Kenneth Meadows definiert in *Shamanic Experience* diese Ebenen in zeitgenössischen schamanischen Begriffen. Der Energiekörper und das Verborgene Selbst unterhalb von ihm sind die astrale Ebene. Das Menschen-Selbst ist die mentale Ebene, und das Hohe Selbst in seiner Beschreibung bezieht sich auf die spirituelle Ebene der Existenz.

> Das Denken schafft die Muster, nach denen das Physische Gestalt annimmt. Der Energie-Körper, der den physischen Körper umgibt und durchdringt und der ein Teil des Aura-Kokons des menschlichen Wesens ist, stammt vom uranfänglichen Denkmuster des unsterblichen Höheren Selbst. Dieses wird nachträglich beeinflußt und verändert von den Gedanken, Einstellungen und Glaubensvorstellungen des Menschen-Selbst, die unterbewußt dort hineinprojiziert werden. Der Energiekörper ist hauptsächlich das Medium des Verborgenen Selbst und wird gebildet aus ständig sich verändernden Nuancen und Schattierungen von Ton und Farbe, da es die Gedanken und Gefühle des Menschen-Selbst aufnimmt. Das Körper-Selbst agiert hauptsächlich durch den physischen Körper; das Verborgene Selbst durch den Energie- und den Emotionalkörper; das Menschen-Selbst durch den Mentalkörper; und das Hohe Selbst durch den Seelenkörper.[1]

Heilen auf diesen Stufen ist hochentwickelte Heilarbeit und enthält das Potential, die Selbst-Wesenheit/Kernseele zu erweitern, zu heilen und wiederherzustellen. Warum braucht die Selbst-Wesenheit überhaupt die

Heilung, und wie kann diese durchgeführt werden von Wesen, die in Körpern leben, der niedrigsten Energiestufe dieser Kette? Die Selbst-Wesenheit/Kernseele ist der Ermüdung und Abnutzung durch das Leiden der unzähligen Inkarnationen ausgesetzt. Während Energie unzerstörbar ist, ist es die Selbst-Wesenheit vielleicht nicht, obwohl sie verblüffend widerstandsfähig und selbstheilend ist – und unsterblich. Die Überseele ist unzerstörbar und unsterblich, und sie ist ein aktiv bewußter Teil der *Göttin.* Es könnte denkbar sein, daß die Anhäufung von Lebenszeiten voll extremen Leidens ohne Regeneration eine Selbst-Wesenheit zerstören könnte, aber es ist sehr unwahrscheinlich, daß dieser Mangel an Regeneration zugelassen wird. Nichts kann die Überseele zerstören.

Die Selbst-Wesenheit kann sehr wohl beschädigt oder sogar zerbrochen werden, auch dies durch Lebenszeiten voll extremen Leidens. Wenn dies der Fall ist, dann wird sich das als Krankheit zeigen auf der physischen Ebene wie in den astralen/emotionalen, den mentalen und spirituellen Körpern. Der astrale Zwilling oder das Höhere Selbst kann sich vom physischen Körper, den es erhalten hat, abspalten, wenn die Silberschnur, die die Körper verbindet, zu locker ist, um sie ordentlich zusammenzuhalten und zu vereinigen. Wie der Strohhalm auf dem Kamelrücken ist dann das kleinste Gewicht zuviel, so daß scheinbar kleine Traumata in der Inkarnation der Seele zu großem Schaden oder einem Zerbrechen führen können, wenn sich die Selbst-Wesenheit in schon geschädigtem Zustand inkarniert hat.

Schamanen bezeichnen diesen Schaden, der sich schon bei der Inkarnation manifestiert, als «Seelenverlust». Sie gehen davon aus, daß er von einem wahrnehmbaren Trauma herrührt, aber meinem Gefühl nach ist dieses wahrnehmbare Trauma nur die Spitze eines sehr großen Eisbergs. Das Trauma dieses gegenwärtigen Lebens ist nur der letzte von vielen Strohhalmen.

> «Seelenverlust» ist meist die Folge einer traumatischen Situation. Zum Beispiel können verheerende Nachrichten und tiefer Schock die Empfängerin veranlassen, sich für eine gewisse Zeit von der bewußten Realität zurückzuziehen... Sie fühlt sich vielleicht wie «bewußtlos» oder «neben sich». Ein Unfall kann bei der Betroffenen für Tage das Gefühl auslösen, «abwesend» zu sein, und eine schlimme Krankheit oder eine Operation ruft manchmal das Gefühl hervor, vom physischen Körper «getrennt» zu sein – ein unangenehmes schwammiges Gefühl. Ein Trauerfall, eine Trennung oder Scheidung,

der Verlust des Arbeitsplatzes, erzwungener Ruhestand, Vergewaltigung, Inzest, Kindesmißhandlung – all das kann ein Gefühl ausgedehnter Taubheit hervorrufen, die seltsame Empfindung, daß ein Teil des eigenen Selbst «fehlt». Und genau das ist es, was wirklich geschieht.[2]

Manche Frauen werden sich in dieser Beschreibung wiedererkennen, besonders Frauen, die schwerwiegende Traumen erlebt haben wie Inzest, Vergewaltigung, Prügel oder in der Kindheit mißhandelt wurden. Derart traumatisierte Frauen haben große Schwierigkeiten, in ihrem Körper zu bleiben, und verbringen einen großen Teil ihrer Zeit außerhalb des Körpers auf der astralen Ebene. Ich weiß das so genau, weil ich selbst eine dieser vielen Frauen bin. Wenn Frauen, die in diesem Leben traumatisiert wurden, damit beginnen, in ihre früheren Leben zu schauen, sehen sie karmische Muster von Schmerz, Trauma und Mißbrauch. Diese Lebenszeit setzt dieses Muster fort, nicht als Bestrafung, sondern weil die Selbst-Wesenheit/Kernseele beschädigt ist. Das Muster wiederholt sich, weil die Selbst-Wesenheit nach Heilung schreit.

Erinnere dich, daß das Karma nur geheilt werden kann, solange die Seele einen Körper hat, durch den sie agieren kann. Dies scheint auch für Schäden und das Zerbrechen der Kernseele zu gelten, die eine extreme Auswirkung des Karmas darstellen. Trauma oder Mißbrauch einer Lebensspanne, die nicht geheilt wurden, werden mitgenommen in die nächste Inkarnation. Wenn der Schaden hier wieder nicht geheilt wird, indem die Seele eine Wiederholung eines ähnlichen Traumas erschafft in dem Versuch, dieses zu lösen, wird das Trauma auch in die nächste Lebenszeit übernommen werden. Wenn sich das immer aufs neue wiederholt, ohne geheilt zu werden, dann erzeugen diese Lebenszeiten ein karmisches Muster, das letztlich erst zu einer Schädigung der Kernseele führt und dann zu ihrem Zerbrechen.

Dadurch wird deutlich, wie und warum ein solcher Schaden nur geheilt werden kann, während die Seele in einem Körper inkarniert ist. Es ist einfach der einzige Ort, wo sie geheilt werden kann. Dieses Konzept macht das Leid der Frauen verständlicher, warum gute Menschen, die keinem etwas Böses tun, unerklärlicherweise so viel leiden müssen. Nach dem Tod wird die Seele zwar von der vorausgehenen Inkarnation geheilt, aber die Traumata, die karmischen Muster und der Seelenschaden inkarnieren sich mit ihnen erneut. Ein Schaden, der während der Inkarnation angerichtet wurde, muß auch während einer Inkarnation geheilt werden.

Jede Methode des Heilens in diesem Buch war bisher darauf ausgerichtet, diesen Schaden zu heilen, beginnend bei der physischen Ebene und dann in die Aura weitergehend. Das Heilen der Kernseele beginnt mit karmischem Lösen (Menschen- oder Mental-Selbst) und setzt sich fort bis ins Höhere Selbst und die spirituelle Ebene mit Hilfe der Integration der Subpersönlichkeit und der Seelenregeneration. Dies schließt auch die Rückführung des astralen Zwillings in eine angemessene Beziehung zum physischen Körper ein, um den Körper auf gesundheitsfördernde Weise zu heilen und zu steuern.

Ein Schaden an der Kernseele kann sich durch vielerlei Anzeichen bemerkbar machen, nicht nur durch chronische Benommenheit und das ständige Gefühl, nicht im Körper zu sein. Er kann zur Folge haben, daß Teile der Psyche eines Menschen dessen Wachstum kritisieren, behindern, sogar sabotieren und überdies wiederholte «Unfälle» verursachen. Er kann bei einer zerbrochenen Selbst-Wesenheit zu einer gespaltenen Persönlichkeit oder zu multiplen Persönlichkeitsstörungen führen. Eine geschädigte Kernseele kann einer Frau ein ganzes Leben voll chronischer Schmerzen bescheren auf jeder Ebene oder jeder Körperebene, die Unfähigkeit, erfolgreich zu funktionieren, und ein Gefühl, nie richtig in ihren Körper zu gehören oder gar nicht richtig auf der *Erde* zu leben.

In diesem Buch haben wir uns dem Heilen erst mit Meditation, Visualisation und dem freien Energiefluß genähert, dann sind wir Schritt für Schritt verschiedene Stufen weitergegangen. Eine Frau, die der Reihenfolge der Kapitel gefolgt ist und die Erkenntnisse und Meditationen aus jedem Abschnitt bei ihrem Heilen (ob Selbstheilung oder unterstützt durch eine andere Heilerin) eingesetzt hat, hat sich durch alle Stufen und Ebenen bewegt. Es ist mir klar, daß dieser Stoff fortschreitend vielschichtiger wird. Ich habe zwar versucht, ihn so einfach wie möglich darzustellen, damit er besser verstanden und durchgearbeitet werden kann, aber du solltest dir darüber im klaren sein, daß es sich wirklich um ein sehr komplexes Wissen handelt. Jede Frau kann ihm nur in ihrem eigenen Tempo folgen. Wenn du mit mir bis hierhin gegangen bist, dann bist du bereit, auch dein Höheres Selbst und deine Seele zu heilen sowie den Schaden an deiner Selbst-Wesenheit, der in vielen Inkarnationen entstanden ist. Du bist dann auch geheilt genug, um Heilerin und Stütze für viele andere sein zu können. Und du wirst dafür dringend gebraucht.

Der Schamanismus erkennt nur zwei Wurzeln als Auslöser von Krankheit an: Zum einen kann das Energiefeld eines Menschen durch etwas gestört sein, das dort nicht hingehört. Diese Eindringlinge, die ich Geist-Anhaftungen nenne (im Unterschied zu dem emotionalen Anhaften oder Festhalten des Buddhismus), werden im nächsten Kapitel erörtert. Der Vorgang, sie zu entfernen, von den Schamanen «Extraktion» genannt, wird dort auch besprochen. Die andere Ursache besteht darin, daß etwas, das im Energiefeld vorhanden sein sollte, fehlt. Die Schamanen nennen das eine «Abstraktion» (Entwendung), und sie hat einen Verlust an energetischer Lebenskraft und Vitalität zur Folge. Die Abstraktion wird durch den Prozeß der Seelenregeneration[3] geheilt, den ich mit dem Heilen des Höheren Selbst und der Subpersönlichkeit beginne. Diese Techniken heilen das, was fehlt, beschädigt oder zerbrochen ist, und bringen es in den Aura- und Existenzebenen an den richtigen Ort, damit es wieder richtig funktionieren kann. Das Ergebnis ist Ganzheit und eine Heilung der beschädigten Selbst-Wesenheit und all ihrer Inkarnationen.

Als Beispiel möchte ich meine Erfahrung aus dem jetzigen und den vergangenen Leben anführen: Als ich mir meines ersten vergangenen Lebens bewußt wurde, starb ich in England als Hexer auf dem Scheiterhaufen. Ich war damals als Mann inkarniert, ein Schmied und Tierheiler, meine Frau und Seelengefährtin war eine Heilerin für Menschen, und wir waren Hohepriester und Priesterin eines angesehenen Hexenzirkels. Als die Inquisition uns gefangennahm, wurde sie wiederholt vergewaltigt, und wir beide wurden gefoltert, geschlagen und dann verbrannt. Irgendwann im Laufe dieser schrecklichen Erlebnisse erlitten wir beide eine schwere Schädigung und Abspaltung unserer Kernseele.

In zwei folgenden Lebensspannen als Frau war ich wiederum eine Hexe. In dem einen Leben, das in Italien stattfand, schritt ich mit Hunderten anderer Frauen ins Meer, um lieber zu ertrinken, als wieder von der Inquisition geholt zu werden. In einem späteren Leben in Neuengland wurde ich in einem Tauchstuhl unter Wasser gedrückt, obwohl ich dieses Mal nicht dabei starb. Der Schaden aber wurde nicht geheilt, und das karmische Muster wiederholte sich noch mindestens zweimal und vergrößerte bei dem Versuch, ihn zu heilen, jedesmal den Schaden. Ich hatte immer ein zwiespältiges Verhältnis zum Wasser, das ich ebenso fürchtete wie liebte, und habe nie schwimmen gelernt.

In meinem letzten vergangenen Leben war ich eine jüdische Lesbierin und wieder mit meiner Seelengefährtin inkarniert, die ebenfalls weiblich war. Als Heranwachsende lebten wir als Cousinen im selben Haushalt, nachdem meine Eltern von den Nazis abgeholt worden waren. Wir wurden mehrfach von unserem Großvater mißbraucht, der mit uns zusammenlebte. Als wir schon ältere Teenager waren, versuchten wir per Zug aus Deutschland zu fliehen, wurden beim Grenzübertritt gefaßt und in das Konzentrationslager Buchenwald gebracht. Während dieser Zeit im Lager versuchten wir uns so gut wie möglich umeinander zu kümmern. Wir wurden häufig vergewaltigt, und ungefähr ein Jahr lang setzte man uns medizinischen Menschenversuchen – Fortpflanzungsexperimenten – aus, bis wir beide noch vor unserem zwanzigsten Lebensjahr starben. Wir reinkarnierten uns sehr schnell wieder, wie es häufig nach einem gewaltsamen Tod geschieht. Das gegenwärtige Leben hat wieder dieses Muster angenommen. Meine ganze Kindheit – schon als Kleinkind – wurde ich körperlich geschlagen und emotional, mental und spirituell mißhandelt und zeigte beim Heranwachsen all die spezifischen Verhaltensmuster eines Inzestopfers (und die Verhaltensmuster, die den anderen Mißbräuchen zugeordnet werden konnten). Dieser Inzest tauchte in meinem Heilungsprozeß nicht auf, bis ich begann, die vergangenen Leben zu betrachten, und das Schlüsselerlebnis mit meinem Großvater in Deutschland war eines der letzten Puzzle-Teile, die ich brauchte. Mein Körper reflektiert die Schläge der vergangenen und des gegenwärtigen Lebens, und Unterleibserkrankungen lassen vermuten, daß im emotionalen Aurakörper Vergewaltigung und Inzest verankert sind. Das Überqueren von Grenzen, selbst der Grenze nach Kanada, erregte in mir Angstzustände bis zu Panik und Krankheit. Die Sicherheitskontrollen auf dem Flughafen lösen dasselbe aus. Dies hörte ab dem Moment auf, als ich die Ursache verstand: die Festnahme bei der Grenzkontrolle in Deutschland.

Als ich mit der Selbstheilung der Kernseele begann, entdeckte ich Abspaltungen und Subpersönlichkeiten, allerdings war die Fragmentierung noch nicht so weit entwickelt oder genug zerbrochen, daß ich zu einer multiplen Persönlichkeit geworden war. Mein astrales Höheres Selbst war so weit weg, daß ich gar nicht wußte, daß es überhaupt existierte. Unter den Subpersönlichkeiten waren auch welche, deren negative Denkmuster mein Wachstum behinderten, die ständig zu vernehmende Lieblingsbotschaft ihrer inneren Stimme war: «Du kannst das nicht, du kannst das nicht haben, du verdienst es nicht.»

Ich hatte Verhaltensmuster, die ich unbedingt verändern wollte, aber über Jahre hinweg, sogar ein Jahrzehnt lang, konnten sämtliche Heilversuche nicht bewirken, daß diese Veränderungen auch nur anfingen oder ich wenigstens die Ursachen verstehen konnte. Wenn ich mich auch nur im geringsten angegriffen fühlte, wurde ich gleich streitsüchtig, kämpferisch und wütend, und das immer gegenüber Leuten, die ich gar nicht kannte. Hinterher fragte ich mich immer, warum das geschehen war, warum ich das getan hatte und warum es mir nicht gelang, dies zu kontrollieren. Ich fühlte mich äußerst schuldig, war entsetzt und aufgebracht. Die negative innere Stimme hatte ihren Spaß daran: «Du taugst einfach nichts.» Ich wußte, irgend etwas stimmte nicht, sogar eine ganze Menge, aber selbst nach fünfzehn Jahren spirituellen Lebens und Heilens wußte ich nicht, was es war.

Ich hatte auch das Gefühl, daß ich gar nicht auf die Erde gehörte, ein Gefühl, das so weit ging, daß ich sie verlassen und nach Hause gehen wollte, wo ich hingehörte, wo immer das auch sein mochte. (Ich neige keinesfalls zum Selbstmord.) Hier in dieser Fremde hatte ich große Schwierigkeiten, das normale Alltagsleben in den Griff zu bekommen. Mit allem Technischen kam ich überhaupt nicht zurecht, und ich hatte eine Abneigung gegen Geräte jeder Art. Ich ließ Sachen herunterfallen oder verschüttete etwas und vergaß das Essen auf dem Herd, bis es angebrannt war. Menschenmengen, die nicht nur aus Frauen oder spirituellen Gruppen bestanden, jagten mir Angst ein. Ich konnte niemandem direkt in die Augen sehen. Ich verbrachte soviel Zeit außerhalb meines Körpers, daß ich mich oft nicht mehr erinnern konnte, wo ich am vergangenen Tag gewesen war, und ich war immer gestreßt, voller Angst und geistesabwesend.

Drei Dinge veränderten mein Leben, indem sie sämtliche, eben genannte Störungen heilten. Der erste Vorgang bestand darin, mein Höheres Selbst/meinen astralen Zwilling wieder mit der physischen Ebene und dem Emotionalkörper in Verbindung zu bringen. Offensichtlich lockert eine Beschädigung der Kernseele die Silberschnur, die die Körper miteinander verbindet, und das Höhere Selbst agiert dann zu weit draußen auf der astralen Ebene, um die physischen und emotionalen Funktionen aufrechtzuerhalten. Der zweite Vorgang war die Heilung der Subpersönlichkeiten auf der mentalen Ebene, und der dritte und faszinierendste war die Wiedergewinnung von abgespaltenen Seelen-Fragmenten aus den astralen, mentalen und spirituellen Ebenen des Seins.

Der astrale Zwilling ist das Höhere Selbst. Es agiert auf der astralen Ebene des Seins und ist das emotionale Energie-Selbst. Seine Aufgabe ist es, eine Brücke zwischen den mentalen und spirituellen Ebenen auf der einen Seite und der Stufe des physischen Körpers auf der anderen Seite zu bilden. Es bringt alle Seinsebenen in Kontakt miteinander und vereinigt sie, so daß die Ebenen und die Aurakörper als Ganzes arbeiten. Es bringt das Licht/die Information des mentalen Energienetzes, des *Licht-*

körpers, der spirituellen Ebene und der Überseele in die Aurakörper und Chakras und ermöglicht damit das vollständigste menschliche Gewahrsein und eine abgestimmte spirituelle Entwicklung auf jeder Stufe.

Sein Höheres Selbst wiederanzukoppeln, ist ein in hohem Maße freudvolles Heilen, und ich empfehle jedem, es zu versuchen. Dazu ist nur eine einfache Meditation notwendig, die nur ein einziges Mal durchgeführt werden muß. Bei Frauen guten Willens ist das Höhere Selbst/der astrale Zwilling immer ein Wesen der Liebe und der Positivität. Manche Frauen sehen es als *Göttin* oder als Verkörperung der *Inneren Göttin*. Der astrale Zwilling ist goldfarben und wunderschön.

Um dies durchzuführen, versenke dich vollständig in den meditativen Zustand, erde und zentriere dich, entspanne dich vollständig, errichte einen Schutz um dich und lasse deine Energie fließen. Betrete niemals die astrale Ebene, ohne vorher einen Schutz zu errichten. Bitte deine Geistführer und Engel, dich zu begleiten. Mit der Affirmation, daß nur die positive Energie zu dir kommen soll, begib dich auf die Astralebene, um dein Höheres Selbst zu finden. Indem du dich dorthin denkst, wirst du dort sein. Bitte darum, dein Höheres Selbst/deine astrale Zwillingsschwester zu sehen, rede mit ihr und lade sie zu dir nach Hause ein. Du wirst sie erkennen, denn sie wird aussehen wie du oder so, wie du dir immer dein ideales Selbst vorgestellt hast. Ihre Energie ist leuchtend und goldfarben, sie ist das Licht des Regenbogens. Sie wird nicht beschädigt sein oder der Heilung bedürfen.

Wenn deine astrale Zwillingsschwester zustimmt, bring sie in dein Herz. Du wirst fühlen, wie ihre goldene Energie ausstrahlt in deine Aura und alle Chakras, wenn sie sich bei dir niederläßt. Fühle, wie deine Aura-Energie deutlich heller wird. Danke ihr und deinen Führern und komme ins Jetzt zurück, wobei du deinen astralen Zwilling mitnimmst.

Nach der Heilung fühlst du dich vielleicht für ein paar Tage benommen, als wenn du auf einem goldenen Strom treibst. Es ist ein Gefühl der Freude und Geborgenheit, und du wirst dich danach auf der Erde und in deinem Körper gegenwärtiger und mehr zu Hause fühlen. Dein spirituelles und psychisches Wachstum wird sich von diesem Punkt an unglaublich steigern, und dein Leben wird einen positiven und nie gekannten Frieden gewinnen. Diese Meditation muß nur einmal durchgeführt werden.

Wenn du dich an dein neues Wesen gewöhnt hast, beginne an diesen kleinen, nörgelnden, kritisierenden Wesenheiten zu arbeiten, die dich immer noch behindern. Während der astrale Zwilling/das Höhere Selbst auf der astralen Ebene ein Teil von dir ist, sind diese Subpersönlichkeiten Schöpfungen deines Geistes, die nicht du sind, sondern dich davon abhalten, den *Reinen Geist* des Energienetzes zu erfahren. Sie blockieren deine Fähigkeit, deinen *Lichtkörper* zu öffnen und zu heilen. Je mehr sich eine Frau spirituell entwickelt, desto fordernder werden diese Subpersönlichkeiten. Es handelt sich bei ihnen um alte Denkmuster, die in deiner Entwicklung keinen Platz mehr haben, über die du hinausgewachsen bist und die deshalb im Konflikt mit deinem Wachstum stehen. Ihre Verzerrungen, ihre Kritik und ihre Bedenken schaden deiner Positivität und deinem Leben.

LaUna Huffines hat viele Jahre lang an der Heilung von Subpersönlichkeiten gearbeitet und beschreibt ihre Struktur folgendermaßen:

> Subpersönlichkeiten sind nicht real, aber solange du nicht einsiehst, daß sie nicht du sind, werden sie dir real erscheinen. Stelle dir deine Subpersönlichkeiten vor wie die Darstellung eines Hologramms. Ein dreidimensionales Hologramm von einem Tänzer sieht aus wie ein fester Körper. Wenn du um es herumgehst, scheint es sich zu bewegen, aber wenn du die Hand ausstreckst, um es zu berühren, greift deine Hand durch es hindurch … Subpersönlichkeiten – selbst jene, die am ängstlichsten und schuldbewußtesten zu sein scheinen – sind von keiner festeren Struktur als ein Hologramm.[4]

Um mit diesem besonderen Heilen anzufangen, mußt du dir erst einmal all der negativen Stimmen bewußt werden. Manche nörgeln, andere sind ängstlich oder besorgt. Es können Gedanken sein, die grundlos wütend oder eifersüchtig sind, oder alles, was dein positives Selbstbild behindert. Es bringt nichts, sie anzuschreien oder ihnen zu befehlen, sie sollten verschwinden. Sie sind keine getrennten Wesenheiten, und dein wütender Widerstand nährt nur ihre Ängste und rechtfertigt ihre Kritik. Es gibt ihnen Energie, und sie werden lauter und bestimmender. Als ich mich meinen Subpersönlichkeiten in dieser Weise näherte, wurde ich immer frustrierter, und die negativen Stimmen machten sich nur lustig über mich und wurden jedesmal stärker.

Der Schlüssel für den richtigen Umgang mit ihnen liegt darin, ihre Beweggründe zu verstehen. Eigentlich versuchen sie, dir zu helfen oder dich zu schützen, obwohl die Art und Weise, wie sie das tun, für dich nicht mehr gut oder sinnvoll ist. Du bist ihren Methoden entwachsen.

Sie sind wie unerzogene Kinder, die Disziplin, Geborgenheit und Liebe brauchen. Stelle sie dir vor als dein eigenes Inneres Kind in seinem «fürchterlichen Trotzalter» mit dem üblichen Drangsalieren und Quengeln. Sie brauchen eine Mutter, jemand, der ihnen die Umstände deines neuen Lebens erklärt.

LaUna Huffines schlägt dazu vor:

> Hier ein paar Möglichkeiten, deine Subpersönlichkeiten in dein Kernselbst einzubinden. Beginne damit, die wichtigsten kennenzulernen. Höre auf ihre Bedürfnisse und schließe mit ihnen Abkommen, die du einhalten kannst. Erzähle ihnen von deinen Bedürfnissen und deinen Vorstellungen und bemühe dich um ihre Zustimmung, mit dir zusammenzuarbeiten. Zeige ihnen neue Wege, wie sie dir helfen können … Gieße das Licht der Liebe über sie aus und laß es sie durchdringen. Die Macht des Lichtes – die mit der Führung deines Geistes zusammenarbeitet … wird es dir schließlich gelingen lassen, diese Subpersönlichkeiten und ihre Energie in dein zentrales persönliches Selbst zu integrieren.[5]

Nun versuche eine Meditation, um diesen Denkmustern zu begegnen, die du selbst zu sein scheinen, die aber nur Schöpfungen deines Geistes sind.

Versenke dich in den vollständigen meditativen Zustand mit Körperentspannung, dem Fließenlassen von Energie und dem Schutz, und bitte deine Geistführer hinzu. Bitte darum, in die mentale Ebene gebracht zu werden, um dort deine Subpersönlichkeiten zu treffen. Setze dich auf ein Stück Gras, während deine Führer sie eine nach der anderen zu dir bringen. Spreche mit jeder, finde ihre Ängste heraus und wie sie dich beschützen möchte. Gib ihr eine neue Aufgabe. Wenn eine Subpersönlichkeit als Kind zu dir kommt, behandle sie auch wie ein Kind; wenn sie als Erwachsene auftaucht, gehe mit ihr um wie mit einer Erwachsenen. Argumentiere mit der Erwachsenen, aber gib dem Kind ein Eis und sage ihm, daß es geborgen ist.

Wenn du mit jeder der Subpersönlichkeiten gesprochen hast, lasse sie neben dich im Kreis ins Gras setzen. Wenn alle da sind, lade deinen astralen Zwilling/dein Höheres Selbst ein, sie zu unterrichten, und fülle sie mit Licht/Information/Erziehung. Wenn dein Höheres Selbst damit fertig ist, lade die *Göttin* ein, bitte *Sie*, diese Denkmuster zu heilen, damit sie mit dir zusammenarbeiten und dir auf deinem spirituellen Weg helfen. Sie verblassen vielleicht in *Ihrem* Licht. Dies bringt das Heilen auf den astralen, mentalen und spirituellen Ebenen. Wenn deine Geistführer dir bedeuten, daß die Arbeit getan ist, danke ihnen, deinem Höheren Selbst und der *Göttin*, und komme ins Jetzt zurück.

Du stellst vielleicht fest, daß die Gedanken in deinem Geist von nun an plötzlich sehr friedfertig und einige negative Verhaltensweisen geheilt sind. Die Meditation muß vielleicht wiederholt werden; tue das, wann immer du es für notwendig hältst, und jedesmal, wenn du merkst, daß ein negatives Denkmuster an Stärke gewinnt. Für weitere Kenntnisse über die Heilarbeit mit Subpersönlichkeiten empfehle ich LaUna Huffines Buch *Bridge of Light* und den Tonbandlehrgang von Duane Packer und Sanaya Roman *Awakening Your Light Body*, Band I. Es ist gut, wenn man diese Subpersönlichkeiten geklärt hat, bevor man mit der Seelenregeneration beginnt, da es von entscheidender Bedeutung ist zu wissen, wann es sich um ein Seelenfragment handelt, das ein Teil von dir ist, und was nur ein Denkmuster ist, das nur ein Teil von dir zu sein scheint. Ungeheilte Subpersönlichkeiten können auch Seelenfragmente davon abhalten, zur Heilung hereinzukommen.

Das Bisherige war nur eine Vorbereitung für den eindrucksvollen Vorgang der Seelenregeneration. Bei der Seelenregeneration werden die beschädigten oder abgespaltenen Fragmente deiner Kernseele/Selbst-Wesenheit geheilt. Sie sind du. Wenn du deine astrale Zwillingsschwester nach Hause bringst, gibt dies deiner Selbst-Wesenheit größere Stabilität und Einheit und eine größere Bereitschaft zur Durchführung der Seelenregeneration. Es ist auch hilfreich, den gesunden astralen Zwilling von einem Fragment unterscheiden zu können, das zurückgewonnen und geheilt werden muß. Denn der astrale Zwilling kann, wenn er erst einmal in Kontakt und in rechte Verbindung mit der physischen Ebene gebracht wurde, auch als Vermittler bei der Seelenregeneration helfen.

Ich erlernte diesen Prozeß etwa vor zwei Jahren durch Sandra Ingermans wunderbares Buch *Soul Retrieval: Mending the Fragment Self*. Ich habe ihn erfolgreich auf mich, meinen Hund Kali, eine Reihe anderer Frauen und auf eine bestimmte Frau angewandt, die eine multiple Persönlichkeitsstörung hatte. Ich habe ihn benützt während des Handauflegens, beim Geist-/Fernheilen und als Instrument der Selbstheilung. Im Laufe dieser Erfahrungen habe ich den Prozeß in erheblichem Umfang neu definiert und von einer schamanischen Technik in ein karmisches Heilen umgewandelt, um die Ganzheit der Selbst-Wesenheit zu erreichen. Doch ich verdanke dem Buch von Sandra Ingerman die anfänglichen Unterweisungen, und ich empfehle es jeder Heilerin, die diese Technik anwenden möchte.

Diese Variation der Seelenregeneration wird in mehreren Schritten vorgenommen. Ich werde diesen Vorgang im folgenden als Selbstheilung beschreiben. Es funktioniert aber auch phantastisch, wenn Heilerin und Empfängerin daran beteiligt sind, besonders wenn die Empfängerin dabei kooperativ teilnehmen kann. Ich empfinde diese Heilungen als sanft und nicht-traumatisch, eine große Erleichterung nach dem emotionalen Neuprogrammieren und dem karmischen Lösen. Dennoch können sie sehr intensiv sein. Dieser Prozeß funktioniert auch mit Haustieren; frage deine Führer, ob ein bestimmtes Tier eine solche Heilung nötig hat. Eine Frau oder ein Haustier mit einer Biographie von Trauma oder Mißbrauch wird im allgemeinen von dieser Art der Heilung profitieren. Es dauert vielleicht mehrere Sitzungen, bis der Prozeß abgeschlossen ist, und ich habe bei mir noch neue Seelenteile gefunden, als ich schon längst der Meinung war, der Prozeß sei beendet. Aber jedes Fragment, das einmal aufgetaucht ist und sich mit dir wieder verbunden hat, ist für immer zu Hause.

Wenn du ein Inzestopfer bist oder unter einer multiplen Persönlichkeitsstörung leidest, kann die Seelenregeneration deine vollständige Heilung bewirken. Besonders für diese Frauen finde ich es wichtig, ein karmisches Lösen mit den Herren des Karmas durchzuführen, entweder vor der Seelenregeneration oder als ihr erster Schritt. Bitte darum, jetzt auf allen Stufen sowohl von dem Mißbrauch wie auch seinem karmischen Muster geheilt zu werden. Alle anderen Techniken dieses Buches sind Vorbereitungen für die Seelenregeneration, und ihre vollständige Durchführung vor dem Beginn dieses Prozesses sichert einfache und erstaunliche Ergebnisse. Dieser Prozeß ist die Schlußphase des Heilens und nicht der Beginn der Wiederherstellung. Ebenso ist es wichtig, den astralen Zwilling/das Höhere Selbst in das Reich des Physischen zu bringen und bei der Subpersönlichkeits-Meditation zu lernen, mit deiner astralen Zwillingsschwester zusammenzuarbeiten, bevor du beginnst.

Wenn man mit Frauen arbeitet, die unter multipler Persönlichkeitsstörung leiden, sollte man vor Beginn noch eine andere Technik einsetzen. Dabei handelt es sich um eine Meditation, bei der alle Wesen identifiziert werden, die nicht zu dir gehören (bzw. zur Empfängerin), und die der *Göttin* zurückgegeben werden oder wo immer sie hingehören. Dazu versetze dich mit deinen Geistführern, Engeln und vollem

Schutz in die Astralebene. Bitte darum, dir diese Wesen zu zeigen, und bitte die *Göttin*, sie wegzunehmen, sie zu heilen und sie dorthin zu schicken, wo sie hingehören. Über diese Art des Heilens von Wesenheiten findest du mehr im nächsten Kapitel.

Wenn dir ein Fragment in keiner deiner Altersstufen ähnlich sieht, es eine nicht-menschliche Energie oder Erscheinung hat oder in seinen Absichten negativ (also nicht nur verletzt oder wütend) ist, dann besteht der Verdacht, daß dieses Fragment nicht zu dir gehört. Bei jeder Seelenregeneration und jeder Reise durch die Ebenen des Seins ist es sehr wichtig, vollen Schutz jeweils einzeln für die Heilerin, die Empfängerin und jede andere Teilnehmerin an der Heilung zu errichten. Dies ist ganz besonders von Bedeutung, wenn man mit multiplen Persönlichkeiten arbeitet. Spreche die Affirmation sowohl für die Empfängerin wie für die Heilerin aus: «Nur was mein ist, darf zu mir hereinkommen.» – *Das ist von äußerster Wichtigkeit.*

Nun beginne damit, dich in einen möglichst tiefen Meditationszustand zu versenken. Entspanne dich vollständig, laß die Energie fließen, errichte eine starke goldene Schutzhülle und bitte deine Führer und Engel, dein Höheres Selbst und die *Göttin* um Hilfe. Ich betrachte die Seelenregeneration als ein Zelebrieren von Selbst und *Göttin*; nimm es mit großem Ernst in Angriff, aber auch voller Freude. Das seit vielen Lebensspannen notwendige Heilen beginnt jetzt endlich und wird zu einer völlig neuen Ganzheit und einem besseren Leben führen. Und darüber hinaus auch zu besseren zukünftigen Leben.

Bitte deine Führer und Engel, dich auf die astrale Ebene zu bringen, zu deinem Höheren Selbst, deiner astralen Zwillingsschwester. Sie wird dort auf dich warten und sich dir anschließen. Frage sie mit Hilfe deiner Führer und Engel, ob es irgendwelche Teile von dir gibt, die nach Hause kommen müssen und sich vielleicht auf dieser Stufe aufhalten. Dein Höheres Selbst oder deine Führer werden vielleicht einen oder mehrere finden und dir bringen. Sie werden dir sehr ähnlich sehen, dich aber in unterschiedlichen Altersstufen darstellen. Vielleicht erzählt man dir ihre Geschichte, wann und warum sie abgespalten wurden; ich frage normalerweise nicht danach. Fragmentierte Wesenheiten auf der astralen Ebene stammen immer aus dem gegenwärtigen Leben. Biete jeder Teilseele ein Heilen an, bis sie golden und gesund aussieht, dann frage sie, ob sie dazu bereit ist, nach Hause zu kommen und wieder ein Teil von dir zu werden. Wenn sie «nein» sagt, versichere ihr, daß du jetzt ein gutes Leben führst und es für sie gefahrlos ist, zurückzukommen. Denk daran, daß sie anläßlich eines Traumas gegangen ist, aber du möchtest sie nicht mehr länger dort draußen lassen.

Wenn sie «ja» sagt, frage sie, ob sie vielleicht Schwestern auf dieser Stufe hat, und bitte sie, diese zu dir zu bringen. Es kann sein, daß noch ein paar erscheinen. Heile auch sie, und stelle dieselbe Frage: «Seid ihr bereit, nach Hause zu kommen? Gibt es noch mehr von euch?» Nun lade die Seelenteile in dein Herz-/Thymus-Chakra ein. Bringe sie dort hin und verankere sie mit einem Band oder einem Gespinst aus Licht. Bitte deine Führer und Engel, dir zu helfen. Führe das Band oder das Gewebe von den Seelenfragmenten bis in dein Herz und dein Thymus-Zentrum, aufwärts die *Hara*-Linie entlang bis zu deinem Transpersonalen Punkt oberhalb des Kronen-Chakras. Das Lichtgespinst gleicht einem zierlichen Spinnennetz, und es kann einige Zeit dauern, bis es fertig ist. Dieses Netz ist der wichtigste Teil des Heilens und dafür von entscheidender Bedeutung.

Bitte deine Führer, Engel und dein Höheres Selbst, dich zur mentalen Ebene zu bringen und dort den Prozeß zu wiederholen. Diese Fragmente stammen aus früheren Leben und sind vielleicht von undeutlicherer Gestalt als die auf der astralen Ebene. Wahrscheinlich sehen sie dir immer noch ähnlich, aber weniger deutlich. Auch hier versuche, alle zu finden und bringe sie in dich hinein – ich ziehe vor, sie nicht zu fragen, was ihnen geschehen ist. Versichere ihnen, daß sie dann geborgen sind und daß keine Gefahr darin liegt, bei dir zu sein. Heile sie, dann bring sie in dein Herz wie zuvor, und erweitere das Lichtnetz. Warte, bis sich das Lichtnetz ausgebildet hat, bevor du weitermachst.

Nun bitte deine Führer, Engel und das Höhere Selbst, dich auf die spirituelle Ebene zu bringen und den Prozeß dort zu wiederholen. Die Fragmente werden diesmal Lichtgestalten gleichen, aber du wirst trotzdem wissen, daß sie zu dir gehören. Sie stammen aus vergangenen Leben, und es wird auf dieser Seinsebene weniger davon geben; es ist auch möglich, daß es auf dieser Ebene gar keine gibt. Bringe sie in dich wie zuvor und dehne das Lichtnetz weiter aus. Nun errichte ein Netz oder einen Kokon aus Licht wie ein goldenes Ei um deine gesamte Aura, in der auch alle Seelenfragmente sind. Sage zu ihnen, «danke» und «willkommen zu Hause».

Kehre durch die Ebenen des Seins wieder in deinen Körper zurück. Gehe von der spirituellen zur mentalen, von der mentalen zur astralen und von der astralen zur physischen Ebene. Danke deinen Führern, Engeln und dem Höheren Selbst, und bitte sie, mit der Integration der Seelenteile fortzufahren und sie zu vollenden.

Am Ende dieser Meditation bist du entspannt und benommen. Ich führe die Seelenregeneration am Abend aus und gehe hinterher schlafen. Du wirst dich sehr wohl fühlen, aber vielleicht noch ein paar Tage lang ziemlich umnebelt und seltsam.

Der volle Integrationsprozeß dauert etwa einen Monat. Während dieser Zeit schlafen die Seelenfragmente zuerst ein, dann gehen sie auf in dem Licht deines Herz- und Thymus-Chakras und in der Aura des Emotionalkörpers. Sie werden sich glückselig fühlen, und du auch. Überprüfe das Lichtnetz vom Herzen zum Transpersonalen Punkt mindestens zweimal am Tag, und vergewissere dich, daß jeder Seelenteil fest verankert bleibt. Wenn du in der ersten Woche einmal Angst oder Unbehagen verspürst, dann kann es sein, daß das Netz verrutscht ist. Vielleicht findest du die Seelenfragmente in deinem Solarplexus, wo sie völlig verängstigt umhertreiben. Bringe sie wieder in dein Herz zurück und sichere das Netz.

Wiederhole nach einer Woche die vorausgehende Meditation, um zu überprüfen, ob noch jemand anderes da draußen ist und nach Hause kommen möchte. Es ist nicht sicher, ob du noch Teile findest, falls ja, dann bringe sie wie oben beschrieben in dich hinein. Gib allen noch mindestens eine Woche lang Zeit, sich zu integrieren, bevor du weitergehst. Gehe mit dir sehr sanft um während dieses gesamten Heilungs- und Integrationsprozesses. Gleich von Anfang an wirst du eine Verwandlung in deinem Leben bemerken, wie es sich zu etwas Neuem verändert und deine Aura-Moleküle sich völlig neu arrangieren. Wie positiv auch immer ein solcher Wandel sein mag, er kann sehr anstrengend sein und sogar überwältigend, obwohl ich gerade die Seelenregeneration immer als sanftes Heilen empfunden habe.

Nun vollende den Prozeß der Seelenregeneration. Versenke dich wieder in tiefen Meditationszustand, denk an deinen Schutz; rufe deine Führer und Engel herbei, das Höhere Selbst und die *Göttin*. Dieses Mal frage bei jeder Ebene, an die du kommst, ob es jemanden gibt, der noch einen Seelenteil festhält, der dir gehört. Vielleicht sind es ein paar, vielleicht auch mehrere, wieder aus jeder beliebigen Altersstufe. Die Menschen, die sie festhalten, haben sie vielleicht nur festgehalten, weil sie nicht wußten, wie sie sie zurückschicken sollten, oder sie hielten sie zurück, um sie zu kontrollieren, zu manipulieren oder dir zu schaden. Sie können aber auch von Leuten festgehalten werden, die dich aufrichtig lieben und dir nur Gutes wünschen.

Gehe zu jedem dieser Leute und bitte um das Seelenfragment. Manche Teile werden viel Heilung nötig haben, wenn sie erst mal frei sind; gib sie ihnen. Du wirst die *Göttin* und die Engel für ihre Heilung hier dringend brauchen. Frage die Teilseele, ob sie bereit ist, nach Hause zu kommen, bring sie in dein Herz und verankere das Lichtnetz wie zuvor. Vergewissere dich, daß sie geheilt ist und hell leuchtet, bevor du sie in dich aufnimmst. Mach das bei jeder einzelnen oder nachdem die Gruppe befreit und geheilt ist. Es kann für die Empfängerin bestürzend sein zu erfahren, wer diese Fragmente festgehalten hat; gehe dies deshalb langsam und leicht an.

Wenn irgendein Teil, der von jemand anderem festgehalten wird, dort nicht weggehen darf, biete dem Festhaltenden im Tausch für das Fragment eine Heilung an. Meist funktioniert das. Wenn nicht, versuche dem Festhaltenden ein anderes positives Tauschobjekt anzubieten. Sollte selbst das fehlschlagen, bitte deine Führer, Engel oder die *Göttin*, einzugreifen, und sie werden das Fragment für dich zurückholen. Heile die Teilseele und bringe sie mit den anderen in dein Herz. Weite das Lichtnetz aus, laß es von der Teilseele und deinem Herz/Thymus-Zentrum durch die *Hara*-Linie bis zu deinem Transpersonalen Punkt laufen.

Um dies durchzuführen, mußt du dich auf die astrale, mentale und spirituelle Ebene des Seins begeben. Es wird viel schneller vor sich gehen als die ursprünglichen Seelenregenerationen. Frage auch auf jeder Ebene, ob *du* irgendwelche Seelenfragmente festhältst, die anderen gehören. Frühere Liebhaber und selbst augenblickliche Partner sind gute Kandidaten dafür. Bitte deine Führer, Engel, dein Höheres Selbst oder die *Göttin*, sie dorthin zurückzubringen, wo sie hingehören. Selbst wenn der Teil, den du festhältst, aus einer liebevollen und positiven Partnerschaft stammt, solltest du ihn dennoch zurückgeben. Die Beziehung wird dadurch enger, besser und gesünder werden. Führe dies auf allen drei Ebenen aus, dann komme zum Jetzt zurück.

Überprüfe die Lichtnetze mindestens eine Woche lang, und gönne dir selbst Zeit, Raum und Pflege, um die Heilung zu vollenden. Sei dir dessen bewußt, daß sich dein Leben in Richtung Ganzheit verändert und dabei auf der physischen, emotionalen, mentalen und spirituellen Ebene transformiert wird. Mache jeden Schritt langsam, immer nur einen auf einmal, und mache das sanft und voller Freude.

Wie alle Heilmethoden in diesem Buch probierte ich den Prozeß der Seelenregeneration erst bei mir aus, bevor ich ihn bei anderen Frauen anwandte. Wenn ich allein arbeitete, übersah ich manchmal Seelenfragmente, die dann bei späteren Geistheilungssitzungen oder beim Handauflegen auftauchten, die ich allein oder mit anderen Heilerinnen durchführte. Ich brachte meine Teilseelen einzeln oder zu mehreren nach Hause. Die Gefahr bei der Arbeit allein war, daß die Netze vielleicht nicht hielten. Aber das geschah niemals, wenn ich diese Heilung zusammen mit anderen durchführte. Auch fand ich heraus, daß der Prozeß viel schneller ablief, wenn man ihn mit anderen Heilerinnen unternahm. Es kamen mehr Fragmente in einer Sitzung herein, oft sogar alle in einer einzigen, nur auf diesen Brennpunkt gerichteten Sitzung, vorausgesetzt die Empfängerin unterstützte die Heilerin kooperativ.

Bei einer Seelenregeneration, die ich telefonisch mit einer Frau von hoch entwickeltem medialen Bewußtsein durchführte, war das einzige Fragment, das wir auf der astralen Ebene fanden, ihr Höheres Selbst. Sobald das Höhere Selbst wieder integriert war, nahm es uns mit zu den anderen Ebenen und fand die Seelenteile. Auf der mentalen Ebene befanden sich vier Fragmente: eines – ein winziger Embryo – und drei andere, zwei Kinder und ein fast erwachsener Teenager. Auf der spirituellen Ebene war eine Lichtgestalt, von der nur ein leuchtendes Gesicht zu erkennen war, die uns zwei andere brachte, als wir sie fragten, ob es noch mehr gäbe. Die Empfängerin selbst hielt nur ein Fragment fest, das jemand anderem gehörte. Es war bei ihr mit einem dicken Seil verankert, das ihre Geistführer entfernten, als sie sie darum bat, und sie trugen das Fragment an seinen richtigen Platz. Es dauerte eine Stunde, bis die Sitzung vollendet war.

Ich vollzog eine andere Seelenregeneration für ein drei Monate altes Kind, mit dessen Großmutter ich eng befreundet bin. Von Geburt an hatte das kleine Mädchen Anfälle, bei denen ihr Atem stillstand und ihr Herz mit bis zu dreihundert Schlägen pro Minute raste (normalerweise liegt der Herzschlag bei einem Baby bei 88 Schlägen). Die Situation war ganz klar lebensbedrohlich, und das Baby hing an einem Monitor, der sofort Alarm geben würde, wenn sich ihre Atmung beschleunigte oder stoppte, so daß sie schnell wiederbelebt werden konnte.

Ich führte eine Geist-/Fernheilung durch, um die Ursache für diese Anfälle herauszufinden. Ich entdeckte, daß der Vagusnerv des Babys, der vom Gehirn bis zur Brust verläuft und Herzschlag und Atmung reguliert, den Bruchteil eines Zentimeters zu kurz war, um richtig funktionieren zu können. Es gab Risse in diesem Nerv, und man sagte mir, sie würden heilen und der Nerv wachsen. Ich trat mit Amanda, dem

Baby, selbst in Kontakt, um sie zu fragen, was sie brauchte, und sie war sehr kooperationswillig, von wachem Gewahrsein und sehr erwachsen. Ich konnte mit ihr reden. Es schien, daß sie aus ihrem Körper herausging – und zwar viel zu weit und viel zu lange –, um mit ihrem Seelengefährten Edward zusammen zu sein. Auch er war bereit, mit mir zu reden, und ich sah beide sehr deutlich. Eigentlich sollten sie zusammen in Amandas Körper sein, aber da die Geburt einen Monat zu früh stattfand, konnte er nicht mehr rechtzeitig zur Inkarnation kommen. Sie hatten sich schon vorher einen Körper geteilt und wollten das gerne wieder tun. Er versprach mir, er könne das Kind heilen, und daß sie leben würde, und zwar in physischer und emotionaler Gesundheit.

Ich setzte die Seelenregeneration ein, um beide im Körper des Babys zu vereinen. Edward mußte seine erwachsene männliche Erscheinung schrumpfen lassen bis auf Babygröße. Es funktionierte ähnlich wie beim Verschmelzen des Höheren Selbst, außer daß die beiden Wesen sich zuerst auf allen Chakras verbanden, bevor Edwards Energie in der winzigen Amanda aufging. Ihre Herz- und Atemanfälle verringerten sich von siebenmal pro Tag auf nur noch zweimal oder sogar noch weniger. Ich habe dieses Heilen weiterhin fortgesetzt, um die Silberschnur zu stabilisieren, welche die Aurakörper beider Seelen verband. Darüber hinaus bekommt das Kind noch homöopathische Mittel (homöopathisches Opium) und Blütenessenzen. Abgesehen von ihren beängstigenden Episoden scheint sie glücklich und völlig unbeeinträchtigt, und meine Heilführer sagen mir, daß sie auf der Erde bleiben und leben wird.

Ein Fragment von mir selbst wurde von einer Heilerin entdeckt, während sie ein karmisches Lösen von Furcht bei mir vornahm. Uns wurde ein Bild von mir gezeigt, als ich zwei oder drei Jahre alt war, eingesperrt in einem dunklen Schrank, völlig verschreckt und schreiend. Ich konnte mich an diesen Vorfall nicht mehr erinnern, aber er paßte zu meiner Kindheit. Als die Teilseele heilte und zu mir hereinkam, war es wie ein Schwall warmen Lichts, und sie schien hocherfreut, in meinem Herzen und wieder zu Hause zu sein.

Dieser Seelenteil brauchte drei Tage, um sich mit mir vollständig zu vereinigen, dann war nur noch der Schein eines rosa Lichts, das eine Woche später vollständig verschwunden war. Der ganze Vorgang gab mir ein wundervolles Gefühl, und man sagte mir, es sei das letzte meiner Fragmente gewesen, das Hilfe von außen benötigte. Das Lichtnetz, das meine Geistführer um meine gesamte Aura aufbauten, signalisierte mir eine bedeutende Vervollständigung. Ich empfinde mich als völlig verändert, verglichen mit der Zeit, als der Prozeß des Einbringens meiner Seelenfragmente begann; ich fühle mich positiv, ganz und wahrhaft geheilt. Alle Probleme, die ich zu Beginn dieses Kapitels erwähnt hatte, sind verschwunden, obwohl jahrelang alle Heilmethoden nicht geholfen hatten. Ich glaube, daß das karmische Schmerzmuster jetzt heilt oder geheilt ist und daß meine Kernseele sich endlich ihrer Ganzheit nähert. Dennoch werde ich nach weiteren Fragmenten Ausschau halten.

Meine schönste Erfahrung bei der Seelenregeneration hatte ich mit Kali. Ich hätte nie daran gedacht, dies bei einem Hund zu versuchen, aber der Vorschlag kam von meinem Engel Ariel. Als Kali zu mir kam, war sie schwer verletzt und mißhandelt, und insofern war die Idee nicht abwegig. Ich legte meine Hände auf den Hund, rief Kalis Höheres Selbst herbei, bat Ariel um Hilfe, und wir alle begaben uns auf die astrale Ebene. Eine wuschelige, halb ausgewachsene Kali stürzte in meine Arme, ein alberner kleiner Welpe mit heftig wedelndem Schwanz. Dieser Welpe führte uns durch die Ebenen des Seins, um andere zu finden, und im Ganzen vereinigten sich fünf goldene Kali-Welpen mit dem ausgewachsenen Hund. Statt in ihr Herz, das bei den meisten Haustieren kein sehr hoch entwickeltes Chakra ist, wurden die Welpen von Ariel und den Führern in Kalis Sakral-Chakra gebracht, einem Hauptzentrum bei Hunden.

Der Hund war von der ganzen Aktion, die wohl nicht länger als fünf Minuten gedauert hatte sehr angetan. Ein paar Tage spazierte sie mit fünf Welpen herum, die ihr auf Schritt und Tritt folgten, und wenn sie sich niederlegte, sah es aus, als würde sie sie säugen. Sie erlaubte Copper nicht, in die Nähe ihrer Jungen zu kommen, und war zu ihm überhaupt nicht nett. Dann lösten sich die Welpen in ihr auf als goldenes Licht und verschwanden nach einer Woche vollständig. Ein Mensch, mit dem Kali sehr befreundet war, hielt noch einen Seelenteil von ihr fest, aber er ließ ihn bereitwillig zu ihr zurückgehen. Kali scheint seit diesem Prozeß glücklicher und stabiler zu sein. Man sagte mir, daß eine solche Seelenregeneration für Copper nicht notwendig sei (der darauf besteht, daß diese Dinge gar nicht existieren).

Die intensivste Seelenregeneration, an der ich teilnahm, fand für meine Freundin Tracy statt, die eine multiple Persönlichkeit hat. Die Heilung erforderte drei außergewöhnlich lange und sehr belastende Sitzungen, die sich jeweils über mehrere Stunden hinzogen. Es war notwendig, sie an drei aufeinanderfolgenden Abenden durchzuführen:

mehr Zeit hatten wir nicht. Ebenso mußte es schnell geschehen, da ich fürchtete, daß Tracys Angst sie vielleicht dazu bewegen könnte, den Prozeß zu stoppen, wenn er langsam genug war, daß sie Zeit zum Nachdenken bekäme.

In der Woche, bevor ich zu ihr reiste, führte ich bei ihr eine Fernheilung durch, um zu sehen, ob alle Subpersönlichkeiten wirklich Teile von Tracy waren. Ich fand dabei zwei, die nicht dazugehörten, und bat die *Göttin* Kuan Yin um ihr Kommen, damit sie diese heilte und dorthin brachte, wohin sie gehörten. Eines war ein Kleinkind, und das andere ein Baby von vielleicht einem Jahr. Tracy war während ihrer gesamten Kindheit Inzest und schweren Mißhandlungen ausgesetzt, und wir waren auf vergangene Lebensspannen gestoßen, die traumatisch waren und voller Mißbrauch. Obwohl die Heilung mit ihrer Erlaubnis eine Geistheilung war, war sie sich dessen gewahr, was damals geschehen war, als sei sie dabeigewesen. Ich bat sie auch, mir eine Liste der beteiligten Persönlichkeiten zu machen, deren sie sich bewußt war, mit Namen, Alter und anderen Charakteristiken. Ich wollte wenigstens ungefähr wissen, wem ich dort begegnen würde. Sie sagte mir später, das sei für sie der aufschlußreichste Teil des Heilens gewesen. Als wir zusammen waren, führten Tracy und ich die Heilungen unter Beteiligung von anderen Frauen durch, deren Anwesenheit sie sich gewünscht hatte. Darunter war ihre Therapeutin, die sich im Verlauf dieses Wochenendes sehr rasch zu einer erfahrenen Geistheilerin entwickelte. Es war eine Freude, mit ihr zu arbeiten, obwohl ich anfangs Bedenken gegen die Anwesenheit der Therapeutin hatte. In der ersten Sitzung errichtete ich um jeden Anwesenden Schutz und rief die Führer, Engel, Brede und die *Göttin* Kuan Yin herbei. Ich umgab jeden mit einem Schutzschild und ließ jeden einzelnen, auch Tracy, mir nachsprechen: «Nur was mir gehört, kommt zu mir.»

Wir begannen damit, die *Herren des Karmas* zu bitten, Tracy vollständig zu heilen und ihr ein von Freude erfülltes produktives Leben zu gewähren. Die *Lipika* zeigten ihr einen Vorfall aus diesem Leben, dessen sie sich bewußt werden sollte, und dann gewährten sie das Lösen. Sie hatte ihr Wissen, wer der Täter gewesen war, völlig abgeblockt, und man zeigte ihn ihr. Etwas, das weißen Wattebäuschchen glich, stieg aus ihrem Herz-Chakra auf, das wir danach mit rosa Licht füllten. Der Raum des Herzens wurde ein rosa Zimmer für Tracys «Kinder», damit sie heimkommen konnten.

Als nächstes gingen wir in die verschiedenen Seins-Ebenen, und Tracys «Kinder» begannen, nach Hause zu kommen. Jedes kam ziemlich schnell, aber es gab eine ganze Menge von ihnen, mehr als ein Dutzend voll ausgeformter Persönlichkeiten mit Namen und individuellen Bedürfnissen. Die Therapeutin, Tracy und ich verhandelten mit jedem einzelnen und versuchten, zu Tracys Bestem ihren Forderungen zu entsprechen und sie in ihren Herzraum zu bringen. Das einzige Fragment, das männlich war, ein Vierjähriger namens Tommy, wollte nur nach Hause kommen, wenn er seine Feuerwehr, sein Müllauto und einen Welpen mitbringen durfte. Er beklagte sich, das Zimmer sei ihm zu rosa, und ließ den jungen Hund auf den Teppich machen.

Eines der Mädchen wollte einen Swimmingpool, und eine andere ihre alternative Rock-Musik hören; sie stimmte nur zögernd zu, Kopfhörer zu benutzen. Eine Teilseele neigte zur Selbstverstümmelung und versprach schließlich, damit aufzuhören. Es war nicht einfach, sie davon zu überzeugen, hereinzukommen, und sie war eine der letzten, die kamen. Eine andere war so skeptisch, daß sie alle möglichen Zusicherungen verlangte, bevor sie einverstanden war, nach Hause zu kommen. Es war eine lange Nacht.

Bei der nächsten Sitzung arbeiteten wir an anderen Problemen, die für Tracys Heilung von Bedeutung waren, dabei ging es nicht um direkte Seelenregeneration. Wir überzeugten sie, daß es gesünder sei, Wut zu zeigen, etwas, das sie sich bisher nie erlaubt hatte. Ich überprüfte auch die Lichtnetze des Heilens der vorangegangenen Nacht und vergewisserte mich, daß alle zurückgewonnenen Teilseelen sich wohlfühlten und zufrieden waren. Eine von ihnen wollte unbedingt ein Eis, und wir gaben jeder von ihnen über die Astralebene eine Tüte Eis.

In der dritten Sitzung überprüfte ich die Netze erneut, dann nahm ich alle mit zurück zu den Seelenebenen. Es gab noch ein paar Fragmente, ungeformte ohne Namen, und wir brachten sie in Tracys rosa Herzraum. Auch hielt sie an Seelenteilen anderer fest, und es fiel ihr schwer, diese nach Hause zu schicken, aber sie machte es. Derjenige, der sie mißbraucht hatte, hielt auch ein Fragment von Tracy in der Größe eines Kindes fest und wollte es nicht zurückgeben. Nach längeren Verhandlungen akzeptierte er schließlich einen Kristall im Tausch dafür. Die Teilseele, die er festgehalten hatte, brauchte sehr viel Heilung von der *Göttin*. Sie erhielt diese und kam zu Tracy nach Hause.

Als wir alle Ebenen überprüft hatten und alle Teile, die wir fanden, hereingeholt hatten, blieb nur eine Lumpenpuppe übrig. Das verwirrte mich, da ich dachte, sie sei ein Seelenfragment, aber sie bewegte sich nicht und schien gar nicht lebendig zu sein. Ich verstand das nicht, bis Tracy es für mich deutete. Es war ihre Puppe gewesen, als sie ein Kind war, und ihr Vergewaltiger hatte sie zum Nachgeben gezwungen, indem er ihr drohte, er würde die Puppe aufschlitzen, wenn Tracy sich ihm verweigerte. Tracy wollte die Puppe nicht zurückhaben und fühlte sich von ihr beunruhigt, so bat ich Kuan Yin, sie wegzunehmen und sich um sie zu kümmern. Danach waren wir fertig, und ich umgab Tracys vollständige Aura mit goldenem Licht und beendete die Sitzung.

In den darauffolgenden Tagen schliefen die Seelenteile ein und begannen sich in Tracy aufzulösen. Doch sie vermißte sie und entschied sich, sie aufzuwecken und ganz bewußt weiterhin eine multiple Persönlichkeit zu sein. Die Wahl lag bei ihr, so wie es jeder Schritt der Heilung gewesen war. Nach einem Jahr entschied sie sich dafür, sie vollständig zu integrieren, und führte das auch durch, und jetzt gewinnt sie auf jeder Ebene zunehmend an Stärke und Wohlbefinden. Es geschahen noch andere Ereignisse in diesen mehrere Stunden dauernden Sitzungen, und es war das intensivste Heilen, das ich jemals gesehen und an dem ich jemals teilgenommen hatte. Ich empfehle, möglichst einen größeren Abstand zwischen den Heilsitzungen zu lassen, damit dazwischen genug Zeit bleibt für Ruhe und Integration. Sonst sind die Veränderungen einfach zu intensiv.

Es ist nicht zu beschreiben, in welcher Weise der Heilprozeß der Seelenregeneration das Leben der Menschen verändert, man muß es erfahren haben. Dieses Heilen ist absolut transformierend, bewirkt Veränderungen in dieser Lebensspanne und für alle zukünftigen Leben. Die Arbeit, die in diesem Kapitel beschrieben wurde, ist ein sehr fortgeschrittenes Heilen, aber wenn du dem Inhalt dieses Buches langsam und Schritt für Schritt gefolgt bist, dann bist du bereit dafür. Die Arbeit kann allein oder zusammen mit anderen Heilerinnen durchgeführt werden. Im nächsten Kapitel werde ich eine andere Art von Krankheit erörtern, die bei Schamanen «Eindringen» oder «Geist-Anhaftung» genannt wird.

12

Geist-Anhaftungen

Obwohl der größte Teil medialer Energie gute Energie ist, existiert auch andere, und die kann in vielerlei Gestalt auftauchen. Eine Heilerin muß im Verlauf ihrer medialen Entwicklung lernen, wie sich negative Energie manifestiert und was sie tun muß, wenn sie welche findet. In diesem Fall ist Schutz von wesentlicher Bedeutung, doch er allein reicht nicht aus; ungute Energie muß dauerhaft aufgelöst werden. Und zwar nicht nur um der Heilerin willen, sondern auch zum Wohl der Empfängerin der Heilsitzung und jeder anderen Person, die die unmittelbare Umgebung betritt, und um der Sicherheit der *Erde* selbst willen.

Mediale Angriffe und das Böse existieren, und sie können wirklich schlimmen Schaden anrichten. Ein Teil der scheinbar negativen Energie ist gar nicht böse, sondern nur am falschen Ort. Hier ist es notwendig, sie dorthin zu bewegen, wo sie hingehört. Einige Wesenheiten von anderen Planeten und ihre Tricks, mit denen sie in die *Erde* eindringen, sind in hohem Maße negativ, während andere unsere Beschützer, Helfer und Heiler sind. Es ist wichtig, daß man den Unterschied erkennt und weiß, wie man auf eine Vielzahl verschiedener Situationen angemessen reagiert.

Bei jeder Diskussion über Wesenheiten und Geist-Anhaftungen taucht das Problem des Bösen in der Welt auf. Es ist ein Rätsel oder ein Koan, wie böse Energie existieren kann, wenn die *Göttin*-Schöpferin aller Wesen so vollkommen und absolut gut ist. Einige Frauen weigern sich, die Existenz des Bösen anzuerkennen, aber dies ist bloße Verneinung, und eine gefährliche dazu. Eine Theorie besagt, das Gute könne nicht existieren ohne das Böse, gegen das es sich bewähren kann. So, wie es keinen Mittag ohne die Mitternacht geben kann, so kann es kein Gutes ohne sein Gegenteil geben. Den Menschen auf der *Erde* ist die Macht des freien Willens und der ungehinderten freien Wahl verliehen worden. Das Wählen erschafft unser Leben und unser Karma als ein Handeln des Geistes. Die *Erde* als Planet ist ein Experiment zum Thema freie Wahl, und eine Reihe von Irrtümern können aus der Wahl und den Absichten des Menschen entstehen.

Das Böse kann definiert werden als das letztliche Ergebnis von Ego und Getrenntheit, selbstsüchtigen Wünschen und einem Mangel an Mitgefühl:

> Böses ist dort, wo es keinen Gedanken an Verwandtschaft und Liebe gibt, wo wir handeln in Getrenntheit von den anderen, wo wir uns Herrschaft oder Kontrolle über andere anmaßen oder gleichgültig jenen gegenüber sind, für die wir Verantwortung tragen. Böses ist, andere in unserer Einflußsphäre nicht mit Mitgefühl zu betrachten. Wo keine Liebe ist, füllt das Böse das Vakuum.[1]

Keine Seele ist falsch erschaffen worden oder von Natur aus böse, sondern Seelen werden beeinflußt und können im Körper verdorben werden von einer geschädigten physischen Gehirnstruktur oder durch genetische Fehler. Beispiele dafür sind ein verrückter Massenmörder, ein Kinderschänder, ein Pferd, das durchdreht, oder ein Rottweiler, der zum Killer wird. Eine andere Quelle des Bösen kann eine emotionale Störung sein, die zu einem karmischen Schaden der Kernseele führt, oder die den Geist zerstörende Kraft der Drogen. So sagt Michael Newton, der die Übergangszustände zwischen den Leben erforscht:

> Ich bin zu dem Schluß gekommen, daß der mit fünf Sinnen ausgestattete Mensch negativ handeln kann, wenn die Psyche seiner Seele dementsprechend strukturiert ist. Wir bringen unser ewiges Selbst durch die vorherrschenden biologischen Bedürfnisse und den Druck der Umweltstimuli, die für die inkarnierte Seele zeitlich begrenzt sind, zum Ausdruck. Obwohl es kein verborgenes, finsteres Selbst innerhalb unserer menschlichen Gestalt gibt, haben sich manche Seelen nicht vollständig angepaßt. Menschen, die sich nicht in Harmonie mit ihrem Körper befinden, fühlen sich im Leben von sich selbst getrennt …
> Die Entwicklung der Seelen beinhaltet einen Übergang von der Unvollkommenheit zur Vollkommenheit, gegründet auf der Überwindung vieler schwieriger Körper-Zuteilungen … Dennoch werden alle Seelen für ihre Handlungen in den Körpern, die sie besetzen, verantwortlich gemacht.[2]

Nach einer anderen Anschauung wurde der Engel Luzifer dazu auserwählt, dem Guten zu dienen, indem er es mit Versuchung und Unrecht einer Prüfung unterzog. Das setzt Menschen voraus, die fortwährend ihre Verpflichtungen und Entscheidungen neu bewerten. Ständige positive Wahl, die unter Druck getroffen wird, erschafft und stärkt den menschlichen Charakter. Es gibt eine natürliche Neigung auf der Welt, das Gute zu wählen, denn wir sind nach dem Bild der *Göttin* gemacht. Indem wir die negativen Wünsche überwinden und das Gute wählen, wird das Gute mit wiederholtem Gewahrsein gestärkt. Geprüftes Metall ist stark und unzerstörbar. In dieser Rolle bietet Luzifers Prüfen Hoffnung für die Stärken des Guten.

Jeder trifft sowohl falsche wie auch positive Entscheidungen, und das Gute zu lernen, indem man seine Irrtümer begreift, bildet den Charakter und bewirkt die Entwicklung und das Wachstum der Seele. In ähnlicher Weise lernen Frauen, die mit Negativität konfrontiert werden, diese zu verarbeiten und umzuwandeln und bilden so ihre Fähigkeiten für das Gute als Heilerinnen heraus. Eine Heilerin wird niemals Schaden erleiden bei ihrem Versuch, das Böse zu lösen oder in Gutes zu transformieren oder es durch Heilen zu verbannen. Der größte Teil der negativen Energie, dem sie begegnet, entsteht eher aus Irrtum und falscher Ortswahl, als daß es sich um etwas wirklich Böses handelt. Doch ein Teil der negativen Energie kann auch mit Absicht negativ sein, und das dreifaltige Gesetz tritt in diesen Fällen vollständig in Kraft. Wer absichtlich Unrecht aussendet, wird es zurückerhalten, und eine Heilerin solchen Unrechts erhält auch ihre positive Handlungen des Klärens aus dem eigenen Innern oder dem der anderen zurück.

Die Unterscheidung muß gemacht werden zwischen dem Bösen und dem Leiden. Dies sind zwei völlig verschiedene Dinge. Leiden ist nicht böse. Der Grund für das Leiden auf der Welt ist die Notwendigkeit der Seele, zu wachsen. Manches sind karmische Schulden, wo ein Mensch, der in einer Lebensspanne anderen geschadet hat, sich einverstanden erklärt und sich dafür entscheidet, dies in einem anderen Leben selbst zu erfahren. Er versetzt sich quasi in einen anderen, um Mitgefühl zu lernen. Einiges Leiden wird von dem Selbst zwischen den Leben freiwillig auf sich genommen als Weg, karmische Verdienste zu erwerben oder ein bestimmtes Lernziel besonders schnell zu erreichen. Tragödien im Leben sind kein Zufall. Sie werden von der Selbst-Wesenheit frei gewählt, *aber nicht in ihrer bewußten Inkarnation*, zu einem bestimmten Zweck im großen Entwicklungsplan der Seele. Das Böse unterscheidet sich davon insoweit, als es die Wahl und die Absicht beinhaltet, anderen zu schaden.

Negativität, die bei einem Heilen auftaucht, kann entweder vom Geist geschaffenes Böses sein oder irgendeine Energie, die auf den falschen Weg gekommen ist, weil sie anderswo hingehört. Es gibt einen deutlichen Unterschied, ob man einen medialen Angriff abwehrt oder einen verirrten Geist, der nicht weiß, daß er gestorben ist, auf die andere Seite schickt. Als Teil des Prozesses der Erdveränderungen verstärken sich die Schwingungen des Planeten und aller Dinge auf ihm. Wir bewegen uns vom Gewahrsein der dritten Dimension (dem rationalen Geist, Solarplexus) zur vierten (universales Mitgefühl, Herz-Chakra) und fünften Dimension (mediale Kommunikation und mediale Fähigkeiten, Kehl-Chakra). Auf diesem Weg, auf dem wir und der Planet gerade die unteren astralen Reiche durchqueren, macht sich viel fehlgeleitete Energie bemerkbar.

Die Reinigung der astralen Ebene gehört inzwischen zur Aufgabe jeder Geistheilerin. Das heißt, die Entwicklung ging über Geistwesen hinweg, die entweder feststecken oder sich weigern, dorthin vorwärts zu gehen, wo auf der spirituellen Ebene ihr Platz ist. Wenn eine Inkarnation beendet ist, wird von den Seelen erwartet, daß sie in die andere Welt hinüberwechseln, aber nicht alle tun das. Manche von ihnen spuken in Häusern, während andere sich an die Körper von Menschen heften, wo sie Krankheiten und andere Störungen auslösen können. Jene, die bestimmte Orte bewohnen, sind oft frustriert und suchen Aufmerksamkeit zu erregen in ihrem Bedürfnis nach Hilfe. Sie werden als exkarnierte Wesenheiten bezeichnet oder – volkstümlich – als «Geister». Jene, die sich in einem Körper niedergelassen haben, haben dort meist eine Aufgabe zu erfüllen. Sie ermöglichen es dem Wesen, dessen Körper sie besetzen, anhand ihrer Krankheit eine karmische Lektion zu lernen, oder sie zeigen ihm, wie er exkarnierten Wesenheiten (ohne physischen Körper) helfen und diese heilen kann. Solche Besetzungen erden im allgemeinen «Geist-Anhaftungen» genannt, und ihr Ziel ist es letztlich auch, nach Hause zu gehen auf die spirituelle Ebene und zur *Göttin*.

Von den gerade erwähnten ist keiner böse, anders dagegen mediale Angriffe. Dabei handelt es sich um zufällige oder absichtliche mediale Gewalt, negative Energie, die zu einer bestimmten Person gesandt wird mit dem Ziel, ihr zu schaden. Solche Angriffe können insofern zufällig sein, als die Absenderin vielleicht nicht weiß, daß sie einen Angriff ausführt, aber ihre negativen Gefühle gegenüber einer Person sind immer noch mächtig genug, um Schaden anzurichten. Ein Beispiel dafür: Als ich aus einem Mietshaus in ein anderes, besseres zog, gingen ständig

Geräte kaputt, und die Handwerker erwiesen sich als unfähig. Ich fühlte mich frustriert und gestreßt.

Als ich nach der Ursache suchte, stieß ich auf einen Angriff durch meine frühere Vermieterin, die Anzeichen von emotionalen Störungen gezeigt hatte und absolut dagegen war, daß ich auszog. Als ich sie medial befragte, war sie sehr wütend auf mich; sie wußte nicht, was ein medialer Angriff war. Dennoch wünschte sie mir in meinem neuen Heim nur Schlechtes, und zwar so stark, daß sich die Probleme manifestierten, und sie fuhr damit fort, bis ich die Quelle gefunden hatte.

Eine absichtliche mediale Attacke ist eindeutig böse. Mir graut vor modernen Zauberinnen, die «hexen», obwohl ich glaube, daß es davon nur sehr wenige gibt. Das dreifaltige Gesetz ist da ganz eindeutig, so wie das Gesetz, daß keinem Schaden zugefügt werden darf. Solche Handlungen haben nicht nur in diesem Leben Konsequenzen, sondern auch auf karmischer Ebene. Karma wird aufgebaut, weil man emotional oder mental an einer Person oder Situation festhält. Jemand, der hext, hat sich selbst an die Empfängerin der Verhexung durch sehr negative Energien gebunden, die immer und immer wieder zur Senderin zurückkehren werden. Und diese Handlung bindet die beiden Beteiligten aneinander, bis das Unrecht wiedergutgemacht ist.

Ich möchte nicht auf diese Weise an jemanden gebunden sein, und was mich betrifft, halte ich die Entschuldigung, man dürfe das Böse eines Vergewaltigers nicht ungesühnt lassen, nicht für ausreichend. Überlaßt den Vergewaltiger der *Erdebene* oder dem universalen Gesetz, der *Göttin* oder den *Herren des Karmas*. Ich möchte meine Energie lieber darauf verwenden, vergewaltigte Frauen zu heilen, die Hilfe brauchen. Es ist besser, zu verhindern, daß das Trauma der Frau zu einem karmischen Muster wird, als sich in das Karma des Vergewaltigers einzumischen. Mediale Angriffe aus vergangenen Leben können in den Heilungen ebenso auftauchen wie schlechte Energie aus diesem Leben. Angriffe aus vergangenen Leben kommen meist von Menschen, die die Empfängerin kennt und mit denen sie in diesem Leben Probleme hat.

Eine andere Kategorie negativer Energie ist etwas, das ich Weltraummüll nenne. Dieses Zeug, das in der Aura die mediale Gestalt von Gegenständen annimmt, sind Gebrauchsgegenstände, die von vergangenen Leben auf der *Erde* oder sonstwo übriggeblieben sind. Sie können aussehen wie das Schwert aus einem traumatischen Tod im dritten Jahrhundert oder ein Teddybär, den du in der Kindheit deines letzten Lebens innig geliebt hast. Es kann eine Halskette oder ein Ring aus einem anderen Leben sein, die vielleicht in deinem vergangenen Leben Macht- oder Heilinstrumente waren. Die Gegenstände selbst sind vielleicht harmlos, aber sie können dennoch eine Menge Probleme bereiten. Eine Waffe, die früher aus der physischen Ebene stammte und die Quelle eines Todes im vergangenen Leben war, kann eine Quelle von Krankheit oder Schmerz im gegenwärtigen Körper sein. Entfernt man diesen Gegenstand, kann damit der Schmerz in diesem Leben heilen.

Die für mich unangenehmste Art von energetischer Geist-Anhaftung sind außerirdische Störinstrumente. Ich schlug mich damit auf tapfere, dumme und traumatische Weise ungefähr ein Jahr lang herum. Es war eine sehr intensive Periode meiner medialen Schulung. Soweit ich es richtig verstanden habe, befanden sich die plejadischen Ursprungsplaneten der *Erde* im Krieg mit jenen von Orion – fast seit Anbeginn der Zeit und Geschichte der Erde. Es waren jene Bewohner des Orion, welche die menschliche DNA abkoppelten und fortwährend versuchten, die Kontrolle über diesen Planeten zu gewinnen. Sie sind vielleicht die ursprüngliche und fortwährende Quelle alles Bösen auf der Erde.

Die *Erde* steht nun an der Schwelle, ihren Platz im Universum wiederzuentdecken, und an der Schwelle der spirituellen Entwicklung, die zum Neuen Zeitalter und der Wiederverbindung unserer DNA führen wird. Die Wesen vom Orion sind hier wieder aktiv. Ihr Ziel ist es, uns zu schaden und zu versklaven, uns in Unwissenheit und Gewalttätigkeit zu halten. Sie werden damit keinen Erfolg haben, auch wenn es manchmal so aussieht. Ihr Einfluß erscheint in menschlichen Auren als Implantate, deren Ziel unsere Kontrolle und die Erzeugung von Angst ist. Einige davon wurden schon in vergangenen Leben dort plaziert, um sich mit uns wieder und wieder zu reinkarnieren. In diesem Kapitel findest du Informationen darüber, wie du diese Implantate und auch die anderen Formen der Negativität, die zuvor beschrieben wurden, entfernen kannst.

Einer Wesenheit zu helfen, in die spirituelle Ebene überzuwechseln, ist der grundlegende Prozeß zur Lösung der meisten Anhaftungen. Ob in einem Hause einer oder mehrere davon sind, kannst du auf verschiedenen Wegen herausfinden. (Sie können auch im Freien gegenwärtig sein, oft an Plätzen, wo sich tödliche Unfälle ereignet haben.) Zuerst hast du vielleicht das Gefühl, daß du nicht allein bist, obwohl an dem Ort keine anderen Menschen sind. Das Gefühl kann dir negativ vorkommen, muß es aber nicht. Zweitens erlebst du vielleicht, daß «Dinge nachts herumpoltern» – Bilder fallen von den Wänden, du hörst das Geräusch zerbrechender Gegenstände, Stimmen, Schritte etc., obwohl kein Mensch da ist. Dies scheint meist in der Nacht zu geschehen oder wenn das Haus sehr ruhig ist, und es kann sehr beunruhigend und aufregend sein. Ich empfinde allgemein nervöses Unbehagen und Schlaflosigkeit, wenn diese Dinge vorkommen.

Drittens werden oft Tiere dieser Wesenheiten gewahr. Es kann sein, daß sie eine Wesenheit genau beobachten, sie anbellen oder einen Raum, eine bestimmte Stelle in einem Raum oder in einem Hof meiden, wo sich eine solche aufhält. Hunde, Katzen und Pferde sind nicht-physischer astraler Aktivitäten sehr genau bewußt. Manchmal haben sie sogar Wesenheiten als Spielgefährten, unter anderem auch befreundete Tiere, die gestorben sind. Viertens kann irgendwo im Haus eine kalte Stelle sein. Ob Sommer oder Winter, dieser Bereich scheint sich nie zu erwärmen. Er fühlt sich immer kälter an als das restliche Zimmer. Es kann sein, daß du und deine Tiere diesen Ort meiden, ohne genau zu wissen, warum. Und schließlich kannst du einer Wesenheit gewahr werden, weil du sie medial sehen kannst. Mir ist es immer lieber, wenn ich sie sehen kann, denn dann weiß ich, womit ich es zu tun habe.

Eine exkarnierte Wesenheit ist eine Seele, die gestorben, aber noch nicht ganz hinübergegangen ist, und dies kann eine Reihe von Gründen haben. Der häufigste ist, daß diese Wesenheit sich verirrt hat und nicht weiß, wie und wohin sie gehen soll. Vielleicht weiß sie gar nicht, daß sie tot ist, oder weigert sich vielleicht, diese Tatsache anzuerkennen. Seelen, die auf diese Weise verlorengehen, sind meist plötzlich oder traumatisch gestorben und sind verwirrt und desorientiert. Sie haben vielleicht ihre Geistführer weggeschickt, die gekommen waren, sie hinüberzubringen. Diese Wesenheiten kehren dann meist dorthin zurück, wo sie zuvor gelebt haben. Manche bleiben auch deshalb in ihrem Heim, weil sie sich im Leben zu sehr an diesen Ort gebunden haben. Sie möchten ihn nicht verlassen. Vielleicht wollen sie ja auch nicht zulassen, daß jemand anderes in «ihrem» Haus wohnt, oder sie weigern sich, ihr Geld oder ihre früheren Besitztümer aufzugeben.

Einige exkarnierte «Geister» bleiben auf der *Erde*, weil sie ihr mit ihrer Sucht verhaftet sind. Alkohol beispielsweise zieht alkoholabhängige Wesenheiten an, deren Sucht sie bis zu ihrem Tod im Griff gehabt hat. Die meisten medial Befähigten empfinden das Trinken von Alkohol als eine sehr negative Erfahrung, da sich diese Wesenheiten dann an sie anhängen und sie von der Party oder Bar bis nach Hause verfolgen. Wenn sie erst einmal dort sind, können sie eine ganze Menge Störungen verursachen, bis sie weitergeschickt werden. Meist handelt es sich dabei um Geister der niedrigeren astralen Ebenen, die nicht gerade von angenehmem Wesen sind. In ähnlicher Weise ziehen Drogen Wesenheiten von ähnlich niedriger Stufe an.

Die meisten Geist-Wesenheiten sind weniger stark verhaftet und positiver; sie möchten einfach noch ein bißchen auf der Erde bleiben. So begegnete ich beispielsweise einer exkarnierten Wesenheit, die geblieben war, weil sie ihren Garten so liebte und in ihm bleiben wollte. Die Frau war sich klar darüber, daß sie tot war, und sie wußte, wie sie zur Geistebene kommen konnte, aber sie bat darum, noch bleiben zu dürfen. Sie schadete niemandem, und der lebende Bewohner des Hauses war einverstanden, also ließ ich sie dort und sagte ihr, wie sie mich finden könne, wenn sie jemals Hilfe bräuchte. Dazu kam es nie. Der Bewohner des Hauses erzählte mir, daß sie ein paar Monate später wegging. Ihr Garten schien unter ihrer Abwesenheit zu leiden, er blühte und gedieh nicht mehr so gut, nachdem sie ihn verlassen hatte.

Medial Befähigte ziehen Wesenheiten an oder sie scheinen in Häuser zu ziehen, die eine Reinigung von Wesenheiten nötig haben. Vielleicht liegt das daran, daß wir dieser Wesenheiten gewahr werden, während andere Mieter deren Anwesenheit gar nicht spüren. Nicht sie finden uns, sondern wir finden sie. Medial Befähigte ziehen exkarnierte Geister an, weil diese Wesenheiten in Not sind und zu jenen kommen, die sie wahrnehmen und ihnen daher helfen können. Auch unsere Geistführer bringen uns an diese Orte, damit wir sie reinigen können. Die meisten exkarnierten Geister sind harmlos, und selbst die lärmenden wollen eigentlich nur, daß du auf sie aufmerksam wirst, damit du sie in die Geisterwelt nach Hause schicken kannst. Es scheint auch eine der Aufgaben der medial Befähigten zu sein, dabei zu helfen, die niedrigere astrale Ebene zu reinigen und damit sowohl den verlorenen Seelen in Not zu helfen wie auch zum Schwingungswachstum der *Erde* beizutragen.

Ich lebte einmal in einem Haus, das eine Wesenheit nach der anderen zu behausen schien. Menschen, die für eine Heilung oder nur zu Besuch kamen, schienen sie mitzubringen und dazulassen. Das Haus war von ihnen erfüllt, als ich einzog, und je mehr Geister ich hinüberbrachte, um so mehr schienen neu hinzu zu kommen. Ich hatte eine intensive Abneigung gegen dieses Haus, und manchmal hatte ich den Eindruck, als ob seine Energie negativ war, denn es wollte, daß ich es verließ. Ich konnte dort eine Menge Erfahrung bei der Entfernung von Geist-Anhaftungen jeder Art gewinnen. Eine von ihnen war eine alte Indianerin, die überaus wütend war. Der Stamm hatte sie zum Sterben zurückgelassen, wie es ihre Sitte war, wenn jemand in Hungerzeiten unheilbar krank war – das Essen wurde für die Kinder gebraucht. Diese Frau war noch nicht bereit gewesen, zu gehen, und daher war sie wütend. Ich entdeckte sie und brachte sie hinüber, aber sie kam wieder zurück. Sie suchte ihr perlengeschmücktes Kleid. Als sie es irgendwo in der Nähe der Waschküche gefunden hatte, ging sie für immer.

In dem Haus, in dem ich vor meinem jetzigen zuletzt gewohnt hatte, wachte ich ungefährt einen Monat, nachdem ich eingezogen war, eines Nachts auf und sah eine alte Frau mit Lockenwicklern in einem weißen Nachthemd, die vor mir stand. Sie wollte wissen, was ich in ihrem Bett machte. Ich führte sie hinüber, und eine Woche später tauchte ein hinkender alter Mann auf. Er wollte etwas «reparieren». Zu der Zeit hatte ich von Handwerkern die Nase ziemlich voll und schickte ihn seiner Frau hinterher. Ein paar Wochen später kam eine Kind-Wesenheit – jetzt fielen nachts die Bilder von den Wänden. Die Hunde beobachteten sie, aber waren nicht beunruhigt. Sie suchte nach jemandem, der sie sehen konnte, damit er ihr beim Verlassen dieser Welt helfen würde.

Es ist ganz einfach, solche exkarnierten Wesenheiten in die Geist-Welt zu schicken. Versetze dich in meditative Versenkung und errichte Schutz um dich herum. Gelingt es dir, leicht in den meditativen Zustand zu wechseln, kannst du es überall durchführen, es erfordert keinen tiefen Trancezustand. Rufe deine Führer und Engel herbei, dann bitte darum, die Wesenheit sehen und mit ihr reden zu dürfen. Teile der Wesenheit mit, daß sie gestorben ist und ihr Platz nicht mehr in diesem Haus und auch nicht mehr auf der Erde ist. Biete ihr Hilfe an, um zum Licht zu gelangen. Rufe ihre Führer, einen Verwandten oder ihre Wahrnehmung von der *Quelle*, um sie dorthin zu bringen, wo sie hingehen muß. Meist frage ich meine eigenen Geisthelfer: «Wer von euch möchte diese Wesenheit hinüberbringen?» Vergewissere dich vor Beendigung der Sitzung, daß die Wesenheit vollständig gegangen ist. Warte, bis du sie durch ein lichterfülltes Tor gehen siehst und die Tür sich hinter ihnen schließt. Danke deinen Führern und Engeln und komme ins Jetzt zurück.

Diese Wesen sind mit Respekt zu behandeln; sie sind im allgemeinen weder böse noch negativ. Sie sind zu dir gekommen, damit du ihnen auf dieselbe Weise hilfst, wie jemand in einem Körper zu dir kommt, damit du ihn heilst. Wenn sie dann wissen, daß sie tot sind und du ihnen helfen wirst, gehen sie meist problemlos und voll Erleichterung. Die Wesen und Geistführer, die ihnen zu Hilfe kommen, um sie hinüberzubringen, können eine Frau oder eine Mutter sein, Maria, eine Heilige, ein Engel, irgend jemand, dem sie entsprechend ihrem Glaubenssystem vertrauen können. Gelegentlich weigert sich eine Seele, zu gehen. Rufe ihre Führer herbei und bitte diese, sie dorthin zu bringen, wo sie hingehen muß, und sie werden das tun. Selbst wenn eine Wesenheit tobt und droht, kann sie dich nicht verletzen. Bringe sie einfach hinüber und vergewissere dich, daß sie gegangen ist.

Geist-Anhaftungen, die im Körper oder in der Aura gefunden werden, können menschliche Gestalt haben, wie Karikaturen aussehen, wie Tiere oder andersartige nicht-menschliche Formen haben. Ich nehme an, daß daher die Vorstellung von «Dämonen» stammt. Wie andere exkarnierte Wesenheiten zeigen sich auch Geist-Anhaftungen, damit sie gelöst werden können, und obwohl sie vielleicht schon seit Jahren oder mehreren Lebenszeiten im Körper sind, wirst du sie erst dann sehen, wenn sie bereit sind, zu gehen. Auch hier gilt – du brauchst keine Angst vor ihnen zu haben. Wenn du sie beim Heilen oder Selbstheilen entdeckst, sind sie bereits auf dem Weg, deine Energie und die *Erdebene* zu verlassen. Diese Verhaftungen können von Menschen hervorgerufen werden, die sich während ihres Sterbens an eine lebende Person anheften, meist mit unwissender oder unterbewußter Zustimmung der Betroffenen. Sie scheinen Menschen zu sein und sind in der Tat menschliche Wesenheiten. In mir habe ich den toten Fötus eines Babys aus einem früheren Leben vorgefunden.

Nicht-menschliche Anhaftungen sind üblicherweise Energieformen, die Blockaden oder Krankheiten hervorrufen. Sie können eine Manifestation darstellen, die einer zu lernenden Lektion oder dem Karma dient, beispielsweise eine Krankheit oder eine Phobie. (Viele Phobien haben ihren Ursprung in früheren Leben.) Du solltest Tumoren immer daraufhin überprüfen, ob sie Geist-Anhaftungen enthalten. Diese Wesenheiten sind negativ, haben aber meist einen Grund für ihr Vorhandensein, und anders als bei den medialen Attacken steht hinter ihnen nicht der Versuch eines anderen, dir zu schaden. Wenn du bei einem Heilvorgang oder in einer Meditation Anhaftungen siehst, werden sie dir gezeigt, damit du sie klären kannst. Ganz gleich wie seltsam oder schrecklich sie dir erscheinen mögen, sie können die Heilerinnen nicht verletzen, die sie beseitigen. Es kann sein, daß manche sich dagegen wehren, aber wenn du darauf bestehst, werden sie gehen.

Um sowohl Typen mit menschlicher wie mit nicht-menschlicher Erscheinung zu klären, versenke dich in einen meditativen Zustand und rufe deine Geistführer und Engel herbei. Du brauchst hier einen tieferen Versenkungszustand als bei den Wesenheiten aus der letzten Übung. Achte sehr sorgfältig darauf, daß du einen Schutz um dich aufgebaut hast, wenn du mit Anhaftungen arbeitest, sonst kann es sein, daß sie dich als ihren neuen Gastgeber aussuchen. Falls sie das tun, bringe sie einfach noch einmal hinüber, indem du sie von deiner Aura entfernst. Es gibt keinen Grund, deshalb in Panik zu geraten.

Bitte darum, diese Wesenheit sehen zu dürfen, frage sie, ob sie Führer hat, die sie auf die spirituelle Ebene bringen können, wo sie hingehört. Wenn es sich um eine menschliche Seele handelt, werden ihre Führer oder Engel erscheinen und ihr helfen. Bringe sie hinüber wie in der letzten Meditationsübung. Wenn sie von nicht-menschlicher Gestalt ist, hat sie vielleicht weder eine menschliche Seele noch Geistführer. Dann können deine eigenen Führer oder Engel diese Aufgabe übernehmen, sie entfernen und wegbringen. Vergewissere dich sorgfältig, daß sie wirklich vollständig gegangen ist, bevor du deine Konzentration von ihr abwendest oder die Meditation beendest.

Manche dieser anhaftenden Wesenheiten, besonders die nicht-menschlich aussehenden, aber auch manche menschlichen, weigern sich vielleicht hartnäckig, zu gehen. Spreche die folgende Affirmation:

> Gehe zum Licht. Du wirst weder bestraft werden noch wird dir jemand Schaden zufügen. Du hast deine Aufgabe gut gemacht, und nun ist es Zeit zu gehen. Du kannst jetzt endlich nach Hause gehen. Die *Mutter* wartet darauf, dich zu heilen und zu trösten. Gehe zum Licht. Gehe in Frieden zur *Göttin*.

Die Wesenheit wird dann gehen, obwohl du möglicherweise die Affirmation mehrmals wiederholen mußt. Bitte deine Geistführer und Engel um Hilfe. Bevor du die Meditation beendest, achte sorgfältig darauf, daß die Anhaftung vollständig gegangen ist, und frage, ob noch mehr Anhaftungen entfernt werden müssen. Bei einer Sitzung können es mehrere sein, entweder vom selben oder einem ganz unterschiedlichen Typ, am gleichen Ort oder an verschiedenen Stellen in der Aura oder den Chakras. Danke deinen Führern und komme ins Jetzt zurück.

Anhaftungen, die aus meiner eigenen Aura gekommen sind, waren beispielsweise drei Koyoten (Gauner, die nichts Gutes im Schilde führten) aus meinem Skaral-Chakra und ein Schwarm flügelschlagender Raben aus meinem Solarplexus. Eine der ersten, die bei einem intensiven Geistheilen erschien, war eine nicht-menschlich erscheinende männliche Karikatur aus meinem Kopf. Bei ihm handelte es sich um eine Schmerzfalle, das heißt die Anhaftung wurde in den Zeiten aktiviert, wenn in meinem Leben alles glatt verlief, und stürzte mich dann jedesmal in Schmerzen, Hoffnungslosigkeit und Verzweiflung. Diese Entdeckung jagte mir einen großen Schrecken ein, da ich so etwas noch nie gesehen hatte, und ich war sehr froh, als sie ging. Danach sorgte ich mich noch einige Zeit, daß sie vielleicht nicht vollständig gegangen sein könnte, obwohl ich nichts mehr davon finden konnte, doch dann vergaß ich sie. Mehr als ein Jahr später tauchte sie wieder bei einer anderen Heilung auf, und ich löste sie. Wenn du Geist-Anhaftungen klärst, suche in den Chakras danach, den *Hara*-Linien-Chakras und auf der astralen, mentalen und spirituellen Ebene, aber jenseits davon kommen sie nicht mehr vor. Du wirst ihnen in deinem mentalen Energienetz, im *Lichtkörper* oder der Überseele nicht begegnen.

Die Psychologin und Hypnotherapeutin Edith Fiore setzt in ihrem Buch *The Unquiet Dead* Hypnose ein, um menschliche Geist-Anhaftungen zu entfernen, die sie «Geist-Besessenheiten» nennt. Dabei schreibt sie von Fällen, wo ein Mensch, der beim Tod eines anderen Menschen anwesend ist, zum Wirt für die Seele des Gestorbenen wird, die nicht hinübergegangen ist. Das kann auch geschehen, wenn der Gastgeber in einem Krankenhaus unter Narkose liegt und dadurch besonders verwundbar ist, da diese Medikamente die Unverletzlichkeit der Schutzhülle der Aura durchlöchern. Die Wesenheit, die in der Nähe gestorben ist, wird, statt ordentlich auf die spirituelle Ebene hinüberzugehen, im lebenden Körper eines anderen gefangen. Dabei ist meist nichts Böses im Spiel, vielmehr handelt es sich nur um eine verirrte Seele, und beide, die Wesenheit und die gastgebende Person, brauchen Hilfe und Erlösung.

Solche menschlichen Anhaftungen können demjenigen, der sie erleiden muß, Schaden unterschiedlichen Ausmaßes zufügen. Es kann sogar zu einer vollständigen Beherrschung der Persönlichkeit des Gastgebers durch die tote Wesenheit kommen. Sie können zur Quelle von Schmerz, Krankheit, Phobien, chronischer Erschöpfung, vorübergehendem Gedächtnisverlust, Suchtverhalten und Beziehungsproblemen werden. Diese Besessenheit kann in der Kindheit beginnen und bis ins Erwachsenenalter andauern, bis sie gelöst wird. Wenn der Gastgeber stirbt, solange die Anhaftung noch bei ihm ist, werden schließlich beide

Seelen hinübergehen, und sie werden nicht in andere Lebenszeiten weitergetragen werden.

Dr. Edith Fiore hat eine Liste der zehn markantesten Zeichen für eine solche Besessenheit aufgestellt. Und zwar sind dies mögliche Symptome sowohl menschlicher wie nicht-menschlicher Geist-Anhaftungen im lebenden Körper:

- Niedriges Energie-Niveau
- wechselhafter Charakter und schwankende Stimmungen
- innere Stimmen (bei denen es sich nicht um deine Führer, Subpersönlichkeiten oder Seelenfragmente handelt)
- Drogen-, Alkohol- oder Zigarettenabhängigkeit
- Gedächtnisprobleme
- schlechte Konzentrationsfähigkeit
- plötzliche Angstanfälle oder Depressionen
- plötzliches Auftauchen von körperlichen Störungen ohne erklärbare Ursache
- emotionale und/oder physische Reaktionen auf die Lektüre von *The Unquiet Dead* oder andere Beschreibungen von Anhaftungen/Besessenheiten[3]

Der zuvor beschriebene Prozeß zur Lösung exkarnierter Wesenheiten und Geist-Anhaftungen klärt auch diese Erscheinungen. Er bringt die Seele dorthin, wohin sie gehen muß, um ihren Tod zu vollenden und auf ihrem Seelenpfad fortzuschreiten. Du kannst diese Anhaftungen verhindern, wenn du dich in jeder Situation, in der es um Tod geht, mit intensivem Schutz umgibst. «Nur was mein ist, kommt zu mir.» Wenn du unter Narkose warst in einem Krankenhaus oder Operationssaal, in dem zur gleichen Zeit Menschen starben, solltest du die Lösung von Anhaftungen so bald wie möglich zu Hause durchführen, sobald du dich wieder gesund genug dazu fühlst. Nach der Verabreichung von Narkosemitteln ist die natürliche Schutzhülle deiner Aura beschädigt, und du bist mindestens einen Monat lang sehr verwundbar. Trage einen Turmalin-Anhänger beliebiger Farbe oder einen aus Bernstein, der dich schützt und dein Energiefeld wieder instandsetzt.

Tückischer als Energien sind die medialen Angriffe, und sie richten schon deshalb Schaden an, weil sie aus diesem Grund ausgesandt worden sind. Es hilft nichts, ihre Existenz zu leugnen, denn es gibt sie wirklich, und ich habe eine ganze Reihe von ihnen selbst erlebt. Vor mehreren Jahren, als ich damit anfing, herumzureisen und zu unterrichten, fuhr ich nach Oregon, um dort Vorträge zu halten. Zwei Wochen lang führte ich mein Programm jeden Abend an einem anderen Ort durch. So etwas würde ich nicht noch einmal machen. Meine Erschöpfung wurde immer größer, und ich bekam Grippe. Meine Aura war geschwächt vom Streß und der Krankheit, und ich hatte damals noch keine Erfahrung damit, mich zu schützen.

Zwei wiedergeborene Christinnen folgten mir von Ort zu Ort für den größten Teil dieser Vortragsreise, und sie unterbrachen jeden Vortrag. Heute würde ich mir das nicht mehr gefallen lassen, aber damals wußte ich noch nicht, wie ich sie von ihren Einmischungen abhalten könnte. Sie waren ziemlich dubios und irgendwie furchteinflößend – sie teilten mir mit, sie beteten um meinen Tod. Sie fragten mich in meinen Vorträgen immer wieder, warum ich, wenn ich mich doch selbst heilen könnte, immer noch eine Brille tragen müßte. Von da an begann ich ernsthaftes Lampenfieber zu entwickeln. Gegen Ende der zwei Wochen hatte ich auch Probleme mit meinen Augen, was dazu führte, daß ich fast ein Jahr lang nicht mehr lesen konnte.

Ganze sieben Jahre später entdeckte Jane, meine Heilerin und Freundin in Florida, ihren medialen Angriff in meinem Solarplexus. Er sah aus wie ein zweispitziger Pfeil mit Widerhaken, der sich immer tiefer in meine Aura bohrte und den eine beachtliche Menge Infektionsenergie umgab. Sofort hatte ich das Bild der zwei «guten Christinnen» vor Augen, obwohl ich seit Jahren nicht mehr an sie gedacht hatte. Jane spürte, daß dieser Angriff bewußt und mit Vorsatz geschickt worden war und immer noch in regelmäßigen Abständen verstärkt wurde. Ich war nach seiner Entfernung mindestens zwei Wochen lang sehr krank. Als ich aber dann geheilt war, war auch mein Lampenfieber plötzlich wieder verschwunden, und meine Sehkraft stabilisierte sich. Einiges von dem angerichteten Schaden scheint von Dauer zu sein, und an seiner Beseitigung wird immer noch gearbeitet, und ich habe danach auch noch einen anderen Teil dieses Angriffs in meinem Visions-Chakra gefunden.

Ein so tiefreichender medialer Angriff kann in einer Selbstheilung oder bei einem Handauflegen durch eine andere Heilerin geheilt werden. Vergewissere dich, daß du einen sorgfältigen Schutz um dich und alle Teilnehmer aufgebaut hast. Und das sollte bei jeder Sitzung geschehen, da immer negative Energie auftauchen kann, die gelöst werden muß, und immer mehr solcher Situationen tauchen auf. Der Prozeß des Abkoppelns und Entfernens von Chakra-Haken ist eine gute Vorbereitung, und viele mediale Angriffe können durch diese Methode geklärt werden. Überprüfe jeden Bereich plötzlichen oder chronischen Schmerzes oder unerklärlicher Krankheit auf Geist-Anhaftungen, Wesenheiten und Angriffe, besonders wenn andere Heilungen keine Wirkung gezeigt haben. Frage in der Sitzung danach, ob derartiges vorhanden ist, dann werden sie auftauchen und gelöst werden können.

Die Beseitigung der medialen Angriffe erfordert eine tiefere Trance als nur einen Bewußtseinswechsel im Meditationszustand. Beim Handauflegen mit anderen beginnt diese Arbeit erst zu einem späteren Punkt der Sitzung. Beim Selbstheilen ist dazu die vollständige meditative Versenkung notwendig. Doch egal, auf welchem Wege man dies durchführt, sowohl Heilerin wie Empfängerin brauchen vor Beginn einen Energieschutz und die Hilfe der Geistführer und Engel. Da ich mir den größtmöglichen Schutz und die optimale Heilkraft sichern möchte, bitte ich auch die *Göttin* bei dieser Klärung um ihre Hilfe.

Wenn du bereit bist, bitte darum, jeden medialen Angriff sehen zu können, der in deinem Körper oder deiner Aura steckt und aus diesem oder anderen Leben stammt. Du kannst mit dem Pendeln beginnen und ein Chakra nach dem anderen fragen, ob dort die Energie eines psychischen Angriffs vorhanden ist. Bei «ja» halte sofort an und bitte darum, sehen zu können, was es ist und woher es kommt. Das ist wichtig; du mußt wissen, wer diesen Angriff gegen dich richtet und was dich für diese Negativität so verwundbar und empfänglich macht. Ohne diese Information kannst du es vielleicht nicht klären, und beim Handauflegen wird weder die Heilerin noch die Empfängerin die Quelle erfahren. Mediale Angriffe aus einem früheren Leben sind vielleicht in diesem Leben von derselben Person wiederholt worden. Gewöhnlich führt eine Leitung schwarzer Energie vom Angriff zu seinem Absender. Schneide sie durch oder bitte deine Geistführer oder Engel, es für dich zu tun. Aber vergewissere dich zuvor, daß du vollkommen geschützt bist, denn es kann sein, daß der Absender versucht, dir noch weiteren

Schaden zu schicken, wenn er merkt, daß er entdeckt worden ist. Bitte deine Führer darum, dich abzuschirmen, falls das geschieht.

Nachdem die Leitung durchschnitten ist, entferne den Angriff selbst. Er kann fast jede Gestalt annehmen, wird aber kein angenehmer Anblick sein. Ich habe gesehen, wie sie als Messer, Chromzylinder, stählernes Schnappschloß, Pfeile mit Widerhaken, rostige Vorhängeschlösser, schwarze Nadeln, gefährliche Schlangen und Insekten oder schwarzes Giftpulver auftauchten. Erfülle die Empfängerin/dich selbst mit Licht und laß Lichtenergie während der gesamten Dauer des Entfernens fließen. Bitte deine Geistführer, Engel oder die *Göttin*, den Angriff wegzunehmen, deinen Körper und die Aura-Energie von den Giftstoffen zu reinigen und jeden Schaden aus der Vergangenheit, Gegenwart und Zukunft auszubessern. Bitte detailliert darum, daß dies auf allen Ebenen durchgeführt werden soll, inklusive der physischen Ebene, da dort möglicherweise mehr Schaden vorhanden ist, als dir klar ist.

Greife nicht mit deinen Händen in die Aura der Empfängerin, um diese überaus negative Energie zu berühren. Sende statt dessen Licht, besonders als Laserlicht aus deinen Augen, oder durch deine Hände, die du über den Bereich hältst, um den Führern zu helfen. Ich benutze auch die Technik, dieses Gebiet mit heißem, reinigendem Feuer gefüllt zu visualisieren, als Flammen, die kein anderes Gewebe angreifen und auch keine positive Energie. Das Gebiet sollte noch offenbleiben und lecken, auch wenn der Angriff entfernt ist, da vielleicht immer noch Giftstoffe geblieben sind, die noch geklärt werden müssen. Wenn deine Geistführer sich an diesem Punkt weigern, die Aura zu reparieren, obwohl du sie darum gebeten hast, überlasse die Energie noch drei Tage lang dem Lösen, dann gehe dorthin zurück und schließe die Öffnung, wenn sie noch nicht geschlossen ist. Es kann aber auch länger als drei Tage dauern, bis besonders tückische Energie geklärt ist.

Dieses auslaufende Lösen der negativen Energie fühlt sich vielleicht an wie eine eiternde Infektion oder wie ein Bluten, und die Empfängerin wird sich wahrscheinlich müde oder krank fühlen. Laß in den nächsten Tage so oft wie möglich Energie fließen, um die Stelle zu klären und zu heilen. Nimm beim Duschen Meersalz, bis dieses Auslaufen aufhört, und dann gehe zum Apfelessig über, um das zerrissene Chakra oder die verletzte Aura zu schließen und zu reparieren. Bevor du nach dem Lösen eines medialen Angriffs die Heilsitzung beendest, frage nach, ob sich noch mehr ungute Energie in den Chakras oder der Aura befindet, und überprüfe Chakra für Chakra. Kläre alles, was du findest, nach dem beschriebenen Muster.

Beschließe die Sitzung, indem du starken und dauerhaften Schutz um dich errichtest, inklusive Chakra-Schilde. Sorge dafür, daß der Schutz in zwei Richtungen funktioniert, indem er die positive Energie hereinläßt und nur die negative Energie abschirmt. Ich nehme dazu gerne die Affirmation: «Nur positive Energie darf hier hereinkommen, und alles Negative muß gehen.» Wenn du medial angegriffen wurdest oder wirst, bewache (errichte einen Schutz um) dein Haus, das Auto, die Haustiere und den Arbeitsplatz. Bitte deine Führer und Engel um Hilfe; Engel sind beim Schutz besonders hilfreich. Überprüfe deine Aura und Chakras in regelmäßigen Abständen, um sicherzugehen, daß keine weiteren Angriffe erfolgen oder zum Lösen bereit sind. Führe regelmäßig ein Abkoppeln dieser Anhaftungen durch. Leider muß ich sagen, daß ich eine ganze Menge medialer Angriffe bei meinen Heilsitzungen gesehen habe, und in letzter Zeit scheint sich diese Art der Energie deutlich zu steigern, sowohl in der Heftigkeit wie auch in der Häufigkeit.

Weltraummüll scheint etwas Ähnliches zu sein wie ein medialer Angriff, ist aber gewöhnlich eher seltsam als bedrohlich. Diese Anhaftungen stammen oft aus vergangenen Leben und können Trümmer aus der Vergangenheit dieses Lebens sein. Auch wenn die Energie negativ oder schädlich ist, steckt meist keine Absicht dahinter. Du brauchst nicht zu wissen, was das für Gegenstände sind oder warum sie sich dort befinden, es genügt, wenn du sie entfernst. Laß deine Führer oder Engel sie an einen Ort tragen, wo sie keinen Schaden anrichten können. Du kannst auch eine Sammlung solcher Dinge in eine Art «Abfalleimer» legen, eine visualisierte isolierte Müllbox, in der ein Feuer brennt, und dann deine Geisthelfer das ganze Ding auf einmal wegtragen lassen. Du solltest negative oder als negativ verdächtigte Energie niemals nur einfach entfernen und loslassen, sondern sie so sicher entsorgen, daß sie weder jemand anderem schaden noch sich erneut an dich heften kann.

Die Dinge, die aus den Auren der Leute kommen, können schon seltsam sein, verblüffend, interessant oder einfach absonderlich. Wenn du in einer Lebensspanne durch ein Messer oder einen Pfeil in deinem Rücken gestorben bist, kann sich die Waffe immer noch in deiner Aura befinden. Sie kann an dieser Stelle Schmerz auslösen, der sich löst, wenn der Gegenstand entfernt wird. Wenn du in einem Leben im Gefängnis gesessen hast, beispielsweise zur Zeit der Inquisition, können immer noch Handschellen oder Folterinstrumente in deiner Aura aufbewahrt werden. Oder du findest Seilstücke, wenn du in einer Lebenszeit das Trauma einer Fesselung erlebt hast.

Einige Gegenstände stammen nicht von Traumen, sondern aus dem alltäglichen Leben. Wenn du in einem vergangenen Leben eine Spinnerin oder Weberin warst, findest du vielleicht Spindeln oder Litzen zum Kettfädeneinziehen in deiner Aura, oder Hufeisen, wenn du Schmied warst. Es können auch Halsketten oder anderer Schmuck sein, Kristalle oder Kultgegenstände. Da du sicher nicht die Absicht hast, sie jetzt zu benützen, ist es am besten, du entfernst sie. Den größten Teil dieser Art Müll findet man in den Energieschichten der Aura und nicht so sehr in den Chakras.

Eine Sitzung reicht vielleicht nicht, um den ganzen Müll zu entfernen, vielmehr wird von Zeit zu Zeit in einer Reihe von Sitzungen immer wieder etwas davon auftauchen. Wenn solcher Abfall erscheint, ist es Zeit, ihn zu entfernen. Geschieht das häufig, solltest du vielleicht nach der Quelle fragen oder die ganze Lebenszeit von diesen Gegenständen reinigen. Diese Dinge sind meist nicht furchteinflößend oder böse, aber sie gehen aus gutem Grund, und ich betrachte sie nicht als positive Energieformen. Weltraummüll taucht meist dann auf, wenn du gerade die Schmerzenergie vergangener Leben oder des jetzigen Lebens klären willst oder eben erst geklärt hast. Auch ihre Entfernung ist für das Klären und Aufhellen der Aura und das spirituelle Wachstum wichtig.

Bei einer Heilsitzung, die ich einmal empfing, wurden einige Gegenstände aus meiner Aura im Kopfbereich entfernt, die wie Abflußrohre aussahen. Die Frau, die die Heilung durchführte, meinte, es sähe aus, als habe ich ein Gerüst über meinem Kopf, das auf den Schultern laste, und sie nahm es weg. Fast ein Jahr später begann ich bei der Selbstheilung spontan wieder Abflußrohre wahrzunehmen. Mehrere Wochen lang klärte ich jeden Abend Teile davon. Während dieser Zeit war mein Kopf von geistigem Geschnatter und Lärm erfüllt, das sehr unangenehm war. Am schlimmsten dabei war, daß es mich daran hinderte, mit meinen Geistführern Kontakt aufzunehmen, mit denen ich sonst fast ständig im Gespräch bin. Schließlich wollte ich wissen, was da vor sich ging und wie ich es heilen könnte.

Diese Rohre und der Weltraummüll kamen aus einem vergangenen Leben. Da war ich männlich und ein politischer Gefangener. Der Rahmen über meinem Kopf und auf meinen Schultern war ein Gerät, das man benutzte, um mediale Fähigkeiten zu binden. Ich war gewohnt, mit etwas umzugehen, was aussah wie eine Bergarbeiterausrüstung. Ein Echo-Gerät gehörte zu diesem Rahmen und ein Implantat in meinem Kopf, das medial befähigte Gefangene daran hindern sollte, ihre Fähigkeiten zur Flucht einzusetzen. Es bewirkte, daß geistige Gedanken und

Botschaften zurückkamen und im Geist widerhallten. Nachdem ich es entdeckt hatte, entfernten die Führer das implantierte Gerät. Die Kopfschmerzen und das Geschnatter hörten auf, und kein weiterer Weltraummüll in Gestalt von Abflußrohren tauchte auf. Diese Lebenszeit hatte nicht auf der *Erde* stattgefunden und war offensichtlich auch nicht gut, und ich habe nicht darum gebeten, mehr darüber zu erfahren.

Eine Menge Weltraummüll, einiges davon «lebendig» und schädlich, stammt von außerirdischen Implantaten. Ich habe herausgefunden, daß diese wirklich böse und furchterregend sind. Der Angriff eines Menschen ist wenigstens zu verstehen, wenn auch erschreckend und betrüblich, aber Angriffe von Außerirdischen können ohne jeden logischen Grund geschehen. Einige negative Außerirdische sehen in Menschen nicht mehr als Labortiere und experimentieren mit uns. Sie haben keine Ahnung von menschlichen Emotionen oder Empfindungen. Einige haben ein Interesse daran, jene Menschen abzuschalten und zu schädigen, die medial befähigt genug sind, um ihre Aktivitäten wahrzunehmen, wobei es sich meistens um Frauen handelt.

Der Krieg zwischen Orion und den plejadischen Beschützern der *Erde* dauert immer noch an. Der Krieg begann schon vor dem Untergang von Atlantis, und Orion hat einen großen Anteil an der Zerstörung dieser hochentwickelten Zivilisation. Dieser Krieg ging und geht um die Freiheit der *Erde* und der Menschen auf der *Erde*. Während des Zeitalters von Atlantis und später zur Zeit der Azteken in Mexiko, pflanzte Orion den Individuen Implantate ein, um sie zu kontrollieren und zu versklaven. Die Vernichtung der friedlichen Mayas durch die Azteken war ein Teil dieses Krieges. Als die Bewohner von Orion die *Erde* verließen, wie sie es immer wieder für längere Zeiten gemacht haben, gerieten die eingepflanzten Geräte in eine Art Wartestellung, aber sie waren nicht funktionsunfähig. Diese Implantate werden von Lebenszeit zu Lebenszeit mitgenommen in den Auren derjenigen, die sie einmal bekommen haben.

Orion ist jetzt wieder auf und über der Erde aktiv. Ich habe Raumschiffschlachten im Energienetz der *Erde* medial miterlebt, und ich wurde verletzt, als ich versuchte, sie zu bekämpfen, während ich ein *Erd*-Heilen durchführte. Die außerirdischen Angriffe erfüllten meine Aura mit einem furchterregenden Gewirr von Drähten, elektrischen Kisten und anderem Müll. Kaum waren sie eingedrungen, wuchsen und vermehrten sich diese Objekte in meinen Aurakörpern, wo sie Furcht hervorriefen und meine mediale Energie erstickten. Heilsitzungen und galaktische Helfer entfernten sie schließlich, da meine Geistführer dazu nicht in der Lage zu sein schienen. Es war eine ausgesprochen schauerliche Erfahrung.

Ich lernte, mich mit dem Energienetz der Erde zu verbinden und die plejadischen Helfer und Beschützer um Hilfe zu bitten. Schließlich brachte man mich einmal zu einem plejadischen Sternenschiff. Dort wurde meine Energie geklärt und repariert, und die Angriffe wurden entfernt in einem Prozeß, der einer Operation ähnelte, aber schmerzlos war. Ich bekam Schutz und Schilde, und man wies mich an, mich in diese Schlachten nicht mehr einzumischen. Ein einzelner Mensch ist nicht stark genug, um in diesem Krieg zu kämpfen, und wenn mich die Bewohner des Orion einmal bemerkt hätten, wäre ich in großer Gefahr. Zu der Zeit war ich von dem Erlebnis schockiert genug, um diesen Weisungen zu gehorchen, und ich war erleichtert, daß ich mit diesem Krieg nichts mehr zu tun hatte. Diese ganze außerirdische Aktivität dauerte etwa ein Jahr (1993). Es war absolut unangenehm, und die Schlachten sind immer noch im Gange, aber ohne mich. Wenn ich Heilungen bei anderen ausführe, entferne ich häufig Orion-Implantate, aber die mir selbst eingepflanzten scheinen schließlich (und ich bin dankbar darüber) verschwunden zu sein.

Diese Implantate werden in den Chakras oder der Aura als negative Kristalle, Zylinder oder Kisten sichtbar mit Drähten, die durch den Körper führen können. Ein Implantat in der Nähe des Herzens hat meist elektrische Drähte, die zum Nacken führen oder das Bein der Frau hinunter. Wenn die Drähte geklärt sind, erscheinen Spinnen an ihrer Stelle. Hat die Empfängerin einer Heilung zuviel Furcht, Krankheit oder Negativität in ihrem Leben erfahren, meist ohne dafür eine Ursache zu finden, oder wenn sich bei ihr ein neues, unerklärliches Schmerzgebiet entwickelt, dann suche ich nach Orion-Implantaten. Ich habe gelernt, die Energie der Implantate in einer Aura zu erkennen durch die Empfindung diffusen Schmerzes, die damit einhergeht. Der Zweck dieser Angriffe ist hauptsächlich die Erzeugung von Angst und Negativität. Eigentlich können sie sonst nicht viel Schaden anrichten. Die Bewohner vom Orion leben von diesen Gefühlen, und diese rufen auf der *Erde* jene Verwirrung hervor, die auszulösen ihr Ziel ist.

Die heutigen Heilerinnen und medial Begabten waren auch Heilerinnen und medial Befähigte in der Vergangenheit. Sie waren in der Vergangenheit schon eine Bedrohung für die Bewohner des Orion, die vor Tausenden von Jahren ihre Implantate setzten, um uns zu kontrollieren. Dieselben Heilerinnen und medial Befähigten sind heute immer noch eine Bedrohung für sie. Wenn die Orion-Bewohner auf oder in der Nähe der *Erde* sind, werden die Implantate aktiviert, was die Heilerinnen durch die Erzeugung von Furcht beeinträchtigt, und geben den Eindringlingen Zugriff auf diesen Planeten. Die Wesen vom Orion waren es auch, die die Entkoppelung der menschlichen DNA ausgelöst haben. Indem sie uns von unserem Erbe an Information/Licht abschneiden, hoffen sie, die plejadischen Beschützer und die Erdheilerinnen zu überwältigen und die Kontrolle über die *Erde* und ihre Menschen zu übernehmen.

Ungefähr zu der Zeit, als ich alleine versucht hatte, die *Erde* von diesem Bösen zu heilen, fiel mir Barbara Hand Clows Buch *Heart of the Cristos* in die Hände. Ich war gleichzeitig entsetzt und dankbar, daß ihr Buch bestätigte, was ich seit einem Jahr gesehen hatte. Sie sieht in dem Kampf zwischen den Wesen des Orion und den Plejadiern die Quelle des Kampfes zwischen Böse und Gut auf der *Erde.* Gibt es Gewalttätigkeit, Getrenntheit, Krieg oder Mangel an Liebe, wird diese Störung von Orion verursacht. Und die Wesen des Orion, die nur negative Emotion empfinden können, haben eine weitere Chance, die Liebe zu lernen. Und das ist die Schlacht zwischen Gut und Böse auf der *Erde* vom Anbeginn bis heute.

> Viele Individuen bemerken, daß Seelen auf der dunklen Seite zu ihnen hingezogen werden, um Situationen entstehen zu lassen, in denen den dunklen Mächten ihre letzte Chance gegeben wird, sich dafür zu entscheiden, mit den bösen Handlungen aufzuhören. Die positive Energie überwiegt die negative, aber die Wesen vom Orion haben das karmische Gedächtnis mit viel negativer Erfahrung geladen, und die Menschen neigen zu einem Rückfall. Es ist wichtig, in der heutigen Zeit zu sein... denn ab 1992 wird sich jedes Individuum, durch das du jemals in den vergangenen Leben Böses erfahren hast, in deinem Leben manifestieren. Heiße sie willkommen als deine Lehrer.
>
> Der genaue Augenblick, in dem die Männer in Schwarz (Orion) die Schöpfung zurückweisen, ist der einzige Augenblick, in dem sie fühlen können! Wenn du also mit zwanghafter Sexualität, Hingabe an Gewalt und Selbsthaß konfrontiert bist, dann wisse, daß diese Menschengifte ein verzweifelter Schrei nach Erlösung der gefangenen Seele sind, die zur Kapitulation bereit ist. Orion lernte erstmals zu fühlen, während er Macht und Kontrolle ausübte, und nicht, indem er sich einer größeren Macht ergab. Wenn du also feststellst, daß du jemanden haßt, an eine Sucht gekettet bist oder die bizarren äußeren

> Ausdrucksweisen des inneren Bösen der Endzeiten genießt, dann gehe zur Liebe, zum Licht, das in den Chakras deines Körpers explodiert.[4]

Licht als Liebe ist das wichtigste Heilmedium für die *Erde* und alle Wesen. Die Plejadier und andere positive Sternen-Völker sind auch auf der Erde, um uns zu helfen. Diese positiven Heiler und Erdheilerinnen können nun angerufen werden, um jede Art von negativer Energie zu heilen und zu entfernen von den Menschen und den Tieren und vom Planeten.

Wenn du beim Heilen auf außerirdische Energie oder die eines medialen Angriffs stößt – wobei Barbara Hand Clow davon ausgeht, daß diese Angriffe vom Orion stammen, selbst wenn sie von Menschen auf der *Erde* ausgeführt werden –, bitte die plejadischen Heiler zur Sitzung. Ich mache das bei der Heilarbeit oder bei der Meditation, indem ich die Einladung ausspreche an «jeden positiven plejadischen oder galaktischen Heiler, der herkommen und helfen möchte». Mache ganz deutlich, daß nur positive und heilende Energie hereinkommen darf.

Zwei Gruppen dieser positiven Heiler (du wirst sie als solche erkennen) sind die Wesen der Blauen Energie, die «kleinen blauen Feen», die ich zuvor schon beschrieben habe. Sie wurden aus dem Heilzentrum auf dem Jupiter losgeschickt, um uns mit dem Energiewechsel durch die Kometenkollision vom Juli 1994 zu helfen. Eine andere Gruppe dieser Wesen erscheint bei mir in Chirurgenkleidung. Sie haben einen eiförmigen Kopf und eine sich mächtig vorwölbende Stirn, große schwarze glotzende Augen und Hände mit zusätzlichen Fingern. Ich arbeite schon seit einiger Zeit mit ihnen und nenne sie das «Jupiter-Chirurgen- und Komödiantenteam»; sie sind Plejadier von der Heilbasis auf dem Jupiter.

Sie alle können mit dir zusammenarbeiten bei der Entfernung von Orion-Implantaten und von dort stammender negativer Energie. Das Operationsteam macht noch viel mehr. Es können auch andere positive nicht-physische Wesen auftauchen; frage jene, die bei einer Sitzung erscheinen, nach ihren Absichten. Jedesmal, wenn ich mit etwas konfrontiert werde, bei dem ich den Verdacht habe, es könne etwas negativ Außerirdisches sein oder ein medialer Angriff oder eine Geist-Anhaftung, die sich nur mit Schwierigkeiten entfernen läßt, bitte ich um galaktische Hilfe beim Heilen. Lade diese Wesen zusammen mit deinen Geistführern und Engeln ein. Ihre Arbeit kann auch beim physischen Heilen für Erdwesen wahre Wunder bewirken.

Wenn du dich trotz Heilen und Implantat-Entfernung immer noch von Orion-Drähten, -Kisten und -Implantaten überwältigt fühlst, kannst du – aber *nur in diesem Fall* – direkt zu den Sternenschiffen der Plejadier gehen und um Hilfe bitten. Das solltest du nur als allerletzte Möglichkeit sehen, wenn alle anderen Helfer bereits versucht haben, dir zu helfen, und gescheitert sind.

Versenke dich in Meditation und visualisiere dich, wie du in dein rosa oder grünes Herz-Chakra tauchst wie in einen See oder einen tiefen Teich. Tauche bis zum Boden des rosa Wassers. Halte direkt über dem Boden des Teiches nach einer blau erleuchteten Luke oder einem Tor Ausschau. Nähere dich keiner Erscheinung, die nicht blau und leuchtend ist. Klopfe an die Tür, sage, was du brauchst, und bitte darum, eintreten zu dürfen, damit du Heilung und Hilfe bekommen kannst.

Man wird dich willkommen heißen, auf einen Operationstisch legen und schmerzlos heilen. Die Farben an diesem Ort, das Empfinden der hoch entwickelten Heilinstrumente und Energietechniken sind ein einziges Wunder. Führe das abends zur Schlafenszeit aus und laß die Plejadier an dir arbeiten, während du schläfst. Vielleicht fordert man dich auf, dies am nächsten Abend zu wiederholen oder so lange, bis deine Energie vollkommen geklärt ist. Bitte die Plejadier auch um Schutz. Du fühlst dich vielleicht die nächsten paar Tage müde und schwach, aber auch sehr klar, leuchtend und erleichtert dank dieser Erfahrung.

Um vor dieser Übung die Implantate zu entfernen, halte eine Sitzung ab, die der Entfernung der medialen Angriffe oder Anhaftungen ähnelt.

Baue einen Schutz auf, rufe deine Geistführer, Engel und die plejadischen Heiler herbei und versenke dich in volle Meditation. Bitte darum, alle negativen außerirdischen Implantate zu sehen in den Chakras und den Aurakörpern, und achte darauf, daß du auch wirklich tief in die Aura schaust, durch das Energienetz und noch darüber hinaus. Da sich diese Implantate mit uns reinkarnieren, suche nach ihnen auch im ätherischen Bauplan, den himmlischen und ketherischen Stufen, auf den mentalen und spirituellen Ebenen und in der Kernseele/der Selbst-Wesenheit. Sie werden als schwarze Zylinder, Scheiben, Kisten, aus denen Drähte führen, oder jede Art elektrischer Bauteile erscheinen. Sie können auch als negative Kristalle auftauchen.

Wenn du welche ausgemacht hast, hole deine Geistführer, Engel und die plejadischen Heiler. Bitte sie, alle negativen Implantate mit all ihren

Spinnen, Drähten und elektrischen Anhängseln *sanft* zu entfernen, und zwar die ganze Strecke bis zu ihrer Quelle. Bitte darum, daß alle Giftstoffe, die aus diesen Implantaten stammen, entfernt werden und der Schaden, den sie auf allen Stufen, in allen Leben und in deiner Vergangenheit, deiner Gegenwart und deiner Zukunft angerichtet haben, repariert wird. Es ist wichtig, um all diese Dinge zu bitten, besonders um die vollständige Reparatur des Schadens. Heiler aus anderen Welten glauben, wir seien ebenso selbst-regenerierend wie sie, aber offensichtlich sind wir es nicht.

Bitte darum, daß der Entfernungsprozeß mit Sanftheit durchgeführt wird, da diese Heilungen sonst ziemlich grob werden können. Außerirdische Heiler haben nicht unbedingt eine klare Vorstellung von der Energie der *Erde* oder von ihren Körpern und Begrenzungen. Wir sind nicht so stark wie sie. Die galaktischen Heiler werden hineingehen und die Arbeit vollbringen, während deine Geistführer wahrscheinlich in den Hintergrund treten werden, bis sie damit fertig sind. Außerirdischen Schaden zu heilen liegt jenseits des Wissens oder der Aufgabe deiner Führer, obwohl sie dir hinterher helfen können, dich wieder zu erholen und vollkommen zu heilen. Engel allerdings können dir vielleicht doch mehr helfen. Erfülle dich wiederholt mit Licht. Vielleicht mußt du Feuer schicken, um bei der Klärung der Implantate zu helfen. Es kann, muß aber nicht sein, daß die plejadischen und galaktischen Heiler während des Prozesses mit dir sprechen.

Falls du Spinnen oder schwarze Pyramiden in deinen Chakras zu sehen beginnst, nachdem die Anhaftungen entfernt wurden, dann ist die Quelle des Implantats noch nicht geklärt. Offensichtlich wissen die Wesen vom Orion sehr genau, was wir am wenigsten mögen, und setzen dieses Wissen ein. Es war sehr schwierig, diese letzten Gegenstände zu entfernen. Ich verbrachte viele Heilsitzungen damit, sie immer wieder zu klären, bis ich den Mechanismus herausfand, eine dauerhafte Klärung herbeizuführen. Die Spinnen und die schwarzen Pyramiden sind Hologramme. Egal, wie oft du sie entfernst, sie werden immer und immer wieder zurückkommen, bis du ihre Wurzel und ihre Quelle, das Implantat selbst, entfernst. Dieses Implantat ist eine kleine schwarze elektrische Kiste oder Scheibe mit Drähten, die ähnlich funktioniert wie ein Filmprojektor. Sobald der Projektor weg ist, sind die Bilder von Spinnen, schwarzen Pyramiden und anderen ekelerregenden Dingen auch weg. Der Schlüssel dazu ist, die Heiler zu bitten, die Implantatquelle zu entfernen. Der Sinn dieser scheußlichen Gegenstände ist, uns zu erschrecken und Angst zu erzeugen. Und bis ich den

Schlüssel gefunden hatte, sie loszuwerden, hat dies bei mir auch gut gewirkt.

Barbara Hand Clow erklärt diese Implantate so:

> In der letzten Schlacht, vor 26 000 Jahren, wurden von den Orion-Atlantern Kristalle in die Ätherkörper der Menschen gepflanzt ... die zwischen dem 16. August 1987 und August 1992 freigesetzt werden sollten. Diese Kristalle enthalten Programme, die bei Wesen aus allen Teilen der Galaxie karmische Erfahrungen auslösen, die die Männer vom Orion brauchen, damit ihnen noch eine Chance gegeben wird, die freie Willensentscheidung zu entdecken ...
> Nun wurde damit begonnen, die Kristalle zu entfernen.[5]

Die Schlacht um Freiheit und Willensfreiheit auf der *Göttin Erde* dauert seit ihrem Anbeginn an, und genau darum geht es bei den Implantaten, den Anhaftungen und den medialen Angriffen. Die einzige Antwort darauf liegt darin, die Getrenntheit des Ego zu heilen, um Einheit und Liebe zu akzeptieren. Der einzige Weg dahin sind die Erdveränderungen (Barbara Hand Clows «Endzeiten»). Negative Energie wird geheilt und von den menschlichen Auren entfernt, und jedes Heilen und Lösen ist ein Gewinn für die Liebe, die *Göttin*, und das Gute und für ein geheiltes Neues Zeitalter auf diesem Planeten. Wenn auch die Erörterung von außerirdischen und medialen Angriffen bizarr erscheinen mag, bitte vertraut mir und nehmt das ernst. Es gibt Böses in unserer Welt, und die Heilerinnen sind dazu aufgerufen, es zu beseitigen. Jetzt haben wir dabei Hilfe, aber erst seit kurzer Zeit. Ich glaube daran, daß es sehr wichtig ist, zu beschreiben, was ich sehe und wie man damit umgeht und wie es zu verstehen ist.

Ich bin auch überzeugt, daß es zunehmend wichtiger für Heilerinnen und medial Befähigte wird, sich vor negativer Energie zu schützen. Das soll nicht heißen, daß man sich zu Hause versteckt, vielmehr sollte man sich dessen gewahr sein und sorgfältig auf seine Information/sein Licht achten. Laß Licht/Energie jeden Tag fließen nach einer der Methoden, die ich in diesem Buch beschrieben habe. Dies hilft, deine Energie, die Chakras und die Aurakörper von allem Negativen zu klären, das vielleicht in sie eingedrungen ist, und es bringt alles an die Oberfläche, was dort nicht hingehört. Also denk daran und wende die Techniken zum Energieschutz an, auch die Chakra-Schilde, und vergewissere dich, daß der Schutz keine Mauer ist, sondern eine auf zweierlei Art durchlässige

Membran. Alles Negative muß nach außen gelangen können, und nur das Positive darf hereinkommen. Wenn du angegriffen wurdest oder dich bedroht fühlst, errichte Schilde, die dich speziell schützen gegen mediale Angriffe, aber achte auch hier darauf, daß die positive Energie eindringen kann. Ein gewisser Teil negativer Energie hat sich mit uns inkarniert, und nun kann dieser Teil entfernt werden.

Bemühe dich darum, deine Aura zu klären, suche nach jedweden Anhaftungen, Weltraummüll, medialen Angriffen und Implantaten und entferne sie. Überprüfe deine *Kundalini*- und *Hara*-Linie-Chakras, alle Aurakörper, die Bauplanstufen und die Seinsebenen. Fange mit der Überprüfung bei deinen Zehen an und wandere dann den Körper hinauf bis zum *Lichtkörper.* Deine Überseele wird davon nicht betroffen sein. Jede Entfernung solcher Anhaftungen wird dich stärken und deine Energie positiver werden lassen und deine Fähigkeit steigern, die *Göttin*-Energie einzubringen und als Heilerin zu wirken. Darauf können wir als Channel für *Göttin*-Energie und Heilen nicht verzichten. Dadurch wächst die Gruppe von Frauen, die fähig sind, auf hoher Entwicklungsstufe zu heilen, die andere Heilerinnen anleiten und der *Göttin-Erde* bei den Erdveränderungen helfen. Aus diesem Grund sind wir hier auf diesem Planeten in diesen entscheidenden Zeiten.

Das nächste und letzte Kapitel des Buches erörtert Heilung, den Tod und was danach kommt.

13

Der Tod

Es ist unvermeidbar – jeder muß sterben. In diesen Zeiten der Erdveränderungen ist der Tod überall, in den Nachrichten, auf dem Planeten und im eigenen Leben. Die Gewalttätigkeit der Gesellschaft erschafft solche Tode unaufhörlich. Die Verschmutzung des Planeten manifestiert sich im Körper der Frauen als unheilbare Krankheiten. AIDS verbreitet sich epidemisch, löscht ganze Länder aus. Jede siebte Frau in Amerika bekommt Brustkrebs. Die Zahl und das Ausmaß des Todes an Orten wie Ruanda ist entsetzlich. Naturkatastrophen, Kriege und Krankheiten kosten nicht einzelne Leben, sondern Tausende und Zehntausende. Wir sind von Tod umgeben. Wir sind in ihn eingetaucht. Es ist der Tod der alten *Erde*, jenes schmerzerzeugenden, giftigen Ortes und Kollektivgeistes, zu dem die gegenwärtige *Erde* geworden ist.

Im Wicca wird das Leben als Rad beschrieben, ohne Anfang und ohne Ende. Der Tod führt zur Wiedergeburt. Wir waren schon viele Tausende Male in Körpern, unzählige Male. Jene, die sich an vergangene Leben erinnern, wissen, daß sie schon einmal hier waren, aber sie haben wahrscheinlich keine Ahnung, wie oft. Michael Newton beschreibt in *Journey of Souls* ein unter Hypnose geführtes Interview mit einer spirituell hochentwickelten Frau, einer alten Seele:

> Für mich war die Spannweite der Inkarnationen dieser Frau überwältigend, sie reichte bis in die früheste Vergangenheit des menschlichen Lebens auf der *Erde*. Als sie über ihre frühesten Erinnerungen sprach, kam ich zu dem Schluß, daß ihre ersten Leben ungefähr zu Beginn der letzten Zwischeneiszeit stattgefunden haben müssen, ungefähr vor 130 000 bis 70 000 Jahren, bevor sich die Große Eiszeit über den Planeten senkte … Später, etwa vor 50 000 Jahren, als die kontinentalen Eisplatten erneut das Erdklima veränderten, sprach sie davon, daß sie in Höhlen lebte und bittere Kälte ertragen mußte.[1]

Lebenszeiten vergehen, Seelen nicht. Wir leben wieder und wieder, um jede Lebensform zu erfahren und jede Form und jeden Aspekt von Moral und spiritueller Größe. Jede Kultur hat das gewußt, aber im gegenwärtigen alten Zeitalter auf der *Erde* wurde diese Information/dieses Licht vorenthalten. In dem Maße, wie der Planet und die Menschen erwachen, kehrt das Licht zurück. Wir waren früher schon einmal hier, und werden wieder hier sein. Es gibt keinen Anfang und kein Ende. Der Tod ist nur ein Besuch zu Hause zwischen unseren Geburten. Die Phase zwischen den Leben ist jenes Paradies, das die meisten Religionen in der einen oder anderen Form versprechen. Die Heimkehr ist voller Freuden, erfüllt von Heilung und Liebe, aber in den Körpern wurden wir gelehrt, sie zu fürchten, zu leugnen und Angst vor ihr zu haben. Doch das Geborenwerden und Inkarnieren ist viel beschwerlicher als der Tod und der Aufenthalt an den Orten, an die wir zwischen unseren Leben gehen.

Die Erlangung der Erleuchtung, auf die sich der Buddhismus konzentriert, bedeutet die Befreiung von der Wiedergeburt nach dem Tod. Der Mahayana-Buddhismus behauptet, daß jeder in diesem Leben die Erleuchtung erlangen kann oder in einem Reinen Land (dem buddhistischen Paradies) wiedergeboren wird, das einfachere Bedingungen für die Erringung der Erleuchtung aufstellt. Der Zustand der Erleuchtung ist die Seligkeit jenseits der *Leere*, die Vereinigung mit der Quelle aller Schöpfung. Während der Buddhismus keine Vorstellung von einer personifizierten Gottheit hat, wird diese im Wicca *Göttin* genannt. In einer weitergehenden Definition besteht die Vereinigung im bewußten Gewahrsein der Einheit allen Lebens, die Auflösung von Ego/Getrenntheit. Die Einheit zu umfassen ist alles, was benötigt wird, um die Seele von weiteren Inkarnationen zu befreien. Durch spirituelle Übung und Gewahrsein des Todesprozesses kann Erleuchtung auch während der Phasen des Todes und des Sterbens erlangt werden. In östlichen Begriffen ist der Tod nicht dieses Schreckgespenst, zu dem der Westen ihn macht.

Nach der buddhistischen Lehre gibt es vier Stadien des Todesprozesses, die vier *Bardos* genannt. Ein Bardo ist einfach eine Zeit des Übergangs zwischen Ereignissen. Das *Tibetische Totenbuch* beschreibt vier dieser zusammenhängenden Wirklichkeitszustände. Der erste ist das Leben (das natürliche Bardo dieses Lebens). Das zweite ist das Sterben und der Tod (das schmerzhafte Bardo des Sterbens). Das dritte kommt nach dem Tod (das strahlende *Bardo des Dharmata*); und das vierte ist die Wiedergeburt (das karmische Bardo des Werdens).[2] Während sich der physische Körper und das ätherische Doppel nach dem Tod auflösen, zieht sich die Emotion (der Astralkörper und der himmlische Bauplan) in den Mentalkörper (ketherischer Körper) zurück, welcher überlebt und fortdauert. Der Mentalkörper/Geist durchläuft die Bardos, und wenn er dort keine Erleuchtung und Befreiung erlangt, schreitet er weiter zu einer neuen Geburt. Der physische Körper ist nicht von Dauer wie alle Dinge auf der *Erdebene*, aber der Geist und das Bewußtsein sind es. Anders ausgedrückt: Die Lebenszeiten enden, aber die Selbst-Wesenheit/Kernseele lebt weiter.

Das natürliche Bardo dieses Lebens ist ein Teil des Todesprozesses, da es sich in dem Körper befindet, der Karma ansammelt und heilt. Es befindet sich auch in dem Körper, in dem man Wachstum durch spirituelle Übung wählt. Als sein Beginn wird definiert, wenn du zum ersten Mal begreifst, daß du stirbst, und es endet mit der Auflösung erst der äußeren und dann der inneren Sinne. Die äußeren Sinne sind die fünf Elemente und die fünf physischen Sinne. Die inneren Sinne sind Denken und Gefühle auf der physischen Ebene.

Bei der Auflösung der äußeren Sinne (dem zweiten Bardo des Todesprozesses), wenn das Erdelement versagt, verliert der Körper Energie und Stärke. Die Person ist schwach und kann sich nicht länger um sich selbst kümmern; sie fühlt auf sich ein schweres Gewicht lasten. Ihr Geist ist erst ängstlich und beginnt zu phantasieren, dann wird er schläfrig. Das Versagen des Elementes Wasser führt zum Verlust des Fühlens und der Kontrolle der Körperflüssigkeiten. In diesem Stadium ist der Geist reizbar, nervös und unklar, und die Frau erscheint vielleicht entmutigt. Wenn sich das Feuer auflöst, wird der Person ganz kalt, die Kälte beginnt in den Extremitäten und steigt dann zum Herzen. Die Frau kann keine Nahrung mehr verdauen, und ihr Geist schwankt zwischen Gewahrsein und Verwirrung. Die Wahrnehmung der *Erdebene* wird immer schwächer. Mit der Auflösung des Elements Luft wird das Atmen für die Person zunehmend mühsamer. Sie hat Visionen, selige wie angstvolle; ihr Intellekt löst sich auf, und damit auch der Kontakt der Frau zur äußeren Welt.[3]

Auch im Wicca wird alles lebendige Sein und Wesen als aus Erde, Luft, Feuer, Wasser und Geist zusammengesetzt gesehen. Diese bilden das Pentagramm, das Symbol der *Göttin* und ihres Werkes. Nach Wicca-Begriffen bedeutet die Auflösung der Elemente und der fünf physischen Sinne zum Zeitpunkt des Todes eine Übertragung der Wirklichkeit von der *Erde* und dem Körper auf die Stufe des Geistes. Die spirituelle Stufe ist die Quelle aller Schöpfung, und diese Quelle ist – natürlich – die

Göttin. Im Tod verläßt man den Körper und die *Erdebene*, um ins Reich der *Göttin* zu gehen. Im Rad des Lebens des Wicca ist der Tod ein neuer Anfang, das Ende der physischen Lebenszeit, um in eine neue Wirklichkeit zu wechseln. Wenn diese nächste Wirklichkeit endet, dreht sich das Rad des Lebens erneut, und es kommt zu einem neuen Beginn, einem neuen Körper, einer neuen Inkarnation und Wiedergeburt. Die Frau stirbt, aber das Leben dauert fort und kehrt zurück.

Die Auflösung der inneren Sinne im zweiten Bardo des Buddhismus ist das Abschalten der Chakras und der Energiekanäle sowohl auf der *Kundalini*- wie auch der *Hara*-Linie. Zuerst stellen die *Hara*-Linie und die Energiekanäle ihre Funktion ein, und der emotionale/astrale Körper vermischt sich mit dem mentalen. Die *Kundalini*-Linie und die Chakras hören einfach auf zu arbeiten, da die äußeren Körper nicht mehr länger die Ebene des physischen Körpers mit Energie und Unterstützung versorgen müssen. Die Gefühle der physischen Ebene lösen sich auf, und jene, die karmisch geworden sind, gehen in den Mentalkörper hinüber. Wenn das physische Atmen aufhört, wird die Person für tot erklärt, aber eine innere Atmung setzt sich noch für etwa zwanzig Minuten lang fort. Während dieser Zeit findet eine Umkehrung der Schöpfungsenergie statt, eine Begegnung von *Erde* und Himmel.

Diese Begegnung ist der Zweck der inneren Auflösung. Bei der Zeugung vereinigen sich das Männliche und das Weibliche (Sperma und Ei), was zur Essenz des Vaters wird, einem weißen Kern, der sich im Kronen-Chakra des neuen Wesens ansiedelt. Die rote Essenz der Mutter bewegt sich in das *Hara*-Zentrum und läßt sich dort nieder. Diese Essenzen oder Saat-Atome sind die Energiebasis für die Kanäle der *Kundalini*- und *Hara*-Linie. Beim Tod halten die Winde der Weisheit an, die durch diese Kanäle fließen und sie aufrechterhalten, und die Essenzen werden nicht länger an ihrem Ort festgehalten. Die weiße Essenz des Vaters steigt zum Herzen hinab, und die rote Essenz der Mutter bewegt sich zu ihm hinauf. Seligkeit und klares Gewahrsein sind die daraus folgenden Zustände, und alle irdischen Gedanken des Ärgers und des Verlangens enden.

Wenn sich die beiden Essenzen treffen, wird das Bewußtsein von ihnen eingeschlossen, und *Erde* und Himmel werden in völlige Dunkelheit und Unbewußtheit gehüllt. Der Geist schüttelt die physische Ebene ab und ist jetzt befreit von Ignoranz und Täuschung. Wenn der Geist (der Mentalkörper, der ketherische Bauplan) wieder das Bewußtsein erlangt, steigt die *Grundlegende Lichtkraft* auf, und das Bardo des Todes und des Sterbeprozesses erreicht die dritte Stufe des *Klaren Lichts* oder das *Leuchtende Bardo des Dharmata*. Die Sterbende hat jetzt das Bewußtsein der *Erdebene*, das Leben im Körper, hinter sich gelassen. Mit dem Wiedererlangen des Gewahrseins ist sie in den Zustand nach dem Tod eingetreten, den Ort des *Reinen Geistes* und aller Wahrheit.

Dieses dritte Bardo ist die Buddha-Natur/*Innere Göttin*, der Geist des *Klaren Lichts* des Todes und der Ort der Unsterblichkeit. Dieser klare, leuchtende Geist ist es, der wir wirklich sind, und sein Heraufdämmern ist unsere beste Gelegenheit, die Erleuchtung zu erlangen und damit die Chance, weitere Geburten zu vermeiden. Es ist die vollkommene Wahrheit, die Natur aller Dinge, die jetzt enthüllt wird. Die Seele, die in diesem Augenblick des *Reinen Geistes* die Einheit ihrer selbst mit der *Göttin* und allem Leben erlangt, erlangt auch Befreiung. Doch es ist nicht so leicht, wie es vielleicht klingt, diesen bedeutenden Augenblick zu nutzen. Die meisten Menschen sind nicht dazu fähig, diesen letzten Erkenntnissprung in die göttliche Einheit zu vollbringen, wenn sie im Leben nicht in spiritueller Übung daran gearbeitet haben.

> Obwohl die *Grundlegende Leuchtkraft* sich uns allen ganz natürlich darbietet, sind die meisten von uns in bezug auf ihre bloße Dimension, die unermeßlichen und feinsinnigen Tiefen ihrer nackten Einfachheit völlig unvorbereitet. Die meisten von uns werden einfach keine Möglichkeit haben, sie zu erkennen, denn wir haben uns in unserem Leben nicht mit den Wegen zu dieser Erkenntnis vertraut gemacht. Und dann geschieht es, daß wir dazu neigen, instinktiv zu reagieren mit all den Ängsten, Gewohnheiten und Bedingtheiten unserer Vergangenheit, all unseren alten Reflexen ... Statt uns dem Leuchten zu ergeben und uns ihm zu öffnen, ziehen wir uns in unsere Furcht und Unwissenheit zurück und klammern uns instinktiv an unser Festhalten.[4]

Der gewöhnliche Geist im Leben gehört zur Aura des Mentalkörpers; der *Leuchtende Geist* des *Klaren Lichtes* nach dem Tod ist jener Mentalkörper, wie er auf der Stufe des ketherischen Bauplans der spirituellen Ebene enthalten ist. Meditation und spirituelle Übung helfen dabei, die Illusionen des Ego und des gewöhnlichen Geistes zu transzendieren, ihm spirituelle Wahrheit zu zeigen und die Entwicklungsstufe dieser Person auf die spirituelle Ebene zu bringen, die Stufe der *Göttin*. Das Ego, dem das Licht/die Information der wahren Wirklichkeit gezeigt wird und das Funktionieren des Universums, ist in der Lage, den Sprung von der Getrenntheit (dem Festhalten) zur Einheit zu machen und Erlösung von Karma und Wiedergeburt zu erlangen.

Dies ist unsere Aufgabe als Inkarnierte, welche wir in unseren Körpern auszuführen haben: spirituelle Weisheit und die Einheit mit der *Göttin* und allem Leben zu erlangen. Der Begriff «Erleuchtung» bedeutet «Licht über etwas ausgießen» oder «leuchten und klar machen». Sobald die Erkenntnis der Wahrheit (Einheit) erreicht wurde, gibt es nichts mehr, was durch die Inkarnation gelernt werden könnte. Die Wahl dieser Erkenntnis geschieht in einem Augenblick, und in diesem Moment des Heraufdämmerns der *Grundlegenden Leuchtkraft des Dharmata* haben wir die physische Ebene hinter uns gelassen. In diesem dritten Bardo, dessen Ergebnis die Bewegung der Seele in den *Lichtkörper* ist, durch und über das Astrale hinaus, hinein in die mentalen und spirituellen Ebenen des Seins.

Die erste Phase des Bardo des Dharmata findet statt, «wenn Raum sich in Lichtkraft auflöst»[5]. Dieses wird beschrieben als eine Welt fließenden Lichts, Klang und Farbe – die Astralebene. Die zweite Phase, wenn sich «Lichtkraft auflöst in Einheit», beschreibt Laserstrahlen von extremer und oft beängstigender Intensität, die sich als friedliche und zornige Gottheiten manifestieren. Lichtströme vereinigen diese gerade Verschiedenen mit diesen Gottheiten, Herz an Herz, und dann lösen sich die Strahlen auf. Bei der spirituellen Übung zu Lebzeiten sind diese Gottheiten und Laserstrahlen Gegenstand vieler Meditationen und Geistschöpfungen. Diese Phase ist die Bewegung durch die mentale Ebene. Als nächstes kommt die «Einheit, die sich in Weisheit auflöst», die spirituelle Ebene. Licht manifestiert sich in fünf spirituelle Weisheiten, die das Potential für Erleuchtung enthalten, und die Chance für die Befreiung ist in dieser Phase am größten.

Die Schlußphase des *Leuchtenden Bardo des Dharmata* wird bezeichnet als «Weisheit, die sich in spontane Gegenwart auflöst». Die Realität wird hier vollkommen enthüllt: Reinheit, die Gottheiten, die reinen Reiche von Buddha/*Göttin*, die sechs Reiche des Seins. Die Seele hat Hellsichtigkeit und Kenntnis von ihrer Akasha-Chronik, von ihren vergangenen und zukünftigen Lebenszeiten, bis die Visionen plötzlich aufhören. Ich sehe in diesem Enden den Übergang von der spirituellen Ebene in den *Lichtkörper*, das Energienetz des *Reinen Geistes*. Die Inkarnation/das Leben ist beendet, und die Seele hat ihre Selbst-Wesenheit zurückerhalten.

Wenn sie Erleuchtung erlangt hat, die Erkenntnis von *Göttin*-Einheit an irgendeinem Punkt zwischen ihrem Sterben und diesem Moment, wird sie nicht mehr zurückkehren müssen. Sie kann jedoch als Bodhisattva sich dafür entscheiden, dies dennoch zu tun, um allem Leben zu dienen. Es gibt jetzt viele Seelen auf der *Erde* in dieser Funktion. Wenn sie nicht die Befreiung erlangt hat, tritt sie in das Bardo des Werdens ein nach drei Tagen der Unbewußtheit und beginnt sich für ein neues Leben vorzubereiten.

Im Bardo des Werdens, dem letzten Bardo, das zum Zeitpunkt einer neuen Geburt endet, erwacht das Karma der Seele wieder, und sie bereitet sich für die Inkarnation vor. Die Seele steigt vom *Lichtkörper* wieder hinunter auf die Ebene des Mentalkörpers (Freiheit von ihm bedeutet Freiheit von Illusion, Karma und Reinkarnation) und in die astrale Ebene. Die Prozesse der Auflösung kehren sich um: Die vier Elemente kehren zurück, und die roten und weißen Essenzen einer neuen Vereinigung von Ei und Sperma erschaffen die Zeugung und einen neuen physischen Körper. Die Beschreibungen dieser Bardo-Erfahrung gleichen dem exkarnierten Zustand der Wesenheiten. Denken, Hellsichtigkeit und die medialen Sinne kehren zurück, und die Seele weiß vielleicht nicht, daß sie gestorben ist. Sie kehrt möglicherweise zu der Familie oder dem Heim ihres früheren Lebens zurück. Sie durchläuft einen Rückblick über ihre letzte Lebenszeit, und die karmischen Muster aus diesem Leben werden wieder aktiv:

> Wenn unsere Verhaltensgewohnheiten im Leben positiv waren, wird unsere Wahrnehmung und Erfahrung im Bardo mit Seligkeit und Glücksempfinden vermischt sein; wenn unsere Leben für andere schädigend und verletzend waren, werden unsere Erfahrungen im Bardo Schmerz, Kummer und Angst beinhalten …
> Der Lebensrückblick läßt vermuten, daß wir nach dem Tod *alles* Leiden erfahren können, für das wir sowohl direkt wie indirekt verantwortlich sind.[6]

Selbst in diesem Bardo kann Erleuchtung durch positives Denken erlangt werden. Das Stadium des Bardo des Werdens kann bis zu neunundvierzig Tage dauern, während das *Leuchtende Bardo des Dharmata* nur Augenblicke dauert, allerhöchstens aber zwanzig Minuten. Am Ende dieser Zeit wird die Seele in einen neuen Körper gezogen, der ihrer Ebene der spirituellen Entwicklung und ihrem Karma entspricht. Das Bardo endet mit der Auswahl der Eltern durch die Seele, eine neue Zeugung und den Eingang in den Schoß der Mutter. Das Rad dreht sich zu einem neuen Kreis, einer neuen Geburt.

Diese alte tibetische Lehre der vier Bardos spiegelt sich im Phänomen der Erfahrung des unvollendeten Todes und auch in erweiterter Form bei hypnotischer Regression in den Stadien zwischen den Lebensspannen. Was dabei überraschend bestätigt wird, ist, daß das Leben und das bewußte Gewahrsein nicht mit dem Tod enden, sondern daß der Tod nur einen Durchgang zu einer anderen Form des Bewußtseins darstellt. Der Übergang in eine neue Lebenszeit dauert für die tibetischen Buddhisten neunundvierzig Tage, doch scheint viel mehr Zeit zwischen den Lebenszeiten zu vergehen, wie von Regressionen unter Hypnose im Westen gezeigt worden ist. Das könnte daran liegen, daß Menschen, die in jener Art der Spiritualität, wie sie im *Bardo Thödol* (Tibetanisches Totenbuch) enthüllt wird, geschult sind, sich so weit entwickelt haben, daß sie die Phase der Ruhe und des Lernens zwischen den Lebenszeiten nicht mehr brauchen. Inkarnationen im Westen scheinen jetzt kürzer hintereinander zu erfolgen als in der Vergangenheit, möglicherweise weil aufgrund des Bevölkerungszuwachses auf der *Erde* Seelen für viele Körper gebraucht werden. Dieser hohe Bedarf hat sich erst in den letzten tausend Jahren der *Erde* entwickelt.

Die Erfahrung des unvollendeten Todes ist ein westlicher Weg, etwas über den Tod zu lernen und den Todesprozeß zu verstehen. Dabei beschreiben Menschen, die einen Teil des Todesprozesses durchlaufen haben und dann zurückgekehrt sind, individuell gefärbte, aber sich deutlich ähnelnde Erfahrungen, die immer wieder durch zahllose Wiederholungen bestätigt wurden. Der Prozeß verläuft folgendermaßen: Die Frau stirbt und hört vielleicht, wie man sie für tot erklärt. Sie hört ein unangenehmes Summen oder Klingeln und findet sich über sich selbst und außerhalb ihres Körpers wieder und kann beobachten, wie unter ihr Versuche unternommen werden, sie wiederzubeleben. Sie mag sich widerstreitenden Gefühlen ausgesetzt sehen, hat aber wenig Sorge um diesen Körper, der nicht länger zu ihr zu gehören scheint. Sie hat keinerlei Verlust von Bewußtsein oder Gewahrsein.

Als nächstes fühlt sie sich in einen langen schwarzen Tunnel gezogen. Wenn sie diesen verläßt und in das Licht kommt, stellt sie fest, daß sie eine andere Art von Körper hat, der beweglich, fließend und geheilt ist, eine Idealgestalt von ihr selbst in ihrer Lebensblüte. Der Ort, den sie betritt, ist von großer Schönheit, eine Wiese oder ein Park, grün und voller Blumen. Menschen, die sie liebte und die vor ihr gestorben sind, warten auf sie am Ende des Tunnels, und ihr Geistführer kommt, ein Wesen von liebendem Licht. Es ist eine feierliche Wiedervereinigung.

Der Geistführer befragt sie, und sie erfährt einen Rückblick über ihre gegenwärtige Lebenszeit, eine Auswertung ihrer Fehler und ihrer Leistungen ohne Vorwurf oder Verurteilung. Sie kommt an ein Hindernis oder eine Grenze, vielleicht zu einer Brücke über einem Fluß oder an eine Tür. Hier wird ihr entweder gesagt, sie müsse sich an diesem Punkt entscheiden für das Leben oder den Tod, oder ihr wird gesagt, daß sie ins Leben zurückkehren muß. Beim unvollendeten Tod findet sie sich, obwohl sie vielleicht an diesem friedlichen Ort bleiben möchte und sich gegen die Rückkehr wehrt, wieder zurück in ihrem Körper, und ihr Leben geht weiter. Danach wird sie sich an diese Erfahrung ganz deutlich erinnern, und diese wird tiefgründige Auswirkungen auf das Leben dieser Frau haben. Von nun an hat sie keine Furcht mehr vor dem Tod.[7]

Rückführungen in vergangene Leben, die bis in den Prozeß des Todes hineingehen, können noch mehr beschreiben, wenn der Betroffene durch das Hindernis durchgelassen wird und keine Rückkehr ins Leben mehr möglich ist. Nachdem sie sich mit ihren Geistführern besprochen hat, wird sie zu einem Ort des Heilens und der Neuorientierung gebracht, dann kehrt sie zu ihrer Geist-Familie zurück, die sich aus anderen Selbst-Wesenheiten zusammensetzt. Dort beginnt sie einen Lehrgang zum Seelenwachstum, der sich auf die Ereignisse ihrer letzten und ihrer älteren vergangenen Leben gründet sowie auf ihre Akasha-Chronik. Sie lernt mit anderen Mitgliedern ihrer Seelenfamilie, mit denen sie sich immer wieder inkarniert hat und die sich auf einer ähnlichen Stufe des Gewahrseins befinden. Das Ziel ist hier die Seelenentwicklung.

Die Lehrer in diesem Stadium nach dem Tod sind unsere Geistführer, bei denen es sich um höher entwickelte Selbst-Wesenheiten handelt. Wenn die Seele ihre Lektionen für diese Phase ihrer Entwicklung vollendet hat, wird sie mit dem Prozeß der Reinkarnation beginnen. Es gibt eine ganze Reihe von überlegten und sorgfältigen Wahlmöglichkeiten und Entscheidungen, die mit der Hilfe der Geistführer und der *Herren des Karmas* getroffen werden müssen. Dann tritt die Seele erneut in das Physische ein und beginnt eine neue Lebenszeit.

Solange ich mich erinnern kann, habe ich einen immer wiederkehrenden Traum – mindestens seit der High School, wenn nicht schon früher. In einer der beiden Versionen gehe ich nach Hause, aber ich weiß nicht, wie ich dorthin kommen soll. Ich betrete einen Fahrstuhl in einem geschäftigen Hochhaus, und als er anhält, halte ich Ausschau nach einem zweiten Aufzug, um mich noch weiter nach oben zu bringen. Als der zweite Fahrstuhl in seiner obersten Etage angekommen ist, weiß ich, daß es noch einen dritten geben muß, kann ihn aber nicht finden. Manchmal gehe ich dann einen großen Flur entlang, aber ich kenne meine Zimmernummer nicht, weiß nicht, welches mein Zimmer oder meine Wohnung ist. In der anderen Version dieses Traums gehe ich ins College, kann aber meine Klasse nicht finden. Ich habe mein Notizbuch mit dem Stundenplan verloren oder habe ein altes und vollgeschriebenes Notizbuch, in dem die ganzen Arbeiten des letzten Jahres sind. Ich weiß nicht, wohin ich gehen muß, aber ich weiß, daß ich dorthin möchte und dorthin gehen *muß*. Für mich war der Tod immer so etwas wie ein Heimgehen oder ein Zurückgehen in die Schule. In ähnlicher Weise war das College in meiner jetzigen Lebensspanne ein Schutzraum und ein Zufluchtsort für mich, den ich nicht verlassen wollte.

Eine andere Beschreibung des Lebens- und Todesprozesses, diesmal von der Metaphysik-Lehrerin Earlyne Chaney, richtete die Aufmerksamkeit auf die Silberschnur und den Vagusnerv. Das Leben im physischen Körper wird gelenkt und reguliert von Ausläufern der Silberschnur, die die Aurakörper (ätherisches Doppel, emotionalen, mentalen, spirituellen Körper und die Ebenen jenseits davon) verbindet. Diese Schnur tritt in den Ätherkörper am Kronen-Chakra ein und wird zur *Sushumna*, dem zentralen *Kundalini*-Kanal, der an der Kehle beginnt. Dann steigt es zum Herzen herab, wo das Saat-Atom des Lebens angesiedelt ist und wo die Überseele mit dem Körper verbunden ist durch die Silberschnur.

Die Ebene des dichten physischen Körpers dieser Lebensschnur ist der Vagusnerv, der im verlängerten Mark des Hirnstamms (Chakra des kausalen Körpers) beginnt. Der Vagusnerv teilt sich in zwei Äste, einer steuert den Herzschlag und der andere die Atmung. Dann verzweigt sich der Nerv weiter in den Unterleib und den Solarplexus. Dieser Vagusnerv-Ausläufer der Silberschnur ist die Quelle des autonomen (unbewußten) Nervensystems.

Der Vagusnerv ist die Brücke zwischen Herz und dem physischen Gehirn und zwischen den emotionalen und mentalen Körpern der physischen Ebene. Schon kurz nach der Empfängnis beginnt der Herzschlag des Fötus, und zum Zeitpunkt des Todes hören der Herzschlag und die Atmung auf, beides durch eine Aktion dieses Nervs. Das physische Saat-Atom ist die Verbindung und der Zugang der Überseele zur Inkarnation, die Brücke zwischen Körper und Seele. Es gibt Saat-Atome sowohl des physischen, astralen und mentalen Körpers. Der Prozeß des Todes läuft folgendermaßen ab:

> Das Herz hört auf zu schlagen, wenn das physische Saat-Atom sein Heim im Zentrum des Pulsschlags aufgibt, aber das Leben hört nicht ganz auf, bis es den Vagus hinaufgereist ist in die *Sushumna* an der Kehle, weiter hinaufgestiegen durch das verlängerte Mark und durch die Spitze des Kopfes herausgetreten ist. Mit dem Ausscheiden dieses physischen Saat-Atoms wird das Sutratma oder die «Silberschnur» gelöst, und das Lebensprinzip wird vollständig aus der physischen Form abgezogen. Diese ist in der Tat «tot».[8]

In Earlyne Chaneys Analyse dessen, was dann folgt, enthalten die Saat-Atome den karmischen Bericht (Askasha-Chronik) des Individuums. Nach dem Tod wohnt die Seele eine Zeitlang auf der astralen Ebene, dann tritt sie in die mentale Ebene und bewegt sich durch sie hindurch und schließlich in den *Lichtkörper* (den sie die kausale/spirituelle Ebene nennt). Im Lichtkörper werden die karmischen Saat-Atome inaktiv und dann im Herz-Chakra des Lichtkörpers aufbewahrt. Diese kausale Ebene oder der *Lichtkörper* ist der Ort, zu dem die Seele nach Hause kommt, die Welt des Himmels. Die Seele/die Selbst-Wesenheit bleibt wahrscheinlich in dieser Glückseligkeit, bis ihre Zeit dort beendet ist. Dann muß sie zur *Erde* zurückkehren für eine neue Lebenszeit.[9]

Diese Rückkehr wird in Gang gebracht durch den Lebensführer der Seele oder ihren Schutzengel und in Abstimmung mit der Kernseele/der Selbst-Wesenheit selbst. Der Führer oder Engel kennt die Akasha-Chronik der Seele genau, ihre vergangenen und zukünftigen Lebenszeiten, und arbeitet in Übereinstimmung mit den *Herren des Karmas*. Es sind die karmischen Aufzeichnungen der Seele, die ihre Lebensaufgabe und ihre Lebensbedingungen für die kommende Inkarnation festlegen. Es werden Wahlmöglichkeiten gegeben, ein Überblick und eine Analyse der Erfolge und Fehler der vergangenen Leben und eine Vorschau auf die kommende Lebenszeit, deren Ziele umrissen werden. Die Einzelheiten des Lebens werden nicht festgelegt, nur die Lektionen für die Inkarnation, denen die Seele zustimmt. Diese Lektionen und Aufgaben werden auf der *Hara*-Linie verzeichnet, aber wie sie erreicht werden, wird der Selbst-Wesenheit überlassen, der es freigestellt ist, diese Arbeit auszuführen oder sich ihr zu verweigern, wenn sie dann im Körper ist. Wenn sie sich dafür entscheidet, diese Ziele zu verfolgen, wird sie in jeder Hinsicht Führung und Hilfe bekommen, und sie wird auf diese Weise das Karma heilen, das diesen Zielen anhaftet.

Sobald diese Entscheidungen gemacht und verzeichnet sind, wird die Seele in einen Schlaf des Vergessens versetzt und in den sich neubildenden Fötus gebracht. Der Schutzengel und die Überseele der Seele erschaffen einen neuen Mentalkörper (ketherische Stufe), der die neue Persönlichkeit der Inkarnation wird. Dies wird beschrieben als Futteral um die Kernseele (Selbst-Wesenheit/*Lichtkörper*), das das mentale Saat-Atom enthält. Auf dieselbe Weise wird ein neuer Astralkörper (himmlische Stufe) gebildet, der wiederum eine Hülle bildet um die Kernseele und die Mentalkörper und das astrale/emotionale Saat-Atom.[10]

Die ketherischen und himmlischen Körper bilden die mentalen und astralen Ebenen, die Aurakörper, und der ätherische Bauplan erschafft den physischen Aurakörper. Und all diese übermitteln Energie, und in absteigenden Schritten in das ätherisches Doppel formen sie die *Kundalini*- und *Hara*-Linie, die Chakras und erschaffen schließlich das dichte physische Wesen. Diese werden zur Persönlichkeit/zum Geist, den Emotionen und dem Körper der neuen Inkarnation, indem sie von ihrer spirituellen Kernseele herabsteigen in Übereinstimmung mit ihrem abgesprochenen Karma und Zweck.

Selbst mit diesem stark vereinfachten Überblick und Hintergrund ist es offensichtlich, daß wir komplexe, hoch entwickelte Wesen sind und daß der Tod nur eine weitere Facette des Ganzen ist. Dennoch betrachtet die westliche Kultur den Tod als endgültiges Ende und nähert sich ihm mit Schrecken, Angst und Ablehnung. Menschen, die heute sterben, können mit Medikamenten und Operationen am Leben gehalten werden, die nur das Leid verlängern und das Ende mühsamer und schmerzhafter machen. Dazu gehören auch lebensverlängernde Maßnahmen wie die «künstliche Beatmung», die den Körper zwingt, weiter zu funktionieren, nachdem die Seele ihn bereits verlassen hat, oder sogar die Seele davon abhält, sich von dem nicht funktionierenden Körper zu befreien.

Das medizinische System betrachtet den Tod als seinen Feind, ein medizinisches Versagen. Wenn der Patient am Leben ist, ohne Rücksicht darauf, unter welchen Schmerzen oder welchen Organausfällen, sieht die Medizin diese Bemühung als Erfolg an, obwohl die wahren Entscheidungen und Bedürfnisse des Patienten auf jeder Ebene mißachtet wurden. Die Familien werden bedrängt, diesen medizinischen Exzeß geschehen zu lassen. Die Hospiz-Bewegung hat viel getan, um diese Auswüchse zu begrenzen, aber es ist immer noch viel zu tun. Der Umgang mit dem Tod ist in unserer Kultur beschämend inhuman.

Ich denke da an zwei Fälle, die typische Beispiele sind. In dem einen war Pam schon seit langem krank gewesen, bevor sie zum Arzt ging. Vermutlich wußte sie, daß sie sterben würde. Als sie schließlich wegen unerträglicher Unterleibsschmerzen einen Arzt aufsuchte, diagnostizierte man einen fortgeschrittenen Tumor und operierte sie so schnell wie möglich. Der Tumor wurde mit einem Teil des Darms entfernt, und sie bekam einen künstlichen Darmausgang. Innerhalb von vier Tagen unterzog man sie noch zwei weiteren Notoperationen wegen Bauchfell- und Bauchhöhlenentzündung. Sie befand sich im Koma und lag im Sterben. Wäre sie bei Bewußtsein gewesen, hätte sie diesen beiden Operationen nicht zugestimmt, aber ihre Familie hatte es getan. Schließlich wurde sie an die Herz-Lungen-Maschine angeschlossen. An diesem Punkt riefen mich Freunde von ihr an und baten mich, eine Heilung durchzuführen. Als ich mir Pam medial anschaute, sah ich die blaßgelbe äußere Aura mit den verdunkelten Chakras, die mir sagten, daß der Tod unmittelbar bevorstünde. Ich konnte mich mit ihr medial unterhalten. «Hilf mir, damit ich gehen kann», bat sie. Ich schickte Heilenergie und sagte ihr, sie könne sie nach Belieben benützen. Als ich ein paar Stunden später wieder medial nach ihr sah, hatte ihr Geist den Körper verlassen und schwebte über ihm, eine nebelhafte weiße Gestalt. «Danke», sagte sie. Ihre Freunde riefen mich am nächsten Morgen an, um mir mitzuteilen, daß sie gestorben sei.

Bei einem anderen Fall hatte mir eine Frau von ihrer Schwester erzählt, die, obwohl sie noch sehr jung war, vor zwanzig Jahren nach einem schweren Herzanfall ins Koma gefallen war. Seit dieser Zeit war sie an das Beatmungsgerät angeschlossen. Die Frau wollte ihrer Schwester helfen, hinüberzugehen, denn die Situation kam ihr die ganzen zwanzig Jahre falsch vor, aber sie wußte nicht, was sie tun konnte. Ich konzentrierte mich auf ihre Schwester und sah sie in einer weißen Schürze am Küchentisch stehen und etwas in einer Schüssel vermengen. Die Frau bestätigte das Bild und erzählte mir, daß ihre Schwester sehr gerne Brot gebacken habe. Ich fragte ihre Schwester, ob sie wußte, wo sie war. Sie wußte es und sagte, sie sei «dazwischen». Dann fragte ich sie, ob sie weitergehen und hinübergehen wolle. «Ich muß noch bleiben, weil mein Ehemann mich braucht», antwortete sie mir.

Ich befragte meine Freundin über den Ehemann der Schwester. Er hielt ganz intensiv an ihr fest und bestand auf der Beatmung. Die Schwester konnte nicht hinübergehen, weil sein Bedürfnis sie auf der astralen Ebene hielt. Sie war dort nicht mehr am Leben, aber wegen seines intensiven Verlangens konnte sie ihren Todesprozeß nicht vollenden. Sie war davon abhängig, daß er sie gehen ließ. Ich bat meine Freundin, mit ihm zu sprechen und ihm zu erklären, was vor sich ging. Schließlich begriff er. Ich riet meiner Freundin, er solle zu seiner Frau in das Pflegeheim gehen und mit ihr reden, er könne sicher sein, daß sie ihn hören würde. Es war seine Sache, ihr zu sagen, daß er sie zwar liebte, aber wußte, daß sie gehen müsse. Er mußte ihr sagen, daß sie frei war und sterben konnte, wenn sie das wollte.

Der Ehemann machte das schließlich wirklich, obwohl er dazu einiges an Zeit und innerem Wachstum brauchte. Ein paar Tage später wurde die Schwester der Frau für tot erklärt, und meine Freundin sagte, als sie in jener Nacht meditierte, sah sie sie immer noch in ihrer Schürze, aber glücklich lächelnd. Sie winkte und sagte: «Ich bin jetzt gegangen. Vielen Dank.»

Heilerinnen werden immer öfter mit solchen Situationen konfrontiert werden. Sterbende werden hier festgehalten von den Bedürfnissen anderer und brauchen vielleicht ihre Erlaubnis, um hinübergehen zu können, obwohl sie unheilbar krank sind und leiden. Diejenigen, die einen geliebten Menschen verlieren, brauchen vielleicht genausoviel Hilfe wie die Person, die stirbt, um fähig zu sein, diese Erlaubnis zu geben. Die meisten westlichen Religionen lehnen Reinkarnation oder ein Leben nach dem Tod ab, und das medizinische System leugnet den Tod selbst. Menschen, die sterben oder einen geliebten Menschen verlieren, sind zwischen zwei Hindernissen gefangen, oft vor Angst gelähmt. Wenn ein Mensch an dem Punkt angelangt ist, wo er stirbt, akzeptiert er dies meist und kämpft nicht mehr dagegen an, aber seine Familie hält ihn vielleicht immer noch zurück. Nur noch durch Technik am Leben gehalten zu werden, wenn der Körper nicht mehr länger seine Funktionen ausüben kann, und darüber hinaus noch Schmerzen leiden zu müssen, ist kein Leben. Bitte die Familie, diesen Menschen zu sagen, daß sie gehen dürfen, und sie so aus Barmherzigkeit und als Ausdruck ihrer Liebe zu befreien.

Pat hat die letzten vier Jahre in der Hospiz-Bewegung mitgearbeitet und hat schon viel länger Menschen geholfen, hinüberzugehen. Sie schrieb folgendes für dieses Buch:

> Zum ersten Mal habe ich erkannt, daß ein Patient dich hören kann, auch wenn er im Koma liegt und bereit für seinen Übergang ist, als mein Schwager in der Schlußphase seines Lebens angekommen war. Ich war vom Krankenhaus angerufen worden, ob ich kommen und meinen Verwandten beim Sterbeprozeß helfen könne... Ich setzte mich an sein Bett und begann, mit ihm zu reden, erzählte ihm, daß er gehen könne und daß alles in Ordnung sei. Seinen Söhnen ginge es gut, und seine Frau ginge nach England zurück. Er brauchte nicht

länger die Schmerzen zu ertragen, und viele Engel und Helfer stünden bereit, um ihm beizustehen. Er nahm seinen letzten Atemzug und ich gab ihm einen Abschiedskuß. Es war so friedvoll. Ich fühlte, daß er sich mit jedermann in Frieden befand. Dies geschah 1969.

Drei Jahre lang, bis er im April 1990 starb, gab ich mehrmals wöchentlich Reiki-Sitzungen für einen Homosexuellen, der an AIDS erkrankt war. Rudy wurde für mich ein Freund, der mir viel bedeutete, und seine Haltung gegenüber seiner Krankheit und seinem Sterben war beispielhaft und inspirierend für alle, die ihn kannten. Er war sanft und rücksichtsvoll, und trotz steigender Schmerzen und wachsender Schwäche dachte er immer zuerst an andere. Ich kann mich nicht erinnern, daß ich ihn jemals habe klagen hören. Als er starb, gab sein Lebenspartner mich als seine Schwester aus, so daß ich die Heilsitzungen in der Intensivstation weiterführen konnte, so wie Rudy es gewollt hatte. Als es dem Ende zuging, brachte man ihn in ein Einzelzimmer. Man sagte mir, er könne jeden Moment gehen, aber er hielt immer noch fest. Rudy hatte mit mir viele Male über sein Sterben gesprochen; schon lange hatte er gehen wollen, und er hatte keine Angst.

Am letzten Abend, er war immer noch bei Bewußtsein, konnte sich aber nicht mehr bewegen oder essen und hatte große Schwierigkeiten zu atmen. Er sagte, er wolle gehen, aber machte sich Sorgen um seine Mutter und ihren Freund. Bei ihm war noch ein anderer Freund. Wir sagten ihm, daß seine Mutter und ihr Freund wüßten, daß er solche Schmerzen hatte und zum Gehen bereit war. Sie liebten ihn viel zu sehr, um ihn zurückzuhalten. Ich sagte ihm, daß es für sie viel härter sei, seinem Leiden zuschauen zu müssen, als es sein Tod für sie sein könnte. «Glaubst du, es wird ihnen gut gehen?» fragte mich Rudy immer wieder. Ich versicherte ihm das. Sein Freund kam herein. Als wir ihm erzählten, was vor sich ging, sagte er: «Rudy, ich liebe dich und werde dich alle Tage meines Lebens vermissen, aber wenn du gehen möchtest, dann gehe.» In der Nacht fiel er ins Koma und starb ein paar Stunden später in Frieden.

Am Abend nach seiner Beerdigung kam Rudy zu mir, als ich meditierte. Er sah stärker und gesünder aus, als ich ihn je gesehen hatte. «Das war eine Beerdigung, was?» sagte er. «Du hast recht gehabt. Es ist hübsch hier. Kümmere dich um meinen Geliebten, ja?» Dann war er verschwunden. Ich habe ihn dann noch einmal gesehen, als er während einer medialen Sitzung mit der Botschaft kam: «Sag Diane meinen Dank. Es hat wirklich geholfen, was sie getan hat.»

Für diejenigen, die Tiere lieben, ist das Sterben eines Haustiers ebenso schmerzhaft wie der Verlust eines Menschen, mit der zusätzlichen Komplikation, daß dabei vielleicht noch Euthanasie (Sterbehilfe) notwendig ist. Dies führt immer zu Verwirrung und Schuldgefühlen – wann ist der richtige Zeitpunkt, und ist es überhaupt richtig? Als Dusty, mein Sibirischer Husky, an Lungenkrebs starb, wurde deutlich, daß sie Angst hatte und große Schmerzen litt. Ich halte nichts von unnötigem Leiden bei Tieren wie Menschen und fragte sie schließlich medial, ob sie gehen wolle. Sie sagte sofort sehr deutlich: «Ja.» Ich fragte sie am nächsten Abend noch einmal und bekam dieselbe Antwort. Ich fragte sie, ob ich sie am nächsten Tag zum Tierarzt bringen sollte, und sie sagte erneut «ja».

So schwer es für mich war, brachte ich sie in die Praxis und dachte, ich könnte es nicht ertragen, ihren Tod dort mitzuerleben. So geschwächt Dusty auch war, zog sie mich so heftig in das Sprechzimmer des Arztes, wie sie sich zuvor immer dagegen gewehrt hatte, dort hineinzugehen. In der Meditation an diesem Abend sah ich sie über eine Wiese mit grünem Gras und bunten Blumen laufen. Sie war wieder jung und zu beschäftigt mit dem Laufen und Spielen, um mir viel Beachtung zu schenken. «Ich komme zurück», rief sie mir zu, und dann rannte sie weg. Ich hoffte, ich würde sie danach noch einmal sehen, aber das geschah nicht.

Auf die Woche genau zwei Jahre später fand Pat in einem kalifornischen Tierheim einen Welpen, einen roten Sibirischen Husky, von dem sie sagte, sie habe sofort gewußt, daß es meiner war. Als der Hund in Florida aus der Luftfrachtkiste stieg, wußte ich sofort und mit Sicherheit, es war Dusty. Als ich mit dem Welpen medialen Kontakt aufnahm und ihn fragte, antwortete er: «Ja, ich bin Dusty. Es war vorgesehen, daß ich dich finde.» Sie erkannte auch Copper, den sie «Oh, der» nennt. Sie war überzeugt, daß dieses vergangene Leben meines und nicht ihres war, und ist immer noch verwirrt darüber. Sie scheint einige der Erinnerungen von Dusty zu haben, ohne aber zu begreifen, daß sie aus einer anderen Lebenszeit stammen. Ich nannte sie diesmal Kali. Pat hat ihr diesen Namen gegeben, als Kali sagte, sie mochte ihn lieber als Dusty. Sie reagiert aber immer noch auf Dusty, wenn ich sie gelegentlich aus Versehen so rufe.

Manchmal braucht ein Mensch Hilfe in dem Prozeß nach dem Tod. Wenn ein natürlicher Tod stattfindet, kümmern sich die Führer des Betroffenen um alles, und die Seele wird vom Körper befreit, um dorthin gebracht zu werden, wo sie hingehen soll. Dieser übliche Vorgang geschieht meist in einem Krankenhaus oder zu Hause, unabhängig davon, ob die Sterbende eine junge oder alte Frau ist, ob sie unter Medikamenten steht und beatmet wird oder nicht. Jedoch wird manchmal der Prozeß des Hinübergehens unterbrochen. Das geschieht meist bei einem plötzlichen oder gewaltsamen Tod, wenn die Betroffene in dem einen Moment lebendig und gesund ist und im nächsten Augenblick tot. Autounfälle und Herzanfälle sind ebenso Beispiele dafür wie der plötzliche Massentod bei natürlichen oder unnatürlichen Katastrophen als Folge der Erdveränderungen.

In manchen dieser Fälle braucht die Seele vielleicht Hilfe, um zu begreifen, daß sie gestorben ist. Sie muß ihre Geistführer finden und die *Erdebene* verlassen. Es kann sein, daß sie bewußt an ihrem eigenen Begräbnis teilnimmt und sich wundert, warum sie keiner sieht und mit ihr spricht. Normalerweise gelingt es den Geistführern, eine solche Seele zu finden und ihr dabei zu helfen, weiterzukommen, aber vielleicht weist die Frau sie zurück, weil sie glaubt, immer noch am Leben zu sein. Jedesmal wenn ich höre, daß jemand gestorben ist, überprüfe ich medial, ob diejenige vielleicht Hilfe braucht. Du mußt die Person nicht gekannt haben, um ihr zu helfen.

Führe dies auf dieselbe Weise in Meditation durch, wie du anderen exkarnierten Wesenheiten hilfst, hinüberzugehen. Bitte im meditativen Zustand darum, die Frau sehen zu dürfen, die gestorben ist, und frage, ob sie in Not ist. Wenn alles in Ordnung ist, wirst du es merken, und die Frau wird dir das möglicherweise auch sagen. Du siehst vielleicht, wie ihre Geistführer und ihre Lieben bei ihr sind, nimmst leuchtende Farben wahr oder empfindest ein Gefühl der Erlösung und des Friedens. Wenn sie aber Hilfe braucht, wirst du auch das wissen, durch ein Gefühl der Angst oder der Verwirrung, indem du die Frau einsam und verloren siehst, oder weil sie darauf besteht, daß sie gar nicht gestorben ist. «Warum verhalten sich alle so merkwürdig?»

Zuerst teile der Seele der Frau mit, daß sie gestorben ist. Sage ihr, wann und wie, falls du es weißt. Du könntest ihr medial ein Bild dieser Szene zeigen. Sage ihr, daß sie jetzt zur spirituellen Ebene gehen muß, um dort auszuruhen und zu heilen, daß es ihr gut gehen und daß sie dort geborgen und willkommen sein wird. Ob sie dir glaubt oder nicht, rufe ihre Geistführer herbei und mache die Frau auf sie aufmerksam. Bitte ihre Führer, ihr zu helfen und sie dorthin zu bringen, wohin sie gehen muß. Mehr mußt du nicht tun. Sei sanft und liebevoll und akzeptiere keine Ausreden; sie muß jetzt gehen. Manche Leute, die hinübergehen, müssen vielleicht erst ihre Version von Göttlichkeit sehen, um glauben zu können, daß sie gestorben sind. Für Christen rufe ich Maria herbei; sie zu rufen ist besonders hilfreich, wenn Kindern dabei geholfen werden muß, hinüberzugehen. Manche müssen erst einem geliebten Menschen begegnen, der vor ihnen gegangen ist, und derjenige wird kommen, wenn du ihn darum bittest.

Robert Monroe hat in seinen gut dokumentierten Reisen außerhalb des Körpers begonnen, Seelen zu entdecken, die auf der astralen Ebene gefangen waren. Er lernte, ihnen dabei zu helfen, ihren Tod zu vollenden. Sein Buch *Ultimate Journey* ist so seltsam wie tiefgründig. Darin beschreibt er, wie er einer Reihe von Leuten geholfen hat, unter anderem auch einer älteren Frau, wie im folgenden beschrieben ist:

> «Aber ... ich lebe noch! Ich bin dieselbe wie immer!»
> Ich sagte ihr, daß der physische Tod den Betroffenen anfangs nicht viel verändert. Nur der Schmerz ist verschwunden ... Schau dich um, sagte ich; sieh selber.
> Sie schaute sehr langsam umher. Dann wandte sie sich mir wieder zu.
> «Alles ist schwarz ... einfach tiefschwarz.»
> Außer mir, erinnerte ich sie. Sie öffnete ihre Augen weiter, und ihr Körper begann sich langsam zu strecken.
> «Ernie ...? Bist du das, Ernie? ... Warum bist du nicht früher gekommen? Ich habe dich Tag und Nacht gerufen, daß du kommen und mich holen sollst.»
> Ich sagte ihr, daß sie zuerst sterben müsse ... Wir begannen uns langsam nach oben und heraus zu bewegen. Ich fragte sie nach dem Schmerz. Sie sah überrascht aus.
> «Der Schmerz? Oh, der Schmerz. Er ist jetzt nicht mehr wichtig, oder?»

Die Buddhisten führen die meditative Übung des *Phowa* (Po-wa) aus, um den Toten dabei zu helfen, ihre Körper und die *Erdebene* zu verlassen. Das Wort bedeutet Übergang des Bewußtseins. Dabei wird die Seele der Sterbenden durch die Krone herausgeleitet und in die Einheit mit dem Buddha-Wesen oder *Geist* geführt. Fortgeschrittene Ausübende des Buddhismus sind für das Phowa geschult, und es heißt, wenn der Prozeß vollendet ist und der Transfer geschieht, dann stirbt die Person. Wenn jemand plötzlich gestorben ist, kann Phowa auch nach dem Tod eingesetzt werden, um ihm zu helfen, ganz hinüberzugehen. Die folgende Meditation ist keine fortgeschrittene Übung, aber eine Form, die angewandt werden kann, sowohl mit oder für die Sterbenden wie auch als Reinigung für jene, die leben. Diese Meditation stammt aus Sogyal Rinpoches wundervollem Buch *Das tibetische Buch vom Leben und vom Sterben*.

Versetze dich in den meditativen Zustand mit ruhigem, klarem Geist und vollständiger Körperentspannung. Visualisiere vor dir ein Bild einer Gottheit deiner Wahl, sei es Kuan Yin, die Mutter Erde, Maria oder wen auch immer du dir herbeiwünschst. Sie ist die Verkörperung der Wahrheit, der Weisheit, des Mitgefühls und der Liebe und von goldenem Licht erfüllt. Richte deine Gedanken, Emotionen und deinen Geist auf *Sie* und frage:

> Durch deinen Segen, deine Gnade und Lenkung, durch die Macht des Lichtes, das von dir ausströmt:
> Möge all mein negatives Karma, meine zerstörerischen Emotionen, Verdunkelungen und Blockierungen gereinigt und entfernt werden,
> Möge ich mir verziehen wissen für all den Schaden, denn ich gedacht und getan habe,
> Möge ich diese tiefgründige Übung des Phowa vollenden und einen guten und friedlichen Tod sterben,
> Und durch den Triumph meines Todes möge ich fähig sein, allen anderen Wesen zu dienen, ob lebendig oder tot.[12]

Visualisiere Ströme goldenen Lichts und Mitgefühls, die in dich fließen aus dem Herzen der *Göttin*, dein Karma reinigen, dich heilen und mit strahlendem Licht erfüllen. Dein geheilter Körper schmilzt und löst sich auf in diesem goldenen, liebevollen Licht. Du bist nun ein *Lichtkörper*, der nach oben strebt, um sich mit dem Licht der *Göttin-Quelle* zu vermischen. Verharre in diesem Zustand der Einheit möglichst lange.

Diese Meditation kann für einen selbst oder für einen anderen durchgeführt werden und ist ein Weg, einem Sterbenden zu helfen, leicht und friedlich hinüberzugehen. Für alle anderen ist es eine Heil- und Selbstheilungsmeditation. Diese Meditation löst ein Heilen aus, wo es möglich ist, und erleichtert den Todesprozeß, wo keine Heilung mehr zu erreichen ist. Nach dem Tod heilt es die Seele, die auf sanfte und liebevolle Weise hinübergegangen ist. Während jemand stirbt, führe die Meditation so oft wie möglich aus. Sie heilt das Karma der Person, die hinübergeht, und das der Heilerin auch.

Gerade Frauen, die Erdheilungen durchführen, werden die vorangegangene Meditation oder eine ähnliche häufig notwendig haben. Sie kann als Hilfe eingesetzt werden, wenn viele Leute auf einmal gestorben sind, wie in Somalia oder Ruanda. Ich habe in diesen Situationen ähnliche Visualisationen eingesetzt, da ich häufig angerufen werde, größere Gruppen von verängstigten Menschen hinüberzubringen. Während der Hungerkatastrophe in Somalia beobachtete ich zusammen mit einer befreundeten Heilerin, wie Somalier einzeln hintereinander in einer langen Reihe zügig in ein silbernes Raumschiff stiegen. Jene vielen Tausenden, die starben, waren nicht irdischen Ursprungs, sondern waren hergekommen, um hier zu sterben, so daß ihr Tod den Planeten erwecken würde. Nachdem sie ihr Opfer vollbracht hatten, waren die Seelen wieder frei und konnten nach Hause gehen. Wir halfen jenen, die das Raumschiff nicht finden konnten, auf den Weg.

In seiner Erforschung der Reisen außerhalb des Körpers entdeckte Robert Monroe einen Park oder einen Aufenthaltsraum, wo die Seelen bei ihrem Tod hingehen, um dort auf ihre Geistführer zu warten, die sie dann mitnehmen. Dieser Park stimmt mit den Beschreibungen überein, die viele Leute mit Nahtod- und Rückführungserfahrungen gegeben haben. Er ähnelt dem Ort, an dem ich Dusty kurz nach ihrem Tod gesehen habe. Monroes Park hatte Gras und Bäume, Blumen, Bänke, Vögel, und Wege schlängelten sich hindurch.

Diesen Park erreichte er, als er außerhalb seines Körpers war, dadurch gelang ihm ein Sprung zu besserem Verständnis. Lange hatte er die «Grundlage» des Konzepts von Tod und Leben gesucht. Diese Entdeckung ist keine Überraschung, da es das zentrale Konzept ist, das der Buddhismus seit Tausenden Jahren lehrt: daß der Park und alle Wirklichkeit vom Geist erschaffen werden. Monroe machte die Erfahrung, daß Seelen, die wußten, daß sie nach dem Tod zu diesem Park kommen würden, viel einfacher und problemloser zu ihm gelangten und von dort aus weiter in den Zustand zwischen den Leben. Er betrachtete dieses Wissen als den Schlüssel zur letzten Freiheit (Erleuchtung in den Begriffen des Buddhismus) und gründete sein Monroe-Institut, um andere davon zu unterrichten, solange sie noch am Leben waren und im Prozeß ihres Todes. Er geht dabei wissenschaftlich vor. Es ist für mich ein Wunder zu sehen, daß die Wissenschaft schließlich dem näherrückt, was die alten Heilerinnen schon immer gewußt haben.

Heilerinnen, die mit dem Todesprozeß arbeiten und jenen helfen, die sterben oder gestorben sind, werden bald gewahr, wie ehrfurchtgebietend das Ganze ist. Sie begreifen vollständig, daß der Tod nicht das Ende ist, daß das Bewußtsein weiterlebt und daß das Leben weit mehr umfaßt als das, was im Körper geschieht. Ich habe bei meinen Erfahrungen mit dem Tod keine Furcht oder irgend etwas Schauerliches gefunden. Statt dessen bin ich einem wunderbaren Frieden, Ordnung, Schönheit und Hoffnung begegnet. Ich habe so gut wie keine Angst vor meinem eigenen Sterben, seit ich anderen dabei helfe, hinüberzugehen.

Pat sagt etwas ähnliches:

> Eines muß ich feststellen, daß ich von meinen Patienten mehr über mich und den Prozeß des Sterbens gelernt habe, und sie waren in meinen Augen wahre Heldinnen. Ich bete darum, daß ich, wenn meine Zeit gekommen ist, die Bewußtheit haben werde, mir dessen gewahr zu sein.
>
> Da ich dies schon seit mehreren Jahren ausübe, kann ich meist schon bei meinem ersten Besuch sagen, wieviel Zeit ich noch mit dem Patienten haben werde, bis er stirbt. Wenn sie noch länger bleiben, dann hat es in neun von zehn Malen mit Angst zu tun.

Mit dem Gewahrwerden des Todesprozesses vergeht die Furcht. Beim Tod geht die Seele nach Hause. Ich sehe darin die Entdeckung des letzten Aufzugs, der Zimmernummer und des Klassenzimmers, zu dem man nach Hause geht.

Die meisten, die sterben, werden wiedergeboren werden, entweder weil sie noch ihr karmisches Lernen vollenden müssen oder weil sie wählen, als Bodhisattva der Menschheit zu dienen. So, wie wir vergangene Leben gehabt haben, haben wir auch zukünftige Leben, obwohl es sicher schwierig ist, Zugang zu deren Details zu bekommen. Zwar habe ich nie versucht, für mich selbst zielgerichtet nach zukünftigem Wissen zu suchen. Andere haben das jedoch getan. Dr. Bruce Goldberg beschreibt in seinem Buch *Past Lives, Future Lives* detailliert, wie die Erde vom 21. bis zum 26. Jahrhundert aussehen wird. Dieses Wissen hat er erlangt durch Dutzende Progressionen in zukünftige Leben, die er unter Hypnose vorgenommen hat. Er kommentierte dazu 1982, daß die zukünftigen Lebensfelder unerforschter Boden seien und daß selbst medial Begabte nicht über zukünftige Lebenszeiten schrieben. Dies verändert sich gegenwärtig.

Im 21. Jahrhundert berichteten Goldbergs Probanden von einer neuen Ära des Weltfriedens, die dreihundert Jahre lang dauern wird, sowie vom Ende von Hunger, Habgier und Vorurteilen. Er beschreibt «bedeutende geographische Veränderungen» und eine Beschleunigung des wissenschaftlichen Fortschritts. Das 22. Jahrhundert wird den allgemeinen Einsatz der Solarenergie bringen und Errungenschaften in Medizin, Psychiatrie und Psychologie, die die durchschnittliche Lebensdauer auf neunzig Jahre verlängern werden. Das 23. Jahrhundert auf der Erde zeigt noch weitergehenden technischen Fortschritt, leise und leistungsfähige Transportsysteme, kontrolliertes Wetter und allgemein zugängliche höhere Bildung. Die durchschnittliche Lebensdauer wird sich auf einhundertzehn Jahre erweitert haben.

Das 24. und 25. Jahrhundert zeigt wieder mehr Probleme, darunter Atomkriege, internationale Krisen, die von der Politik angeheizt werden, und weitere geographische Erdveränderungen, die mit einem bedeutendem Rückgang der Bevölkerung einhergehen werden. Mit dem 26. Jahrhundert kommen wieder verstärkt medizinische Fortschritte und eine Konzentration auf Gentechnik, ausgefeilte Lasertechnik, Unterwasserstädte und interplanetarische Reisen. Krankheit und Unwohlsein werden verschwunden sein, dafür wird es eine demokratische Weltregierung geben und eine durchschnittliche Lebensspanne von über einhundertfünfundzwanzig Jahren.[13]

Goldberg entdeckte, wenn er die Menschen in ihre zukünftigen Leben führte, daß eine Situation, die als Karma aus der Gegenwart stammt, viele verschiedene Ergebnisse haben konnte, eine Vielzahl von mindestens fünf positiven, negativen oder neutralen Zukunftsszenen. In einem Prozeß, der meinem zuvor erwähnten Einsatz des Lösens von Emotionen ähnelt, kann man den Betreffenden auch darauf programmieren, daß er sich die günstigen und für ihn besten Situationen für die Manifestation auswählt. Diese Heilungen der Zukunft können in die Gegenwart zurückgebracht werden (so wie Rückführungen in Altersstufen und in vergangene Leben in die Gegenwart gebracht werden können), um auch die Gegenwart zu heilen.

Beginne damit, Meditationssitzungen abzuhalten, die dir deine zukünftigen Leben zeigen. Bitte darum, in dein nächstes Leben gebracht zu werden, und zwar auf dieselbe Weise, wie bei der grundlegenden Meditation über vergangene Leben aus dem Kapitel über Karma. Mache dich vertraut damit, wer du in verschiedenen zukünftigen Jahrhunderten sein wirst. Wenn du um Informationen über ein zukünftiges Leben bittest, versuche eine Vorstellung davon zu gewinnen, wann es stattfindet und in welchem Umfeld es sich abspielt. Achte darauf, daß du deine Geistführer für diese Reisen anrufst und vollen Schutz aufbaust. Szenen aus zukünftigen Leben sind meist nicht so zusammenhängend wie die der vergangenen, und es kommt zu sprunghaften Szenenwechseln. Es kann sein, daß du das Umfeld und die Einzelheiten, die man dir zeigt, nicht erkennen kannst, und möglicherweise spielen sie sich nicht auf der *Erde* ab. Du wirst nur Szenen zu sehen bekommen, die nicht den erforderlichen karmischen Lernprozeß jenseits dieses Lebens stören können. Probiere das ein paarmal, um mit dem Prozeß vertraut zu werden, aber versuche noch nicht, die Lebenszeiten, die du siehst, zu ändern.

Als nächstes führe eine Meditation durch, in der du darum bittest, in ein zukünftiges Leben gebracht zu werden, das für ein gegenwärtiges Problem, eine augenblickliche Frage oder Schwierigkeit von Bedeutung ist. Beobachte die Szene, ohne sie zu verändern, dann bitte darum, die anderen zukünftigen Lebensmöglichkeiten für diese Szene oder dieses Problem zu sehen. Entwickle allmählich ein Gefühl dafür, welche Wahlmöglichkeiten du hast. Manche werden besser sein als andere, einige oder eine kann besonders negativ oder günstig sein, und einige werden eine Mischung von beiden beinhalten. Setze den Prozeß des emotionalen Neuprogrammierens (nicht des karmischen Lösens) ein, um die positivste Möglichkeit auszuwählen, und heile die weniger positiven Alternativen. Bringe diese Heilung ins Jetzt zurück. In einer späteren Sitzung bitte darum, wieder deine Wahlmöglichkeiten für diese Situation zu sehen, und beobachte, was sich verändert hat.

Es ist uns nur erlaubt, diese Veränderungen bei Situationen vorzunehmen, deren Karma durch unsere jetzigen Entscheidungen geheilt worden ist; wir dürfen nicht zukünftiges Karma lösen. Man wird uns nur das zeigen, was wir verändern dürfen.

Meine nächste Lebenszeit findet entweder auf einer geheilten *Erde* oder auf einem anderen positiven, der Erde ähnlichen Planeten statt. Ich lebe, arbeite und unterrichte an einer Hochschule für Heilerinnen, und meine Seelengefährtin ist dort auch Lehrerin. Wir sind beide weiblich. Wir tragen lose geschlungene, knöchellange Kleider aus einem weißen, goldgefleckten weichen Material. Dieses Gewand wird an der Schulter mit einer Insignie oder einem Schmuckstück gehalten. Die Kultur wird von Frauen bestimmt, und Heilerinnen und das Heilen werden in ihr hoch geachtet. Unsere Arbeit wird unterstützt. Der Ort besteht aus einem weißen, einstöckigen, quadratischen Gebäude, das fast griechisch anmutet. Es ist einfach, die Zimmer umgeben einen zentralen Innenhof mit Brunnen, gepolsterten Bänken und blühenden Bäumen. Wenn sich eine Öffnung bietet und diese Welt zu existieren beginnt, bin ich bereit, dorthin zu gehen. Schon jetzt bin ich dazu bereit.

Ich muß noch etwas sagen zu den Kindern, die sich in der gegenwärtigen Zeit auf der Erde inkarnieren. Während wir Erwachsenen den geheilten Planeten und die dreihundert Jahre des Friedens wahrscheinlich nicht mehr erleben werden, werden diese Kinder beides miterleben und es Wirklichkeit werden lassen. Viele von ihnen sind alte Seelen, und manche sind alte Helfer-Seelen, die gekommen sind, um die *Erde* durch die Veränderungen zu leiten. Sie haben die Weisheit und Fähigkeiten, die wir Erwachsenen uns nicht einmal vorstellen können. Diese Kinder sind hier als unsere Lehrer; achtet und ehrt sie. Eine Frau sagte mir: «Ich weiß, das ist verrückt, aber ich sehe in meiner zweijährigen Enkelin jemanden, der den Planeten retten wird.» Es ist nicht verrückt, es ist wahr. Sie wissen, wer sie sind und wozu sie hergekommen sind. Helft ihnen, aber haltet sie nicht zurück.

Dieses Buch konnte nur einen kleinen Ausschnitt der vielen Methoden zeigen, die heute für das Heilen von Frauen und der *Erde* zur Verfügung stehen und für das Heilen der Vergangenheit, der Gegenwart und der Zukunft. Es ist nur ein Anfang, da jene, die diese Methoden einsetzen werden, sie auf ihre eigene Weise anwenden und sie weiterführen werden, weit über das hier Geschriebene hinaus. Ich begleite diesen Prozeß mit all meinem Segen, solange er mit Mitgefühl, Liebe, Einheit und zum Besten aller Wesen und des Planeten eingesetzt wird. Die *Göttin* ist in uns, und sie sieht, was wir tun.

10. April 1995

Zunehmender Mond im Zeichen des Löwen

Erlaube dem Licht zu sein.
Mögen wir frei sein von einer Vergangenheit des Schmerzes und der Verwirrung.
Möge unser Schoß, unser Herz sich mit ihrem eigenen natürlichen Licht erfüllen.
Mögen wir uns selbst gegenüber ganz sein.
Mögen wir mit uns im Frieden sein.
Mögen alle Wesen frei sein vom Leiden.

Stephen Levine
Healing Into Life and Death

Anmerkungen

Einführung

1 Barbara Marciniak: *Earth: Pleiadian Keys to the Living Library*, Bear and Co., Santa Fe, NM, 1995, S. 220f. (dt. *Plejadische Schlüssel zum Wissen der Erde*, Hermann Bauer Verlag, Freiburg i. Br., [5]1996).

2 A.a.O., S. 219.

1 Meditation

1 Straten, Michael van: *The Complete National Health Consultant*, Prentice Hall Press, New York 1987, S. 43.

2 Chopra, Deepak: *Quantum Healing: Exploring the Frontiers of Mind/Body Medicine.* Bantam Books, New York 1989, S. 157, und Barasch, Marc Ian: *The Healing Path: A Soul Approach to Illness.* Arkana Books, New York 1993, S. 264 (dt. Ich suchte meine Seele und wurde gesund, Scherz Verlag, Bern und München 1996).

3 A.a.O., S. 176–180.

4 Blofeld, John: *The Tantric Mysticism of Tibet: A Practical Guide to Theory, Purpose and Techniques of Tantric Meditation.* Arkana Books, New York 1970, S. 61f.

5 Burtt, E. A.: *The Teachings of the Compassionate Buddha.* Mentor Books, New York 1955, S. 197.

6 LeShan, Lawrence: *How to Meditiate: A Guide to Self-Discovery.* Bantam Books, New York 1974, S. 29.

7 A.a.O., S. 29–31.

8 Shealy, Norman C. und Myss, Carolyn M.: *The Creation of Health: The Emotional, Psychological and Spiritual Responses that Promote Health and Healing.* Stillpoint Publishing, Walpole, NH, 1988/1993, S. 358 (dt. *Auch du kannst dich heilen*, Laredo Verlag, Chieming 1994).

9 A.a.O.

10 Traditionale Methode, eine Adaptation von Starhawk: *The Spiral Dance: A Rebirth of the Ancient Religion of the Great Goddess*, Harper and Row, San Francisco 1979, S. 44 (dt. *Der Hexenkult als Ur-Religion der großen Göttin*, Goldmann Verlag, München 1995). Ebenso Alma Daniel, Timothy Wyllie und Andrew Ramer: *Ask Your Angels*, Ballantine Books, New York 1992, S. 109–111 (dt. *Frag deinen Engel*, Zweitausendeins, Frankfurt a. M. 1994).

11 David-Neel, Alexandra: *Magic and Mystery in Tibet,* Dover Publications, New York 1932/1971, S. 272–276 (dt. *Liebeszauber und schwarze Magie. Abenteuer in Tibet,* Hugendubel [3]1992).

[12] A.a.O., S. 276.
[13] Easwaran, Eknath: *Mediation: A Simple Eight-Point Program for Translating Spiritual Ideals into Daily Life.* Nilgiri Press, Tomales, CA., 1991, S. 38–40.
[14] Yogananda, Paramahansa: *Metaphysical Mediations*, Self-Realization Fellowship, Los Angeles 1964/1989, S. 54–57.
[15] Stein, Diane: *Casting the Circle: A Women's Book of Ritual,* Freedom, CA, The Crossing Press 1990, S. 54.
[16] Chaney, Earlyne C. und Robert R.: *Astara's Book of Life. The Holy Breath in Man,* Second Degree, Lesson Four. Astara, Upland, CA, 1966, S. 23–24.
[17] LeShan, Lawrence: *How to Meditate*, S. 63–66.

2 Visualisation

[1] John Blofeld: *The Tantric Mysticism of Tibet*, S. 240.
[2] A.a.O., S. 84.
[3] George W. Meek (Hrsg.): *Healers and the Healing Process.* Quest Books, Wheaton, Il, 1977, S. 181.
[4] Deepak Chopra: *Quantum Healing,* S. 199.
[5] LaUna Huffines: *Bridge of Light: Tools of Light for Spiritual Transformation.* Fireside Books, New York, NY, 1989, S. 73 ff.
[6] Kenneth R. Pelletier: *Mind as Healer, Mind as Slayer.* Dell Publishing, New York, NY, 1977, S. 264 f.
[7] William Fezler: *Imagery for Healing, Knowledge and Power.* Fireside Books, New York, NY, 1990, S. 75–91.
[8] Stephanie Matthews Simonton, O. Carl Simonton und James L. Creighton: *Getting Well Again.* Bantam Books, New York, NY, 1978, S. 6–12 (dt. *Wieder gesund werden*, Rowohlt, Reinbek 1982).
[9] A.a.O., S. 155 f.
[10] Stephen Levine: *Healing Into Life and Death.* Anchor Books, New York, NY, 1987, S. 196 (dt. *Seinlassen. Heilung im Leben und im Sterben*, Context Verlag, Bielefeld 1995).
[11] Zitiert nach Marc Ian Barasch: *The Healing Path*, S. 270.
[12] Stephen Levine: *Healing Into Life and Death*, S. 197
[13] Marc Ian Barasch: *The Healing Path*, S. 271 f.

3 Chakras und Aura

[1] Barbara Marciniak, Tera Thomas (Hrsg.): *Bringers of the Dawn: Teachings from the Pleiadians. Bear and Company,* Santa Fe, NM, 1992, S. 42 (dt. *Boten des neuen Morgens. Lehren von den Plejaden*, Hermann Bauer Verlag, Freiburg i. Br., [9]1996).
[2] A.a.O., S. 28.
[3] A.a.O., S. 55 f., und Barbara Marciniak: *Earth,* S. 34 f.
[4] Ajit Mookerjee: *Kundalini: The Arousal of the Inner Energy.* Destiny Books, Rochester, VT, 1982, S. 21 (dt. *Kundalini. Die Erweckung der inneren Energie,* Origo-Verlag, Bern 1984).
[5] A.a.O., S. 71.
[6] A.a.O., S. 11.
[7] Diese Version der sieben Chakras ist beeinflußt von der Begriffsbestimmung von Carolyn Myss. Siehe Norman C. Shealy und Carolyn M. Myss: *The Creation of Health,* S. 93–119.

[8] Barbara Ann Brennan: *Hands of Light: A Guide to Healing Through the Human Energy Field.* Bantam Books, New York, NY, 1987, S. 47 (dt. *Licht-Arbeit. Das große Handbuch der Heilung mit körperlichen Energiefeldern,* Goldmann Verlag, München 1995).

[9] A.a.O., S. 53.

[10] Barbara Marciniak: *Bringers of the Dawn: Teachings from the Pleiadians.* Bear & Co, Santa Fe, NM, 1992, S. 55f., und Barbara Marciniak: *Earth: Pleiadian Keys to the Living Library.* Bear & Co, Santa Fe, NM, 1995, S. 34f.

[11] Barbara Marciniak: *Bringers of the Dawn,* S. 55f., Barbara Marciniak: *Earth,* S. 34f.

[12] Barbara Ann Brennan: *Light Emerging: the Journey of Personal Healing.* Bantam Books, New York 1993, S. 29 (dt. *Licht-Heilung,* Goldmann Verlag, München 1995).

[13] A.a.O.

[14] Katrina Raphaell: *The Crystalline Transmission: A Synthesis of Light.* Aurora Press, Santa Fe 1990, S. 38–42 (dt. *Heilung mit Kristallen,* Knaur Verlag, München 1992).

[15] Barbara Ann Brennan: *Light Emerging,* S. 28.

[16] Stephen Levine: *Healing Into Life and Death,* S. 116–117.

[17] Barbara Ann Brennan: *Light Emerging,* S. 29.

[18] Katrina Raphaell: *The Crystalline Transmission,* S. 35–36.

4 Energie

[1] Alfred Taylor: «Can We Avoid Karmic Debts?», in: V. Hansen, R. Stewart und S. Nicholson (Hrsg.): *Karma: Rhythmic Return to Harmony.* Quest Books, Wheaton, IL, 1975, 1981, 1990, S. 211.

[2] Stephen Levine: *Healing Into Life and Death,* S. 267.

[3] Die folgende Quelle enthält eine wunderbare Version dieser traditionellen Meditation: Alma Daniel, Timothy Wyllie und Andrew Ramer: *Ask Your Angels,* S. 119–122.

[4] Mantak Chia: *Awaken Healing Energy Through the Tao.* Aurora Press, Santa Fe, NM, S. 6–7 (dt. *Tao Yoga. Praktisches Lehrbuch zur Erweckung der heilenden Urkraft Chi,* Ansata Verlag, Interlaken 1985).

[5] Earlyne Chaney und William L. Messick: *Kundalini and the Third Eye.* Astara, Upland, CA, 1980, S. 32f.

[6] Dr. Stephen T. Chang: *The Tao of Sexology: The Book of Infinite Wisdom.* Tao Publishing, San Francisco, CA, 1986, S. 182f.

[7] Mantak Chia und Maneewan Chia: *Awaken Healing Light of the Tao.* Healing Tao Books, Huntington, NY, 1993, S. 170.

[8] Dr. Stephen T. Chang: *The Tao of Sexology: The Book of Infinite Wisdom,* S. 105–106 (dt. *Das Tao der Sexualität,* Goldmann Verlag, München 1996). Diese Übungen habe ich in mehreren Quellen entdeckt.

[9] Mantak Chia: *Awaken Healing Energy Through the Tao,* S. 73–74, und Dr. Stephen T. Chang: *The Tao of Sexology,* S. 181–186.

[10] Mantak Chia: *Awaken Healing Energy Through the Tao,* S. 60–61.

[11] A.a.O., S. 59.

5 Geistführer

[1] Linda Page, *Persönliches Gespräch,* 4. Januar 1995.
[2] Der folgende Prozeß stammt aus dem Buch *Companions in Spirit* von Leah Maggie Garfield und Jack Grant. Celestial Arts Press, Berkeley, CA., 1984, S. 38–43 (dt. *Geisthelfer,* Goldmann Verlag, München 1991).
[3] Alma Daniel, Timothy Wyllie und Andrew Ramer: *Ask Your Angels,* S. 254.
[4] Laura Ellen Gifford: «How Do I Know? Learning to Trust in Your Reiki Guides». In: *Reiki News,* Winter 1995, S. 9.
[5] Sogyal Rinpoche: *The Tibetan Book of Living and Dying.* HarperCollins Publishers Inc., San Francisco, CA, 1993, S. 134 (dt. *Das tibetische Buch vom Leben und vom Sterben,* O. W. Barth Verlag, Bern und München).
[6] Michael Newton: *Journey of Souls: Case Studies of Life Between Lives.* Llewellyn Publications, St. Paul, MN, 1993, S. 112 (dt. *Die Reisen der Seele. Karmische Fallstudien,* Edition Astrodata, Wettswil 1996).

6 Heilende Hände

[1] Diane Stein: *Essential Reiki: A Complete Guide to an Ancient Healing Art.* The Crossing Press, Freedom, CA, 1995, S. 36–39.
[2] A.a.O., S. 44–46.

7 Lösen von Emotionen

[1] C. Norman Shealy und Carolyn M. Myss: *The Creation of Health,* S. 66f.
[2] Alice Steadman: *Who's the Matter With Me.* ESPress, Washington, DC, 1966, S. 9 und 15.
[3] Louise Hay: *You Can Heal Your Life.* Hay House, Santa Monica, CA, 1984, S. 12f. (dt. *Du bist dein Heiler!* Heyne Verlag, München 1993).
[4] A.a.O., S. 14f.
[5] Stephen Levine: *Healing Into Life and Death,* S. 55.
[6] A.a.O., S. 216.

8 Heilen mit Kristallen

[1] «Tibetan Tektites», in: *The Heaven and Earth Network News,* Heft 9, Winter 1993–1994, S. 5f. Und «Tibetan Tektite Update», Heft 10, Frühjahr/Sommer 1994, S. 9f.
[2] Gurudas: *Gem, Elixers and Vibrational Healing,* Band I. Cassandra Press, Boulder, CO, 1985, S. 145f. und S. 164 (dt. *Heilung durch die Schwingung der Edelsteinelixiere,* Verlag Gesundheit und Entwicklung, Berlin 1995).
[3] Melody: *Love Is In the Earth: A Kaleidoscope of Crystals.* Earth-Love Publishing House, Richland, WA, 1991, S. 54f.
[4] A.a.O., S. 418f.
[5] Gurudas: *Gem, Elixers and Vibrational Healing,* Band I, S. 161f.
[6] Melody: *Love Is In the Earth,* S. 409f.
[7] A.a.O., S. 153.
[8] «Danburite», in: *The Heaven and Earth Network News,* Heft 10, Frühjahr/Sommer 1994, S. 8f.
[9] Melody: *Love Is In the Earth,* S. 232.

9 Fernheilen

[1] Barbara Ann Brennan: *Light Emerging: The Journey of Personal Healing Through the Human Energy Field.* Bantam Books, New York, NY, 1993, S. 24.

[2] Barbara Ann Brennan: *Hands of Light: A Guide to Healing Through the Human Energy Field.* Bantam Books, New York, NY, 1987, S. 47.

[3] Barbara Ann Brennan: Light Emerging, S. 25.

[4] A.a.O., S. 26.

[5] A.a.O., S. 23.

[6] Basiert auf einer Übung von Amy Wallace und Bill Henkin: *The Psychic Healing Book.* The Wingbow Press, Berkeley, CA, 1978, S. 99 ff. (dt. *Anleitung zum geistigen Heilen,* Synthesis Verlag, Essen 1982).

10 Karma

[1] Sogyal Rinpoche: *The Tibetan Book of Living and Dying.* HarperCollins Publishers Inc., San Francisco 1993, S. 89 f.

[2] Shirley Nicholson: «Karma As Organic Process», in: V. Hansen, R. Stewart und S. Nicholson: *Karma: Rhythmic Return to Harmony.* Quest Books, Wheaton, IL, 1975, 1990, S. 24.

[3] Michael Newton: *Journey of Souls,* S. 88.

[4] Laeh Maggie Garfield: *How the Universe Works: Pathways to Enlightenment.* Celestial Arts Press, Berkeley, CA, 1991, S. 28 (dt. *Den eigenen Weg finden,* Heyne Verlag, München 1995).

[5] Clarence R. Pedersen: «The Source of Becauses», in: V. Hansen, R. Stewart and S. Nicholson: *Karma: Rhythmic Return to Harmony,* S. 54.

[6] Laurence J. Bendit: «Karma and Cosmos», in: V. Hansen, R. Stewart und S. Nicholson a.a.O., S. 281.

11 Seelenregeneration

[1] Kenneth Meadows: *Shamanic Experience: A Practical Guide to Contemporary Shamanism.* Element Books, Rockport, MA, 1991, S. 164 f. (dt. *Das große Buch des Schamanismus,* Verlag moderne industrie, Landsberg 1996).

[2] A.a.O., S. 165

[3] A.a.O., S. 166.

[4] LaUna Huffines: *Bridge of Light: Tools of Light for Spiritual Transformation,* S. 115.

[5] A.a.O., S. 118.

12 Geist-Anhaftungen

[1] Graham Bernard: *The Challenge of Evil: Further Conversations with Richard.* Destiny Books, Rochester, VT, 1988, S. 43.

[2] Michael Newton: *Journey of Souls,* S. 47 f.

[3] Edith Fiore: *The Unquiet Dead: A Psychologist Treats Spirit Possession.* Ballantine Books, New York, N.Y. 1987, S. 123.

[4] Barbara Hand Clow: *Heart of the Cristos: Starseeding From the Pleiades.* Bear and Co., Santa Fe, NM, 1989, S. 187 f.

[5] A.a.O., S. 190 f.

13 Der Tod

1 Michael Newton: *Journey of Souls*, S. 170f.

2 Sogyal Rinpoche: *The Tibetan Book of Living and Dying,* S. 12. Meine Kenntnis der Bardos stammt hauptsächlich aus diesem Buch.

3 A.a.O., S. 247–253.

4 A.a.O., S. 261.

5 A.a.O., S. 276.

6 A.a.O., S. 291.

7 Raymond Moody: *Life After Life.* Bantam Books, New York, NY, 1975, S. 21ff. (dt. *Leben nach dem Tod,* Rowohlt Verlag, Reinbek 1977). Ähnliche Beschreibungen gibt es auch aus anderen Quellen.

8 Earlyne C. Chaney und Robert G. Chaney: *Astara's Book of Life: The Holy Breath in Man.* Second Degree, Lesson 4. Astara, Upland, CA, 1966, S. 8.

9 Earlyne C. Chaney and Robert G. Chaney: *Astara's Book of Life: The Science of Rebirth.* First Degree, Lesson 21. Astara, Upland, CA, 1966, S. 11ff.

10 A.a.O., S. 13–21.

11 Robert A. Monroe: *Ultimate Journey.* Doubleday, New York, NY, 1966, S. 11ff. (dt. *Ausgabe erscheint 1997 im Ansata Verlag, Bern und München*).

12 Sogyal Rinpoche: *The Tibetan Book of Living and Death,* S. 215.

13 Bruce Goldberg: *Past Lives, Future Lives.* Ballantine Books, New York, NY, 1982, S. 135f.

Dank

Bücher kommen niemals nur durch den Autor zustande, vielmehr gibt es stets viele Menschen, denen Dank gebührt. Dieses Buch macht dabei keine Ausnahme. Ich möchte Joy Weber vom Treasures Bookstore in Tampa, Florida, und Patty Callahan von Brigit Books in St. Petersburg für ihre Literaturrecherchen und Buchbestellungen danken. Jane Brown und Robyn Zimmerman schickten mir Bücher und unterstützten mich die ganze Zeit über mit ihrem gesunden Menschenverstand und ihrer Fachkenntnis.

Karen Narita, Amy Sibiga, Brigid Fuller und Victoria May von *The Crossing Press* machten aus meinen Papierstößen und meinen dilettantischen Illustrationen beeindruckend schöne Erzeugnisse. Ihre Geduld mit mir war erstaunlich. Und ohne John und Elaine Gill, den Mitbesitzern von *The Crossing Press*, und ihrem Glauben an die Heilkräfte der Frauen wäre keines meiner Bücher veröffentlicht worden.

Ich danke auch Kali und Copper dafür, daß sie mich von Zeit zu Zeit wieder auf den Boden der Realität zurückgebracht haben mit der Aufforderung, mich ums Abendessen zu kümmern.

Personen- und Sachregister

Abbildung 76, 82, 83, 85, 86, 88, 95, 99, 122, 123, 160–165, 172–177, 240, 266
Abkoppeln 195, 196, 200
Abstraktion 285
Achtung 156
Affirmation 40, 72, 106, 107, 144, 155, 192, 293, 313, 319
Aggression 69
Akasha-Chronik 80, 265, 269, 272, 273, 337, 339
Akupunktur 96, 98, 102, 125
Alpha-Stadium 47
Alpha-Welle 34
Anatomie 57, 247
Angelit 226
Angriffe, mediale 303, 306, 307, 316
Angst 20, 21
Anhaftung 314
Anhaftung, nicht-menschliche 312
Anwendung, erdgebundene 66
Aquamarin 231
Ariel 81, 135, 136, 299
Assoziationen 46
Astralebene 334
Astralfarben 119, 249
Astralkörper 79
Astralreisen 90
Atem 41
Atlantis 133, 321
Auge, drittes 92, 93
Aura 74, 78, 116, 133, 328
Aurakörper 240
Aurakörper, ketherischer 241
Ausgelaugt 154, 155, 195
Ave Maria 43
Aventurin, blauer 227
Avila, Theresa von 40, 128, 129, 149
Azurit 227
Bardo Thödol 336
Bardos, vier 330, 336
Bast 148
Bauplan 92
Beeinflussung 105
Behandlung 68
Bericht, karmischer 339
Bernstein 230, 271, 316
Beschwerden 29
Besessenheit 314, 315
Besetzungen 306
Betäubung 64
Beta-Welle 34
Bewegungs-Chakra 102
Bewußtsein, kollektives 80
Bewußtsein, schaffendes 50
Bewußtseinsübertragung 39
Bewußtseinsverschiebung 39
Bewußtseinszustände 30
Bezahlung 109
Bharamus 130
Bingen, Hildegard von 40, 190
Biofeedback 62, 63, 66
Blockade 58, 61
Blofeld, John 49
Bodhisattva 81, 241, 258, 279, 335, 349
Boji-Steine 229
Böses 303–305, 323, 327
Brech-Chakra 102
Brede 44, 59 132, 133, 148
Brennan, Barbara Ann 92–94, 97, 98, 100, 238–242
Brete 132
Bride 132
Brigit 44, 132, 148
Buddha 149, 153
Buddha-Natur 31, 150
Buddhismus 31, 46, 189, 260, 261, 266, 330, 346

Buddhismus, Heilung im 153
Buddhismus, tantrischer 38, 54

Candlemas 6
Cayce, Edgar 17, 190
Chakra, gesundes 246
Chakra, Reinigen des 87
Chakra-Haken, Abkoppeln der 317
Chakra-Kanäle 77
Chakra-Leitungen, negative 196, 197, 199
Chakra-Narben 207
Chakras 23, 74, 88–95
Chakra-Schild 114, 319
Chakra-Systeme 96
Chakra-Zentren 79
Chaney, Earlyne 338
Channelling 101, 129, 135
Chaos 21
Charakter 305
Chi 97, 98, 102–104, 120, 166
Chi, Kreislauf des 123
Chia, Maneewan 124
Chia, Mantak 124
Cho-Ku-Rei 39, 78, 215, 219
Chopra, Deepak 30, 53
Christ 346
Christin, wiedergeborene 158
Christus 81
Clow, Barbara Hand 323, 324, 327
Copper Woman 149

Dai-Ko-Myo 81, 215, 249
Dalai Lama 261
Dale, Mary 40
Damm-Chakra 100, 102, 126
Dämon 312
Danburit 232
Daniel, Alma 146
DART 8
David-Neel, Alexandra 39
Denken 53, 112, 281
Dimension, vierte 30
Dioptas 226
Dissoziation 65
DNA 75, 77–79, 95, 212, 308
Doppel, ätherisches 78, 84, 88, 89, 98
Drogen 310

Ebene, astrale 280, 306
Ebene, mentale 281, 334
Ebene, physische 280
Ebene, spirituelle 30, 31, 281, 334, 345
Edelsteinauflegen 219
Edelsteine 210, 215, 216
Edelstein-Heilen 221
Ego 26, 48, 111, 269, 304
Egoismus 260
Eigenliebe 22
Einflüsse, negative 195
Einheit 30
Einsamkeit 21
Einsicht 42
Einstein, Albert 30, 34
Eintreten 7
Eklektisch 14
Ekstase 93
Elementargesetz 19
Elestial-Quarz 229
Emotionalkörper 78, 79, 119, 186
Emotionen 157, 190, 194
Emotionen, negative 192
Emotionen, ungelöste 189
Empfindungen 182
Energie 19, 52, 53, 104, 112, 116, 120, 166
Energie, Abstimmung der 218
Energie, blaue 324
Energie, böse 303
Energie, galaktische 213
Energie, geklärte 218
Energie, negative 116, 307, 318
Energiekanäle 78, 96
Energiekörper, vier 77
Energiekreislauf, großer 125, 126
Energiekreislauf, kleiner 122, 124, 126
Energiekreisläufe 155
Energienetz 211, 213, 214, 216, 217, 322
Energienetz, universales 216
Energieschutz 317, 327
Energieschwingungen, Heilen mit 13
Energiewirbel 96
Engel 78, 81, 135, 136, 145–147
Engel, aufzeichnende 273, 274
Entgiftung, Symptome 181
Entspannung 34, 36
Entwendung 285
Erd-Chakra 97
Erde, Heilen der 16
Erde-Heilen 253–255
Erden 36
Erd-Stern 97
Erdveränderungen 17, 20

Erfahrung 184
Erfahrung, negative 323
Erkrankungen 28
Erlaubnis 108, 246, 248, 249
Erleuchtung 48, 81, 154, 190, 330, 331, 334, 335
Erleuchtung, Pfad zur 279
Erlösung 273, 334
Erlösung, emotionale 188
Erwärmer, dreifacher 101
Ethik 248
Extraktion 285

Farbe 117, 119
Farben, irdische 249
Farbmeditation 118
Fee, kleine blaue 324
Feinstimmung 166
Feld 53
Feld-Theorie, einheitliche 30
Fernheilen 236, 250, 258
Fernheilungs-Techniken 252
Feuer-Göttin 45
Fezler, William 64
Fiore, Edith 314, 315
Fokussieren 33, 252, 253
Franziskus, hl. 148
Frauen 23
Frauen, Heilweise der 152
Frauenkultur 8
Freiheit 327
Führer 138, 141, 142, 145
Führer, persönlicher 137
Fuß-Chakra 102

Gaia 16
Ganzheit 22, 285, 296
Garfield, Leah Maggie 128
Gebet 157
Gedächtnis, karmisches 323
Gedanken 51, 52, 112
Gedankenfelder 53
Gefühle 45, 119, 182, 207, 240
Gefühle, karmische 332
Gefühle, negative 29
Gegenstand 44
Geheimnis, großes 94
Gehirn 70
Gehirnwelle 34
Geist des Individuums 93
Geist 39, 49, 186, 205, 332
Geist, gewöhnlicher 333
Geist, individueller 80
Geist, leuchtender 333
Geist, positiver 186
Geist, reiner 333
Geist, universaler 48, 80, 214
Geist-Anhaftung 285, 303, 306, 312, 315, 317
Geist-Anhaftung, energetische 308
Geist-Besessenheit 314
Geistenergie 54
Geister 306
Geist-Familie 337
Geistführer 112, 128, 137, 141, 149, 158, 337
Geistführer, persönlicher 140, 141
Geistheilen 12, 14, 21, 24, 33, 66, 72, 101, 189, 253, 254
Geistheilen, Methode 246
Gerichtetheit 33
Geschlechtsenergie 65
Gesetz, universales 104, 137
Gesetz, dreifaltiges 305, 307
Gesundheit 27, 67
Getrenntheit 21, 22, 304
Gifford, Laura 147
Gitternetz, universales 211
Glaube an die Göttin 259
Gnade 81
Gnade, karmische 92
Goldberg, Bruce 349, 350
Göttin 6, 15, 33, 78, 93, 94, 330
Göttin Erde 16, 20, 21
Göttin, innere 31, 80, 93
Göttin-Altar 35
Göttin-Leere 31
Göttinnen-Gesänge 44
Göttin-Selbst 81
Göttin-Weltsicht 152
Großvater 130
Grundsatz, ethischer 104
Gruppenführer 140
Guru 149, 150
Gurudas 230
Gutes 323

Haaramethyst 227
Haken, negative 198, 199, 217
Halluzination, negative 65
Handauflegen 152, 159, 169, 219, 221, 253, 317

Hand-Chakra 96
Handstellungen 160–166, 172–177, 181
Hara 98
Hara-Bereich 96
Hara-Chakra 80, 96, 100, 124, 166
Hara-Ebene 84
Hara-Linie 77, 79, 80, 84, 89, 97, 99, 102, 114, 119, 120, 187
Hara-Linie-Haken 197
Hara-Zentren 100, 101
Hauptchakra 78
Hay, Louise 191
Heil-Affirmation 72
Heilen 32, 15, 23, 24, 26, 58, 104, 108, 154, 156, 157, 171, 183, 187, 195, 200–206, 209, 210, 271, 347
Heilen, andere 169, 172–177
Heilen, emotionales 15
Heilen, holistisches 13, 14
Heilen, karmisches 265, 272
Heilen, körperliches 15
Heilen, planetarisches 16
Heilen, spirituelles 30, 81
Heiler, planetarische 140
Heilerin 25
Heil-Göttinnen 148
Heilkenntnisse 142
Heilsitzung 107, 183, 184
Heilung 84, 147, 283, 285, 289
Heilung, vollständige 153, 275
Heilungswissen 182
Heil-Visualisation 71
Hekate 148, 149
Helena 134
Helfer-Seelen 352
Hellfühligkeit 90
Hellhörigkeit 92, 142
Hellsichtigkeit 93
Herkimer-Diamant 233
Herz-Chakra 87, 91, 242
Hexen 54, 259, 307
Hexenkreis 144
Hilfe 317
Hilfe, galaktische 324
Hologramm 326
Hon-Sha-Ze-Sho-Nen 80, 201, 203, 215, 249, 252, 272
Hospiz-Bewegung 340, 342
Huffines, LaUna 61, 289–291
Hui Yin 121, 125
Hui-Yin-Position 102, 121, 124
Hypnose 63, 66, 150, 314

Ida 84, 86, 120
Imagination 62
Immanenz der Göttin 259
Implantat 308, 321, 322, 326
Implantat, entfernen 326
Ingerman, Sandra 291
Initiation 19, 159
Inkarnation 22, 77–79, 97, 98, 187, 190, 191, 259, 283, 306, 329, 330, 332
Inkarnationszweck 97
Inspiration, Göttin der 44
Integrationsprozeß 295
Interaktion 243
Isis 44, 148

Jesus 149
Jupiter 131, 133, 147, 181, 213, 324

Kali 59, 69, 299
Kali Ma 44, 148
Kanäle 107
Kanalisieren 108
Karma 22, 48, 80, 105–107, 110, 154, 187, 198, 259, 261–263, 265, 266, 270–272, 283, 307, 331, 335, 350
Karma, Heiler des 276
Karma, Herren des 273, 276, 278, 300, 337
Karma, negatives 50
Kausalkörper 97, 100
Kehl-Chakra 87, 91, 92, 238, 239
Kernseele 136, 281, 287, 331
Kernseele, Schaden an 284
Kernselbst 290
Ki → Chi
Kind, inneres 200–202, 206
Kinder 183, 184, 352
Klang 43, 239
Klären 327, 328
Klären, Probleme 272
Koan 303
Kontemplation 39, 41, 46, 48, 60
Kontrolle 207
Konzentration 33, 45, 54
Körper 45
Körper, himmlischer 93
Körper, ketherischer 331
Körper, spiritueller 80, 91
Körperauflegen 222

Körperheilen 184
Körperheilung, komplette 169
Krankheit 22, 107, 148, 191, 284, 312
Krankheiten, Umkehrungsprozeß bei 30
Krankheitsprozeß 29
Kreis, himmlischer großer 103
Kreis, himmlischer kleiner 103
Kreis, innerer 264
Kristall, gereinigter 211
Kristall, gestimmter 211
Kristalle 210, 215, 216
Kristalle, geklärte 213
Kristallenergie 211
Kristallenergie, planetarische 212
Kristallgitter 211
Kristallheilen 219
Kristallnetzwerk 212
Krone 89, 93, 94
Kronen-Chakra 46, 93, 94, 241
Kuan Yin 44, 59, 69, 81, 148, 149, 241, 253, 300, 302, 347
Kuan-Yin-Energie 226
Kummer-Punkt 98
Kundalini-Chakra 93, 166
Kundalini-Energie 35, 87, 115
Kundalini-Kanäle 77, 79, 84, 86, 97
Kundalini-Linie 78, 84–86, 88, 96, 120
Kundalini-System 89, 94
Kundalini-Yoga 121
Kunzit 220, 226
Kwan Yin, Book of 8
Kyanit 226

Labradorit 232
Land, reines 330
Leben 19, 330
Leben, vergangene 337
Lebensbaum 37, 94, 115
Lebensführer 78, 137, 140, 143, 144
Lebenskraft, energetische 155, 156
Lebenslektionen 50
Lebenszweck 79
Leere 31, 32, 34, 74, 80, 84, 93, 94
Lehrer 352
Lehrprogramm, persönliches 263
Leiden 207, 260, 263, 305
Leitungen 199, 217
Lektionen 263, 339
Lektionen, karmische 111
Lenker-Gefäß 103, 120
Lernen 50, 184
Lernprozeß 351
Levine, Stephen 98, 100, 111, 195
Ley Lines 211, 213
Licht 75, 77, 104, 116, 120, 166, 324
Licht, klares 332, 333
Lichtball 60, 71, 117
Lichtbündel 61
Lichtkörper 77, 80, 94
Lichtkraft, grundlegende 332–334
Liebe 69, 71, 194, 324
Lipika 273, 274, 300
Lösen 194, 196, 197, 318
Lösen, emotionales 186, 206, 208, 273
Lösen, karmisches 273, 276, 278, 284
Loslassen 106, 194, 206, 207
Loslassen, emotionales 220
Lotos, tausendblättriger 46, 60
Luzifer 304, 305
Lyra 75

Mahayana 31, 260, 330
Maheira 149
Mala-Mantra 43
Mandala 38, 54, 59
Manifestation 91
Manipulieren 105
Männer 23
Mantra 42, 43, 72
Mantra, christliches 43
MAP 10, 130
Marciniak, Barbara 17, 19, 75, 78, 94
Maria 81, 133, 148, 149, 346, 347
Meadows, Kenneth 281
Meditation 27, 30, 32–35, 37, 39–42, 45, 47, 63, 87, 93, 143, 146, 236, 270, 271, 346, 347
Medizin, moderne 12
Meer des Chi 100
Meher Baba 149
Melody 226, 230, 231
Menschengift 323
Mentalkörper 80, 331, 332
Metapher 202
Methode, ganzheitliche 13
Michigan Women's Music Festival 8
Ming-Men 124
Mitgefühl 26, 111, 157
Moldavit 229
Monroe, Robert 346, 348
Müll 320
Müll-Chakra 102

Musik 35
Muster, karmisches 269, 272, 283
Mutter, große 84
Myss, Caroline 37
Mystik, tibetische 39

Nabel-Chakra 87, 90, 91, 93
Natur-Devas 148
Navahos 154
Negativ 74
Negativität 306, 308
Neuprogrammieren 206, 272
Neurolinguistisches Programmieren 10, 205
New Age 17, 19, 23, 26, 35, 74, 77, 110, 190, 212, 234
Newton, Michael 150, 304, 329
Niampar jagpa 39
Nicht-Leere 32, 74, 80, 84, 92, 93
Niere-1 102, 125
Nirwana 31
NLP 10, 205

Öffnen, Emotionen 184
Ojibwa 130
Old Woman 149
Om 239
Om Mani Padme Hum 43, 239
Orion 133, 308, 321–323
Orleans, Johanna von 69
Oshun 59
Oya 45, 69, 148

Packer, Duane 291
Page, Linda 139
Paracelsus 190
Paradies 330
Pecos-Quarz 224, 225
Pele 45
Pendel 210, 214–218
Pentagramm 331
Persönlichkeit, multiple 293
Phantomquarz, roter 224
Phenakit 233
Philosophie 54
Phobie 312
Phowa 346, 347
Pingala 84, 86, 120
Plejaden 75, 133, 213, 229, 308, 321–325
PNI 13
Prana 104
Prinzip, dualistisches 43
Prinzipien, buddhistische 153
Probleme, spezielle 42, 107
Prüfen 305
Psychoneuroimmunologie 13
Punkt, transpersonaler 89, 96, 97
Pyramide 215, 326

Qi Gong 79, 97, 98, 100, 102, 103, 120
Qi-Gong-Schulung 103
Qi, s. a. Chi
Quelle/Göttin 31

Rad der Inkarnation 85
Rad des Lebens 85, 329
Raku 81, 84
Ramer, Andrew 146
Raphaell, Katrina 97, 100, 101
Raumpartikel 261
Realität 256, 334
Regel eins 105
Reiki 10, 11, 39, 79, 81, 106, 155, 160–166, 171–174, 181, 182, 247, 252
Reiki-Führer 145
Reiki-Handauflegen 218
Reinigen 200, 207, 306
Reinigen von Steinen 215
Reinigungsatem 42
Reinigungstechnik, traditionelle 195
Reinkarnation 20, 259, 260, 266, 337
Religion 20
Reparatur, vollständige 326
Rishi 30, 34
Röhrenknochen 154
Roman, Sanaya 291
Rosenquarz 220
Rückführung 65, 267, 270, 337

Saat-Atome 338
Sakral-Chakra 87, 89, 90
Salbei 215
Samadhi 30, 31, 37
Sammeln 35
Samt-Turmalin, schwarzer 228
Saphir 231
Sätze 37
Schaden 105, 106, 157, 314, 316, 326
Schaden, emotionaler 188
Schamanismus 280, 284
Schild 113
Schmerz, emotionaler 188

Schmerzfalle 314
Schnellsitzung 183
Schöpfung, Quelle der 30
Schreiben, automatisches 101
Schuld 110
Schuldzuweisung 269
Schutz 112, 317, 319
Seele 330, 334
Seele, verirrte 314
Seelenentwicklung 337
Seelenfamilie 140
Seelenregeneration 280, 284, 285, 291, 295, 296, 299
Seelenschaden 283
Seelenstern 97
Seelenstruktur 76, 82, 83
Seelenverlust 282
Seelen-Wesenheiten 264
Segens-Göttin 44
Sei-He-Ki 79, 201, 203, 215, 249
Selbst, höheres 287
Selbst, spirituelles 30
Selbstanklage 192
Selbstbeschuldigung 192
Selbstbestrafung 192
Selbstbild 51
Selbstheilen 16, 33, 159–167, 184, 317
Selbstliebe 22, 192
Selbst-Wesenheit, zerbrochene 284
Selbst-Wesenheiten 78, 264–266, 282, 331
Shakti 84, 85
Shealy, Norm 37
Shiva 84
Shuan-Chung 98
Siddhasana 121
Siegel, Bernie 67
Silberschnur 93, 338, 339
Simonton, Carl 67
Simonton, Stephanie 67
Sinne, äußere 331
Sinne, innere 331
Situation 194
Smaragd 230
Sogyal Rinpoche 150, 347
Solarplexus-Chakra 87, 90
Sonnenenergie 213
Spinell 230
Spiritualität 6, 20
Spuken 306
Starhawk 7
Steadman, Alice 190
Steinauflegen 218–220
Steine 214
Steinfarbe 220
Steinhice, Laurel 75
Stellen, sensible 191
Sternenschiff 325
Stirn-Chakra 87, 92, 93, 239
Störinstrument, außerirdisches 308
Streß 27–29
Subpersönlichkeit, klären 291
Subpersönlichkeiten 138, 286, 289–291
Subpersönlichkeiten, Integration der 284
Sucht 33, 309
Sugilit 228
Sushumna 84, 96, 120
Sutratma 339
Symbole 239
Syndrom, Flucht-oder-Kampf- 28

Tachyonenergie-Perle 233
Tan tien 100
Tara 54, 81, 253
Tektit 224
Telepathie 92
Textstelle 39–41
Therapie 63, 66, 189, 301
Theta-Ebene 63, 237
Theta-Welle 34
Thymos 98
Thymus-Chakra 79, 96, 98, 100
Thymusdrüse 28, 29
Tibet 336
Tiere 148, 183, 184, 309, 344
Tod 22, 94, 158, 250, 329, 330, 332, 340
Tod[es], Bardo des 332
Tod, gewaltsamer 345
Tod, natürlicher 344
Tod, plötzlicher 345
Tod, unvollendeter 336, 337
Toleranzgrenze 28
Topaz 225
Totem-Tiere 139
Trance, meditative 33, 63
Transformation 93
Transformation, vollständige 206
Transzendenz 93
Trauma 20, 187, 188, 194, 282
Trauma, emotionales 252
Trauma, unterdrücktes 207
Traumarbeit 91

Tun 184
Tuning-Kristalle 211
Turiya 30, 31, 37
Turmalin 316
Turmalin, blauer 231
Turmalin, grüner 230
Turmalin, rosa 232
Turmalin, schwarzer 224
Turmalin, violetter 228

Übergang 159
Überseele 77, 78, 80, 81, 94, 264, 266
Übung 34, 37, 41, 44, 45, 52, 55–57, 59, 60, 71, 112, 114, 115, 117, 121, 124–126, 143, 159, 166, 170, 193, 196, 201–203, 221, 223, 243, 245, 247, 253, 267, 270, 271, 274, 288, 290, 293, 295, 311, 312, 317, 325, 345, 347, 350
Umlauf, mikrokosmischer 120
Umlaufbahn, mikrokosmische 103
Umprogrammieren 273
Ursprungsrassen 75
Urteilen 111

Vagusnerv 28, 29, 297, 338
Vajrayana 260
Vergebung 192, 193, 206
Vergeltung, karmische 269
Vergeltung, kosmische 106
Verhexen 105
Verlorengehen 309
Versunkenheit 44
Vertrag, karmischer 274
Vertrauen 22, 29
Vertraulichkeit 157
Verwirren 309, 322
Vision-Chakra 102
Visualisation 48, 51–56, 58, 93, 202, 204, 237
Visualisation, geleitete 62
Vorstellungsbild 68, 70–72

Wahrheit 333
Weise Mütter 148, 149
Weisheit, spirituelle 334
Weltraummüll 319–321
Werden[s], Bardo des 335
Wesenheit, Reinigung 310
Wesenheiten 303, 308, 309
Wesenheiten, exkarnierte 306, 309, 311, 312, 315
White Buffalo Calf Woman 148
Wicca, Konzept 261
Wicca 31, 37, 38, 54, 259, 262, 329–331
Wicca, Regel des 104
Wicca-Gebet 23, 40
Wicca-Kult 152
Wicca-Mantra 44
Wicca-Spruch 211
Wiedergeburt 261, 329, 332
Wiederholung, Macht der 43
Wille, freier 105
Windstellung 121
Wohlbefinden, vollkommenes 13
Worte, Macht der 43
Wörter, kosmische 46
Wright, Machaelle Small 10, 130
Wunder 81
Wünsche 260
Wurzel-Chakra 84, 87, 89
Wurzel-Schloß 121
Wyllie, Timothy 146

Yasodhara 153
Yemaya 44, 148
Yidam 38
Yoga 52, 85, 87
Yung-Chuan 102, 125

Zauber 307
Zeder 215
Zeit 252
Zeitverzerrung 64
Zentren, sieben 115
Zentrieren 35, 36
Zeugung 332, 335
Zimmermann, Robyn 134
Zitrin, natürlicher 225
Zusammenarbeit 156
Zustand, transzendenter 31
Zwerchfell-Chakra 100, 101
Zwilling, astraler 287, 288
Zwilling, spiritueller 280
Zyklus, himmlischer großer 120
Zyklus, himmlischer kleiner 120, 122